Tierbefreiung

Beiträge zu Profil, Strategien und
Methoden der Tierrechtsbewegung

Emil Franzinelli,
Andre Gamerschlag,
die tierbefreier e.V.

Compassion Media

Impressum

1. Auflage 2014
ISBN 978-3-9814621-8-0

Gedruckt auf Recyclingpapier (aus 100% Altpapier)
mit mineralölfreien Farben.

© compassion media, Münster, 2014

compassion media
a division of roots of compassion eG
Friedensstr. 7
48145 Münster
www.compassionmedia.org
info@compassionmedia.org

Design / Layout: *marcpierschel.org*

Bildnachweise:
Cover: Anna Fabian, *www.annafabian.de*

INHALT

EINLEITUNG

Die Tierrechtsbewegung ist seit jeher eine heterogene Bewegung, mit unterschiedlichen Ansichten, Zielen und Strategien. Während die einen darin eine Schwäche sehen und sich ein gemeinsames und einheitliches theoretisches oder weltanschauliches Dach wünschen, sehen die anderen gerade in der Vielfalt die Stärke der Bewegung. Wie auch immer die Verschiedenheit zu bewerten ist, sie ist vorhanden und drückt sich in Diskussionen und Diskursen, aber auch in Frontstellungen und Abspaltungen aus. Diese Auseinandersetzungen fanden unter anderem im Tierrechtsmagazin *TIERBEFREIUNG* statt. Manche Beiträge im Magazin haben Diskussionen (neu) entfacht oder beeinflusst, andere Beiträge repräsentieren typische Positionen in seit längerem bestehenden Diskursen. Allen ist jedoch gemeinsam, dass sie die Heterogenität und die Kontroversen der Bewegung aufzeigen.

Sammelband

Im Oktober 2011 trat *compassion media* mit der Idee zu einem Sammelband mit den interessantesten oder meistdiskutierten Artikeln aus der *TIERBEFREIUNG* an uns heran. Gut zwei Jahre später, zum zwanzigjährigen Jubiläum des Magazins, präsentieren wir nun das Ergebnis. Der vorliegende Sammelband vereint Diskursbeiträge zu Profil, Identität, Strategie und Methoden der Tierrechts- und der Tierbefreiungsbewegung, die in den letzten zehn Jahren im Magazin erschienen sind. Die Hauptanliegen des Bandes sind, die bestehenden Diskurse zu dokumentieren und Meinungsbildungen zu fördern sowie zu weiterem Austausch und offenen Diskursen anzuregen. Manche Debatten werden nicht ausschließlich konstruktiv geführt. Menschen, die seit ein oder zwei Jahrzehnten in der Bewegung aktiv sind, haben festgestellt, dass sich manche (Streit-)Themen und Auseinandersetzungen alle paar Jahre wiederholen – und dabei fast bei null anfangen. Manche ärgern sich darüber – entweder über die „ewigen Diskussionen" oder über die „Rückschritte" in der Bewegung. Das Ausscheiden einiger aus der Bewegung ist auf diese eine oder andere Unzufriedenheit zurückzuführen. Sie bemängeln den Stillstand und die aus ihrer Sicht unnötigen Reibereien in der Bewegung und verlieren an Motivation, weiterhin aktiv zu sein. Auch um der Frustration und Fluktuation zu begegnen, ist es wichtig, bestehende Diskurse zu dokumentieren und sie davor zu bewahren, vergessen zu werden.

Bewegungsdiskurse

Nicht wenige Menschen, die sich für Tiere einsetzen, sehen Diskurse generell als überflüssig an und meinen, dass sie vom Aktivismus abhalten. Manche vertreten die Ansicht, dass sie der Bewegung mehr schaden, als ihr zu nutzen. Es lohnt sich jedoch, zur Kenntnis zu nehmen, warum Menschen in der Bewegung überhaupt Diskurse führen. Eine Bewegung wird von Aktiven getragen, die jeweils Ansichten und Anliegen haben, die ihnen wichtig sind. Sie fühlen sich mit anderen Aktiven verbunden, mit denen sie eine gemeinsame Bewegung bilden. Diese möchten sie erreichen und für ihre Anliegen sensibilisieren, um gemeinsam mit ihnen die bestehenden Ziele, Strategien, Profile und Strukturen zu erhalten, zu korrigieren oder aufzuheben. Eine soziale Bewegung ist nicht statisch, also gleichbleibend, sondern sie verändert sich stetig. Die Menschen einer Bewegung verbindet mehr miteinander als nur ein gemeinsames Ziel. Eine Graswurzelbewegung ohne Diskurse erscheint als Widerspruch in sich (die Alternative zu einer Graswurzelbewegung wäre eine Bewegung, die sich von wenigen Köpfen vorgeben lässt, was sie zu tun und zu denken hätte).

Wenn wir (die Herausgeber) von „der Bewegung" reden, dann meinen wir die abolitionistische Bewegung. Der Abolitionismus setzt sich angesichts der Sklaverei nichtmenschlicher Tiere (denen keine Grundrechte zugeschrieben werden) nicht für die reformistische „Humanisierung" der Tiernutzung ein, sondern für ihre „Abschaffung" – und damit für ein radikal anderes Mensch-Tier-Verhältnis. Der Name wurde von der gleichnamigen Befreiungsbewegung übernommen, die sich Ende des 18. Jahrhunderts in Großbritannien und den USA bildete und für die Abschaffung der (zwischenmenschlichen) Sklaverei einsetzte. Die abolitionistische Bewegung bezogen auf nichtmenschliche Tiere entstand in Abgrenzung zum politischen oder organisierten Tierschutz, welcher nicht Grundrechte und die Befreiung der nichtmenschlichen Tiere aus dem Herrschaftsverständnis der Menschen fordert, sondern (lediglich) Reformen, die unserer Ansicht nach bestenfalls dahin führen, dass manche Tiere in manchen Bereichen nicht mehr ausgebeutet werden. Wir möchten diesen Aktivismus an dieser Stelle nicht schlechtreden, sondern lediglich betonen, dass die reformistische Tierschutz-/Tierrechtsbewegung sich grundlegend von der abolitionistischen Tierrechts-/Tierbefreiungsbewegung, unterscheidet.

Auf der Suche nach geeigneten Artikeln haben wir festgestellt, dass Diskursbeiträge in der *TIERBEFREIUNG* eher ein jüngeres Phänomen sind. In den ersten zehn Jahren der Magazingeschichte sind solche Beiträge kaum vertreten. Erstmals gab es in der Ausgabe 43 (April 2004) mit dem KZ-Vergleich ein Titelthema in Form einer Pro-/Kontra-Auseinandersetzung.

Auswahl

Bei der Auswahl der Beiträge stand vor allem ihr – auch indirekter – Nutzen für die Bewegung im Vordergrund. Für unsere Auswahl war nicht entscheidend, was wir selbst unterschreiben könnten. Manche Debatten werden teilweise wenig eingehend oder wenig solidarisch kritisierend geführt, sondern eher pauschalisierend und angreifend. Manch ein Beitrag weckt daher vielleicht den Eindruck einer ungeschickten und zerstrittenen Bewegung. Da wir jedoch eine Dokumentation von Diskursen und Kontroversen erstellen, die zum Reflektieren führen soll, darf auch die Art, wie diese teilweise geführt werden, nicht beschönigt werden. Wir raten generell dazu, verschiedene Argumentationen und Positionen zur Kenntnis zu nehmen und mit wachsendem Wissensstand gegebenenfalls neu zu bewerten.

Aus *TIERBEFREIUNG 76* gelangen gleich sechs unseres Erachtens wichtige Diskursbeiträge ins Buch. Während andere Ausgaben noch über den *tierbefreier*-Shop erhältlich sind (teils auch noch sehr alte) und sich auch deren Erwerb und Lektüre lohnt, war die 76. Ausgabe relativ schnell vergriffen.

Aufbau

Der Sammelband umfasst die drei Themenblöcke „Profil und Identität", „Strategien und Methoden" sowie „Direkte Aktionen". Wir haben Direkte Aktionen nicht unter „Strategien und Methoden" geordnet, da sie eine besondere Bedeutung in der Tierbefreiungsbewegung einnehmen und wir sie deshalb mit einem eigenen Block hervorheben wollen.

Die Beiträge werden in einer thematisch und inhaltlich sinnvollen Reihenfolge präsentiert und sind nur nachrangig chronologisch angeordnet. Viele Beiträge beziehen sich aufeinander und stellen eine Fortführung von Diskursen dar. Auch innerhalb der Blöcke gibt es thematisch zusammengestellte Stränge. Manche Beiträge würden sowohl in den ersten als auch in den zweiten Block passen. Entscheidend für die Zuordnung war häufig die Einbettung in einen bestehenden Themenkomplex.

Sprache

Die Texte im Sammelband sind nicht alle mit den in der *TIERBEFREIUNG* abgedruckten identisch. Wir haben über die Rechtschreibkorrektur hinaus manchmal auch eher geringere, an einen Sammelband anpassende Änderungen vorgenommen, vor allem in den Endnoten, zum Beispiel die Vereinheitlichung von Quellenangaben. Der Sinn der Texte wurde jedoch keinesfalls verfälscht.

Die Redaktion der *TIERBEFREIUNG* stellt es Gastautor_innen frei, ob und wie sie ihre Beiträge gendern wollen. Die Texte im Band sind sehr unterschiedlich gegendert, meist so, wie sie im Magazin erschienen sind. Ein Beitrag wurde im Magazin mit Binnen-I abgedruckt, eingereicht wurde er damals jedoch mit einem (fiktiven) Generischen Femininum gegendert (hier ist nicht die männliche Form die grammatikalische Grundform, sondern die weibliche: „Lehrerinnen" zum Beispiel meint dann alle Geschlechter dieser Berufsgruppe). In der ursprünglichen Form setzen wir ihn auch in den Sammelband. Dieser dokumentiert auch ein Stück weit die Veränderung beim Gendern. Es werden mittlerweile mehr Texte überhaupt gegendert, wobei in den letzten Jahren immer häufiger der Gender_Gap angewandt wird, um nicht nur die unterschiedlichen Geschlechter sichtbar zu machen, sondern auch Menschen zu erfassen, die sich nicht diesen dualen Kategorien zuordnen lassen wollen.

So, genug der Einleitung! Wir wünschen euch viel Freude bei der Lektüre und hoffen, dass daraus konstruktiver Nutzen gezogen werden kann!

Emil Franzinelli und Andre Gamerschlag
November 2013

Profil und Identität

Der erste Block behandelt mit den ersten Beiträgen die jüngere Kritik und deren Beweggründe, die innerhalb der Tierrechtsbewegung in Deutschland geäußert wurden. Wie die Kritiken im Einzelnen und im Ganzen anzusehen und zu beurteilen sind, bleibt – bitte erst nach der Lektüre – euch überlassen. Die folgenden Beiträge behandeln das Profil oder die Profile der Bewegung(en). Die letzten Texte des Blocks richten sich an Veganer_innen beziehungsweise Aktivist_innen im Einzelnen, das heißt an deren Identität, theoretische Auseinandersetzung und Aktivismus.

Text 1 und 2

Neonazis und die umstrittene Glaubensgemeinschaft Universelles Leben engagieren sich seit vielen Jahren für nichtmenschliche Tiere. Ihre Strukturen und ihre Einstellungen, ihr Wirken und ihre Absichten werden ohne eingehendere Betrachtung nicht erkannt und teilweise verharmlost. Während die einen sich darüber freuen, wenn die Bewegung größer wird und sich mehr Bevölkerungsgruppen „für die Tiere" einsetzen, warnen andere vor dieser fast umfassenden und gleichzeitig unbedarften Toleranz sowie vor der Außendarstellung der Bewegung und erklären, dass Herrschaftskritik unverzichtbar und unteilbar sei. Eine soziale Bewegung müsse sich sinnvoll abgrenzen und schützen – nicht zuletzt vor Versuchen der Instrumentalisierung, das heißt des missbräuchlichen Nutzens einer Bewegung für fremde, der Bewegung entgegenstehenden Zwecke. Auch Menschen sind Tiere. Menschenfeindlichen Organisationen nun die Tür zur Bewegung aufzuhalten und ihnen die Hand zu reichen, wurde skandalisiert. Dies führte jedoch nur teilweise und dann eher schleppend dazu, dass sich mit diesen Organisationen und der Kritik an ihnen auseinandergesetzt wird. Stattdessen lehnt ein Teil der Bewegung die Ausgrenzung gewisser Anderer ab, da es doch „hauptsächlich um die Tiere" ginge und wir uns nicht leisten könnten, „uns" gegenseitig zu „zerfleischen". Der Beitrag „Rechte für Tiere?" wurde in einer Zeit verfasst, als das Phänomen von an Tierrechten interessierten Neonazis jung war. Der Text ist nicht der geeignetste erste Beitrag in einem Sammelband, der auch Menschen außerhalb der Tierrechtsbewegung ansprechen soll, da er sich mit Spaltungen und Konflikten beschäftigt. Aufgrund der Bezüge auf diesen Text in späteren Beiträgen konnten wir ihn jedoch nicht anders platzieren und hoffen darauf, dass die Ausgrenzung von Neonazis kein Vorgang ist, der der Leserschaft missfallen könnte. Der Beitrag „Hauptsache für die Tiere?" rekapituliert hingegen langexistierende Fragen und Spaltungen, wie etwa die Frage danach, inwiefern die „Hauptsache für die Tiere"-Einstellung problematisch ist, woran sie konkret festzumachen sei und wie unpolitisch die Bewegung sein darf.

Die Formulierung „Hauptsache für die Tiere" als Einstellung in der Tierrechtsbewegung gab es bereits zuvor. Der Artikel gab der Diskussion des Themas jedoch neuen Anschub, was auch durch die drei Texte aus der *TIERBEFREIUNG* deutlich wird, die (abgesehen von einem Text zu einem Event in Köln 2011) ebenfalls als Beiträge in diesem Band Eingang fanden.

Text 3 bis 5

Was gibt es zu beachten, wenn man sich der Tierrechts-/Tierbefreiungsbewegung zugehörig fühlt und im Namen der „Tierrechte" eine Veranstaltung anmeldet? In Luxemburg wurde 2010 eine „Tierrechts"-Veranstaltung kritisch begleitet, die lediglich den Vegetarismus bewarb, ein Jahr zuvor war auf der Veranstaltung sogar noch das Essen von „Fleisch" mit Tierrechten vereinbar. 2011 wurde in Köln eine Veranstaltung lautstark gestört, 2012 in Bremen – erneut von Menschen aus der eigenen Bewegung. Die Kritik richtete sich gegen die Vermischung einer Tierrechts- mit einer Tierschutzposition, bei der die Nutzung der Tiere an und für sich nicht thematisiert wird.

Die beiden Beiträge zur „Eskalation auf der Demonstration gegen Tierversuche in Bremen 2012" und der Beitrag „Kuschelkurs mit Ovo-Lactos?" üben Kritik und dokumentieren Gegenaktionen und Ausgrenzung innerhalb einer gemeinsamen Bewegung. In Bremen war als Redner Wolfgang Apel eingeladen worden. Apel ist Ehrenpräsident des *Deutschen Tierschutzbundes* – aber auch Vorsitzender von NEULAND e.V., „ein landwirtschaftlicher Fachverband zur Förderung einer tiergerechten, umweltschonenden, qualitätsorientierten, bäuerlichen Nutztierhaltung". Deren „Tierschutzlabel" ist sogar in tierschützerischer Hinsicht umstritten. Allerdings war er gerade in Bremen erfolgreich gegen Tierversuche engagiert. Mit wem und aus welchen Gründen sollte man nun nicht zusammenarbeiten, wo soll die Grenze der Toleranz verlaufen? Ist jede Ablehnung berechtigt und jede Gegenaktion sowie jeder Aufwand gerechtfertigt, eine fragwürdige Veranstaltung zu stören? Die Beiträge zur Eskalation in Bremen haben wir um Stellen gekürzt, die für die Thematik nicht relevant sind.

Wann ist Kritik destruktive Hetze, wann ist sie solidarische Hilfe zur Weiterentwicklung? Welche Formen von Kritik kann es geben? Der Beitrag „Zur Frage der Toleranz" unterscheidet drei Typen von „Kritik" und versucht die Ansicht zu vermitteln, dass Kritik und Diskurse zu einer Bewegung dazugehören. Ein Typus der Kritik wäre tatsächlich destruktive „Hetze", ein zweiter wäre Kritik, die persönlichen Idealen folgt, während ein dritter Typus Kritik darstellt, die im Sinne und zum Schutz der Bewegung geäußert wird. Wenn die Typen der Kritik zusammengeworfen und Kritik pauschal abgelehnt wird, ohne sich auf innerbewegliche Diskurse einzulassen, kommt es zu Spannungen in der Bewegung, vor allem, wenn Stimmung gegen konstruktiv Kritisierende gemacht wird. Diese Spannungen gab und gibt es noch immer. Es wird sich zwar als gemeinsame Bewegung verstanden, doch Diskurse, die innerhalb der Bewegung Kritik üben, sind in manchen Teilen der Bewegung verpönt. An jene des Streitens Überdrüssige gerichtet, versucht der Text auch zu vermitteln, aus welchen Gründen innerbeweglich kritisiert wird und warum innerhalb einer sozialen Bewegung grenzenlose Toleranz einfach nicht möglich ist.

Text 6 bis 10

Ist es wichtig, Begriffe, Konzepte und sogar Bewegungen zu unterscheiden? Ist es nicht eigentlich egal, ob wir es nun Tierschutz, Tierrechte oder Tierbefreiung nennen, solange wir nur für die Tiere aktiv sind? Diese Ansicht ist in der Bewegung verbreitet. Entsprechend fallen die Darstellung nach außen und die Wahrnehmung der Öffentlichkeit aus. Doch auch der Tierrechtsbegriff geht manchen nicht weit genug. Im Interviewtext „Die Dinge beim Namen nennen" wird die Position stark gemacht, den Tierrechtsbegriff durch den Tierbefreiungsbegriff auszutauschen und damit auch gleich das Konzept der Bewegung zu bestimmen. Die Tierbefreiungsgruppe BerTA erläutert darin ihre Gründe dafür, sich von „Berliner-Tierrechts-Aktion" zu „Berliner-Tierbefreiungs-Aktion" umzubenennen.

Was „die Bewegung" und ihr Profil ausmache oder ausmachen sollte, ist umstritten. Und dieser Streit ist nicht wegzudiskutieren. Oft ist pauschal einfach nur von der „Tierrechtsbewegung" die Rede, häufig aber auch von der „Tierschutz-/ Tierrechtsbewegung" oder von der „Tierrechts-/Tierbefreiungsbewegung". Dass zumindest die letzteren beiden Bezeichnungen unterschiedliche Bewegungen meinen, wird klar, wenn man deren Strategien und Ziele vergleicht, die teilweise nicht miteinander vereinbar sind. Tatsächlich fühlen sich viele Menschen, die sich für nichtmenschliche Tiere einsetzen, trotz grundlegender Differenzen miteinander verbunden. Zugleich gibt es jedoch Spannungen und Unverständnis bezüglich des Profils der gemeinsamen Bewegung. Ist „die Bewegung" in Deutschland in Bezug auf ihre Ziele und Strategien faktisch so sehr gespalten, dass sie hinsichtlich dieser Unterschiede bereits getrennte Bewegungen ausbildet? Diese Frage wird in den Beiträgen „Die moderne Tierbewegung" und „Erläuterungen zum Artikel ,Die moderne Tierbewegung'" nachgegangen.

Bewirken auch wenig ausgereifte Ansätze Gutes; werden sie jedoch vorschnell abgewertet? Oder führt zu viel Toleranz gegenüber anderen Positionen zu einer Beliebigkeit, die nicht zu politischen Bewegungen passt, welche ja ihre Forderungen und Ideale durchsetzen wollen? Der Beitrag „Der schwierige Balanceakt zwischen Kritik und Toleranz" setzt sich – am Beispiel des Tierschutzes – für die Anerkennung unterschiedlicher Strategien und Ziele sowie für mehr Toleranz ein. Der Beitrag „Das Gegenteil von gut ist gut gemeint" argumentiert gegen die Beliebigkeit von Meinungen und Ansichten in der Tierrechts-/Tierbefreiungsbewegung und geht kritisch auf die vorhergehenden Beiträge ein.

Text 11

Reicht es, sich lediglich eine vegane Identität zuzulegen und künftig nach veganen Kriterien einzukaufen, wenn man eigentlich den Wandel der Gesellschaft hin zu einer ausbeutungsfreien fördern möchte? Oder droht das politische Bemühen, eine gerechtere Welt zustande zu bringen, großteils dadurch zu erlöschen, dass man in der neuen, immer größer werdenden veganen Warenwelt aufgeht und lediglich noch den individuellen Verzicht lebt, sich jedoch nicht mehr aktiv auseinander- und einsetzt? Sollte die Tierbefreiungsproblematik in größere Kontexte eingebettet werden, sodass der Veganismus nicht rein identitär gelebt wird? Mit diesen Fragen wird sich im Text „Ich mal mir eine neue Welt" beschäftigt.

Text 12 und 13

Welche Bedeutung kommt der Theoriearbeit innerhalb der Bewegung zu? In welchem Verhältnis sollte sie zum Aktivismus stehen? Wie sieht dieses Verhältnis aktuell aus? Auf der einen Seite stellt sich die Frage, ob die Bewegung in der Theorie gut aufgestellt ist und die Aktiven über die nötigen Werkzeuge verfügen, um sich in der Öffentlichkeit für ein neues Mensch-Tier-Verhältnis einzusetzen sowie um effektiv gegen das alte vorzugehen. Auf der anderen Seite stellt sich die Frage, ob die Bewegung eher in der Theoriearbeit aufgeht, anstatt noch wirkungsmächtig und aktiv zu sein. Die Beiträge „Bist du ‚well adjusted'?" und „Theorie und Praxis. Ein perfektes Team!" stellen exemplarisch die unterschiedlichen Auffassungen in einer Diskussion der letzten Jahre dar, nach denen es der Bewegung entweder an Theorie oder an Praxis mangele.

Rechte für Tiere?

Neonazis suchen den Schulterschluss mit der Tierbefreiungsbewegung

Sebastian Vollnhals

Für Menschen, die die Neonazi-Szene beobachten, ist es nichts Neues: Neonazis firmieren derzeit mit gesellschaftskritischen Inhalten und versuchen so, in sozialen Bewegungen Fuß zu fassen. So organisieren Menschen, die sich „Autonome Sozialisten" nennen, bei Montagsdemos gegen die Hartz-IV-Reform mit, engagieren sich in Sachen Umweltschutz und interessieren sich neuerdings auch für Tierrechte und Veganismus. Dabei wird versucht, vormals oder aktuell „links" definierte Szenecodes zu okkupieren.[1] Von der Kufiya, dem so genannten Palituch, über politische Schlagworte wie „Antikapitalismus" und sogar „Antifaschismus" bis hin zum szenetypischen Bekleidungsstil und subkultureller Musik wird all das dem neuen rechten Style einverleibt, was sich irgendwie mit der neuen Ideologie vereinbaren lässt – allerdings nicht ohne den Versuch, die Begriffe neu zu besetzen und althergebrachte Anleihen aus nordischer Mythologie und germanischem Heidentum mit einfließen zu lassen. Kaum wurde das in schwarz-grün abgewandelte Symbol der Antifaschistischen Aktion zum Meme in der antispeziesistischen Bewegung, fand es auch bei den Neonazis Anklang.

Zitat aus einem Neonazi-Forum: „Ursprünglich steht das Symbol für die Antispeziesist Aktion. Das heißt für die Gleichstellung verschiedener Spezies (Tier und Mensch). Wir haben uns das Symbol angeeignet da es (für uns) eine Verbindung zwischen der NationalSozialistischen Weltanschauung und der Naturverbundenheit darstellt. Das Symbol wird/ist aber schon abgeändert worden, damit unmissverständlich klar wird das auch Nationale Sozialisten im freien Widerstand für die Rechte der Tiere kämpfen! [sic!]"

Zum ersten Mal in der Öffentlichkeit wahrnehmbar waren die „Nazis für Tierrechte" Ende Mai 2006. Mehrere Neonazis aus Pirna und Dresden beteiligten sich am Aktionstag der *Offensive gegen die Pelzindustrie* (OGPI), stellten sich in Boxershorts mit einem Transparent vor die P&C-Filiale in Dresden und verteilten Flugblätter für PeTA. Als Neonazis erkennbar waren sie nur für Menschen, die die Codes der „neuen Rechten" kennen. Erst das Antifa-Recherche-Team aus Dresden machte darauf aufmerksam, wer hinter den vermeintlichen TierrechtlerInnen steckt.[2]

Schon zu diesem Zeitpunkt wurde begonnen, den Themenkomplex Tierrechte auf publikatorischer Ebene ideologisch zu integrieren. Mutete der Artikel „be free – go straight edge" in der bundesweit verteilten Neonazi-Schülerzeitung „[in´vers]"[3] noch naiv an, erschien mit der ersten Ausgabe der Zeitschrift „fallen

rain mag" die erste Nischenpublikation für Umweltschutz, Tierrechte und Nationalsozialismus, herausgegeben von einem Neonazi aus Edemissen.[4]

Zitat aus einer Werbung für die Publikation *fallen rain mag*: „Ein weiteres
Standbein des Magazins sind Gespräche mit verschiedenen Personen aus dem
Naturschutzspektrum. So beinhaltete die erste Ausgabe Gespräche mit der Tierrechtsorganisation PeTa [...]. So wird im 2. fallen rain ein ausführliches Gespräch
mit den ‚Nationalen Sozialisten für Umwelt und Naturschutz' enthalten sein.
Dabei setzt sich das fallen rain Heft kritisch mit der heutigen Gesellschaft und
dem Raubtierkapitalismus auseinander. Die Wegwerfmentalität der Bevölkerung
wird angeprangert und die tierrechtliche Seite wird besonders hervorgehoben.
Deshalb wird im fallen rain auch über Vegetarismus/Veganismus informiert und
aufgeklärt."

Hinter den Versuchen der „neuen Rechten", in der Tierrechtsbewegung mit-
zumischen, steht eine klare Strategie. Die vermeintlich progressiven Inhalte sind
nur vorgeschoben, im Vordergrund steht für die Neonazis, jugendkulturkompa-
tibel zu sein und so neue Menschen für ihre menschenverachtende Ideologie mit
poppigem Anstrich zu gewinnen.

Schon einmal konnte innerhalb der rechten Szene der Versuch, emanzipatorische Inhalte von rechts zu besetzen, beobachtet werden. Neonazis versuchten,
sich an den Protesten gegen die Castor-Transporte zu beteiligen.[5] Doch die Reaktionen der Anti-Atombewegung waren klar abweisend und verhinderten ein
Fußfassen der Rechten.

Mittlerweile sehen die Neonazis genauer hin, wo tatsächliches Potenzial für
eine inhaltliche Vereinnahmung vorhanden ist. Die Tierrechtsszene scheint dabei ein lohnendes Ziel zu sein. Gerade die ideologische Offenheit von Teilen der
Tierrechtsszene gegenüber rassistischen und esoterischen Inhalten bietet Neonazis ungeahnte Möglichkeiten der Anknüpfung. Die Tatsache, dass mit der Beschränkung auf die Forderung nach Tierrechten keine anderen Herrschaftsme-
chanismen angegriffen werden, macht es den Neonazis leicht, Gemeinsamkeiten
zu entdecken – Widersprüche sind nicht vorhanden oder können ausgeblendet
werden.

Holocaust-Vergleich bietet Anknüpfungspunkte

Nicht von ungefähr beziehen sich die Neonazis stark auf die Organisation PeTA:
In der Kampagne „Der Holocaust auf deinem Teller" sehen sie den geforderten
Schlussstrich unter der Aufarbeitung der nationalsozialistischen Diktatur – eine
ideologische Nähe, die von den Inszenierenden der Kampagne immer wieder
kleingeredet wurde. Es ist kein Zufall, dass die Neonazis gerade für PeTA die
Werbetrommel rühren.

Ebenso aufschlussreich sind die Reaktionen auf die Beteiligung der Neonazis
an der P&C-Kampagne. Von der *Offensive gegen die Pelzindustrie* kam zwar ein

klares Statement, dass Tierbefreiung und faschistische Ideologie nicht vereinbar sind, andere Teile der Tierrechtsszene jedoch begrüßten die Aktion unter dem unsäglichen Leitspruch „Hauptsache für die Tiere" oder bezweifelten, dass die „Protestierenden" Neonazis sind.[6]

Die Forderung nach Tierrechten ist nicht emanzipatorisch. Sie kann von beliebigen Bewegungen adaptiert werden und passt durchaus in die Ideologie der Neonazis. Es ist nicht verwunderlich, wenn Neonazis oder Organisationen wie das Universelle Leben sich Tierrechte und Veganismus auf die Fahnen schreiben und damit AnhängerInnen finden. Herrschaftsförmige Ideologien finden dort keinen Halt, wo ein emanzipatorisches Moment vorhanden ist, wo die Machtausübung gegenüber anderen Spezies als herrschaftlicher Mechanismus, als Speziesismus, erkannt wird und in den Kontext einer umfassenden Kritik an Machtverhältnissen gestellt wird. Hinter Speziesismus, Sexismus, Rassismus, ... wirken dieselben Mechanismen, dieselben Logiken.

Antispeziesismus bedeutet auch, rassistische Verhältnisse zu bekämpfen, Sexismus zu dekonstruieren. Antispeziesismus bietet keine Anknüpfungspunkte für Nazis.

Ausgabe 53 (Dezember 2006)

Endnoten:

1. Für weitere Infos siehe Veranstaltungsreihe „Des Nazis neue Kleider" des apabiz e.V.: *www.apabiz.de/bildung.*
2. Siehe *www.venceremos.sytes.net/archiv/art/news/20060527dd.htm.*
3. Siehe *www.venceremos.sytes.net/archiv/ddneonazis/fks/karstenscholz/invers.html.*
4. Siehe *www.de.indymedia.org/2005/03/110058.shtml.*
5. Zumindest wurde es behauptet, siehe *www.netzwerk-regenbogen.de/nazis_vs110301.html.*
6. So im Forum von *www.vegan-central.de/foren/board_entry.php?id=26289.*

HAUPTSACHE FÜR DIE TIERE?

Wie unkritisch und unpolitisch dürfen die Tierrechts-bewegung und ihre Repräsentierenden sein?

Emil Franzinelli

Was ist unter der „Hauptsache für die Tiere"-Einstellung zu verstehen? Inwiefern führt sie manche Tierrechtler – vor allem aber Tierschützer – dazu, selbst mit Neonazis offen zusammenzuarbeiten und ihnen zu Inhalten, Anerkennung und Verbreitung ihrer Ideologie zu verhelfen? Dürfen wir wirklich von allem anderen absehen und unkritisch wie auch unpolitisch „lediglich für die Tiere" eingestellt sein? Und ist der Nutzen der Zusammenarbeit vielleicht gar nicht einmal größer als der verursachte Schaden?

Das Universelle Leben (UL) ist eine gesellschaftlich umstrittene Glaubensge-meinschaft.[1] Ob durch die Publikationen von „Gottes Prophetin", zu der neben anderen Jesus Christus spricht, welcher durch sie das göttliche Gesetz und Gebo-te wie „bete und arbeite" verkündet[2], ob durch die Berichte von Aussteigern[3] und Sektenkritikern[4] oder durch richterliche Urteile[5] und einen 2002 erschienenen sehr inhaltsreichen Artikel[6]: Das UL erscheint nicht nur als eine Glaubensge-meinschaft, die viel für die Tiere tut und diese in ihrer Lehre mit Lebensrecht versieht, sondern erweckt auch den Eindruck, eine Menschen entpersönlichende Wirtschafts- und „Prozess-Sekte" zu sein.

Stellungnahmen zum UL

Als Reaktion auf den langen Artikel von Hochhaus über das UL kamen damals mehrere Meinungstypen zu Wort, die genau so auch heute noch vertreten wer-den. Manche waren ohne jede weitere Prüfung (abzuwarten) direkt gegen das UL eingenommen und verurteilten dieses. Manche von diesen mögen alles aus dem Artikel geglaubt haben, andere mögen sich gesagt haben, dass das UL selbst dann schon nicht zu tolerieren wäre, wenn auch nur ein Drittel von den Vorwürfen zu-träfe. Spätestens nachdem die VOICE aufgrund der Prozessflut durch das UL ihr Erscheinen einstellte, war für manche aus der Bewegung eine Zusammenarbeit mit dem UL nicht mehr denkbar. Andere verhielten sich neutral und meinten, sie wollten die (bis heute ausbleibende) offizielle inhaltliche Gegendarstellung vom UL abwarten, ehe sie ein Urteil fällen (eine offizielle UL-Stellungnahme vom 30. Oktober 2002 bezieht sich vornehmlich darauf, dass sich das UL „für die Tiere" einsetze, stellt jedoch kein explizites inhaltliches Eingehen auf die massiven Vor-würfe dar). Dies ist an sich nicht verkehrt, sondern sogar löblich, doch wie lange soll auf eine inhaltliche Erwiderung gewartet werden? Ab wann bedarf es der Konsequenzen? Wieder andere verschlossen sich jeglicher Kritik und begründeten ihre weitere und künftige Zusammenarbeit mit dem UL damit, dass das UL sich sehr verdienstvoll für die Tiere einsetze und andere Glaubensgemeinschaften und Kirchen noch viel inhumaner seien. Hauptsache für die Tiere.[7]

Außenwahrnehmung der Tierrechtsbewegung

Ein großer Teil der Gesellschaft ist vielleicht taub und blind gegen die „Informationen" der Tierschutz- und der Tierrechtsbewegung. Die große internationale Tierrechtsorganisation PeTA nutzt, um von der Öffentlichkeit zur Kenntnis genommen zu werden, umstrittene Mittel, zum Beispiel Motive mit viel nackter Haut und den Einsatz von leicht bekleideten Frauen, groß inszenierte Holocaust-Vergleiche, Promi-Einsätze mit Leuten, die wenig später schon wieder Pelze tragen und so weiter.[8] Über ihre provozierende Strategie erreicht PeTA, für die Medien interessant zu sein und zu bleiben – aber eben auch kontrovers. Andere Vereine versuchen, überwiegend über beständige und seriöse Aufklärungsarbeit, das Thema Tierrechte publik zu machen und ins Gespräch zu bringen. Es dürfte unstrittig sein, dass der Einsatz für Tierrechte ein langfristiger ist und ein Auftritt entsprechend langfristig gestaltet werden muss. Während die öffentliche Aufmerksamkeit bezüglich des Anliegens, Tieren Grundrechte zu verleihen, noch relativ schwach ist, konzentriert sie sich jedoch schnell auf Fehler, die von der Tierrechtsbewegung gemacht werden. Es ist fraglich, ob jede Art, mediale Aufmerksamkeit zu erregen (zum Beispiel sexistisch oder über Skandale und Selbstwidersprüche), der Bewegung nutzt. Dies gilt auch für die Zusammenarbeit mit diversen Gruppen. Was kann sich die – emanzipatorische (?) – Tierrechtsbewegung nun erlauben? Wie provozierend, unkritisch und unpolitisch darf die Tierrechtsbewegung repräsentiert werden, um es noch verantworten zu können? Verantworten vor der gemeinsamen, langfristig angelegten Bewegung, der man sich zugehörig fühlt und entsprechend auch verpflichtet fühlen sollte?

Schlimmer geht's immer

Das eine wäre nun, sich nicht mit konkreten Vorwürfen auseinanderzusetzen und sehr tolerant mit einer umstrittenen Glaubensgemeinschaft, mit der man zusammenarbeiten könnte und wegen eines vermeintlichen Nutzens „für die Tiere" auch möchte, nicht als Thema aufkommen zu lassen. Denn – so könnte man meinen – es betrifft ja nicht Tiere, sondern Menschen. Hier lässt sich das Beiseiteschieben vielleicht noch machen. Ohne Erwiderung und Gegenposition kein Urteil möglich. Und ohne Selbstwahrnehmung ebenso. Und die Leute können ja viel denken und schreiben, wenn es um neue – zumal konkurrierende – Glaubensgemeinschaften geht. So kann man sich natürlich herausreden. Und es nutzt ja (anscheinend) den Tieren. „Für die Tiere" sind manchen Tierschützern und Tierrechtlern so einige Mittel und verschlossene Augen recht.

Wie unfassbar konsequent-tolerant die „Hauptsache für die Tiere"-Einstellung jedoch sein kann, zeigte sich im Frühjahr 2010, als ein eindeutig rechtsradikales Magazin ein Interview mit einem namhaften Tierrechtler führte und die Fellbeißer Tierschutznachrichten dieses Interview mit Verweis auf dieses Magazin ebenfalls veröffentlichten. Trotz der Information darüber, dass es sich um einen Multiplikator, einen Verbreiter rechtsradikaler Ideologien handele, dem man mit seinen strategischen Absichten (mehr dazu unten) zuspiele, wenn man auf seine Seite verlinke.

Nationaldemokratische Partei Deutschlands (NPD)

Anfang März 2010 erschien im Fahnenträger, einem ausgesprochen rechtsradikalen Medium, ein Interview mit dem Tierrechtsbuchautoren Helmut F. Kaplan unter dem (zufällig passenden?) Titel „Holocaust-Vergleich wird immer wichtiger".[9] Der Kaplan-Interviewer wird 2003 auf www.npd.de als „ein bewährter NPD-Aktivist" bezeichnet, war eine Zeit lang Landesschatzmeister der NPD Rheinland-Pfalz und sogar als Bundeskassenprüfer gewählt.

Die NPD ist dafür bekannt, dass sie vor allem in ländlichen Gegenden im Osten Deutschlands (oftmals erfolgreicher als der Staat und alle anderen Gruppen) intensive Jugendarbeit betreibt. Mit einer effektiven Organisation und ansprechenden Themen – nicht zuletzt wegen einer eigenen Musik-, Werte- und insgesamt scheinbar intakten Subkultur – haben sie einen gewissen Reiz auf viele aufgrund der hohen Arbeitslosigkeit in ihrer Gegend orientierungs- und perspektivlose Jugendliche. Sie bemühen sich, „national befreite Zonen" einzurichten, in denen es nur noch Deutsche geben soll. Ihr langfristiges Ziel ist die erneute Aufhebung der freiheitlichen, demokratischen Grundordnung in Deutschland und die Einrichtung eines autoritären Staates, in dem der einzelne Mensch der „Nation" oder dem „Volke" hintenangestellt ist.[10] In ihren Werbespots fordern sie: „Streichung der Zuschüsse für jüdische Gemeinden", „Streichung der Fördergelder für Migration und Integration" und sogar die „Ausweisung aller kulturfremden Ausländer". Wir lernen: „Sozial geht nur national".[11]

Neue Rechte

Heute haben wir es nicht mehr nur noch mit klar erkenn- und isolierbaren, gewalttätigen „Neonazis" und „Rechtsradikalen" zu tun, sondern auch mit der „Neuen Rechten", mit „Querfront" und mit „Nationalem Sozialismus" bis hin zu einem fraglichen „Nationalanarchismus", „Nationale Anarchisten" (die es begrifflich eigentlich nicht geben kann) zum Beispiel versuchen, das Politikfeld „Anarchie" mit faschistoiden Ideen zu besetzen. Hinter der Neuen Rechten, die vorgibt, sich um den kleinen deutschen Mann zu sorgen, steht zu gewissen Teilen weiterhin konservative Nazi-Ideologie, bloß anders verpackt: moderner, sozialer, gesellschaftskritischer, freiheitlicher. Anstelle des klassischen Rassismus steht nun der (völkische) Ethnopluralismus. „Frankreich den Franzosen", „Türkei den Türken", aber dann eben auch: „Deutschland den Deutschen". „Überfremdung" aus der jeweils betroffenen „nationalen" Sicht wird als Übel angesehen. Die Völker sollen „ethnisch homogen", das heißt: bezogen auf Herkunft und Kultur, rein bleiben oder werden. Ein Glück für unpolitische Tierrechtler: Tiere kommen den Rechtsradikalen zumindest „völkisch" nicht in die Quere.

Querfront-Strategie

Der Begriff „Querfront" wird heute dafür verwendet, wenn rechtsradikale Gruppen mit linksradikalen (bei denen ein breiter Kampf gegen das herrschende und verhasste politische System Vorrang vor den Gegensätzen in den Positionen hätte) entweder direkt zusammenarbeiten oder versuchen, durch ähnliche Inhalte und ähnliches Erscheinen bei diesen anzudocken, um sie zu unterwandern, oder wenn sie ihr rechtsradikales mit linksradikalem Gedankengut verbinden.

Rechtsradikale wollen mit dem konstruierten Begriff der Nation als Ausgangspunkt und mit einer zum Beispiel antikapitalistischen Positionierung auch bei eher Linkseingestellten Gehör und Anhänger finden. Mit der Querfront-Strategie versuchen Rechtsradikale heute, Brücken zur unzufriedenen, aber (noch) nicht rechtsideologischen Jugend und Gesellschaft aufzubauen und sich selbst (allmählich dann auch mit ihrer erweiterten Ideologie) ins Gespräch zu bringen. Sie dringen damit in soziale Milieus ein, die ihnen vorher verschlossen waren. Zugleich versuchen sie, sich mit tolerierbaren Themen und Positionen aus der Isolation in die Gesellschaft zu integrieren. Verstärkt im Osten Deutschlands schaffen sie es sogar, in sozialen Fragen breites Gehör zu finden und für Massen wählbar zu sein. In gewisser Hinsicht angepasstere Neonazis werden in unserer heutigen Zeit und Kultur gesellschaftsfähig. Während sie auf eigenen Demos eher lächerlich wirken, gehören sie plötzlich auf Friedens- und Sozialreformdemos „dazu". Diese Auftritte nutzen den Neonazis und schaden den jeweiligen Bewegungen, weil es innerhalb der Bewegungen zu Unruhen und Auseinandersetzungen kommt und sie nach außen hin mit Neonazis in Verbindung gebracht werden. Den Rechtsradikalen selbst ist es gleich, welche sozialen Bewegungen sie für ihre Instrumentalisierungsabsichten verheizen. Für sie gibt es nur die eine Bewegung – ihre eigene.

Autonome Nationalisten

Autonome Nationalisten kopieren den Stil der linken Autonomen und teilweise auch deren Einstellung. Die einzelne Person soll nicht an ewig gestrige stilistische Vorgaben gebunden sein und wie bisher deutlich als Neonazi zu erkennen sein. Vielmehr gilt es, wesentlich moderner und individueller aufzutreten, um für weite Teile der Jugend attraktiver zu wirken und die Gesellschaft besser unterwandern zu können. Doch sie sind nicht „weltoffener", auch sie glorifizieren den historischen Nationalsozialismus. Die Autonomen Nationalisten, die an den linken Flügel der NSDAP anknüpfen und einen dritten Weg jenseits von Kapitalismus und Kommunismus propagieren (einen „Nationalen Sozialismus"), sind weiterhin nationalistisch für einen diskriminierenden autoritären Staat. Selbst ihre innere Struktur entspricht (einem Aussteiger zufolge) nicht dem eigentlich „Autonomen": Es gibt auch hier einen autoritären Führungskader, der den Rest als Masse dirigiert.[12] Mit ihrer Erlebnisorientierung und Gewaltbereitschaft konkurrieren sie mittlerweile mit den Skinheads. Und viele von ihnen sind zugleich NPD-Parteiangehörige.

Ein politisches Selbstverständnis der Querfront-Neonazis in einem Demonstrationsaufruf von 2004 lautet: *„Wir glauben nicht daran, dass das kapitalistische System reformiert oder verbessert werden kann – das vorherrschende System IST der Fehler und muss durch eine neue, freie, gerechte und NATIONAL UND SOZIALE Gesellschaftsform ersetzt werden."*[13]

AG Tierrecht

Eine „AG Tierrecht" der Autonomen Nationalisten setzte sich mit teils zusammengeklauten Texten auf ihrer Webseite für Tierrechte ein. Die Verbindung zur Tierrechtsbewegung ist hergestellt. Auf Demonstrationen der Tierrechtsbewegung erschienen wiederholt rechtsradikale Aktivisten, die innerhalb des (bis dahin linksradikalen) Schwarzen Blocks kaum von Linksradikalen zu unterscheiden waren. Sollen wir ihnen nun die Hand reichen – für den gemeinsamen Kampf um Tierrechte? Ihnen Interviews geben, sie zu Podiumsdiskussionen einladen, sie auf Demonstrationen und in der Bewegung begrüßen? Sollten wir uns freuen, dass die Nazis nun „vernünftig" werden?[14]

Hauptsache für die Tiere?

Ein Tierrechtler fragte beim Fellbeißer nach, weshalb sie auf ihrer Seite ein Interview aus einem Nazimagazin (inklusive dem Link zu der Neonazi-Seite) veröffentlichten. Dadurch würde die Verbreitungsstrategie der Rechtsradikalen unterstützt. Ob sie nicht wenigstens den Link entfernen könnten. Die Frage wurde an Kaplan weitergereicht, sodass von Kaplan gleich noch eine zweite Antwort mitgeliefert wurde. Der Fellbeißer-Herausgeber Volker Wöhl schrieb, dass es relativ bedeutungslos sei, wer Kaplans Tierrechtsbeiträge veröffentlichen würde. Wichtig sei allein, dass seine Beiträge einer breiten Öffentlichkeit zur Kenntnis gebracht würden, und zwar von wem und wo auch immer. Kaplan schrieb darüber hinaus: *„Was wäre falsch daran, wenn jemand durch dieses Interview Veganer oder Tierrechtler oder Vegetarier würde?"* und *„Ist es nicht vielleicht besonders begrüßenswert, wenn sich ,problematische' Gruppierungen mit vernünftigen, rationalen, ethischen Ideen befassen?"*

Als erster Nutzen ergäbe sich: Neonazis könnten durch ihn Vegetarier und Weiteres werden. Als zweiter, dass die Neonazis vielleicht die Kurve zum Ethischen kriegen könnten. Schön, sollen sie, aber dürfen sich Repräsentierende der Tierrechtsbewegung dafür öffentlich und aktiv engagieren? Dann könnten wir ja auch Nazis zum gemeinsamen öffentlichen Brunch und Gespräch einladen. Und manche Tierschützerin mag sich denken: Warum sie dann nicht auch langfristig wieder in die Regierung wählen, wenn „bezüglich der Tiere" (was die Hauptsache ist) deren Ansichten und Ziele den unseren entsprechen und die eigene Bewegung Brücken zu ihnen aufbaut oder zumindest zulässt. Sollen wir uns ihnen naiv (oder dankbar?) übergeben, wenn sie selbst schon von sich behaupten: *„Wir setzen uns dafür ein, alle relevanten Teile der Jugend und der Gesellschaft zu unterwandern und für unsere Zwecke zu instrumentalisieren"* (so die Autonomen Nationalisten Wuppertal/Mettmann)? Vielleicht wäre es ja leichter, Tierrechte zu etablieren, wenn es (wieder) nur noch eine Partei gäbe. Über das demokratische System ist es ein langwieriger oder gar aussichtsloser Weg zu Tierrechten.

Die „Hauptsache für die Tiere"-Fraktion ist extrem tolerant, pragmatisch, relativ unreflektierend und weitgehend unpolitisch (eine Ausnahme macht als „single issue" die Tierrechtsfrage aus, dazu unten mehr). Sofern etwas „den Tieren" und „den Tierrechten" unmittelbar nutzt, ist es gut. Darüber hinaus scheint von der Fraktion gelegentlich auch pauschal und inflationär alles zu „Tierrechten" erklärt zu werden, was „gut für die Tiere" ist. Denn: Wer möchte definieren, was Tierrechte sind? Vielleicht eignet sich ja der kleinste gemeinsame Nenner dazu, sprich: eine derart breite und tolerante Definition, dass sich viele, die sich „für die Tiere" einsetzen, darin wiederfinden können. Und zwar von Kritik verschont, sofern sie – abgesehen von Lederschuhen und dergleichen – weitgehend vegetarisch leben.

Ist eine breite, extrem tolerante Bewegung mit einer inflationären Definition von Tierrechten wirklich das, was der Bewegung am förderlichsten ist? Sind Aktivisten und Theoretikerinnen der Bewegung, die sich gegen so eine Verwässerung und uneingeschränkte Kooperation wehren, tatsächlich „irrationale Profilneurotiker", wie manche der Fraktion meinen?

Befreiung von Mensch und Tier

Vielleicht hat die Tierrechtsbewegung doch natürliche Grenzen der Toleranz, an denen sich ausmachen lässt, ob etwas tierrechterisch und der Tierrechtsbewegung zuzuschreiben ist.

Zwei zentrale Punkte der Tierrechtsbewegung sind, dass Menschen ebenfalls Tiere sind und dass Tieren Respekt gebührt. Somit ergibt sich – als bewusstseinsfähigen Wesen – auch Menschen gegenüber das Achtungsgebot: Du sollst (alle) Menschen achten, das heißt, sie als Rechteinhaber respektieren und sie in ihrem natürlichen Wert, der sich zu allererst aus ihrer Empfindungsfähigkeit ergibt, anerkennen und nicht willkürlich diskriminieren und schlechter stellen als andere. Diskriminierungen von empfindungsfähigen Wesen werden in der Tierrechtsbewegung verurteilt und zurückgewiesen. Der zentrale Begriff „Speziesismus" wurde von Richard Ryder in Anlehnung an die beiden Diskriminierungsformen Rassismus und Sexismus und in Abgrenzung zur Diskriminierung aufgrund der Spezies entwickelt. Speziesismus und Tierrechte lassen sich nicht von Rassismus und dem Schutz der Menschen vor Diskriminierung loslösen. Den Gleichheitsgrundsatz anzuerkennen und folglich Diskriminierung abzulehnen, muss sich notwendig sowohl auf nichtmenschliche als auch auf menschliche Tiere beziehen.

Für jene, denen nach diesem Absatz noch nicht klar ist, was sich daraus ergibt: **Eine soziale und emanzipatorische Bewegung, die sich mit dem Argument gegen die Diskriminierung von Tieren in unserer Gesellschaft einsetzt, dass wir (als Gesellschaft) die Diskriminierung als solche und damit auch bei Menschen ablehnen, kann nicht plötzlich mit explizit diskriminierenden, anti-emanzipatorischen und entpersönlichenden Gruppen und Menschen zusammenarbeiten oder sie auch nur als selbstwidersprüchliche Repräsentierende in ihrer Bewegung dulden.**

Integration von Nazis?

Ein wichtiger Punkt ist der Brückenschlag, der Schulterschluss von Repräsentierenden der Tierrechtsbewegung mit Repräsentierenden der rechtsradikalen Bewegung. Es ist nicht lediglich so, dass der Fahnenträger von sich aus das Tierrechtsgedankengut von Kaplan verbreitet. Sondern Dr. Helmut F. Kaplan, laut Interview „wohl der bekannteste Vordenker und Verfechter der Tierrechtsethik im deutschsprachigen Raum", hat sich mit einem bekannten und expliziten rechtsradikalen Medium und einem NPD-Funktionär als Interviewer auf jenes Interview eingelassen, das nicht nur in deren rechtsradikalen Kreisen veröffentlicht wird, sondern auch völlig schamlos unkommentiert in Tierschutz- und Tierrechtskreisen. Das Nazi-Medium wird zum einen in neuen Kreisen bekannt gemacht, zum anderen anerkannt. Ich kannte den Fahnenträger zuvor noch nicht. Aber wunderbar, ich komme über das Interview beim Fellbeißer bequem mit einem Klick auf deren Seite. Sie setzen sich gegen Kapitalismus, Unterdrückung und Ausbeutung ein. Sieh an, die Nationalen sind ebenfalls sozialistisch und sozial. Mal sehen, was sie noch an vernünftigen Werten haben. Vielleicht kann uns ja nur die Rechte davor schützen, in Zukunft um fünf Uhr morgens von einem, zum Gebet aufrufenden Muezzin geweckt zu werden? Vielleicht haben sie ja Recht mit ihrer Angst um die „Überfremdung" unserer Gesellschaft? Oder bezüglich des Zinssystems? Oder mit der Forderung „Todesstrafe für Kinderschänder!"?

Es macht definitiv einen Unterschied aus, ob Neonazis mit oder ohne Unterstützung von Repräsentierenden der Tierrechtsbewegung etwas Tierrechtleri-

sches veröffentlichen und vertreten. Sofern sie nicht behaupten, Teil der deutschsprachigen Tierrechtsbewegung zu sein, sollen sie von mir aus alles Mögliche
vertreten. Es interessiert mich nicht. Ich setze mich ganz einfach nicht mit ihnen
auseinander, da sie bisher in der Gesellschaft noch gut isoliert sind. Was gut ist,
und was ich bestimmt nicht ändern möchte. Anders verhält es sich, wenn Neonazis sich als Angehörige der – meiner (!) – Tierrechtsbewegung verstehen und von
Teilen der Bewegung aktiv (zum Beispiel mittels Interviews) integriert werden.

Es ließe sich natürlich behaupten, alle Menschen in der Tierrechtsbewegung
seien intelligent genug, um die Positionen und Werte unterschiedlich zu bewerten und das Einzelne (Tierrechtsforderung) vom Ganzen (rechtsradikale Ideologie) zu trennen. Schließlich sei man ja auch intelligent genug, um nicht mehr
Fleischesser zu sein, und befände sich bereits auf einer hohen ethischen Stufe.
Das ist falsch. Tierschützer und mehr noch Tierrechtlerinnen sind vielleicht sogar anfälliger für radikale politische Ideologien als andere Menschen: Sie sind
mit der herrschenden, tierausbeutenden Gesellschaftsordnung, die Tieren die
Individualrechte nicht zuspricht, unzufrieden und könnten sich für alternative
Gesellschaftssysteme begeistern.

Aber selbst wenn die Bewegung die rechtsradikalen Ideologien nicht annäh-
me: Die Außenwahrnehmung, die Öffentlichkeit, würde nicht so klar zwischen
menschenfeindlichen Tierrechtlern und der nichtrechtsradikalen Tierrechtsbewegung unterscheiden. Sie sieht zwei Bewegungen im Schulterschluss.

Antisemitismus und Tiere

Das erste deutsche Tierschutzgesetz hatten die Nazis erstellt. Da im Nationalsozialismus – einer bei Rechtsradikalen als positiv empfundenen Epoche – aus
propagandistischen Gründen der Tierschutz und das Mitleid mit Tieren als
„deutsch" bezeichnet wurde und sich dieses Feld auch heute noch anbietet, um
Menschen mit den eigenen Werten zu erreichen, wird dies heute wieder aufgegriffen.

Ein möglicher Einstieg für den rechtsradikalen Tierschutz ist das Schächten.
Dieses vollzögen „denkbar undeutsche" Menschen, denen das Mitgefühl und
moralische Werte angeblich fehlten: „die Juden". Im NS-Propagandafilm „Jud
Süß" von 1940 wird ein Kontrast zwischen der Tierliebe von Deutschen und der
achtlosen Tötung durch Juden inszeniert und kommentiert.

Ein zweiter Ansatzpunkt ergibt sich durch die Möglichkeit, den Holocaust an
den Millionen von Juden zu relativieren. Vielleicht waren die Nazis doch nicht
so schlimm oder einzigartige Unmenschen, wenn es ein Verbrechen in unserer
Kultur gibt, das noch schlimmer oder wenigstens vergleichbar schlimm ist? Und
wenn „der Holocaust" doch nicht einzigartig war, sondern alltäglich stattfindet?
„Der Holocaust-Vergleich wird immer wichtiger" äußert Kaplan ausgerechnet
Neonazis gegenüber. Vielleicht waren die Verbrechen an den Juden ja bloß ein

Ausrutscher, der sich in erster Linie vielleicht sogar nur gegen das Kapital und Zinssystem richten sollte und mit der Angst der damaligen Zeit vor der jüdischen Weltherrschaft erklären und entschuldigen ließe? Die Relativierung des Holocausts und die Bereitschaft zur Kooperation mancher Teile der Tierrechtsbewegung passt den Neonazis natürlich wunderbar ins Konzept.

Und die Tierrechtsbewegung darf nicht so tun, als gäbe es nicht bereits direkte Überschneidungen zwischen der rechtsradikalen Szene und der Tierrechtsbewegung. In der Schweiz erklärt der Präsident eines Tierschutzvereins, der wegen mehrfacher Diskriminierung verurteilt wurde, „dass aus dem Schächtproblem ein Judenproblem geworden ist", weil sich liberale Juden nicht gemeinsam mit ihm gegen das Schächten einsetzten. In den 70er-Jahren war er Mitglied bei einer Partei namens „Nationale Aktion gegen die Überfremdung von Volk und Heimat". Vereinzelt gab es wohl auch Kontakte zu Neonazis und Holocaustleugnern.

Manche Aussagen von Jesus Christus höchstpersönlich in *Das ist Mein Wort* (dem Buch, das als UL-Bibel gilt und in dem Jesus zu uns spricht) zu Juden, ihrer Kollektivschuld und ihrem Volkskarma (für das sie nach dem Prinzip der Selbstverschuldung selbst verantwortlich wären), bis hin zum Holocaust sowie in der mittlerweile eingestellten UL-Zeitschrift *Christusstaat*, können als antisemitisch angesehen werden.[15]

Grundsätzlich muss sich die Tierrechtsbewegung auch gegen Vorwürfe des Ökofaschismus behaupten.[16]

Grenzenlose Toleranz?

Kaplan im Interview: „*Außerdem grassiert in der Tierrechtsbewegung eine vollkommen irrationale bzw. sachlich absurde Intoleranz: Leute werden ausgegrenzt, weil sie beispielsweise zu links oder zu rechts oder zu religiös oder zu kapitalismusfreundlich usw. sind. Bei diesen Selbstzerfleischungstendenzen hat die Fleischindustrie natürlich leichtes Spiel.*"

Ab wann dürfen oder sollen wir wegen etwas erschüttert und gegen jemanden intolerant sein? Sind Menschen und Gruppen, die sich der Bewegung zugehörig fühlen, grundsätzlich tabu gegen Kritik, sofern sie mindestens den Vegetarismus propagieren? Kaplan selbst kann auch mal drastische Worte finden, wenn eine deutsche Philosophin und Tierethikerin Fisch isst oder ein Schweizer Tierschützer Bioschweine züchtet oder ein österreichischer Prominenter mit seinem Gnadenhof nicht das Vegetarische propagiert. Doch das sind alles Punkte, die den Fleischkonsum betreffen. Soll dies die wesentliche Ebene sein, auf der Kritik angemessen ist?

Vermeintlicher Nutzen oder Abgrenzung und Verantwortung?

Unabhängig davon, ob es tolerierbar ist, jemanden aus der eigenen Bewegung auszugrenzen, stellt sich noch eine weitere Frage: die des Nutzens für die Bewegung. Ist es wirklich von Nutzen für die Tierrechtsbewegung, wenn sie durch einen Schulterschluss mit Neonazis, „Ökofaschisten", Sekten, Esoterikern, Sexisten und so weiter von der Öffentlichkeit mit diesen zusammengeworfen wird? Ist es von Nutzen, wenn Nazis durch namhafte Repräsentierende der Bewegung aufgewertet und integriert werden und den Schulterschluss demonstrieren? Wollen wir wirklich, dass Nazis in der Tierrechtsbewegung Fuß fassen, auf unsere Demonstrationen kommen und ihre Fahnen schwenken?[17]

Wäre es für die Tierrechtsbewegung wünschenswert, wenn NPD-Mitglieder vor den Schulen nicht nur ihre rechtsradikalen Musik-CDs, sondern auch Tierrechtsflyer (womöglich noch von Kaplan geschrieben) mit NPD-Logo verteilen würden? Sollen wir mit der rechtsradikalen Szene gemeinsam vor jüdischen Schlachthöfen demonstrieren, weil wir so viel mehr Demonstranten wären und viel mehr Menschen erreichten und daher noch viel mehr „für die Tiere" gewinnen könnten? Sind wir „Profilneurotiker" und „ein Sammelbecken von Idioten" (so Kaplan im Interview), wenn wir nicht mit Neonazis oder anderen gesellschaftlich stark umstrittenen Gruppierungen gemeinsam demonstrieren und von der Außenwelt als eine gemeinsame Bewegung mit ihnen wahrgenommen werden wollen? Und wenn wir fordern, dass ein Tierschutz-Newsletter nicht Naziseiten verlinken und damit deren Bekanntheit und Anerkennung steigern sollte? Nutzt es den Tieren wirklich, wenn wir uns nach allen Seiten hin öffnen und jede Hand annehmen? Soll als nächstes mit Kindervergewaltigern zusammengearbeitet werden, sofern sie sich gegen sexuellen Tiermissbrauch positionieren? Dieser Gedanke ist vielleicht etwas krass und nicht ganz passend, aber viel fehlt da nicht mehr. Und mir fällt keine andere Steigerung zur Zusammenarbeit mit Neonazis wie der NPD und dem Fahnenträger ein. Wo hört die Toleranz auf? Ab wo soll man in der Tierrechtsbewegung politisch werden und die „Hauptsache für die Tiere"-Einstellung in die Tonne schmeißen? Ab welchem Punkt trägt das einzelne Mitglied einer Bewegung, das diese mit einer Aktion nach außen hin repräsentiert, Verantwortung für die Repräsentation der Gesamtbewegung?

„Single issue"-Ansatz

Ich denke, dass sich weite Teile der Tierrechtsbewegung politisch nicht (!) anders einbringen müssen als „für die Tiere". Ich glaube, dass sich der Tierrechtsgedanke auch als „Single issue" – also als Einzelfall – behandeln lässt, und dass dies oftmals auch strategisch sinnvoll ist (Stichworte: Abgrenzung von einem und Konzentration auf ein Thema, einfache Theorie).[18] Zusätzlich (!) lässt sich der Tierrechtsansatz aber auch strukturell auf die Diskriminierung und Ausbeutung von Menschen ausweiten (Stichworte: Unity of Oppression, Intersektionalität[19]), und es ist extrem wichtig, dass dies von vielen Seiten der Tierbefreiungsbewegung auch getan wird. Was für den politischen Aktivismus gilt (die Einzelfallbehandlung), gilt jedoch nicht für die politische Einstellung und auch nicht für das kritische, politische Bewusstsein, zumindest nicht bei repräsentierenden und somit verantwortlichen Mitgliedern einer Bewegung – eigentlich allen, die sich öffentlich äußern, ob durch Transparente und Symbole auf Demonstrationen oder durch Tierrechtsbücher. Diese Einzelnen und die Tierrechtsbewegung als Ganze müssen sich zwar nicht aktiv für die Befreiung von Menschen aus Diskriminierungs- und Herrschaftsverhältnissen einsetzen (da dies nicht ihr Aufgabenfeld ist), aus einer Verpflichtung der Bewegung gegenüber müssen politische Fehler jedoch vermieden werden. Wir stehen als soziale Bewegung im Fokus einer kritischen Gesellschaft. Daher dürfen wir auch manchen Fragen, die über das Mensch-Tier-Verhältnis hinausgehen, nicht gleichgültig und grenzenlos tolerant gegenüberstehen. Zur Fehlervermeidung ist ein politisches, kritisches Grundbewusstsein absolut erforderlich.

Doch auch wer „lediglich für die Tiere" eingestellt ist und sich wünscht, dass die Bewegung „ausschließlich für die Tiere" aktiv wird, tut im eigenen Interesse gut daran, Fehler zu vermeiden. Denn machen gerade namhafte Repräsentierende oder Gruppen oder eine gewisse Masse/Fraktion der Tierrechtsbewegung politische Fehler, werden sie notwendig selbst zum Problem, da sie der Bewegung schaden. Andere (politischere) Teile der Bewegung müssen nun ihre Energie aufwenden, um zum Schutze und im Sinne der Bewegung die Fehler wieder zu bereinigen. Zusätzlich erwecken diese Menschen und Gruppen den Eindruck, dass die Tier-Frage nicht losgelöst als „single issue" behandelt werden kann oder soll. Das heißt, sie stärken gerade jene, die für die gesamte Bewegung fordern, viel politischer (auch aktiv) zu werden, zum Beispiel gegen den Kapitalismus.

Abschluss

Ich bin der Meinung, dass klar unterschieden werden muss zwischen persönlichen politischen Ansichten, die man vielleicht teilen kann (jedenfalls aber nicht muss), und gesellschaftlich Gebotenem, gegen das man nicht einfach verstoßen darf. Es darf für Angehörige der Tierrechtsbewegung keinen Zwang dafür geben, den Staat, die hiesige Form der Demokratie, den Liberalismus, das Privateigentum oder die Rechtsordnung als solche abzulehnen. Manche werden im Gegenteil gute Gründe dafür haben, eben diese zu verteidigen. Und es ist ganz klar, dass die Bewegung davon profitiert, wenn sie nicht homogenisiert und gleichgeschaltet ist, sondern eine gesellschaftliche Vielfalt einschließt. Mit Neonazis zu kooperieren und ihnen dadurch zu Inhalten, Integration, Inklusion und Unterwanderungsmöglichkeiten zu verhelfen, ist innerhalb sozialer Bewegungen jedoch untragbar und muss zu internen Auseinandersetzungen und so nervig ausführlichen Artikeln wie diesem führen.

Zur Frage der Zusammenarbeit mit und Toleranz von diversen fraglichen Gruppen hoffe ich, bei unpolitischeren Menschen in der Tierrechtsbewegung ein Bewusstsein für die Zusammenhänge und die Verantwortung von Repräsentierenden angeregt zu haben. Eine Kernaussage sehe ich als sehr wichtig für die Gesamtbewegung an: Selbst die Einstellung „Hauptsache für die Tiere" steht dem entgegen, sich mit allen Gruppierungen einzulassen. Willst Du „den Tieren" helfen, kooperiere nicht mit allen Seiten der Gesellschaft, sondern entwickle zumindest ein kritisches und politisches Grundbewusstsein für das, was einfach nicht mehr zu tolerieren ist.

Ausgabe 67 (Juni 2010)

Endnoten:

1. Um mich rechtlich gegen Klagen abzusichern, distanziere ich mich von allen hier angeführten Seiten und deren Inhalten. Es geht mir lediglich um die Dokumentation der subjektiven Empfindungen von UL-Aussteigern, Journalisten und anderen.

2. Zum selbstständigen Denken und zur Entwicklung einer Persönlichkeit heißt es in einer Publikation des Universellen Lebens, das sich explizit als „innere Religion" bezeichnet: „Befreie dich von den ruhelosen und unkontrollierten Gedanken in deinem Gehirn und tritt in den Bereich der göttlichen Weisheit ein [...]. Prüfe deine Gedanken, ob sie vom höheren Selbst kommen oder lediglich aus deinem Verstand, der von Begierden und deinem Ich geprägt ist [...]. Dein Ich ist die niedere Natur, ist der Verstand, der mit äußeren Dingen belastet ist." Siehe: Gemeinschaft zur Förderung des Heimholungswerkes Jesu Christi e.V. (1984): *Gabriele Wittek: Selbsterforschtes und Erlebtes – Lebensanweisungen und Hilfen aus der Pilgerfahrt zum Gottmenschen*, Seite 56f. „Die ‚Umprogrammierung' ist nichts anderes als die Reinigung der Gehirnzellen von allen Prägungen dieser Welt, von allen Vorstellungen und Meinungen, die dem göttlichen Wort entgegenstehen. Zugleich werden die Gehirnzellen auf das höchste Prinzip, auf Gott, ausgerichtet. Diese Aufgabe obliegt dem Kontrollgeist, dem Geistlehrer. Das ist die ‚Umprogrammierung', die kirchliche Obrigkeiten und deren Anhänger in der Öffentlichkeit ins Lächerliche ziehen." Siehe: Universelles Leben (1984): *Aus dem Leben der Prophetin Gottes*, 2. überarbeitete Auflage.

3. Siehe zum Beispiel: *www.michelrieth.de/zuende4.htm* und *www.bbs-wertheim.de/body_aussteig.htm* oder die Reportage von Angela Scheele: „Universelles Leben – Seelenfang per Biobrötchen", die am 1. Februar 2004 im *Bayerischen Rundfunk* ausgestrahlt wurde (die Reportage gibt es zum Beispiel hier zu sehen: *www.kirchensumpf.to/2009/12/14*).

4. Die Journalistin Ele Schöfthaler gibt auf www.michelrieth.de/kinder.htm wieder, was der pädagogische Engel Liobani der Prophetin Wittek in den drei Bänden von *Harmonie ist das Leben des Betriebes* (1986/1988/1989) diktiert haben soll: „Wenn die Daten und somit die Programme schon lange im älteren Menschen eingespeichert sind, bedarf es unter Umständen eines großen Zeitaufwandes und vieler Mühen, das alte Programm zu löschen. Dagegen hat es der Jugendliche um

vieles leichter. Zwar hat auch seine Seele Licht und Schatten in das Erdenleben gebracht, jedoch sind seine Gehirnzellen nicht mit menschlichen Denkmustern, mit alten Gewohnheiten und Wünschen programmiert. Der junge Mensch ist wie ein Baum, er lässt sich noch leicht biegen...“

5. 2005 sieht das Bayerische Verwaltungsgericht München laut *MAIN-POST* vom 10. November 2005 als zulässige Meinungsäußerung an, das UL als „Entpersönlichungs- und Entsozialisierungssystem“ sowie als „totalitäre Organisation“ zu bezeichnen, die von einer Frau mit eiskalter Brutalität geführt werde, die mit ihren Offenbarungen ein gnadenloses System der Selbsterlösung aufgebaut habe, das Hilfesuchende in die Abhängigkeit treibe. Ende 1999 stellte das Berliner Verwaltungsgericht in einem Urteil (mit dem Aktenzeichen VG 27 A 34.98) fest, dass „die Lehre der Glaubensgemeinschaft in erheblichem Maße der Wertordnung des Grundgesetzes widerspricht, da sie ein deutliches Spannungsverhältnis zum allgemeinen Persönlichkeitsrecht aufweist, das in jedem Einzelnen einen autonomen Bereich privater Lebensgestaltung sichert, in dem er seine Individualität entwickeln und wahren kann.“ Es sah „gewichtige Einschränkungen“ bei der persönlichen Entfaltung von Anhängern des Universellen Lebens als gegeben und bewiesen an.

6. Andreas Hochhaus (2002): „Eine Gefahr für die Tierrechtsbewegung? Was steckt wirklich hinter dem Universellen Leben?“, in: *VOICE 31* und *TIERBEFREIUNG 37*; online hier: *www.free-speech.info/ul-bericht_voice_31-2002.pdf*.

7. Eine anschauliche Widerspiegelung der „Hauptsache für die Tiere“-Einstellung im Zusammenhang mit dem UL findet sich in den hier aufgelisteten – meist nicht inhaltlichen – Stellungnahmen von UL-Angehörigen und -Sympathisanten zum *VOICE*-Artikel: *www.vegan-central.de/dbt/ul/index.htm*.

8. Beachte zum Beispiel Andre Gamerschlag (2009): „PeTA: Bordell-Rabatt und andere merkwürdige Aktionen“, in: *TIERBEFREIUNG 65*.

9. Siehe auch: *www.fellbeisser.net/authors/holocaust-vergleich-wird-immer-wichtiger* – inklusive Link auf die rechtsradikale Seite.

10. Der NPD-Blog *www.npd-blog.info* des Journalisten Patrick Gensing ist um eine „nüchterne und sachliche Berichterstattung jenseits linker oder bürgerlicher Plattitüden“ bemüht. So komme es auch zu Interviews mit NPD-Funktionären und zu einer besseren Dokumentation und Aufklärung. Falls sich jemand über die Hintergründe bei der NPD informieren möchte – zum Beispiel, weil man sich fragt, inwiefern man mit dieser Partei zusammenarbeitet und ihr über Interviews seinen Namen schenken möchte –, ist dies sicherlich eine gute Quelle. In seinem Buch *Angriff von Rechts* (2009) erläutert Gensing die Ideologie der NPD und weist auf, dass die NPD längst in breite Bevölkerungsschichten vorgedrungen sei.

11. Siehe zum Beispiel: *www.youtube.com/watch?v=xmyMdQkpptU*.

12. Interview mit einem AN-Aussteiger: *www.netz-gegen-nazis.de/artikel/ innenansichten-aus-der-neonaziszene-ein-autonomer-nationalist-steigt-aus*.

13. Siehe Wikipedia-Artikel zu „Autonome Nationalisten“.

14. Beachte auch Sebastian Vollnhals (2007): „Rechte für Tiere? Neonazis suchen den

Schulterschluss mit der Tierbefreiungsbewegung", in: *TIERBEFREIUNG 53*.

15. Beachte den brisanten Artikel zum UL in der *VOICE 31*. In Witteks Hauptwerk diktiert ihr Jesus von Nazareth: „Seit nahezu 2000 Jahren ernten die Juden von einer Fleischwerdung zur anderen, was sie damals und auch in ihren weiteren Einverleibungen gesät haben – bis sie ihren Erlöser an- und aufnehmen und das bereuen, was sie verursacht haben." Siehe: *Das ist Mein Wort*, 2. Auflage, 1993, Seite 734.

16. Selbst wenn eine ideologisch verblendete Jutta Ditfurth aufgrund der eigenwilligen Recherche, Analyse und Logik in weiten Teilen ihres Buches *Entspannt in die Barbarei* (1996) nicht zur Kenntnis genommen werden muss, so wird sie es von gewissen Kreisen eben doch getan. Sie schreibt: „Unter dem Mantel eines scheinbar radikalisierten Tierschutzes (‚Tierrechte') wird auch in der Ökologiebewegung die Entwertung des Menschen auf Umwegen vorangetrieben. Der wichtige Tierschutz wird von rechten IdeologInnen instrumentalisiert." (Seite 14) und „Ökofaschismus heißt: [...] Unterwerfung des Individuums unter patriarchal-kapitalistische Herrschaft und Ausbeutung. [...] So sehr ÖkofaschistInnen den Raubbau an der Natur beklagen, so sehr ignorieren sie systematisch den Raubbau an der menschlichen Arbeitskraft." (Seite 23). In vereinzelten Punkten, in denen sie Tierrechte und eine faschistoide Einstellung in Zusammenhänge setzt und dies an Personen oder Ideologien ausmacht, hat sie möglicherweise sogar gut recherchiert und analysiert.

17. Manche offensichtlich schon. In der Bekanntgabe zur Einstellung der *VOICE* schrieb Hochhaus im Dezember 2004, dass ein Schweizer Tierrechtler ihm gegenüber erklärt hätte: „Ich verteile auch mit der DVU Flyer für die Tiere." Und eine deutsche Tierschützerin von der Tierschutzpartei sagte: „Hauptsache sie [gemeint war das UL] machen Tierschutz [...]. Ich würde auch mit Nazis Tierschutz machen". Hochhaus in der Bekanntgabe: „Im Team hatten wir tonnenweise Informationen und Belege zusammen getragen – sowohl für Menschen- als auch Tierrechtsverletzungen im Universellen Leben. Und dennoch hörten wir immer wieder ‚aber sie machen doch etwas für die Tiere'."

18. Ich habe noch etwas (!) Verständnis für einen „Single Issue"-Tierrechtler, den Hochhaus in seiner Bekanntgabe 2004 wiedergibt: „Möchte nicht über Afro-Amerikaner-Probleme aufgeklärt werden. [...] Zudem distanziere ich mich von politischen Gruppen, die ihren weltverbesserlichen Rechts- oder Linksdrall auch noch in die Tierrechtsszene transferieren wollen. ‚Tierrechtsengagement' bedeutet ‚geradeaus' – unabhängig von sonstigen persönlich vertretenen Spinnereien." Nicht wenige Tierrechtler wollen sich nicht auch noch mit linken Themen und Ideologien auseinandersetzen und in Verbindung gebracht werden oder ihnen als Teil einer gemeinsamen Bewegung sogar noch folgen müssen. Zur DVD des Tierbefreiungskongresses 2009 trug ich mit einem Aufsatz zum „Single Issue"-Ansatz bei. In der Tierbefreiungsbewegung wird oftmals gefordert, sich nicht nur für die Befreiung von Tieren aus dem Herrschafts- und Ausbeutungsverhältnis einzusetzen, sondern auch für die Befreiung von Menschen. Ich glaube, dieses massiv erweiterte Spektrum – sofern es zum verbindlichen Programm für

alle erklärt wird – destabilisiert die Tierrechtsbewegung, weil es sie schlicht überfordert. Doch lässt sich die Diskriminierung von nichtmenschlichen Tieren von ihren strukturellen Ursachen, die sie mit der Diskriminierung von Menschen gemein hat, loslösen? Allein nur Tierrechte einzufordern, scheint zunächst ein Rückschritt zu sein. Bei der Podiumsdiskussion auf dem Kongress und im DVD-Beitrag vertrete ich die Ansicht, dass beim „Single Issue"-Ansatz zwischen **zwei verschiedenen Ansätzen** unterschieden werden müsse. Zwar engagieren sich die Vertreter beider Ansätze tendenziell ausschließlich für Tierrechte. Doch während die einen unpolitisch und gleichgültig gegenüber gesellschaftlichen Verhältnissen eingestellt sind, ziehen die anderen es – sofern aus strategischen Gründen sinnvoll – vor, mit den Tierrechten ein einzelnes und losgelöstes Problem zu behandeln. Die Frage „Wie politisch und kritisch soll man sein?" lässt sich in zwei Unterfragen aufteilen: „Wie politisch und kritisch soll man eingestellt sein?" und „Wie politisch soll man auftreten?" Ein Unterschied zwischen den beiden „Single Issue"-Fraktionen ist, dass den einen keine politischen Fehler unterlaufen, weil sie wissen, mit wem sie sich besser nicht einlassen und was sie besser nicht denken und behaupten. Es gibt noch eine dritte Bedeutung des „Single Issue"-Ansatzes, vielleicht sogar die verbreiteteste. In diesem Kontext spielt sie jedoch keine Rolle. Gary Francione versteht unter „Single-Issue Campaigns", wenn Tierrechtler aus strategischen Gründen ein spezielles Unrecht an Tieren (Wildtierhaltung in Zirkussen, Käfighaltung von Hühnern und dergleichen) oder das Unrecht an einer speziellen Tierart (zum Beispiel Schimpansen, Delfine, Tiger) ausschließlich als Einzelunrecht angreifen, anstatt gleichzeitig auch gegen die gesamte Tierausbeutung und für den Veganismus zu argumentieren (siehe *www.abolitionistapproach.com/a-short-note-on-abolitionist-veganism-as-a-single-issue-campaign*).

19. Unter dem Stichwort „Unity of Oppression" wird die Unterdrückung von Tieren mit anderen Unterdrückungsformen zusammengedacht. Als Ursache für Herrschaft und Ausbeutung wird der Kapitalismus angesehen. Unter „Intersektionalität" wird ein Ansatz verfolgt, der nach einer gemeinsamen Grundlage für Unterdrückungsformen sucht. Beachte auch Andre Gamerschlag (2009): „Einheit der Unterdrückung und (Über-)Kreuzungen", in: *TIERBEFREIUNG 65, www.tierbefreier.de/tierbefreiung/65/unity_of_oppression.html*.

Stellungnahme von Tierbefreiung Hamburg zur Apel-Rede auf der Tierversuchsdemo in Bremen am 28. April 2012

Tierbefreiung Hamburg

Mit diesem Schreiben nehmen wir Stellung zur Protestaktion gegen die Rede von Wolfgang Apel, den Übergriffen durch die Securities des *Deutschen Tierschutzbundes* und den zu erwartenden Reaktionen aus dem Tierschutzspektrum bezüglich unserer Aktion.

Hintergrund der Geschehnisse

Die Gruppe *Tierbefreiung Hamburg* hat sich, trotz deutlicher inhaltlicher Kritik an anderen teilnehmenden Gruppen, an den Protestaktionen gegen Tierversuche in Bremen beteiligt. In einem Offenen Brief[1] an die Veranstalter *Ärzte gegen Tierversuche* (ÄgT) haben wir bereits im Vorfeld unseren Protest gegen Wolfgang Apel deutlich gemacht. Apel ist Ehrenpräsident des Deutschen Tierschutzbundes und gleichzeitig Vorstandsvorsitzender von Neuland Fleisch. Somit ist er Teil der (Bio-)Fleischindustrie und legitimiert Gewalt an Tieren. Viele Gruppen (unter anderem *die Tierfreunde, Free Animal, Kreaktivisten*) und Einzelpersonen aus der Tierrechts- und Tierbefreiungsbewegung schlossen sich unserem Offenen Brief durch eigene Protestschreiben an. Bereits in unserem Brief machten wir deutlich: „Um es vorweg zu sagen und pauschalisierenden Befürchtungen den Wind aus den Segeln zu nehmen: Wir werden weder die Bühne stürmen, noch anderweitig die Rede aktiv verhindern."

Was war passiert?

Kurz nachdem Apel mit seiner Rede begonnen hatte, platzierten sich drei Aktive des Tierbefreiungsblocks mit Schildern vor der Bühne, um still und friedlich gegen Apel zu protestieren. Die Schilder stellten diejenigen Informationen über Apel bereit, die die VeranstalterInnen der Demonstration den TeilnehmerInnen schuldig blieben – dass Apel ein Vertreter der Fleischindustrie ist. Es bestand unter den Beteiligten der explizite Konsens, die Rede weder verbal zu stören, noch die Bühne zu besteigen oder sonst wie aktiv zu stören. Wir gingen davon aus, dass diese Geste als Deeskalation erkannt würde und Apel somit in Ruhe, aber nicht unkommentiert, die Rede beenden könnte. Wir betonen hiermit noch einmal, vor allem um möglichen Diffamierungen als Krawallmacher oder Ähnlichem den Wind aus den Segeln zu nehmen, dass wir still und passiv die Rede kommentiert und in keiner Weise aggressiv oder lautstark eingegriffen haben, auch wenn wir vollstes Verständnis für AktivistInnen haben, die auch aktiv die Rede hätten verhindern wollen.

Der eigens vom *Deutschen Tierschutzbund* angeheuerte private Sicherheitsdienst schritt jedoch ein, versuchte den drei TierbefreierInnen die Schilder zu entreißen und stieß sie gewaltsam zur Seite. Die Situation eskalierte kurzzeitig. Immer mehr Menschen gesellten sich hinzu, beschwerten sich lautstark über die Angriffe auf die Aktiven und machten nunmehr ihren Ärger über Apel deutlich, zum Beispiel mit Parolen wie „Wer Tiere respektiert, der isst sie nicht". Kurz darauf schritt auch die Polizei ein, nicht aber um die Demonstrationsfreiheit zu schützen und die Amtsanmaßung der Securities zu unterbinden, sondern um diese noch zu unterstützen.

Zum Umgang mit Kritik und dem Mythos des gemeinsamen Ziels

Der Umgang mit unserer Kritik an der Demonstration ist dabei symptomatisch für die Tierschutzbewegung: Anstatt der Kritik inhaltlich zu begegnen, indem die eigene Kooperation mit der Fleischbranche verteidigt wird, wird zum Angriff gegen die Kritiker geblasen. Kritik wäre „Spaltung" und von ihr würden lediglich unsere „gemeinsamen Gegner, die Vivisektoren" profitieren. Dabei wird Wesentliches verwechselt: Wir legen lediglich den Finger in die Wunde, indem wir auf den eklatanten Widerspruch hinweisen, einige Tiere („Versuchstiere") zu „schützen" und gleichzeitig andere („Nutztiere") umzubringen. Anstatt nun die Wunde zu schließen, wird der Finger attackiert.

Wir wollen an dieser Stelle deutlich machen: Wir haben nicht das gleiche Ziel wie die Tierschutzbewegung![2] Uns geht es um die Befreiung der Tiere aus der Herrschaft des Menschen, ihr geht es um eine Verbesserung ihrer Ausbeutungssituation, nicht aber um das Ende der Gewalt. Wenn diejenigen, die Tiermord durch „Bio"-Mythen legitimieren, nicht mehr auf Demonstrationen erscheinen, empfinden wir dies als Erfolg, da wir unsere politischen Gegner nicht mehr in unseren eigenen Reihen befürchten müssen. Der traditionelle, politische Tierschutz ist nicht Teil der Lösung, sondern Teil des Problems. Er hilft, Gewalthandlungen an Tieren zu legitimieren, solange diese unter „artgerechten" oder „humanen" Bedingungen erfolgen. Die Tierschutzbewegung hat es in über 100 Jahren nicht geschafft, das Ausmaß der Ausbeutung von Tieren grundsätzlich zu verringern, sondern im Gegenteil dazu beigetragen, Gewalthandlungen an Tieren noch weiter zu institutionalisieren. Uns ist bewusst, dass wir die Ausbeutung der Tiere nicht von heute auf morgen beenden können. Wird diese jedoch lediglich durch Reformen weiter sedimentiert, werden wir dieses Ziel nie erreichen. Letztendlich geht es Organisationen wie dem *Tierschutzbund* jedoch überhaupt nicht um ein Ende jeglicher Gewalt an Tieren, weshalb Entgegnungen, es handele sich lediglich um unterschiedliche Strategien bei der Verfolgung des gleichen Ziels, reine Ausflüchte sind. Es ist uns überdies viel an der Klarstellung gelegen, dass nicht wir die kurzzeitige Eskalation herbeigeführt haben, sondern die *Ärzte gegen Tierversuche* mit der Einladung Wolfgang Apels als Redner diese Eskalation bereits begonnen haben. Unsere Protestaktion war lediglich die logische und zu erwartende Konsequenz auf einen derartigen Affront gegen die Tierrechts- und Tierbefreiungsbewegung. Der Versuch, speziesistischen Tierschutz und abolitionistische Tierbefreiungspositionen auf einer Veranstaltung harmonisch koexistieren zu lassen, war spätestens nach der Einladung Apels bereits objektiv zum Scheitern verurteilt.

Aufarbeitung und Ausblick

Wir empfinden die Tatsache, dass uns unser stiller Protest gegen Apel nicht gewährt und stattdessen ein Angriff auf TierrechtlerInnen möglich wurde, als einen unfassbaren Angriff auf die Tierbefreiungsbewegung im Allgemeinen. Unser Vorhaben, eine diskursiv-kritische Stimmung zu erzeugen, wurde unterbunden und stattdessen eine Eskalation provoziert.

Menschen, die aktiv und offensiv Gewalt an Tieren befürworten und legitimieren, haben auf Demonstrationen gegen Tierversuche nichts zu suchen! Private Sicherheitsfirmen haben auf Demos ebenso nichts zu suchen. Interne Konflikte dürfen nicht durch Außenstehende unterdrückt werden!

Die Ereignisse vom 28. April haben uns noch einmal in unserem Willen bestätigt, für die **Befreiung** der Tiere zu kämpfen. Wir werden uns nicht in diesem Kampf aufhalten lassen, weder von angeheuerten Securities noch von Diffamierungen unserer Kritik oder anderen Repressalien. Wir sind es den Tieren schuldig, immer wieder für ihre Befreiung auf die Straße zu gehen und dort auch diejenigen zu kritisieren, die ihre Ausbeutung durch Tierschutzmythen verfestigen wollen. Die Zeit des Tierschutzes ist abgelaufen.

Die Tiere warten auf ihre Befreiung!
Bis jeder Käfig leer steht!

Ausgabe 76 (September 2012)

Endnoten:

1. Offener Brief der Gruppe *Tierbefreiung Hamburg* an die Organisation *Ärzte gegen Tierversuche*: „Keine Bühne und kein Forum für Wolfgang Apel", *www.tierbefreiung-hamburg.org/archives/1203*.

2. Vergleiche hierzu unseren Redebeitrag auf der Demo am 28. April, siehe *www.tierbefreiung-hamburg.org/archives/1227*.

ESKALATION AUF DER DEMONSTRATION GEGEN TIERVERSUCHE IN BREMEN

Stellungnahme von *Ärzte gegen Tierversuche* zu den Vorfällen am 28. April in Bremen sowie zur Stellungnahme der *Tierbefreiung Hamburg* vom 1. Mai

Corina Gericke

Im Vorfeld der Demo hatte es einen Briefwechsel zwischen uns und *Tierbefreiung Hamburg* gegeben. In dem Offenen Brief vom 16. April 2012 heißt es: „Wir werden weder die Bühne stürmen, noch anderweitig die Rede aktiv verhindern". Gleichzeitig wurde das Verteilen des Briefes angekündigt. Wir hatten unsere Gründe für die Einladung von Herrn Apel dargelegt und ausdrücklich darum gebeten, von einer Gegendemo oder Störungen welcher Art auch immer abzusehen.

Ihr (gemeint sind die Störer) habt nicht nur entgegen unserer Bitte gehandelt, sondern auch entgegen eurer eigenen Ankündigung. Durch eine kleine Gruppe von Personen kam es zu erheblichen Störungen durch Pfiffe, lautes Rufen und das Hochhalten von Schildern vor (nicht nur neben) der Bühne. Es war ein Versuch, die Rede verbal unhörbar zu machen und damit zu verhindern. Von einem stillen, passiven Protest, wie in der Stellungnahme der *Tierbefreiung Hamburg* behauptet, kann nicht die Rede sein.

Dass von Seiten des von Herrn Apel beauftragten Sicherheitsdienstes möglicherweise zu grob vorgegangen wurde, trifft nicht auf unsere Zustimmung. Allerdings wäre es nicht dazu gekommen, wenn ihr eure Kritik für die Redezeit aufgehoben hättet. Die Polizei hat mir mehrfach nahegelegt, dass ich als Versammlungsleiterin einzelne Personen von der Veranstaltung ausschließen kann. Von dieser Möglichkeit habe ich nicht Gebrauch gemacht.

Wir vertreten den Standpunkt, dass jeder seine Meinung äußern darf – nur war es der falsche Zeitpunkt. Wir haben für die inhaltliche Kritik durchaus Verständnis, nicht aber für die Vorgehensweise. Wir hatten dem Verein *die tierbefreier e.V.* als Vertreter der Tierbefreiungsbewegung Redezeit eingeräumt, die genutzt werden sollte, um Tierrechtsargumente zu äußern. Dies war ein Zugeständnis an die Tierbefreiungsbewegung, denn es handelte sich um eine Veranstaltung gegen Tierversuche, nicht um eine Tierrechtsveranstaltung.

Dass es trotz dieses Entgegenkommens und entgegen unserer ausdrücklichen Bitte zu Störungen gekommen ist, empfinden wir als sehr enttäuschend. Enttäuschend ist auch der mangelnde Respekt in der Stellungnahme uns gegenüber. Bei allen Handlungen sollte vor allem die Außenwirkung beachtet werden, schließlich wollen wir Menschen überzeugen. Eine solche Störaktion überzeugt mit Sicherheit niemanden, sondern – im Gegenteil – schreckt nur ab. Es trat dann auch ein, was wir unbedingt vermeiden wollten, nämlich, dass sich die Medien auf den Tumult fokussierten und in der Berichterstattung das eigentliche Anliegen entsprechend unterging.

Es gibt mittlerweile zahlreiche Veranstaltungen, bei denen der Veganismus im Vordergrund steht. Auch diverse jährlich stattfindende Tierrechtsdemos haben sich etabliert. Beides ist erfreulich und gut und wichtig. Tierversuche sind bei diesen Veranstaltungen allerdings kaum ein Thema. Der Internationale Tag zur Abschaffung der Tierversuche ist der einzige Tag im Jahr, an dem explizit auf das Leid der Tiere in den Labors und auf den wissenschaftlichen Unsinn der Tierversuche aufmerksam gemacht werden soll.

Seit 2009 führen wir Demos zum Tag zur Abschaffung der Tierversuche in wechselnden Städten durch. Für 2012 war von uns Bremen als Ort auserkoren worden, weil hier seit Jahren ein Rechtsstreit um den Affenquäler Andreas Kreiter schwelt. Mit der Veranstaltung sollte neben dem allgemeinen Protest gegen Tierversuche hauptsächlich auch eine große Öffentlichkeit demonstriert und so die lokale Politik unterstützt werden, an der Nichtgenehmigung der Affenhirnversuche festzuhalten.

Wolfgang Apel und der *Deutsche Tierschutzbund* (DTB) waren maßgeblich daran beteiligt, dass die Tierversuche des Herrn Kreiter nicht mehr genehmigt wurden. Seine Einladung war für uns – bedingt durch die Ortswahl für die Demo – folgerichtig. Die Kritik, dass Herr Apel auch im Vorstand von Neuland Fleisch sitzt, einem Verein, der Fleisch – nach bestimmten Kriterien – bewirbt, ist sicher verständlich, war aber an diesem Tag nicht das Thema. Oder hätte es zumindest nicht sein sollen. Die Zusammensetzung der eingeladenen Vereine und Redner mag nicht bei allen auf Verständnis stoßen. Aber wem die Veranstaltung nicht zusagt, der muss ja nicht kommen.

Unser Verein ist weder ein klassischer Tierschutz- noch ein Tierrechtsverein mit breitem Themenspektrum, sondern ein Tierversuchsgegnerverein. Die Fokussierung auf dieses eine Thema bedeutet nicht, dass uns das Leid anderer Tiere egal ist, sondern wir sind der Überzeugung, dass die Spezialisierung gerade bei diesem schwierigen Thema wichtig ist, um fundiert argumentieren zu können. Als spezialisierter Verein und von unserer Satzung her gibt es bei uns zu den anderen Tierrechtsthemen keine offizielle Position.

Wir sind gegenüber Tierbefreiergruppen immer kooperativ gewesen und die Aktiven bei uns sympathisieren mit dem Tierbefreiungsgedanken. Ich persönlich bin seit etwa 28 Jahren Veganerin und seit mehr als 20 Jahren Mitglied im

Verein *die tierbefreier*. Allein dass jemand auf die Idee kommt, gegen eine andere Gruppe, die mit viel Mühe und nicht unerheblichen Kosten eine Veranstaltung gegen Tierversuche auf die Beine stellt, eine Gegendemo zu organisieren, ist unfair und äußerst enttäuschend.

In einem wirklich eindrucksvollen Demozug haben rund 2.000 Menschen gegen Tierversuche demonstriert. Wann hat es das zum letzten Mal gegeben, dass so viele Menschen für die Tiere auf die Straße gehen? Wir haben sehr viel positive Resonanz erhalten. Viele Leute lobten die gute Organisation und das schöne Gefühl, mit so vielen Gleichgesinnten für die Tiere zu demonstrieren. An dieser großen Anzahl Menschen hatte übrigens auch die Werbetrommel des DTB und des Bremer Tierschutzvereins einen Anteil, die vor allem die lokale Bevölkerung mobilisiert haben. Wäre es nicht besser gewesen, diese Menschen, die vielleicht nicht einmal Tierschützer, geschweige denn Tierrechtler sind, dort abzuholen, wo sie stehen, anstatt sie durch aggressives Auftreten zu verschrecken?

Wir müssen immer bedenken, dass schon Tierschützer innerhalb der Bevölkerung eine kleine Minderheit sind und Tierrechtler eine noch viel winzigere. Anstatt Sympathisanten zu bekämpfen, sollten wir da, wo es Schnittmengen gibt, miteinander kooperieren.

Im Moment ist noch nicht klar, ob wir im nächsten Jahr wieder eine Demo zum Tag zur Abschaffung der Tierversuche machen werden. Wenn ja, hoffe ich, dass es eine harmonische und vor allem effektive Veranstaltung im Sinne der Tiere wird.

Ausgabe 76 (September 2012)

Kuschelkurs mit Ovo-Lactos?

Heiko Weber

Für den 2. Oktober 2010 rief eine luxemburgische Tierschützerin zum „2nd Worldwide March for Animal Rights" in Luxemburg Stadt auf. Da sie 2009 eine ähnliche Veranstaltung durchgeführt hatte, war sie den örtlichen TierrechtlerInnen schon bekannt. Sie hatte diese Aktion im Vorjahr sogar als Fleischesserin durchgeführt und beharrte darauf, dass „Animal Rights" ein Thema für alle Menschen sei, die sich für das Wohlergehen von Tieren interessierten – egal ob omnivor, ovo-lacto oder vegan. Mittlerweile war die besagte Person, vermutlich auch durch die Kritik im Vorjahr, immerhin zum Vegetarismus umgestiegen. Dennoch stand auch 2010 die Demo wieder unter dem Motto: Alle sollen sich beteiligen, egal ob FleischesserInnen oder Ovo-Lactos – solange sie Tiere mögen (wie wir dann bei der Demo erfahren mussten, wurden auch rechte Parteien geduldet).

Weil die Veranstalterin also immer noch nicht verstanden hatte, was „Animal Rights" genau bedeutete, und sie auch weiterhin auf Kritik abweisend reagierte, wollten einige TierrechtlerInnen in Luxemburg im Rahmen der Demo auf die wahren Tierrechtspositionen hinweisen. Da im Rahmen der Demo vorwiegend Ovo-Lacto-VegetarierInnen erwartet wurden, sollte auch konfrontativ auf die Problematik dieser Lebensweise hingewiesen werden. Die TierrechtlerInnen brachten Schilder mit verschiedenen Forderungen einer veganen Lebensweise mit. Zudem wurden Schilder mit dem Aufdruck „Vegetarier sind Mörder" präsentiert – neben erklärenden Schildern zur Problematik der Kälber und männlichen Küken. Dass die besagte Veranstalterin über diese kritischen Meinungsäußerungen nicht gerade erfreut war, war klar, aber auch aus Kreisen anderer sozialer Bewegungen und aus der Tierrechtsbewegung selbst kam daraufhin massive Kritik.

Ein Sprecher der Jungen Grünen in Luxemburg äußerste sich prompt einen Tag nach der Demo bei Facebook und kritisierte die Schilder. Wobei die Grünen ja eigentlich nicht nur vegan leben sollten, damit sie keinen Tiermord unterstützen, sondern in erster Linie auch, damit sie ihren ökologischen Grundprinzipien entsprechend leben. Besagter Sprecher der Grünen lebt maximal ovo-lacto und hat unter anderem eine Aktion zum Verteilen von gefärbten Freilandhühnereiern an Ostern initiiert.

Zudem wurden Fotos von der Aktion bei Facebook aber im Wesentlichen von TierrechtlerInnen stark kritisiert. Solche Äußerungen seien „kontraproduktiv", und zudem wurde vorgebracht, dass wir TierrechtlerInnen unsere Zeit eher aufbringen sollten, um „die wahren Feinde" zu bekämpfen. Naja, wer sind denn „die wahren Feinde"? Wer trägt Schuld daran, dass Milliarden Tiere pro Jahr ausgebeutet und getötet werden? Die Menschen, die Fleisch, Milch, Eier und sonstige Tierprodukte konsumieren. Für die Nahrungsmittelproduktion sterben und leiden bei Weitem die meisten Tiere, und einE Ovo-Lacto-VegetarierIn ist genau genommen nicht für weniger Tierleid verantwortlich als einE OmnivorIn. Wieso sollte es korrekt sein, einen Schlachthofbetreiber als „Mörder" zu beschimpfen, während er ja im Wesentlichen nur dem Bedürfnis nachgeht, Geld zu verdienen, und ein Ovo-Lacto-Vegetarier, der den Auftrag für das Ausbeuten und Töten gibt, sollte mit Samthandschuhen behandelt werden?

Die Tierrechtsbewegung hat sich in den letzten 40 Jahren kontinuierlich weiterentwickelt, und es ist nun schon seit etwa 20 Jahren durchaus „normal" für TierrechtlerInnen, auch konsequent vegan zu leben. Und das hat auch seinen guten Grund. Jeder aufgeklärte Mensch wird problemlos erkennen, dass durch eine Ovo-Lacto-Lebensweise genauso Tiere ausgebeutet und getötet werden wie für eine omnivore. Somit ist aus Tierrechtssicht eine Ovo-Lacto-Lebensweise genauso abzulehnen wie eine omnivore. Das Hauptproblem liegt darin, dass die meisten Menschen erst einmal ovo-lacto leben, bevor sie vegan werden. Ovo-lacto ist also in einigen Fällen eine Übergangsphase zur veganen Lebensweise, also unter Umständen nur eine kurze Vorstufe zum Veganismus. Deswegen ist es vermutlich verpönt, VegetarierInnen zu kritisieren, weil sie ja unter Umständen gerade auf dem Weg zum Veganismus sind.

Andererseits gibt es sehr viel mehr Ovo-Lacto-VegetarierInnen als VeganerInnen, und für die meisten davon ist es keine Übergangsphase, sondern eher ein bequemer Endzustand. Viele fühlen sich wohl in dieser Phase und sind davon überzeugt, dass sie eine ethisch durchaus korrekte Lebensweise verfolgen. Sie sind oft der Auffassung, dass für ihre Ernährung keine Tiere sterben müssen und dass sie, wenn sie auch noch Bioprodukte kaufen, den Tieren sogar nicht wirklich Leid zufügen. Sind wir TierrechtlerInnen es diesen Leuten nicht schuldig, sie von ihrem Irrglauben zu befreien und sie mit der Wahrheit zu konfrontieren? Klar ist es eine unschöne Wahrheit, denn sie könnte dazu führen, dass die aktuelle bequeme Lebensweise verändert werden müsste.

Jeden Tag, an dem einE VegetarierIn weiter Tierprodukte konsumiert, gibt diese Person weiterhin den Auftrag für das Töten und Ausbeuten von Tieren. Gerade die Menschen, die lange Zeit ovo-lacto-vegetarisch lebten, bevor sie auf vegan umstellten, berichten, dass ihnen nicht bewusst war, dass auch sie für Tiermord verantwortlich waren. Viele geben an, dass sie vermutlich schon früher vegan geworden wären, wenn ihnen das klar gewesen wäre. Resultiert daraus nicht eigentlich unsere Pflicht als TierrechtlerInnen, dass wir versuchen müssen, alle VegetarierInnen darüber zu informieren, dass für ihre Lebensweise auch Tiere sterben?

Auch wenn der Terminus „Mörder" rein juristisch gesehen in unserem Rechtssystem klar definiert ist und nicht auf Tiere anzuwenden ist, so ist es doch genau die Auffassung von TierrechtlerInnen, dass Tiere keine Dinge sind, sondern empfindende Individuen, denen an ihrem Leben liegt und die somit genauso vor dem Töten bewahrt werden sollten wie Menschen auch. Somit ist aus Tierrechtssicht der Begriff „Mörder" für Menschen, die Tiere töten oder töten lassen, durchaus ein legitimer Begriff und offensichtlich passend.

Sollten also die gängigen Slogans der Tierrechtsszene (wie „Pelzträger sind Mörder" und „Fleisch ist Mord") akzeptabel sein, so kann „Vegetarier sind Mörder" inhaltlich nicht wirklich problematisch sein. Viele TierrechtlerInnen sind froh, wenn Menschen den ersten Schritt zum Ovo-Lacto-Vegetarismus machen und scheinen Angst davor zu haben, diese durch direkte Kritik wieder zu vergraulen. Es scheint im Wesentlichen eine emotionale Angst davor zu sein, sich nicht auch noch von diesen Menschen zu distanzieren, die vermeintlich auf dem richtigen Weg sind, weil VeganerInnen schon eine Minderheit darstellen. Wie oben erläutert, sind jedoch viele VegetarierInnen aktuell leider nicht auf dem Weg zum Veganismus, sondern befinden sich in einem Zustand, den sie nicht als veränderungsbedürftig ansehen. Wir können dafür sorgen, dass sie den Schritt weiter zum Veganismus machen, aber dann dürfen wir auch keine Angst davor haben, das Problem beim Namen zu nennen und sollten den VegetarierInnen auch klar machen, dass sie durch ihre Lebensweise weiterhin Tiermord unterstützen.

Ausgabe 69 (Dezember 2010)

ZUR FRAGE DER TOLERANZ

Herrschaftskritik ist in der Tierrechtsbewegung weder verzicht- noch teilbar

Emil Franzinelli

Ein Leserbrief führte uns dazu, uns ausgiebiger der Frage zu stellen, was wir eigentlich (erreichen) wollen, wenn wir bewegungsinterne Kritik üben. Diese Frage ist überaus berechtigt und zudem bewegungsrelevant. Denn in der letzten Zeit gab es vielfach Stellungnahmen dazu, dass gewisse Gruppen „hetzen" und „spalten" würden. Wir sehen als Grund für diese Spannungen zum einen, dass es uns bisher scheinbar nicht gelungen ist, unsere Absichten und Werte verständlich zu machen. Zum anderen erkennen wir aber auch unterschiedliche Wert- und Strategieansätze, die scheinbar nicht miteinander zu vereinen sind.

Drei Typen der Kritik

Wir sind als Redaktion ernsthaft bemüht, sachlich und konstruktiv zu schreiben. Der Redaktion der *TIERBEFREIUNG* wurde in der letzten Zeit jedoch (überwiegend aus einem bestimmten Umfeld) mehrfach „Hetze" unterstellt. Von einigen sicherlich als Strategie, denn manchen geht es (leider) nicht um eine rationale Auseinandersetzung, um Richtigstellungen oder um eine Argumentation, warum in dem einen oder anderen Fall besser nicht kritisiert und aufgeklärt werden sollte.

Dennoch erkennen auch wir mittlerweile, dass manche Leser_innen auch ohne strategische Absichten den Eindruck haben, wir würden tatsächlich „hetzen". Das Hauptargument scheint zu sein: „Tierrechtler_innen müssen zusammenhalten und den Feind nicht untereinander, sondern bei den Tierausbeuter_innen suchen!" Andernfalls gingen Energie und Kapazitäten verloren, was der Tierausbeutungsindustrie nutze. Der Einsatz „für die Tiere" käme zu kurz. Warum schreiben wir also überhaupt über manche vertretenen Positionen und manch andere Organisation, anstatt diese entweder zu unterstützen oder aber in Ruhe zu lassen? Zu Recht steht die Frage im Raum, was wir überhaupt (erreichen) wollen.

Die Antwort ist folgende: Wir streben keine ideale und intolerante Einheitsbewegung an, sondern im Gegenteil den Erhalt einer pluralistischen, sogenannten Graswurzelbewegung. Offene, transparente Diskurse über bewegungsrelevante Positionen bedingen dies. Die Theorie wird nicht den Vereinsbossen überlassen, die „top down" (also zentral und von oben nach unten) die Kampagnen organisieren und die Richtung der Bewegung vorgeben oder zumindest dominieren. Sondern die Bewegung wird „bottom up", also von der Basis ausgehend, bestimmt.

Jene, die von „Spaltung" und „Hetze" reden, sollten bezüglich dessen beurteilt werden, was sie inhaltlich gegen die veröffentlichte Kritik – vor allem, wenn bewegungsrelevante Strukturen und nicht Einzelfälle kritisiert werden – zu erwidern haben, und ob sie nicht ihrerseits durch unsachliches Polarisieren versuchen zu spalten. Weil es ihnen einfach nicht in den Kram passt, wenn die Basis und die Medien sie kritisch beäugen.

Wenn Kritik aufkommt, sollte sie richtig typisiert werden. Denn Kritik ist nicht gleich Kritik. Und Hetze, also destruktive, unausgegorene, unsachliche und auf Ideologien gründende „Kritik", ist eigentlich etwas anderes als Kritik, etwas, das auch wir ablehnen. Zurück zur eigentlichen „Kritik": Es macht einen Unterschied aus, ob jemand gegen gewisse Andere wettert, weil diese ihm einfach nicht „ideal" genug oder sogar in ihrer Einstellung verwerflich erscheinen. Hier könnte man von einem persönlichen Ideal reden. Oder aber, weil es in den Augen einer kritisierenden Person schädlich für die Bewegung ist, mit gewissen Anderen (aufgrund deren Einstellungen oder Strukturen) zu kooperieren. Hier sollte von einer kritischen Graswurzelbewegung geredet werden. Das eine wäre, ein persönliches Ideal durchzusetzen. Etwas anderes, die Theorie ins Reine zu bringen und Widersprüche aufzulösen. Oder gewisse Fehler und Tendenzen zu verhindern (zum Beispiel die Kooperation mit Nazis).

Wir wünschen uns als Redaktion von der Bewegung ein kritisches Bewusstsein über den Sachverhalt, ob es sich im jeweiligen Fall um Hetze oder um Kritik des Typs 1 oder um Kritik des Typs 2 handelt. Zum kritischen Denken sind alle einzeln aufgerufen: Sind die Hetzvorwürfe berechtigt? Oder hetzt und spaltet da jemand seinerseits, um der rationalen Auseinandersetzung zu entgehen? Ich glaube, dass eine Graswurzelbewegung nicht umhin kommt auch selbstkritisch zu sein. Wenn dominierende Köpfe einer Bewegung interne Kritik zugunsten einer breiten Einheitsmasse auszuhebeln versuchen (weil sie ihrerseits ihre eigenen persönlichen Idealvorstellungen verwirklichen wollen), dann verschiebt sich die Bewegung von einer kontrollierenden hin zu einer kontrollierten. Soll sich die Tierrechtsbewegung von einer *Allianz für Tierrechte* oder der Leitidee des *Vereins gegen Tierfabriken* führen und verweichlichen lassen, um effektiver Tierschutz (!) betreiben zu können? Jene, die Spaltung und Hetze in der Bewegung zu Recht nicht haben wollen, sollten ein kritisches Bewusstsein dafür entwickeln, ob manche Kritik nicht doch berechtigt und wichtig ist. Selbst wenn sich schwer ausmachen lässt, was die richtige Theorie und Strategie sind, so lässt sich doch leichter klären, welche Theorien und Strukturen mit dem Tierrechtsgedanken nicht vereinbar sind.

Herrschaftskritik: unverzichtbar

Die Herrschaftskritik allein führte dazu, dass sich eine Tierrechtsbewegung (entgegen der bestehenden Tierschutzbewegung) etablierte. Die prinzipielle, rationale Ablehnung der Tierausbeutung trat als neues Paradigma dem Mitleid und dem Fürsorgepflichtgefühl entgegen. Der neue Ansatz richtete sich nicht mehr primär gegen die Grausamkeit und Verantwortungslosigkeit, die Tieren zugemutet werden, sondern gegen das generelle Unrecht der Unterdrückung und Ausbeutung, der ideologischen und strukturellen Herrschaft über nichtmenschliche Tiere.

Ein Problem der Tierrechtsbewegung besteht nun darin, wenn das alte Paradigma, die Verringerung von Tierleid, nun wieder als (strategisches) Ziel losgelöst über allem anderen stehen soll und die Herrschafts-/Unterdrückungsstrukturen nicht mehr als eigentliches Problem erkannt oder angegangen werden. Welche Ziele und Werte verfolgt nun die Tierrechtsbewegung? Der emanzipatorische Teil der Tierbefreiungs-/Tierrechtsbewegung setzt sich für eine soziale Welt ein, in der es keine strukturelle Gewalt mehr geben soll – nicht gegen nichtmenschliche Tiere, aber auch nicht gegen Menschen. Herrschaftsfreiheit ist sicherlich ein Ideal, das wahrscheinlich nicht erreicht werden kann. Doch diese Tatsache spricht überhaupt nicht gegen die Orientierung an diesem Ideal.

Herrschaftskritik: unteilbar

Der Begriff „Speziesismus" wurde zur Kennzeichnung einer weiteren Diskriminierungsform neben (vor allem) Rassismus und Sexismus entwickelt. Die Verurteilung der Diskriminierung und Unterdrückung von nichtmenschlichen Tieren zieht all ihre Stärke aus der Verurteilung der Diskriminierung und Unterdrückung von Menschen anderer Gruppen als der herrschenden. Dadurch ergibt sich konsequenterweise folgende universalisierte Einstellung: Diskriminierung und Unterdrückung sind an sich zu verurteilen und zu bekämpfen, zumindest aber nicht zu fördern. Sich nur für „Tier"rechte einzusetzen und der Unterdrückung und Respektlosigkeit gegenüber menschlichen Tieren gleichgültig gegenüberzustehen ist inkonsequent. So wie es keine Doppelmoral zugunsten von Menschen mehr geben soll, soll auch keine Doppelmoral zugunsten von nichtmenschlichen Tieren (und einigen Menschen) toleriert werden. Tierrechte zu fordern sollte einen strikten Gleichheitsgedanken mit sich bringen, das heißt: Kein empfindungsfähiges Wesen sollte diskriminiert und unterdrückt werden.

Wer sich kritisch mit dem Universellen Leben (UL) auseinandersetzt und halbwegs „emanzipatorisch" (also zumindest gegen Unterdrückungs-, Macht- und Ausbeutungsstrukturen, Intransparenz und Lügen) eingestellt ist, wird sich sicherlich der Meinung anschließen, dass mit dem UL nicht kooperiert werden sollte, um sie nicht durch soziale Anerkennung zu fördern. Genauso wenig mit Neonazis, (selbst) wenn diese die Tierrechtsidee vertreten. Denn dadurch würde man Strukturen und Organisationen fördern, die man als emanzipatorisch eingestellter Mensch nicht haben, sondern im Gegenteil abgeschafft sehen möchte.[1] Das UL zu dulden, würde deren sozialer Anerkennung und Strukturen Vorschub leisten.[2]

Dann gibt es aber Menschen und Organisationen, die „dennoch" mit diesen beiden Gruppen zusammenarbeiten wollen. Manche machen sich kaum Gedanken darüber, ob dies richtig ist. Vielleicht, weil die Zusammenhänge noch zu intransparent und noch zu wenig in der Diskussion stehen. Andere meinen, sie würden auch mit Nazis zusammenarbeiten, wenn diese etwas „für die Tiere" machten. Denn allein darauf käme es an. Eine Bewegung, die sich so verhält, ist dann aber keine emanzipatorische mehr. Sie zeigt dann zum Beispiel nicht mehr deutlich, dass sie die Herrschaft einer Gruppe über andere „Gruppen" (wie die der Frauen, der jüdischen Menschen, der nichtmenschlichen Tiere...) abschaffen möchte. Wer die Herrschaft gegen Tiere ablehnt und den Gleichheitsgedanken hochhält – vielleicht sogar eine „unteilbare Moral" oder die These, dass Menschen auch Tiere wären –, wird konsistenter Weise keine Unterdrückung von menschlichen Tieren tolerieren dürfen. Es reicht nicht, selbst keine anderen Menschen zu diskriminieren. Sondern auch die Kooperation mit jenen (und damit die Förderung deren Strukturen), die ihrerseits Menschen unterdrücken, müsste eingestellt werden. Das ist von jenen, die einen „Change", eine bessere Welt anstreben, nicht zu viel verlangt. Wer nachweislich andere empfindungsfähige Wesen (also auch Menschen) ausbeutet, unterdrückt, diskriminiert, anlügt – wer also andere beherrschen möchte und sich nicht davon abbringen lässt –, ist selbst Teil des Problems „Wie kann die Welt besser werden?" und sollte daher zumindest gemieden werden. Wer gemeinsam mit Nazis für Tierrechte marschiert und mit ihnen öffentlich über Tierrechte redet, hat nicht verstanden, worum es mittlerweile eigentlich geht. Einem größer werdenden Teil der Tierrechtsbewegung geht es schon lange nicht mehr nur um „Tierrechte" im engen Sinne, sondern um Tierrechte und Tierbefreiung im umfassenden, ursprünglichen und unverzichtbaren: Es soll keine Unterdrückung und Herrschaft mehr gegen empfindungsfähige Wesen geben.

Marschieren mit Unterdrücker_innen?

Wer dies soweit richtig findet, sollte nun einen Schritt weiter denken. Die Tierrechtsbewegung hat sich nicht wirklich vom Universellen Leben distanziert. Irgendwann wird sich dieses für eine Befreiungsbewegung schädliche Verhalten empfindlich rächen. Das ist mehr als ein Schönheitsfehler. Der Tierrechtsbewegung wird von einigen Seiten vorgeworfen, dass sie im Schulterschluss mit totalitären Sekten und Nazis steht. Warum müssen nun „immer wieder diese unsäglichen UL-Sachen aufgewärmt werden", wurden wir gefragt. Ich finde sie eigentlich auch vollkommen überflüssig. 2002 hätte bereits ein Schlussstrich gezogen werden können, als Andreas Hochhaus in der *VOICE* einen langen

Artikel zum UL veröffentlichte und meines Wissens nach auf die erschüttern-
den Vorwürfe (unter anderem Ausbeutung, Einschüchterung und systematische
Entpersönlichung von Angehörigen) keine angemessene inhaltliche Erwiderung
seitens des UL kam (was doch entweder einem Streben nach Intransparenz oder
einem impliziten Schuldeingeständnis gleichkommt), stattdessen aber Belasten-
des hinzukam. Wenn ein Gericht urteilt, dass „die Lehre der Glaubensgemeinschaft in erheblichem Maße der Wertordnung des Grundgesetzes widerspricht,
da sie ein deutliches Spannungsverhältnis zum allgemeinen Persönlichkeitsrecht
aufweist, das in jedem Einzelnen einen autonomen Bereich privater Lebensgestaltung sichert, in dem er seine Individualität entwickeln und wahren kann"
sowie „gewichtige Einschränkungen" bei der persönlichen Entfaltung der An-
hänger_innen des Universellen Lebens als gegeben und bewiesen ansieht, dann
ist das etwas, das als Vorwurf nicht übergangen werden darf. Eine inhaltliche
Klärung hätte alles beschleunigen und die Bewegung vor viel Streitigkeit und
einer Spaltung bewahren können. Fast ein Jahrzehnt später ist aber immer noch
nicht viel geklärt und zurückgewiesen. (Belegte) Vorwürfe stehen immer noch
nicht zurückgewiesen im Raum. Dennoch drehen viele Menschen in der Bewegung die Intransparenz und Unklarheit zugunsten des UL. Keine richtige Diskussion, kein Schuldeingeständnis, also keine Schuld. Und sie tun doch auch so
viel für die Tiere.

Es ist mir unverständlich, dass manche Menschen und Organisationen nicht
auf die Inhalte und Gründe der Distanzierungen vom UL eingehen, sondern
lediglich von „Hetze" reden und ansonsten so tun, als würde nichts inhaltlich
Bedenkliches im Raum stehen. Inhaltlich wird auf die Vorwürfe und Recherchen
einfach nicht angemessen reagiert. Dabei scheinen der Schreibstil und das Motiv
(ob also sachlich-konstruktiv/kritisch-relevant oder tatsächlich hetzerisch) nicht
einmal ausschlaggebend zu sein. Nun sind die Kritiker_innen schuld, wenn sie
wiederholt dieselben – unbeantworteten – Fragen und Vorwürfe in den Raum
stellen – nicht zuletzt, um die Relevanz zu verdeutlichen und sich gegen den
Vorwurf der Hetze zu verteidigen. Wer trägt nun eigentlich mehr Schuld an den
Streitigkeiten und der drohenden Spaltung, die Fragenden oder die den Diskurs
Verweigernden?

Unterschiedliche Werte?

Vielleicht müssen wir es aber auch ernst nehmen und als Entscheidung „respektieren", wenn ein Teil der Bewegung sich für die Zusammenarbeit mit Nazis etc.
einsetzt. Vielleicht geht es wirklich nicht anders, und es bedarf tatsächlich einer
klareren Trennung der Bewegungen in eine emanzipatorische und eine, die sich
lediglich „für die Tiere" einsetzt. Es stellt für manche keinen Widerspruch dar,
wenn man sich zum Beispiel für die Befreiung der Frauen einsetzt, zugleich aber
rassistisch eingestellt ist. Wer wollte es der Frauenbefreiungsbewegung aber nun

vorhalten, wenn sie eine rassistische Organisation aus ihren Reihen ausschlösse, weil sie die Werte und inneren Strukturen dieser Organisation als unvereinbar mit den emanzipatorischen Ansichten der Frauenbewegung ansieht? Jenen wirklich emanzipatorischen Gruppen, die rassistische Gruppen in einer gemeinsamen emanzipatorischen Bewegung nicht tolerieren wollen, kann man es sicherlich nicht vorwerfen, wenn sie dies zu einem gravierenden Problem erklären und nicht nachgeben. Selbst wenn dadurch die Bewegung an Breite verliert. Es lassen sich ohnehin unmöglich alle Gruppen einer Gesellschaft miteinander vereinen. Manchmal muss man sich entscheiden, ob man lieber mit Täter_innen oder lieber mit Herrschaftskritiker_innen und auch Opfern marschieren will.

Für mich und viele andere ist es vollkommen inakzeptabel, mit Nazis etwas Gemeinsames zu machen. Die wollen etwas anderes als ich. Egal, was sie sonst so wollen. Da gibt es etwas Entscheidendes, das uns voneinander trennt. Ich möchte nicht nur ein Ende der Tierausbeutung, sondern zudem ein Ende von Unterdrückung und Diskriminierung an sich. Also auch die gegenüber Menschen. So komme ich von dem Gedanken „für die Tiere" zum anderen, erweiterten: Herrschaftskritik ist unteilbar, Unterdrückung ist an sich schlecht, gleich ob gegen Tiere, jüdische Menschen, Ausländer_innen, Angehörige einer Glaubensgemeinschaft und so weiter.

Das Wasser eines vergifteten Brunnens ist nun nichts wert. Entweder lehnt eine soziale Bewegung konsequent (alle) anti-emanzipatorische(n) Strukturen ab und duldet diese nicht in ihrem Umfeld, oder sie ist selbst nicht emanzipatorisch. Bei der Frage, ob man mit Nazis oder dem UL zusammenarbeiten sollte oder nicht, handelt es sich nicht um eine Geschmacksfrage oder eine linke Weltanschauung, die intolerante Linke durchsetzen wollen, sondern um eine logische: Findest DU die Unterdrückung und Ausbeutung (an sich) tolerierbar?

Tierschutz = Tierrechte?

Die Tierrechts- / Tierbefreiungsbewegung muss sich nicht nur gegen anti-emanzipatorische Gruppierungen mit „Querfront-Strategien" (siehe Titelstory von *TIERBEFREIUNG 67*) behaupten, sondern (zweitens) auch von der Tierschutzbewegung absondern. Denn es sind zwei eigentlich miteinander konkurrierende Bewegungen. Tierschützer_innen geht es um bessere Haltungsbedingungen, um verschärfte Gesetze, um Reformen, nicht jedoch um die Forderung der Abschaffung von Tierausbeutung. Tierrechtler_innen und Tierbefreier_innen geht es um die Befreiung der Tiere aus dem Herrschaftsverhältnis und -verständnis des Menschen. Tierrechtler_innen geht es zusätzlich darum, nichtmenschlichen Tieren in einem Rechtssystem Rechte zu ermöglichen, die sie vor der Ausbeutung schützen.

Manche haben vordergründig das Ziel, jetzt und zwar merklich das Tierleid in unserer Gesellschaft zu verringern. Andere haben das Ziel, die Gesellschaft langfristig und gründlich zu revolutionieren. Das sind zwei unterschiedliche strategische Herangehensweisen, die miteinander konkurrieren. Erstere werfen letzteren vor, unrealistische Ziele zu haben. Andersherum lässt sich erwidern, dass ausgearbeitete Tierschutzgesetze es erschweren könnten, letztendlich die Abschaffung der Tierausbeutung zu erreichen. Wenn die Tierrechtslobby an den Ausbeutungsgesetzen reformistisch mitwirkt und dafür von einer breiten Bewegung unterstützt wird, dann schafft sie sich als solche selbst ab.

Einheit statt „Denunziation und Aufsplitterung"?

Eine häufig vernehmbare Forderung ist: Wir sollten als eine Bewegung zusammenhalten, anstatt durch Aufklärung und Abgrenzung das eigene Nest zu beschmutzen und zu zersplittern.

Der Text „Denunziation und Aufsplitterung in der Tierrechtsbewegung"[3] wendet sich gegen Denunziationen und Grabenkämpfe innerhalb der Tierrechtsbewegung, selbst dann, wenn sie inhaltlich berechtigt sind. Einzelfälle (Handlungen oder Äußerungen) von Personen oder Gruppierungen sollten nicht angeprangert werden, denn dies führe dazu, dass die Bewegung auseinander- oder sogar zusammenbricht. Häufig würden die Denunziationen auch auf Gerüchten oder auf Interpretationen von etwas Uneindeutigem beruhen. Zugegeben: In der destruktiven (Einzel-)Kritik besteht eine Gefahr. Manche Einzelvorkommnisse sind unbedeutend und haben keinen strukturellen Charakter. Und oft sind sie nicht so beabsichtigt, wie ihnen vorgeworfen wird. Ohne einen bewegungsrelevanten Rahmen und Relevanz wäre Kritik in solchen Fällen tatsächlich mit Profilierungssucht gleichzusetzen und entspräche der Kritik des Typs 1 (Verfolgung persönlicher Ideale).

Für die Kritik an Strukturen und Positionen (und eben nicht an Einzelfällen) gilt dies jedoch nicht. Diese zu erkennen, transparent zu machen und der Diskussion zu stellen, sehen wir als unsere Aufgabe an. Schaden Transparenz und Diskurs wirklich?

Im Kapitel „2.4 Erklärungsansätze für die Phänomene" des Textes werden die Bewegungen in England, Deutschland und Österreich miteinander verglichen. In England hätten wir eine hohe Toleranz innerhalb der Tierrechtsbewegung und viel Aktivismus. Aufgrund des Klassenkampfes aber auch eine strikte Trennung vom Aktivismus (der Arbeiterklasse) und dem politischen Lobbyismus (der großen Vereine). In Deutschland hätten wir eine sehr geringe Toleranz untereinander und wenig Aktivismus. Außerdem ein falsches Feindbild und Denunziation. Es sei nicht gut, wenn sich (wie in Deutschland) zu viele an der Theorie beteiligten. Denunziation und Spaltung seien hier vorprogrammiert. Und in Österreich? „In Österreich könnten wir von den EngländerInnen lernen, wie wichtig Zusammenarbeit, Toleranz und Aktivismus ist. Aber wir können auch sehen, wie unnötig ein Streit zwischen großen Vereinen und kleinen Gruppen ist.

Immerhin sind wir in Österreich gesetzlich und in der durch Prozesse erkämpften Judikatur weiter, sowohl als in England (wenn auch nur knapp) als auch in Deutschland. Das zu erkennen ist an sich schon Theoriearbeit und wichtig. Auf der anderen Seite zeigt uns das Beispiel Deutschland, wohin ein Schwerpunkt von Theoriearbeit führt." Als soziale Bewegung solle man „zunächst einmal und vorrangig aktiv [...] sein. Das ist das wichtigste. Zweitrangig sind die Fragen gegen was konkret, auf welche Weise und mit wem."

Am besten sei es also, wenn sich wenige Menschen mit der Theorie beschäftigten und/damit umso mehr bei den Aktivitäten dabei sind. In Österreich dominiert eine gewisse Theorie und Strategie die Bewegung, die von manchen nicht einmal als „tierrechtlerisch" angesehen wird. Vor allem über politischen Lobbyismus und Druck gegen die Wirtschaft sollen höhere Tierschutzstandards durchgesetzt werden, damit Tierausbeutungsprodukte teurer und somit weniger konsumiert werden. Viele Tierrechtler_innen halten diese Strategie für relativ untauglich für das Ziel der Abschaffung der Tierausbeutung. Gary Francione ist seit einigen Jahren ein vehementer theoretischer Gegner dieser Position. Er äußerte sich 2002 in einem Interview[4] folgendermaßen: „Meiner Ansicht nach sollten wir Tierversklavung abschaffen und nicht danach streben, eine inhärent unmoralische Einrichtung zu reformieren." und „Wir haben bis heute in den meisten westlichen Ländern seit über hundert Jahren Tierschutzgesetze gehabt, und sie haben wenig dafür getan, das Leiden der Tiere zu verringern, und sie haben mit Sicherheit nicht zu einer allmählichen Abschaffung irgendwelcher Praktiken geführt." Das sind zwei (theoretische) Gründe, die Francione als „Abolitionist" (also als „Abschaffer" der (Tier-)Ausbeutung) den „Reformer_innen" entgegenhält. Aber erinnern wir uns: Der österreichische Autor möchte, dass erstens wenige Leute das theoretische Denken übernehmen, zweitens viele Leute bei den (Tierschutz-)Aktionen mitmachen, anstatt zu nörgeln. Der Aktivismus würde sie schon miteinander verbinden. Soll nun eine von oben diktierte Tierschutz(!)-Strategie von unten, also von der Tierrechts(?)-Bewegung, getragen werden? Ich glaube, so sehr manche Österreicher_innen auch ihre Theorie als „die" Theorie ansehen mögen: Sie ist es nicht. Die Gegenposition ist mindestens (...) genauso gewichtig. Sie besagt: Der Tierschutzansatz, Tierleid durch Reformen schrittweise zu verringern und die Tierschutzstandards allmählich anzuheben, ist nicht der Ansatz, den Tierrechtler_innen und Tierbefreier_innen befolgen (sollten), denen es um die Abschaffung der Tierausbeutung geht. Das ist berechtigte und wichtige, elementare Kritik und mehr als nur kleinliches Nörgeln. Die in Österreich dominierende Strategie, mit der Tierausbeutungsindustrie und Politik zu verhandeln, um höhere Standards der Tierausbeutung zu erlangen, entspricht nicht jener Strategie, die Tierrechtler_innen und Tierbefreier_innen befolgen, wenn sie mittels Argumenten das kollektive Bewusstsein der Gesellschaft oder das Bewusstsein Einzelner anzugreifen versuchen, damit diese sich von der Ideologie der legitimen Tierausbeutung verabschieden. Wir haben hier einen ernsten, theoretischen Konflikt, der nicht einfach mit gemeinsamem Aktivismus abzuhandeln ist.

Natürlich ist es im Interesse einer großen Organisation, kleinere Gruppen dadurch lenken zu können, dass man aufgrund der bestehenden Erfahrung, Strukturen und Eignung die Theoriearbeit übernimmt und den Kurs von Kampagnen, in der Summe aber auch die Richtung der Bewegung vorgibt. Vielleicht funktioniert dies in Deutschland nicht so gut, weil wir hier eher eine Graswurzelbewegung sind, die sich nicht von oben lenken lässt, sondern eigene, unabhängige Zellen bildet, die miteinander stark vernetzt sind.

Missverständnisse

Es werden gravierende Missverständnisse deutlich. Der Text „Denunziation und Aufsplitterung in der Tierrechtsbewegung" würdigt weder die (auch intern kritische) Graswurzelbewegung in Deutschland noch den Sinn einer offenen und transparenten Gesprächskultur, die auch zur Distanzierung und Ausgrenzung führen kann. Zwischenzeitlich scheint zudem der Begriff „Theorie" mal Theorie im Gegensatz zum Aktivismus zu meinen, dann aber auch mit „Denunziation" gleichgesetzt zu werden. Der Autor des Textes unterstellt den Deutschen die „Vision der reinen Elitetruppe, die im Gleichschritt in dieselbe Richtung geht". Er spricht von Ideologie, Anpassungsdruck und einem „Denunziationsklima" in Deutschland, während es an Toleranz gegenüber Andersdenkenden fehlen würde.[5]

Einem anderen Missverständnis sollte ebenfalls vorgebeugt werden: Dass der Autor des Textes auch für Menschenrechtsverletzungen Toleranz fordere. Das tut er nicht. Allerdings relativiert er diese und gibt als eine Handlungsmöglichkeit vor, dennoch miteinander zu kooperieren. So schreibt er: „Natürlich gibt es eindeutige Menschenrechtsverletzungen, darüber sind wir uns einig. Und diese Menschenrechtsverletzungen dürfen nicht toleriert werden. Aber es gibt eben auch […] einen Graubereich, in dem nicht so klar ist, was unterdrückend ist und was nicht." Und: „Die Einsicht, dass es keine ideale, nicht-unterdrückende Gesellschaftsform zu geben scheint, zwingt zu erhöhter Toleranz gegenüber anderen Weltanschauungen. Das gilt umso mehr innerhalb einer sozialen Bewegung wie der Tierrechtsbewegung. Intoleranz und Ausgrenzung gegenüber jeder noch so rein prinzipiell als menschenrechtsfeindlich und unterdrückend definierten Handlung oder Aussage einer Person, bedeutet letzten Endes, dass wir alle nicht toleriert werden dürften und ausgegrenzt werden müssten. In irgendeiner Form sind wir alle menschenrechtsfeindlich und unterdrückend, das ist unvermeidbar."

Ich behandle den Text nicht, weil ich ihn besonders gelungen finde. Sondern, weil er die hier relevanten Themen anführt und behandelt: Menschenrechtsverletzungen, Dominanz in der Theorie, Art der Bewegung und die Tierschutzproblematik.

Der Wert der Kritik

Es ist eigentlich selbstverständlich für (theoretisch) denkende Menschen, die Meinungen Anderer zu hinterfragen und deren Theorien und Einstellungen gegebenenfalls auch zu kritisieren. Mündige Menschen äußern dann auch ihre Bedenken, selbst wenn kritisches Denken von der Maschinenarbeit abhält und zunächst einmal sogar Sand ins Getriebe wirft. Ich kann nicht verstehen, wie man innerhalb einer sozialen Bewegung den offenen Diskurs kritisieren kann, anstatt ihn und damit die Mündigkeit ihrer Mitglieder zu fördern. Selbstverständlich behindert jede Debatte (zumindest indirekt durch Kapazitätenumverlagerung) den Aktivismus. Aber auch eine gut geführte Diktatur verläuft fließender, reibungsloser, mit weniger Spannung als andere Formen der Gesellschaftsordnung. Wenn nur wenige das Sagen haben und die Machtanteile weitgehend einseitig verteilt (oder zumindest kontrolliert) sind, dann verliert man natürlich kaum Zeit mit Debatten und Umstrukturierungen und hat entsprechend Zeit für Aktivismus.

Manchen reicht natürlich das Mitlaufen. Andere möchten ihre eigene Theorie gegen die Theorien Anderer behaupten, weil sie glauben, dass ihre besser sei. Dritte möchten grundsätzlich die Möglichkeit haben, nicht nur passiv-aktivistisch an der Bewegung teilzuhaben, sondern sich mit eigenen Ansichten in Debatten einbringen zu können. Das geht aber nur, wenn der Diskurs offen und willkommen ist, Transparenz geschaffen und Veränderungen möglich und erwünscht sind.

Kritik, beziehungsweise die kritische Auseinandersetzung, muss nicht destruktiv und auch nicht „denunziatorisch" sein. Sie kann auch konstruktiv sein und sowohl Widersprüche als auch bewegungsrelevante Unterschiede in den Ansichten aufdecken. Eine Bewegung muss nicht einheitlich auftreten. Manche Unterschiede in den Ansichten sind allerdings so gravierend, dass gefragt werden muss, ob es sich noch um eine Bewegung mit gemeinsamen Zielen und Ansichten handelt, die miteinander vereinbar sind, oder um bereits voneinander losgelöste Bewegungen.

Stehen alle, die sich „für die Tiere" einsetzen, „auf der gleichen Seite", sodass die Kritik an anderen tatsächlich kleinlich ist? Francione 2002 dazu: „Peter Singer und Ingrid Newkirk beklagten sich kürzlich, dass ich ihre Ansichten angriff, obwohl wir jedoch alle ‚auf der gleichen Seite' stünden. Wenn es etwas gibt, dessen ich mir sicher bin, dann, dass ich nicht ‚auf der gleichen Seite' wie Peter und Ingrid stehe. Unsere Ansichten sind sehr unterschiedlich. Unsere Ziele sind sehr unterschiedlich. Wir brauchen mehr Uneinigkeit innerhalb der Bewegung, nicht weniger. Und wir sollten keine Angst davor haben, als ‚spalterisch' bezeichnet zu werden. Das ist die Bezeichnung, die diejenigen gebrauchen, die nichts Substanzielles auf legitime Kritik und Beobachtung antworten können." Und: „Nicht mit den Ansichten anderer übereinzustimmen, bedeutet nicht, ‚spalterisch' zu sein. Ich stimme mit den Tierschützern nicht überein. Ich betrachte Tierschutz als ineffektiv und kontraproduktiv."

Die eigene Sache

Was „die eigene Sache" sei, die jeden von uns antreibt, ist vielleicht der Knackpunkt. Ob einzig „für die Tiere" zusammengearbeitet werden sollte oder ob mehr zum gemeinsamen Nenner gehören muss. Wir als Redaktion der *TIER-BEFREIUNG* wollen keine Einheitsmeinung durchsetzen, sondern veröffentlichen auch Meinungen/Artikel, denen wir inhaltlich nicht zustimmen, sofern sie argumentativ stark, konstruktiv und interessant für die Bewegung sind. Meine persönlichen Vorstellungen, wie sich die Bewegung orientieren sollte, unterscheiden sich auch noch mal von dem, was ich als wichtige Grundlage für die Bewegung ansehe. Ich wünsche mir Transparenz, Redlichkeit, Diskursoffenheit und Rationalität. Als grundlegend (!) sehe ich jedoch die Ablehnung von Herrschaft (Unterdrückung) gegen menschliche und nichtmenschliche Tiere an. Das beinhaltet die Ablehnung der Tierausbeutung ebenso wie die Ablehnung von Entpersönlichungsstrukturen beim Universellen Leben oder von Mobbing in der Tierschutzpartei.

In der sachlichen Mail an uns heißt es: „Man muss ja nicht in allem einer Meinung sein, aber es ist doch die gleiche Sache, für die wir kämpfen!" Ich habe versucht, zwei Antworten darauf zu geben: Zum einen können inhaltlich so gravierende Unterschiede in den grundlegenden Zielen, Ansichten und Strategien bestehen, dass von einer „gleichen Sache" kaum noch die Rede sein kann. Ein Beispiel ist, ob man sich primär für Tierschutzreformen einsetzen darf, wenn man eigentlich etwas ganz anderes möchte, nämlich die Verurteilung und Abschaffung der Tierausbeutung. Zum anderen steht im Raum, wie viel wir mit Menschen und Organisationen gemein haben, die sich zwar für die Abschaffung der Tierausbeutung einsetzen, dafür aber die Mitglieder der eigenen oder einer fremden Gruppe einschüchtern, entpersönlichen und ausbeuten. Wer Herrschaftsstrukturen gegen nichtmenschliche Tiere ablehnt, diese aber gegen menschliche Tiere selbst vollzieht, disqualifiziert sich als Kooperationspartnerin für mich, da sie nicht „meine Sache" fördert, sondern dieser schadet: Die Welt etwas besser zu machen und von Herrschafts- und Unterdrückungsstrukturen zu befreien. Die Sache vieler in der Tierrechts-/Tierbefreiungsbewegung ist es, die Welt strukturell zu verbessern. Kaum jemand, der sich für Tiere einsetzt, wird sich hinstellen und sagen: „Extreme Kinderarmut, Verschleppung, Völkermord oder Zwangsprostitution sind mir schnuppe, ich will nur, dass es den Tieren besser geht."

Es geht nicht nur um die Befreiung der Tiere aus dem Herrschaftsverhältnis, sondern um die Sprengung auch anderer Unterdrückungsstrukturen wie Mobbing, Lügen, Manipulation, Intransparenz, Diskursfeindlichkeit, Unredlichkeit, Diskriminierung, Entpersönlichung, Vernichtung von Kritiker_innen durch Klagewellen ... Meine Forderung im „Hauptsache für die Tiere?"-Artikel (*TIER-BEFREIUNG 67*) war nicht, dass alle nun Theoretiker_innen werden sollten und sich alle Tierrechtler_innen nun auch gegen andere Unterdrückungsformen einsetzen müssten. Aber dass doch etwas Mündigkeit und Redlichkeit von Nöten sei, um zumindest grobe Fehler vermeiden zu können. Fehler wie zum Beispiel das Fördern von Unterdrückungsstrukturen durch die Kooperation mit anti-emanzipatorischen Gruppen. Warum sollte ich es nun nicht tolerieren, wenn andere Gruppen meiner Bewegung mit dem UL oder Nazis zusammenarbeiten wollen? Inwiefern betrifft es mich? Wenn eine ausschließenswerte Organisation partiell geduldet wird – wie will man dann plötzlich Grenzen setzen (Ausschluss auf eigenen Veranstaltungen) und Dritten dann diese Grenzen vermitteln? Und was ist mit der Außenwirkung der Bewegung, wenn sie partiell doch kooperiert? Schließen sich dann nicht die emanzipatorisch eingestellten Menschen und Gruppen selbst aus, wenn die Bewegung nicht willens ist, sich von Organisationen wie NPD und UL zu distanzieren und diese auszuschließen?

Transparenz und Diskurs

Die *TIERBEFREIUNG* möchte den theoretischen Diskurs in die Bewegung hineintragen. Wir empfinden die Vielzahl an Ansätzen und Herangehensweisen als Bereicherung für die vernetzte und im Austausch stehende Bewegung. Als Redaktion fördern wir grundsätzlich konstruktive Kritik, die Transparenz schafft und kritische Positionen erhellt. Wir glauben, dass dies eine fortschrittliche Bewegung voranbringt und unabdingbar ist, gerade wenn es Kräfte in der Bewegung gibt, die am Gegenteil von Transparenz Interesse haben. Das Editorial von *TIERBEFREIUNG 68* bringt es ganz gut auf den Punkt. Unser Bemühen, bewegungsrelevante Strukturen, Einstellungen und Strategien transparent zu machen und Diskurse zu eröffnen, wird jedoch als „Hetze" bezeichnet – ohne inhaltlich darauf einzugehen oder wenigstens erkennbar etwas zu ändern, wo die Kritik berechtigt ist. Gerade jene polarisieren, erhitzen und spalten die Bewegung, die ohne argumentative Kraft und ohne inhaltliches Eingehen bei jeder Art von Kritik pauschal von „Hetze" reden, anstatt die unterschiedlichen Typen der Kritik fair voneinander zu unterscheiden und manche berechtigte Kritik auch entsprechend zu würdigen. Anstatt sich innerhalb der Graswurzelbewegung auf kritische, konstruktive Diskurse einzulassen (und gegebenenfalls etwas in der eigenen Organisation oder an der eigenen Einstellung zu verbessern) oder sich wenigstens aus ihnen herauszuhalten, werden diese mit bösen Worten verunglimpft und ohne inhaltlich angemessenes Eingehen einfach abgeurteilt. Als

Gründe oder Leitmotive dafür lassen sich ausmachen: Unfähigkeit oder Unwillen bezüglich Diskursen, der Erhalt der eigenen Macht und der Einsatz für eine möglichst große und aktivistische Bewegung von in gewisser Weise unkritischen Mitläufern.

Wenn alle Positionen und Handlungen transparent und konstruktiv-sachlich diskutierbar wären, hätten wir viel mehr Sachlichkeit, Klarheit und vielleicht auch Anstand in der (beziehungsweise den) Bewegung(en). Manchmal kochen die Emotionen wegen einer ideologischen Einstellung hoch. So könnte die eigene verwurzelte Vorstellung vom Richtigen so stark sein, dass an anderen Vorstellungen überzogen Kritik geübt wird. Auf der anderen Seite, der der Kritisierten, könnte die eigene Ideologie ihrerseits gegen berechtigte Kritik immunisiert und unzugänglich sein. Wir müssen uns immer wieder selbst fragen, was uns antreibt: das ideologische oder das kritische Bewusstsein. Was wir brauchen, wenn wir uns eine starke und im Wesentlichen geschlossene Bewegung wünschen, ist mehr Redlichkeit und Diskursoffenheit.

Ausgabe 70 (April 2011)

Endnoten:

1. Judith Holofernes von der Band *Wir sind Helden* sagte dem BILD-Blatt auf deren Anfrage für eine Werbeaktion ab, sie will (auch) keine ehrliche, abwertende Meinung auf einem BILD-Plakat äußern. Sie erkannte, „dass das Medium die Botschaft ist. Oder, noch mal anders gesagt, dass es kein ‚Gutes im Schlechten' gibt". Die BILD sei kein „weitestgehend harmloses Inventar eines eigentlich viel schlaueren Deutschlands", sondern sie mache Deutschland. „Mit einer Agenda." Ich meine: Man soll auch das UL in seiner Tat- und Organisationskraft nicht unterschätzen. Und auch beim UL gilt, dass das Medium die Botschaft ist. Wer das UL toleriert oder sogar mit ihnen kooperiert, toleriert implizit auch seine Strukturen oder demonstriert dies zumindest nach außen.

2. Ist die Tierrechtsbewegung wirklich unattraktiv für das Universelle Leben? Es ist kein Geheimnis, dass es einen beachtlichen Teil an esoterisch und theosophisch eingestellten Menschen unter den Vegetarier_innen und Veganer_innen gibt, die anfällig für die UL-Lehre sind. Außerdem diverse soziale Netze, die gewonnen werden könnten (nicht zuletzt als Konsument_innen für deren Bioprodukte). Und schließlich die gesellschaftliche Position einer Organisation, die einer aktiven, sozialen und emanzipatorischen Bewegung zugehört. Die prominente Schauspielerin und ehemalige Landtagsabgeordnete der Grünen Barbara Rütting ist vor kurzem in eine UL-Gemeinde gezogen. Ich würde sagen, das Konzept (oder die Saat?) geht auf.

3. „Denunziation und Aufsplitterung in der Tierrechtsbewegung" (2005?): *www.vegan.at/warumvegan/tierrechte/denunziation_und_aufsplitterung_in_der_tierrechtsbewegung.html*

4. Interview mit Gary Francione über den Stand der Tierrechtsbewegung in den USA (2002): *www.antispe.de/txt/garyfrancioneinterview.html*

5. Vergleiche und beurteile folgenden Sachverhalt: Ein NPD-Landesvorsitzender äußerte im Parlament: „Warum unterstützen Sie denn nicht endlich die Familien hier im Land, anstatt Verfolgung von Andersdenkenden zu praktizieren." Denn es gibt ja ein gemeinsames und sinnvolles Ziel: „Es muss ein kinderfreundliches Umfeld geschaffen werden." Wir sollen verstehen: 1. Die NPD ist faktisch und im Rahmen des Grundgesetzes wählbar und wurde in den Landtag gewählt, ist also demokratisch legitimiert. 2. Die NPD setzt sich ebenfalls engagiert für eine gute Familienpolitik im Landtag ein. 3. Wer sich für berechtigte politische Ziele einsetzt, sollte (gegebenenfalls wie hier in der Familienpolitik) auch mit der NPD als „Andersdenkenden" zusammenarbeiten.

Die Dinge beim Namen nennen

Ein Interviewtext zur Umbenennung der BerTA

Tierrechte, Tierbefreiung, Antispeziesismus. Unter diesen Begriffen finden sich Menschen zusammen, die sich für die Abschaffung der allgegenwärtigen Ausbeutung von nichtmenschlichen Tieren einsetzen. Mit den Begriffen sind unterschiedliche Überlegungen, Konzepte und Zielsetzungen verbunden. Katrin und Jens, zwei Aktivist_innen der *Berliner-Tierbefreiungs-Aktion* (BerTA), erzählen, warum die Abkürzung BerTA nicht mehr für „Berliner-Tierrechts-Aktion" steht, warum sich die Gruppe umbenannt hat.[1]

Ihr habt euch vor kurzem umbenannt. Wie seid ihr auf die Idee der Umbenennung gekommen?

Katrin: Wir verspürten ein gewisses Unwohlsein mit dem Begriff „Recht". Das hängt zum einen mit einer Kritik an juristischen Rechtsvorstellungen zusammen. Also bei den juristischen Forderungen geht es um die gesetzliche Festschreibung von einzuhaltenden Regelungen in Bezug auf den Umgang mit nichtmenschlichen Tieren. Es geht darum, Transportzeiten zu begrenzen, Mindeststandards für Gehege oder Käfige aufzustellen oder ein gänzliches Verbot von Tiernutzung zu erreichen. Die Problematik liegt da in der Bestätigung bestehender gesellschaftlicher Ordnungsvorstellungen. Ein zweites Verständnis von „Tierrechten" nimmt dagegen Bezug auf moralisch richtiges Handeln. Das heißt, von Menschen wird gefordert, die Rechte von nichtmenschlichen Tieren anzuerkennen. Damit einher geht aber, dass gesellschaftliche Strukturen nicht in den Blick genommen werden, weil es eher um die Veränderung von Verhalten einzelner Menschen geht. Wir versuchen über unsere politische Praxis aber gerade gesellschaftliche Verhältnisse zu ändern.

Jens: Es lässt sich auch so sagen: Die rechtliche Stellung von Tieren zu verändern oder den moralischen Zeigefinger zu erheben, geht uns einfach nicht weit genug. Unser Ziel ist es, nichtmenschliche Tiere aus einer sozialen Stellung zu befreien, in der sie als minderwertig und verfügbar gelten. Das ist die Zielsetzung, unter der wir politische Arbeit machen wollen, und „Tierbefreiung" verleiht diesen Überzeugungen den besten Ausdruck.

Den meisten Menschen erscheinen die Begriffe Tierbefreiung und Tierrechte eher als Synonyme. So oder so, es geht um die Abschaffung der Nutzung von nichtmenschlichen Tieren, könnte man meinen. Ihr seht das offensichtlich anders.

Jens: Nö. Ich denke auch, dass es auch bei Tierrechtskonzepten in der Regel um eine Abschaffung von Tierausbeutung geht. Es gibt aber Unterschiede, und die liegen auch nicht mal im Detail, wie es so schön heißt. Das sind stellenweise fundamentale Unterschiede. Als erstes stehen hinter den Konzepten unterschiedliche Vorstellungen, wie gesellschaftliche Mensch-Tier-Verhältnisse zu denken sind. Zum zweiten wird die Frage, was mensch eigentlich verändern will, unterschiedlich beantwortet. Und zum dritten geht es auch um unterschiedliche Handlungsstrategien.

Ihr habt eingangs ja von einer Kritik an ethischen Überlegungen gesprochen. Könnt ihr das vielleicht ausführen?

Katrin: Tierrechtskonzeptionen, die ethisch vernünftiges Handeln in den Mittelpunkt ihrer Überlegungen stellen, interessieren sich so gut wie nicht für die gesellschaftlichen Verhältnisse. Es wird also nicht danach gefragt, welche Merkmale Mensch-Tier-Verhältnisse haben, wie sie reproduziert werden, welche Tierbilder es gibt und wie sich diese verändern. Stattdessen wird meistens an persönliche Verhaltensweisen und Entscheidungen appelliert. Die_der Einzelne sollte sich verändern. Das ist durchaus ein Aspekt der Abschaffung von Tierausbeutung. Gesellschaftliche Denkmuster, Strukturen, Wahrnehmungsweisen fallen damit aber aus dem Blick. Und die beeinflussen Mensch-Tier-Verhältnisse genauso wie der Griff nach den Wurst- oder Käsescheiben im Kühlregal des nahegelegenen Supermarkts. Wenn also, wie bei Tierrechtskonzepten, Entscheidungen einzelner Individuen überdacht werden sollen, dann macht es auch Sinn, sich mit jenen zu beschäftigen. Aber nochmal: Tierausbeutung ist keine Problematik Einzelner. Es reicht nicht, einzelne Leute zu überzeugen. Es muss aus unserer Sicht darum gehen, gesellschaftlich relevante Bedeutungen von Menschen und nichtmenschlichen Tieren zu analysieren und entsprechend zu verändern.

Würdet ihr sagen, dass Tierrechte eine sinnvolle Erweiterung des Tierschutzgedankens darstellen?

Jens: Das würde ich so sehen, dass Tierrechte eine sinnvolle Erweiterung des Tierschutzes darstellen. Während Tierschutz ja nur Verbesserungen von Haltungsbedingungen einforderte, sollten Tierrechte unveräußerliche Ansprüche auf ein unversehrtes Leben für nichtmenschliche Tiere ermöglichen. Dass wir Rechte von Tieren anerkennen sollen, ist eine Position, die vor allem von Rechtsphilosoph_innen begründet wurde. Die Forderungen sind ja nicht schlecht. Problematisch finden wir es, wie sie zu ihren Forderungen kommen. Tom Regan sagt beispielsweise, dass Tiere per se „Subjekte eines Lebens" sind und daher moralische Berücksichtigung erfahren müssen. Peter Singer glaubt, dass manche nichtmenschlichen Tiere als „Personen" erachtet werden sollten, weil sie leidens- und bewusstseinsfähige Wesen sind und deshalb bei der Maximierung von Glück beziehungsweise der Vermeidung von Leid zu berücksichtigen seien. Was beide jeweils inhaltlich meinen, spielt gar nicht mal so die Rolle. Entscheidend ist, dass sich beide auf vermeintliche Tatsachen berufen. Das heißt, sie glauben sich im Besitz der allein gültigen Erkenntnis, was bei Tierausbeuter_innen auch nicht anders ist. Sie fragen nicht nach dem Zustandekommen dessen, was sie für falsch halten, und sie fragen sich auch nicht selbst, wo ihre Erkenntnisse herrühren. Es ist deshalb auch wenig mehr drin, als sich über eine bestimmte Behandlung von nichtmenschlichen Tieren zu empören und den moralischen Zeigefinger zu erheben, mit dem gefordert wird, endlich zur Vernunft zu kommen und die Dinge, wie sie sind, anzuerkennen. Mehr kann eine ethisch inspirierte Kritik – wie sie im Allgemeinen von Tierrechtler_innen vertreten wird – nicht leisten. Die weitaus interessantere Frage wäre doch eher, wie Gesellschaften Tatsachen oder Wahrheiten hervorbringen beziehungsweise allgemeiner, wie Wissen hervorgebracht wird. Das ist eine ganz andere Frage als sie Tierrechtler_innen in der Regel stellen.

Um auf eure Kritik an juristischen Forderungen Bezug zu nehmen: Unter dem Begriff „Tierrechte" werden ja nicht nur „Tierschutzrechte" eingefordert (von Reformist_innen), sondern auch „Grundrechte" (von Abolitionist_innen). Ihr kritisiert beides grundlegend und unterscheidet im Wesentlichen nicht. Bezogen auf Tierschutzrechte: Klingt es nicht erst einmal ganz gut, wenn nichtmenschliche Tiere mehr Platz bekommen oder nicht stundenlang durch die Gegend gefahren werden? Was spricht eurer Meinung nach gegen eine Gesetzesverschärfung? Und bezogen auf die juristische Forderung von Grundrechten: Welches Problem seht ihr darin?
Katrin: Sicherlich kann durch Gesetzesverschärfungen den Tieren geholfen werden. Ich kann mir auch vorstellen, dass irgendwann in den Gesetzestexten steht, dass nichtmenschliche Tiere nicht gegessen werden dürfen, dass keine Experimente an ihnen durchgeführt werden dürfen oder dass sie nicht mehr für Unterhaltungszwecke verwendet werden dürfen. Die Frage ist nur, ob ich das so will. Also ich meine, ob ich es begrüßen soll, wenn es auf diese Weise passiert. Ich sehe daran nämlich das Problem, dass damit Institutionen gestützt werden, die aus unserer Sicht Teil des Problems sind. Die gleichen Behörden, Ämter, Gerichte, Polizist_innen, die dann Rechte für nichtmenschliche Tiere umsetzen, sind gegenwärtig an Tierausbeutung beteiligt und setzen diese auch gegen Widerstände durch. Selbstverständlich ließe sich einwenden, dass sich solche Einrichtungen auch verändern könnten. Aber eigentlich sind sie nur dazu da, die bestehenden Strukturen aufrecht zu erhalten. Tierausbeutung über eine Veränderung staatlicher Institutionen herbeiführen zu wollen, ist daher eher nicht der Mühe wert.

Ihr sagt, dass es euch um die Veränderung von Verhältnissen geht. Nun werden mit der Überarbeitung von Gesetzen auch Verhältnisse verändert, vor allem wenn nicht von Tierschutzrechten, sondern von Grundrechten (wie je-

nen auf Leben, Freiheit und Unversehrtheit) die Rede ist. Ihr meint aber, dass Tierausbeutung oder Speziesismus damit nicht überwunden werden können. Kann man das so sagen?

Katrin: Was nun die Problematisierung der Rechtsstaatlichkeit anbelangt, also die Aufnahme von Tierrechten in Gesetzestexte oder sowas, lässt sich wahrscheinlich am besten an einem Beispiel verdeutlichen. Dass es Mieter_innenrechte gibt, ist sicherlich eine gute Sache. Wenn Leute nicht einfach aus Wohnungen geschmissen werden können, weil es Kündigungsfristen gibt, bietet das Sicherheit. Aber gleichzeitig wird mit der Verrechtlichung des Mietens von Wohnungen das Verhältnis zwischen Mieter_innen und Vermieter_innen festgeschrieben. Es wird festgelegt, wer was darf und was nicht. In diesem Rahmen ist dann allerdings auch kein Raum mehr, um andere Interessen durchzusetzen. Wohnen heißt deshalb auch immer Miete zahlen, oder wer es sich leisten kann, kauft sich eine Wohnung. Keine Miete zu zahlen und daher auch nicht für die Miete arbeiten gehen zu müssen, ist aber nicht drin. Mit dem Besitz von Immobilien Geld zu verdienen und für das Dach überm Kopf Miete zu zahlen, sind dann ganz normale Vorgänge. Sie sind akzeptierter Teil gesellschaftlicher Strukturen, bei denen es völlig unerheblich ist, ob damit Bedürfnisse befriedigt werden. Und das Ganze geht einher mit Obdachlosigkeit und Verdrängung aus Wohngebieten. Was hat das nun mit Tierbefreiung zu tun? Die Abschaffung von Tierausbeutung zu fordern, geht ja erst mal nur innerhalb einer Gesellschaft, die nichtmenschliche Tiere ausbeutet. Wie das Mietbeispiel zeigt, werden gegensätzliche Interessen aber nicht aufgelöst, sondern miteinander arrangiert. Tierrechte bringen also keine Abschaffung. Es wird lediglich dazu kommen, dass neue Standards der Tierausbeutung festgelegt werden.

Jens: Es könnte aber schon einen Diskussionsprozess in Gang setzen. Das darf nicht vergessen werden. Nur ist das dann eigentlich nix Juristisches mehr. Denn es würde dann ja eben um Begründungen für die jeweiligen Positionen gehen. Und das wollen wir ja eigentlich erreichen.

In eurer Stellungnahme schreibt ihr, dass es einer Gesellschaftskritik bedarf, um das Mensch-Tier-Verhältnis zu verändern. Inwiefern geht das Konzept der „Befreiung der Tiere" hier weiter als Forderungen nach Tierrechten?

Jens: Zunächst ist der Ausgangspunkt des Konzepts „Tierbefreiung", nichtmenschliche Tiere als Teil von gesellschaftlichen Verhältnissen zu verstehen. Und innerhalb dieser Verhältnisse werden ihnen bestimmte Stellungen sowie Bedeutungen zugewiesen und mit Umgangsweisen verknüpft. Es gilt also, die gesellschaftlichen Verhältnisse und Strukturen zu analysieren und zu kritisieren, die nichtmenschliche Tiere erst zu dem machen, wofür sie gehalten werden. Sie erscheinen dann als triebhaft, passiv an ihre Umwelt angepasst, als Naturwesen oder im Vergleich zu Menschen als minderwertig. Im Gegensatz dazu gelten Menschen als vernünftig, aktive Gestalter_innen ihrer Umwelt, Kulturwesen oder als die höchstentwickelte Spezies auf Erden. Diese ganzen Merkmale, die das gegenwärtig vorherrschende Mensch-Tier-Verhältnis bestimmen, werden innerhalb von Tierrechtskonzepten nicht, oder sagen wir kaum, untersucht. Und deshalb interessieren sich Tierrechtler_innen auch wenig für die Mechanismen, die diese Merkmale herstellen. Damit ist sowas wie Sprache, Wissenschaft oder Sozialisation gemeint.

Katrin: Um das vielleicht noch einmal zu verdeutlichen: Dass Menschen es als ihr gutes Recht wahrnehmen, nichtmenschliche Tiere zu nutzen, hängt untrennbar damit zusammen, wie das Zusammenleben hier gerade funktioniert. Es ist ja im wahrsten Sinne des Wortes Recht und Gesetz, nichtmenschliche Tiere als Eigentum zu betrachten und sie der Willkür auszuliefern. Und es sind ja nicht nur einfach Einstellungen und fehlendes Wissen, die zu Ausbeutung und Unterdrückung von nichtmenschlichen Tieren führen. Ich würde da auch klar kapitalistische Produktionsverhältnisse als Teil des Problems benennen. Diese richten sich ja nicht nach Bedürfnissen, weder von Menschen noch von nichtmenschlichen Tieren. Wir können uns nicht nur mit Strukturen des Speziesismus beschäftigen, da diese im Zusammenhang mit anderen Herrschaftsverhältnissen wie beispielsweise Rassismus oder Sexismus stehen. Das heißt, gesellschaftliche Denkformen, die Vorstellungen der Minderwertigkeit erst hervorbringen, genauso wie die eben genannten gesellschaftlichen Prozesse, müssen Teil der Kritik sein. Diese muss eine politische Praxis in den Blick nehmen. Und das wird doch erst möglich, wenn wir davon sprechen, welche soziale Stellung nichtmenschlichen Tieren zugewiesen wird. Das geht weit über das hinaus, was so unter „Tierrechten" verstanden wird.

Was folgt aus diesen Überlegungen? Wie sollte eine politische Praxis von Tierbefreiungsgruppen aussehen, die diesen Ansprüchen gerecht wird?
Katrin: Wir können uns nicht damit begnügen, moralisch richtiges Handeln zu fordern. Wir müssen nach den Ursachen für unser Handeln fragen. Dafür sind erst einmal Gesellschaftsanalysen vonnöten, um zu schauen, was denn die Bedingungen sind, die Tierausbeutung überhaupt ermöglichen, um diese dann auch anzugehen. Einige Aspekte hatten wir schon genannt: Andere Tierbilder müssen wirkmächtig werden. Sie müssen eine Relevanz bekommen, die dazu führt, dass sich Denkmuster verändern und Handlungsweisen ändern. Das heißt auf die Debatten Einfluss zu nehmen, wo immer wieder versucht wird, die Minderwertigkeit von nichtmenschlichen Tieren zu begründen. Und wenn wir sagen, wir wollen auf strukturelle Bedingungen Einfluss nehmen, die zur Ausbeutung von nichtmenschlichen Tieren führen, dann heißt das auch, Mensch-Tier-Verhältnisse nicht im luftleeren Raum zu betrachten. Wenn Rechtsstaatlichkeit Teil des Problems ist, dann muss hier auch eine Kritik ansetzen. Zudem stützen sich verschiedene Herrschaftsverhältnisse gegenseitig. Da muss geguckt werden, wo

gemeinsame Handlungsstrategien mit anderen sozialen Bewegungen möglich und notwendig sind, um Veränderungen zu erreichen.

Jens: Aus den Überlegungen folgt auch, dass die eigene politische Praxis reflektiert wird. Wir sollten uns also fragen, ob man mit bestimmten Aktionsformen zur Veränderung des Mensch-Tier-Verhältnisses beiträgt und auch, ob man durch bestimmte Herangehensweisen nicht Bedingungen stützt, die zur Ausbeutung von Tieren führen. Da sehen wir bei Forderungen nach anderen Gesetzen klare Grenzen, um nur ein Beispiel zu nennen. Mit der Umbenennung werden wir aber unsere Arbeit nicht über den Haufen werfen und jetzt etwas komplett anderes machen. Wenn wir uns an Kampagnen beteiligen, dann nicht, weil wir an das Verantwortungsbewusstsein von irgendwelchen Konzernmanagern appellieren, sondern weil wir denken, dass wir damit einen Beitrag liefern können, bestimmte Tierausbeutungsindustrien zu beenden und damit zur Befreiung der Tiere beizutragen. Das sollte dann aber auch so vermittelt werden.

Ihr habt eure Umbenennung ja nicht gerade klammheimlich über die Bühne gebracht, sondern bewusst die Szeneöffentlichkeit gesucht. Warum ist euch eine Debatte um theoretische Überlegungen und Handlungsgrundlagen so wichtig? Oder anders formuliert: Was können andere Gruppen davon haben, sich ebenfalls über diese Themen Gedanken zu machen?

Katrin: Also erst einmal geht es uns nicht darum, hier irgendwen vorzuführen. Also Gruppen zu unterstellen, sie hätten bestimmte Aspekte nicht mitgeschnitten und uns über sie zu erheben. Wir teilen ja mit den meisten Gruppen das Ziel, Tierausbeutung zu beenden und suchen nach gemeinsamen Handlungsmöglichkeiten. Wie man dieses Ziel erreichen kann, hängt aber davon ab, welche Problemanalysen, Zielsetzungen und Strategien man wählt. Hierfür sind Diskussionen notwendig, die wir auch mit anderen Gruppen führen. Wir sind da auch durchaus streitbar und würden uns freuen, wenn wir zu entsprechenden Diskussionsprozessen anregen können.

Ausgabe 67 (Juni 2010)

Endnote:

1. Siehe auch die ausführliche Stellungnahme zur Umbenennung: BerTA (2010): „Tierbefreiung statt Tierrechte – eine politische Begründung der Umbenennung der BerTA", *www.berta-online.org/?page_id=60.*

Die moderne Tierbewegung

Der schützende Rahmen für Einzelbewegungen und deren Profile

Emil Franzinelli

Wir haben es heute offensichtlich mit einer umfassenderen Tierbewegung zu tun, die auf der einen Seite eine Dachbewegung für mehrere Einzelbewegungen darstellt, auf der anderen ein eigenes Profil aufweist. Diese Arbeit versucht zu erläutern, was als „Tierschutz", „Tierrechte", „Tierbefreiung" und so weiter, aber auch was unter der „modernen Tierbewegung" zu verstehen ist. Ihr steht die Annahme zugrunde, dass klare, sich voneinander auch abgrenzende Profile ausmachbar und für alle Seiten nützlich sind. Klare, sich voneinander abgrenzende Profile sollten die Identifikation der Akteure mit den jeweiligen Bewegungszielen und zugleich die Toleranz gegenüber den anderen Bewegungen fördern. Eine gemeinsame (Tier-)Bewegung bliebe bestehen, die Zusammenarbeit würde gestärkt, bewegungsinterne Streitereien würden seltener. Die Einzelbewegungen würden von der Öffentlichkeit mit ihren jeweiligen Profilen und Zielen klarer wahrgenommen und besser erfasst.

Seit einigen Jahren häufen sich die Streitigkeiten darüber, was „die Bewegung" ausmache, welche Ziele sie verfolge, was in ihrem Rahmen tolerierbar wäre und was nicht mehr. Unzufriedenheit bis hin zur Störung von Veranstaltungen der eigenen Bewegung stellen sich ein. Durch das Erstarken des modernen Tierschutzes als „Brückenbewegung" schmelzen mehrere Einzelbewegungen[1] zu einer einzigen großen Tierbewegung zusammen. „Die Bewegung" ist dadurch vielfältiger und größer geworden. Der Preis dafür ist jedoch, dass mit den Grenzen auch die Profile zerfließen. Sich eigentlich ausschließende, teils auch entgegengesetzte Ansichten, Ziele und Strategien finden sich nun in einem gemeinsamen Bewegungsprofil „für die Tiere" vereint.

Verschwommene Bewegung

Innerhalb der gemeinsamen Bewegung verschwimmen die Unterschiede zwischen den einzelnen Bewegungen. Wir haben es heute mit einer „verschwommenen Bewegung" zu tun.[2] Die Einzelbewegungen haben es bislang versäumt, ihre sich voneinander unterscheidenden Profile zu stärken und voneinander abzugrenzen. Sie werden mit ihren jeweiligen Profilen nicht oder kaum wahrgenommen, sondern verschmelzen zu einer gemeinsamen Bewegung, eben der Tierbewegung. Die Begriffe werden längst inflationär und synonym verwendet. Jede Tierschutzaktion kann unter „Tierrechte" laufen. Die Inkonsistenz, der innere Widerspruch, fällt vielen in der Tierbewegung heute nicht oder kaum noch auf. Vielen sind die Begriffe und deren Unterschiede auch nicht klar. Wer „für die Tiere" ist, ist eben „Tierrechtler" – und „Tierschützer" und auch gleich „Tierbefreier". Und da alle Ansätze angeblich relativ gleich sind oder zumindest ähnliche Ziele verfolgen, sollte man entsprechend tolerant sein gegen jene, die von den eigenen Ansichten „etwas" abweichen. Die Gemeinsamkeit, für die Tiere ethisch motiviert und aktiv zu sein, überdeckt alle Unterschiede und fordert Toleranz ein innerhalb der gemeinsamen Tierbewegung. Dies führt jedoch zu Streit darüber, welches Profil die eine gemeinsame Bewegung – namentlich die vermeintliche „Tierrechtsbewegung" – habe oder haben sollte. Streitigkeiten innerhalb der gemeinsamen Bewegung entstehen deshalb, weil manche der Meinung sind, dass die eine oder andere Einstellung oder Handlungsstrategie nicht zu ihrer Bewegung dazugehöre. Sie versuchen, das spezifische Profil ihrer Bewegung zu behaupten.

Verschwimmende Tierrechtsbewegung

Bewegungen und ihren Profilen wird geschadet, wenn in ihrem Namen beliebig agiert werden kann. Sie werden verwässert und überflutet und damit respektlos behandelt. So wird die prestigereiche, radikal erscheinende, sehr aktive sowie kreative Tierrechtsbewegung als Vorhängeschild für Tierschutzbestrebungen genutzt und damit die eigentlichen Tierrechtsforderungen relativiert. Mit nichtradikalen und – positiv betrachtet – vergleichsweise schnell zu erlangenden Zielen sind die reformistischen Tierschutzbestrebungen attraktiv für die breite, tierfreundlich eingestellte Gesellschaft, aber auch für viele Akteure der Tierbewegung, die „auch" im Hier und Jetzt schon Erfolge erzielen und etwas Konkretes für die Tiere erreichen wollen. Diese Bestrebungen ziehen sowohl Akteure aus der Tierrechtsbewegung an (greifbare Erfolge), als auch tierliebe Menschen aus der breiten Bevölkerung. Die Basis „der Bewegung" wird dadurch größer. Solange die Tierschutzbemühungen der (eigentlichen) Tierrechtsbewegung nicht direkt in die Quere kommen sowie innerhalb der Tierrechtsbewegung Streitigkeiten dazu entfachen, was denn nun unter „Tierrechten" zu verstehen sei, sollten sie – außerhalb der Tierrechtsbewegung – toleriert werden.[3]

Manche reden von der „Tierschutz-/Tierrechtsbewegung", andere von der „Tierrechts-/Tierbefreiungsbewegung". Tatsächlich haben wir es aber mit unterschiedlichen und voneinander unterscheidbaren Bewegungen und Bewegungsprofilen zu tun, die sich teilweise sogar entgegenstehen.[4] Die eigentliche Tierrechtsbewegung kommt unter die Räder zweier anderer Bewegungen. Die Verwendung von Begriffen wird beliebig, damit aber gleichermaßen auch „die"

Bewegung. Wer seine Bewegung (mit ihrem Profil) bewahren möchte, muss ein-
schreiten.[5]

Zur Kritik an Abgrenzungen

Die Kritik an gewissen Menschen und Gruppen, die für die Tiere aktiv sind,
deren Ausgrenzung, bis hin zur Störung von Veranstaltungen, ärgert jene, die
sich eine „starke" und vereinte Bewegung für die Tiere wünschen. Kritik und
Streitereien innerhalb der Bewegung führten doch dazu, dass die Bewegung
geschwächt und der eigentliche Gegner, die tierausbeutende Industrie, dadurch
gestärkt werde. Dabei wird die Bewegung als klein und ohnmächtig wahrgenommen und bezeichnet, die in der Anzahl der Mitstreiter größer werden sollte.
Häufig heißt es, wir sollten unsere Kapazitäten für unsere Ziele einsetzen und
uns nicht an internen Meinungsverschiedenheiten aufreiben. Erst recht sollten
wir uns nicht gegenseitig sabotieren. Wir hätten ja eigentlich die gleichen oder
zumindest ähnliche Ziele. Immer mehr Leute aus der Tierbewegung wehren sich
dagegen, wenn nach innen Kritik geübt und dies auch nach außen getragen wird.
Sie verstehen es nicht, wenn innerhalb der eigenen Bewegung scharf kritisiert
wird, weil wir doch alle – wenn auch unterschiedlich – für die Tiere aktiv seien.
Übersehen wird dabei jedoch, dass es sich nicht immer um hinreichend überein-
stimmende, gemeinsame Ziele handelt.

Marsili Cronberg meint: „Meinungsverschiedenheiten, die sich nicht auflösen
lassen, dürfen nicht länger dazu führen, dass man sich gegenseitig verletzt und
Sand ins Getriebe wirft." Dem kann man sich anschließen. Dies muss aber für
alle Seiten gelten. Ein Konflikt kann nicht dadurch beigelegt werden, dass die
eine Seite ihre (berechtigten) Ansprüche – ihre Bewegungsprofile zu wahren
– aufgibt. Auch von der anderen Seite muss eingelenkt werden. Verwässertes
Schmiermittel gefährdet ebenfalls das Getriebe. Wenn die richtigen Mittel verwendet werden und das Getriebe nicht in die falsche Richtung läuft, beschwert
sich auch niemand mehr. Für andere Zwecke eignen sich andere Getriebe, die
jeweils andere Schmiermittel erfordern.

Eine Abgrenzung muss nicht immer gleich trotzig-willkürlich, sondern kann
auch wohlbegründet und konsequent sein. Eine Begriffsklarheit einzuführen
wäre allein schon aus dem Grunde wichtig, um Missverständnisse und Streitigkeiten innerhalb der Tierbewegung einzudämmen. Vorfälle wie in Köln 2011
(bei einer Veranstaltung, die fälschlich als „Event für Tierrechte" bezeichnet
wurde) und Bremen 2012 (bei einer Veranstaltung, die legitimerweise eine Anti-
Tierversuchsveranstaltung war und nicht gebunden an das Profil der Tierrechts-
oder der Tierbefreiungsbewegung) sollten dann nicht mehr passieren – außer bei
erneutem Etikettenschwindel (den es in Bremen aber nicht gab). Die Proteste,
die in die Störung der beiden Veranstaltungen mündeten, verliefen unglücklich
und destruktiv. Sie haben allen Seiten mehr geschadet als genutzt. Die Wahl der

Mittel zeugt aber auch von einer stärker werdenden Unzufriedenheit und verspürten Machtlosigkeit. Aus einer gewissen Perspektive wird die Tierrechts- und Tierbefreiungsbewegung durch das verstärkte öffentliche Auftreten des Tierschutzes empfindlich verwässert und unterwandert. Das bisherige Ziel, das die Abschaffung der Tierausbeutung fordert, wird ersetzt durch das Ziel der „Verbesserung der Situation von Tieren". Die abolitionistische Bewegung weiß sich in der Bewahrung ihres Profils offensichtlich nicht anders zu helfen. Doch zu behaupten, jene Störer und gegen etwas Eingestellte seien einfach nur engstirnig und intolerant, weswegen sie als „Hetzer" und „Spalter" zu bezeichnen seien, greift zu kurz.[6]

Abgrenzungsbereiche und Diskurse

Kritisiert und abgegrenzt wird in der Bewegung vor allem bezüglich folgender vier Themen:

- Reformismus/moderner Tierschutz (sein Stellenwert in der Tierrechtsbewegung)
- Vegetarismus (sein Stellenwert in der Tierrechtsbewegung)
- Nazis und Universelles Leben (ihr Engagement für die Tiere und die Zusammenarbeit mit ihnen)
- Versuche der Instrumentalisierung oder Unterwanderung der Tierrechtsbewegung

Die Spannungen bezüglich dieser Themen sind derart stark, dass sie als bewegungsrelevante Themen nicht mehr übergangen werden können. Die Frage ist lediglich, ob man sich (weiterhin) streiten oder per Diskurs einen Streit beilegen möchte. Wir kommen als Bewegung nicht um Diskurse herum. Wenn es Elemente gibt, die eine Bewegung empfindlich stören, dann sind sie Thema. Und zwar nicht nur ein Randthema. Wenn man die Leute zusammen bringen und vor allem halten will, dann muss man sich auch mit „Randthemen", also internen Konflikten, auseinandersetzen.

Aufsplitterung der Bewegung?!

Manche sind der Meinung, das Tierrechts- oder das Tierbefreiungskonzept stehe in der Tradition der Bewegung und stelle eine „fortschrittliche Weiterentwicklung" im Rahmen dieser gemeinsamen Bewegung dar. Von diesem Aspekt her lehnen manche Aktivisten die Aufsplitterung der Bewegung in Einzelbewegungen ab.[7] Dann wird man aber wie bisher weiterhin den Preis dafür zahlen müssen, eine einzige gemeinsame Bewegung haben zu wollen: Da die voneinander verschiedenen Einzelbewegungen nicht zulassen können, dass ihre Bewegungen mit ihren Profilen untergehen, und sich niemals zugunsten eines gemeinsamen

Bewegungsprofils einigen werden, sondern vielmehr darum kämpfen müssten, dass ihre jeweilige Ansicht zur bewegungsbestimmenden wird, wird dieser Zustand des Streitens um die Strategien und des Kampfes um die Deutungshoheit innerhalb der einen gemeinsamen Bewegung nicht eingestellt werden können und ewig Ressourcen binden. Vielen geht es um Substanzielles: den Schutz und Erhalt des eigenen Bewegungsprofils, das durch die Dominanz populärer, nichtradikaler Ansätze unterzugehen droht. Begriffsklarheit und die Etablierung von Bewegungsprofilen sichern den Minderheitenschutz. Die abolitionistische Bewegung wird aktuell durch Begriffsmissbrauch, das willentliche Leugnen der Unterschiede, aber auch durch die dominante Präsenz des modernen Tierschutzes in einer gemeinsamen Bewegung ausgehebelt und damit unterdrückt. Dieser Konflikt bedarf offensichtlich des Diskurses, der mit der einseitigen Forderung nach Toleranz nicht mehr stillschweigend umgangen werden darf.

Die Ansicht der „fortschrittlichen Weiterentwicklung der gemeinsamen Bewegung" teilen von der anderen Seite auch manche Aktivisten der herrschaftskritischen Bewegung. Auch sie sollten sich davon verabschieden, ihr Bewegungsprofil auf die Gesamtbewegung übertragen zu wollen (aus denselben Gründen: ewige Streitigkeiten und Machtkämpfe). Die konkurrierende Auseinandersetzung der Bewegungen miteinander sollte vielmehr zwischen den Bewegungen stattfinden.

Aber führt die Aufsplitterung der gemeinsamen Bewegung in mehrere Einzelbewegungen nicht zur Schwächung ihrer politischen Schlagkraft? Und sollten nicht wenigstens die Tierrechts- und die Tierbefreiungsbewegung zusammengeschlossen werden, um mit dem zentralen gemeinsamen Ziel der Abschaffung der Tierausbeutung der erfolgreicheren Bewegung des modernen Tierschutzes etwas mehr entgegenhalten zu können? Nein. Die Bewegungen würden ja nicht voneinander getrennt, sondern innerhalb einer umfassenden Dachbewegung lediglich voneinander unterschieden.[8]

Vorteile der Aufsplitterung

Die Benennung unterschiedlicher Bewegungen und die Anerkennung voneinander abgrenzender Profile hat – wie ich denke – überraschend viele und überzeugende Vorteile. Wenn es transparente Definitionen dafür gäbe, was die jeweiligen Bewegungen ausmacht und was nicht mehr, wenn also geklärt wäre, was notwendig zu einer Bewegung gehört, was noch tolerabel ist und was definitiv nicht dazugehört, dann...

- bräuchte man viel weniger intern streiten, Deutungskämpfe ausfechten und kritisieren. Die Begriffsklarheit würde den Streitereien den Nährboden nehmen.
- Die inflationäre (Fehl-)Verwendung von Begriffen würde eingedämmt.

- „Ausgrenzungen" wären keinesfalls willkürlich, sondern klar nachvollziehbar und angemessen. Über den Bewegungsdiskurs lassen sich die Grenzen aber auch immer noch verschieben.
- Die Öffentlichkeit würde die einzelnen Bewegungen mit ihren jeweiligen Zielen und ihren Gründen besser wahrnehmen und auseinanderhalten können.
- Die Aktiven der Tierbewegung hätten eine viel geeignetere Grundlage dafür, die eigene Einstellung mit den Profilen der unterschiedlichen Bewegungen abzugleichen. Sowie sich über die anderen Bewegungen zu informieren, um gegebenenfalls überzuwechseln oder sich zusätzlich weiteren Bewegungen anzuschließen.
- Man könnte endlich toleranter jenen gegenüber auftreten, die – in einer eigenen Bewegung – zum Beispiel organisierten Tierschutz betreiben. Jene würden dann Tierschutz im Namen der Tierschutzbewegung betreiben und ihre Tierrechtsposition (falls vorhanden) im Namen der Tierrechtsbewegung vertreten. Angesichts der Alternative (den Tierschutz im Namen der Tierrechte zu fördern) spricht vergleichsweise wenig dagegen, mehreren Bewegungen anzugehören, solange man sie auseinander halten kann und die jeweiligen Profile entsprechend respektiert.
- Bei klaren Bewegungsprofilen können (bewegungs)geeignete – das heißt dem Profil entsprechende – Ziele und Strategien besser erkannt und entwickelt werden. Es wird dann auch leichter sein, sich auf diese zu fokussieren.
- Die Kooperationen zwischen den Bewegungen werden erleichtert, weil die Grenzen klar sind und nicht mehr die Gefahr der Verwässerung herrscht.[9]
- Die Kampagnenarbeit kann weiterhin bewegungsübergreifend stattfinden, sofern es sich mit den Profilen und den Zielen der Bewegungen vereinbaren lässt.
- Die Anerkennung von unterschiedlichen Einzelbewegungen mit jeweils eigenen Profilen macht es nicht mehr nötig, sich über ein einzelnes Profil – das der angeblich umfassenden „Tierrechtsbewegung" – zu streiten. Klare Profilentwicklungen und Begriffsklarheit brächten etliche Vorteile mit sich, nicht nur den wichtigen Punkt, dass Streitigkeiten und Intoleranz innerhalb „der" Bewegung abnehmen würden. Über die gemeinsame Tierbewegung würde man auch weiterhin eine gemeinsame Bewegung bilden und könnte auch weiterhin bewegungsübergreifend zusammenarbeiten. Politisch wäre man daher auch nicht geschwächt, sondern hätte zudem den Vorteil, dass Medien, Politik und Gesellschaft gleich mehrere Profile, Zielsetzungen und Begründungen zu sehen bekämen. Wir wären als Bewegung(en) wesentlich besser aufgestellt.

Konkurrenz der Einzelbewegungen

Positions- und Strategieansätze stehen zueinander in Konkurrenz um Wahrnehmung und Anerkennung in der Gesellschaft, aber auch um die Förderung/ Ressourcen innerhalb der Tierbewegung. Die Unterteilung der Tierbewegung in mehrere Einzelbewegungen und Profile würde den Diskurs wesentlich entschärfen, weil es dann nicht mehr ums Ganze ginge („die" Bewegung oder ihre Ausrichtung), sondern „nur" noch um den Stellenwert der Einzelbewegungen in der Gesamtbewegung. Wir stritten dann nicht mehr darüber, ob die Tierrechtsbewegung den Tierschutz mit einschließe, sondern zum Beispiel darum, ob innerhalb der Tierbewegung der organisierte Tierschutz geeignet(er) ist, den sozialen Status, der nichtmenschlichen Tieren heute noch zugewiesen wird, und die Ausbeutungsstrukturen zu bekämpfen.

Den eigenen Einstellungen gerecht werden

Ist die Unterscheidung der Bewegungen nur eine intellektuelle Spielerei, ohne praktische Relevanz? Nein. Die Unterscheidung würde es erleichtern, die eigenen Einstellungen mit den gewählten Handlungen und Handlungsstrategien abzugleichen. Sie würde dabei helfen, zu erkennen, ob man sich tatsächlich (auch) für die eigentlichen Ziele hinter der eigenen Grundeinstellung einsetzt.

Abgrenzungen innerhalb der modernen Tierbewegung müssen nicht auf eine Hierarchie zwischen den Einzelbewegungen hinauslaufen oder den einen oder anderen Ansatz abwerten. Hier geht es darum, die Leute in ihren bestehenden, „eigentlichen" Einstellungen gerade zu bestärken. Ich fordere sie dazu auf, sich über ihre Einstellungen einerseits und über ihre Handlungen andererseits bewusst zu werden und sich entsprechend (gegebenenfalls neu) zu verorten. Das heißt: Wer eine gewisse Einstellung hat, durch seine Handlungen jedoch nicht entsprechende Ziele fördert, sondern andere, vielleicht sogar entgegengesetzte, der macht etwas falsch. Er sollte dann entweder seine (zum Beispiel Tierrechts-) Einstellung oder seine Handlungen (zum Beispiel jene des organisierten Tierschutzes) anpassen. Wenn es von der geteilten Einstellung her dann sehr viel weniger „Tierrechtler" im eigentlichen Sinne gäbe und die eigentliche Tierrechtsbewegung kleiner würde, dann nützte das trotzdem allen. Dann würde sich niemand mehr etwas vormachen. Während die verbliebenen (eigentlichen) Tierrechtler geschlossener und unverfälschter ihre (die Tierrechts-)Ziele verfolgen könnten, würden jene sich neu Verortenden ihre jeweils anderen, eigenen, zum Beispiel Tierschutzziele fördern. Dann jedoch unter der angemessenen Fahne des Tierschutzes. Manche werden aufgrund der Auseinandersetzung mit den verschiedenen Bewegungsprofilen aber auch ihre Handlungen und Handlungsstrategien ihren Einstellungen anpassen. Einige Aktive, die sich eher mit dem Tierrechts- oder dem Tierbefreiungsprofil identifizieren und dort ihre Einstellungen verorten, werden möglicherweise erkennen, dass ihre bisherigen

Handlungsstrategien und ihr Aktivismus andere Ziele fördert, nicht jedoch jene, die man eigentlich hat und teilt: die Abschaffung der Tierausbeutung.

Anforderungen an die Aktivisten

Für die Akteure der Bewegung ist die minimale Auseinandersetzung mit der Theorie – das heißt das grobe Verstehen der unterschiedlichen Profile und die Selbstverortung – unabdingbar. Sie schulden den Einzelbewegungen den Respekt, deren Profile nicht zu übergehen, wenn sie sich von ihren Einstellungen und Handlungen her der einen oder anderen Einzelbewegung öffentlich zurechnen und diese nach außen hin vertreten. Berechtigte Einwände gegen die ungerechtfertigte Verwendung und Zuschreibung von Begriffen wie „Tierrechte" oder „Tierbefreiung" dürfen nicht mehr übergangen werden. Die Diskurse wären öffentlich, sachlich und konstruktiv zu führen.

Ich verstehe sehr gut, dass einige Menschen relativ schnell überfordert sind und sich entsprechend weigern, begriffliche Unterscheidungen mitzumachen oder sich Gedanken zu den eigenen Einstellungen oder Handlungen zu machen. Jene aber, die nicht leicht überfordert sind, sollten sich im Eigeninteresse und im Interesse ihrer eigenen Bewegung(en) ein wenig mit den unterschiedlichen Profilen auseinandersetzen und auch als Multiplikatoren auftreten, damit sich die Klarheit über die jeweiligen Profile verbreitet.

Zum Vorgehen bei der Differenzierung

Es geht mir hier nicht um die Abwertung einer Position gegenüber der anderen. Also darum, welcher Position seitens der Theorie oder seitens der Strategie her der Vorzug gegeben werden sollte. Sondern darum, „einen Begriff" davon zu vermitteln, welche Bedeutungen und Theorien hinter den Bezeichnungen stehen und welche Konsequenzen dies für die Bewegungen hat. Wenn ich mich bemühe, zum Beispiel „Tierbefreiung" und „Tierbefreiungsbewegung" oder „moderner Tierschutz" zu erläutern, dann nicht mit der Absicht, für eine jeweilige Einstellung zu werben oder eine andere zu diskreditieren, sondern mit der Absicht, dass andere sich mit den Begriffen vertraut machen können und sich überlegen, wo sie selbst stehen (wollen). Wenn sie sich in einer Einstellung wiederfinden, können sie sich überlegen, ob sie sich entsprechend dieser Einstellung die richtigen Ziele gesetzt haben und entsprechend ihrer Ziele die richtigen Strategien verfolgen.

Neben dem (unterschiedlich ausführlichen) Erläutern einiger Begriffe – ihrer Bedeutungen und Unterschiede zu anderen Begriffen – ist die Betrachtung dessen wichtig, wohin sich die einzelnen Bewegungen bei uns bis heute entwickelt haben. Was die Bewegungen faktisch also ausmacht, welche Identitätsmerkmale sie haben.[10] Die Ergebnisse der beiden Betrachtungen gilt es miteinander abzu-

wägen und konkrete Vorschläge für die jeweiligen Bewegungsprofile zu unter-
breiten.[11] Vorab sollte aber die Tierbewegung genauer charakterisiert werden.

Diskussion der „Tierbewegung"

Die moderne Tierbewegung, mit der wir es seit einigen Jahrzehnten zu tun haben,
ist einerseits eine Bewegung, die mehrere Einzelbewegungen in sich einschließt,
andererseits eine eigenständige Bewegung mit einem eigenen Profil. Sie umfasst
all jene Menschen und Bewegungen, die sich aus ethischen Gründen öffentlich
„für die Tiere" einsetzen. Der sie ausmachende kleinste gemeinsame Nenner ist
der Einsatz für die Verbesserung der Situation von nichtmenschlichen Tieren.
Die Wirkbereiche der Tierbewegung sind:

- praktisch (direkt nichtmenschlichen Tieren helfen, wenn sie konkret
  hilfsbedürftig sind)
- theoretisch (Fortentwicklung und Verbreitung von normativen Begrün-
  dungsansätzen)
- aufklärerisch (Förderung des Bewusstseinswandels in der Gesellschaft)
- wirtschaftlich (Beeinflussung der Wirtschaft)
- politisch (Beeinflussung der Gesetzgebung oder Einsatz für alternative
  Gesellschaftsformen)

Die Tierbewegung ist meiner Kenntnis nach bisher noch nicht als solche benannt
worden (außer unbestimmt als „Bewegung für Tiere"). Dennoch ist von ihr die
Rede, wenn jede Pro-Tier-Haltung in einen Topf geworfen und dieser nichtge-
reinigte Topf dann „Tierrechtsbewegung" genannt wird. Häufig liegt ihr keine
konkrete Ansicht zugrunde, sondern ein Grundgefühl und eine Grundhaltung:
dass nichtmenschliche Tiere „moralisch" zu behandeln seien (was immer darunter konkret verstanden wird).

David DeGrazia unterscheidet drei Stufen von „moralischen Tierrechten":

1. im schwächeren Sinne des moralischen Status („moral-status sense of
   (moral) ‚rights'"; nichtmenschliche Tiere seien an sich moralisch zu berücksichtigen und nicht beliebig zu nutzen)
2. im Sinne der gleichen Berücksichtigung („equal-consideration sense"; die
   willkürliche Bevorzugung von Menschen sei abzulehnen) und
3. im stärkeren Sinne von Rechten als Trümpfen („utility-trumping sense",
   „strong animal-rights views"; die Nützlichkeit, der größte Nutzen für alle,
   spiele keine Rolle, utilitaristische Allgemeinwohlerwägungen seien abzulehnen)[12]

Der schwächere Sinn der „moralischen Tierrechte" (erste Stufe) stellt den Minimalkonsens der Tierbewegung dar. Nichtmenschlichen Tieren wird ein moralischer Status zugesprochen, der gesellschaftlich anzuerkennen und entsprechend zu berücksichtigen sei. Die Gesellschaft behandle nichtmenschliche Tiere heute noch nicht „moralisch", sondern beute sie rücksichtslos aus. Die Ansichten und Forderungen der unterschiedlichen Akteure in der Tierbewegung unterscheiden sich voneinander, haben jedoch zumindest gemeinsam, die Situation von nichtmenschlichen Tieren verbessern zu wollen.

Einer übergreifenden „Tierbewegung" ein eigenes Feld einzuräumen wird dadurch legitim, dass viele Akteure der Bewegung sich gegen eine Spaltung und für eine breite Toleranz einsetzen. Das heißt ein eindeutiges (also auch ausschließendes) Bewegungsprofil ablehnen und diese Einstellung mittels öffentlicher Veranstaltungen selbstbewusst vertreten. Sie sehen eine gemeinsame Bewegung von Menschen, die „für die Tiere" aktiv werden, und lehnen die Abwertung und den Ausschluss von Menschen und Gruppen aus der gemeinsamen (Tier-) Bewegung ab. So heißt es, es gebe nicht den Königsweg, wie Tieren am besten geholfen werden könnte. Alle Herangehensweisen seien grundsätzlich wichtig oder würden zumindest nicht schaden und sollten deswegen toleriert werden. Auf einem niedrigen Level der Forderungen könnten die Menschen am ehesten für die Tierfrage sensibilisiert werden. Niemand sei als Tierrechtler geboren worden, die meisten würden sich schrittweise entwickeln. Dieser Ansicht ist Rechnung zu tragen. Doch auch die Tierbewegung kann und sollte Diskurse führen und sich entwickeln, zum Beispiel hinsichtlich der Zusammenarbeit mit gewissen Gruppen. Sie muss nicht nach allen Seiten hin offen sein. Faktisch gehören zunächst aber alle Menschen und Gruppen automatisch dieser Bewegung an, die sich im öffentlichen Raum für die Tiere einsetzen und für sie aktiv sind. Wenn zum Beispiel das Universelle Leben eine Innenstadt vollplakatieren lässt oder Nazis mal wieder das Schächten als Thema für sich entdecken, dann sind diese beiden Gruppen offensichtlich für die Tiere aktiv und gehören zumindest im weiten Sinne der Tierbewegung an (da diese keine Ausschlusskriterien hat). Dies heißt jedoch nicht, dass Akteure der Tierbewegung mit dem UL und seinen vielfachen Initiativen oder mit Nazis zusammenarbeiten müssten und sie nicht meiden dürften.

Die Einzelbewegungen der Tierbewegung

An Einzelbewegungen lassen sich meiner Erkenntnis nach ausmachen: klassischer (oder traditioneller) Tierschutz, moderner (oder konsequenter) Tierschutz, Tierrechtsbewegung, Tierbefreiungsbewegung, vegane Bewegung, Veggie-Bewegung. Die vegane und die Veggie-Bewegung führen auch andere, nichttierethische Beweggründe an. Sie fallen als Bewegungen meiner Meinung nach aber dennoch in die Tierbewegung, weil sie im Kern tierethisch motiviert sind.

Keine eigenständigen Bewegungen innerhalb der (tier)ethisch motivierten Tierbewegung machen meiner Ansicht nach der Artenschutz, der praktische Tierschutz, die „Hauptsache für die Tiere"-Fraktion, die Animal Liberation Front, die heutigen Antispe-Gruppen und der vegan Lifestyle aus. Die abolitionistische Bewegung nimmt eine Sonderrolle ein.

Abolitionistische Bewegung

Eine abolitionistische Bewegung, also eine, die sich für die Abschaffung der Tierausbeutung einsetzt, gibt es ganz offensichtlich. Dennoch würde ich sie nicht als Einzelbewegung anführen, weil in ihr die Tierrechts- und die Tierbefreiungsbewegung mit ihren unterschiedlichen Handlungsstrategien aufgehen würden und dann kein jeweils eigenes Profil mehr entwickeln könnten – das sie jedoch haben. Sie stellt vielmehr eine übergeordnete Bewegung dar, der neben der Tierrechts- und der Tierbefreiungsbewegung auch die vegane Bewegung zugehört.

Von der Einstellung (also nicht der Strategie) her gibt es noch viel mehr Anhänger des Abolitionismus als nur die Angehörigen der benannten drei Bewegungen. Relevant für die Zugehörigkeit zur abolitionistischen Bewegung ist jedoch nicht, ob man ebenfalls der Meinung ist, dass unsere Gesellschaft aufhören sollte, nichtmenschliche Tiere auszubeuten. Sondern ob man sich aktiv auch dafür einsetzt, das heißt, den abolitionistischen Ansatz verfolgt und nicht etwa einen reformistischen, der sich vordergründig lediglich darum bemüht, die Ausbeutung von Tieren zu regulieren.

Artenschutz

Der Artenschutz stellt eher keine eigene Bewegung innerhalb der Tierbewegung dar. Er hat nicht einzelne Tiere als Individuen als Gegenstand, sondern den Erhalt seltener, bedrohter und meist attraktiv anzusehender Tierarten. Ihm geht es vordergründig nicht darum, das Leben einzelner Tiere zu erhalten und zu verbessern. Individuen nichtbedrohter Tierarten können problemlos zum Nutzen (zum Beispiel für die Fütterung) der Individuen der bedrohten Arten getötet werden. Fairerweise muss man sagen, dass der Artenschutz sich auch dafür einsetzt, den Lebensraum von Wildtieren zu schützen. In dieser Hinsicht begrüßt die Tierbewegung den Artenschutz.

Praktischer Tierschutz

Manche Tierschützer werden sich bei den folgenden Definitionen des „klassischen" oder „modernen" Tierschutzes nicht wiedererkennen, weil es ihnen zu theoretisch ist. Häufig sind sie (sogar) Veganer, die sich einfach nur besorgt und selbstverständlich für Tiere einsetzen. Für sie zählen diese Unterscheidungen nicht, auch nicht die von den Tierrechten, sondern das konkrete Handeln für die Tiere ist ihnen wichtig. Damit haben sie nicht unrecht. Es ist wichtig, dass es Menschen gibt, die sich für hilfsbedürftige Tiere einsetzen. Sie brauchen sich nicht mit Theorie auseinanderzusetzen. Der in diesem Sinne „praktische" Tierschutz macht jedoch keine Bewegung aus. Eine Bewegung besteht nicht aus einer größeren Anzahl von Einzelpersonen, solange diese sich nicht organisieren und versuchen, ihnen gemeinsame Werte zu vermitteln. Der Bewegungstierschutz im Folgenden meint nicht das direkte Aktivsein von Menschen für nichtmenschliche Tiere, sondern vielmehr den „organisierten" Tierschutz, den sich im öffentlichen Raum positionierenden Tierschutz mit gesellschaftsorientierten Zielen.

„Hauptsache für die Tiere"-Fraktion

Der Ausdruck „Hauptsache für die Tiere" steht für eine bestimmte Einstellung, nämlich sich ungeachtet anderer ethischen Aspekte hauptsächlich „für die Tiere" einzusetzen. Die Zusammenarbeit mit Nazis, mit menschenverachtenden Sekten oder totalitär/autoritär geführten Gruppen, aber auch Manipulationsstrategien am Infotisch zum Beispiel, werden damit verteidigt, dass dies „für die Tiere" nützlich sei. Für eine breite Bewegung sei es förderlich, selbst die Querfront-Strategien von anti-emanzipatorischen Gruppen zu tolerieren. Selbst dann, wenn man sich prinzipiell von ihnen distanziere. Es solle innerhalb der Bewegung keine oder kaum Ausgrenzung von Menschen und Gruppen geben, die sich für die Tiere einsetzen.

Weil diese Einstellung keine Seltenheit ist, sondern eine (noch) häufig anzutreffende, für die sich innerhalb der Bewegung aktiv eingesetzt wird, spreche ich in früheren Artikeln von einer „Hauptsache für die Tiere"-Fraktion.[13] Diese Fraktion macht jedoch keine eigene Bewegung aus, sondern wirbt innerhalb der Tierbewegung darum, dass ihre radikal-tolerante Sichtweise von der Bewegung angenommen wird.

Animal Liberation Front

Direkte Aktionen der Animal Liberation Front (ALF)[14] können übergreifend der Tierbefreiungs-, der Tierrechts-, aber selbst auch der Tierschutzbewegung zugesprochen werden. Die Sabotage von Ausbeutungsmitteln oder die Befreiung von nichtmenschlichen Tieren aus einer Haltung kann unterschiedlich begründet werden. Eine eigene Bewegung macht die ALF nicht aus, weil sie die direkten Aktionen nicht als solche bewirbt, sondern als Mittel des Widerstands gegen die Tierausbeutung lediglich anwendet. Die ALF geht in der abolitionistischen Bewegung auf.

Heutige Antispe-Gruppen

Sollte in Abgrenzung zur Tierbefreiungsbewegung von einer eigenen Antispe-Bewegung die Rede sein? So wie die vegane Bewegung von der Veggie-Bewegung zu unterscheiden ist und der moderne Tierschutz vom klassischen? Ich bin da etwas unentschieden. Das unterscheidende Merkmal einer Antispe-Bewegung könnte sein, dass sie etwas weniger theoretisch ist als die Tierbefreiungsbewegung und stattdessen eher praktisch agiert – als herrschaftskritischer, antikapitalistischer, antispeziesistischer, antisexistischer und antifaschistischer, kurz: Total-Liberation-Black-Block. Als ihr Slogan ließe sich ausmachen: „Words mean nothing, action is everything." Sie stellt sich gegen die Ausbeutung und Unterdrückung von Menschen und nichtmenschlichen Tieren und geht auch direkt gegen diese an. Meiner Ansicht nach weist sie jedoch kein eigenes konkretes theoretisches Gerüst auf. Manche Kritiker meinen, die heutigen Antispe-Gruppen (ältere Gruppierungen und die Tübinger Antispe-Gruppe fallen aus diesem Rahmen heraus) unterschieden sich vor allem durch ihr „militantes Gehabe" von der Tierrechts- und der Tierbefreiungsbewegung. Nicht wenige ihrer Aktivisten seien sehr jung und blieben leider auch nicht lange aktiv. Die Benennung einer eigenen Bewegung scheint mir daher zu kleinlich. Eine zu starke Aufsplitterung der Bewegung nutzt auch nicht der Sache.[15]

Vegan Lifestyle

Der „vegane Lebensstil" ist eine Begleiterscheinung der Tierbewegung. Er lässt sich weder einer einzelnen Bewegung zuordnen noch macht er eine eigene Bewegung aus (und wenn doch, dann keine innerhalb der ethisch motivierten Tierbewegung). Viele Menschen innerhalb der unterschiedlichen Einzelbewegungen leben nicht nur konsequent (das heißt aufgrund ihrer persönlichen ethischen Einstellungen) vegan, sondern sie leben dies auch in einem gewissen sozialen Milieu, der veganen Szene, aus. Sie gehen beispielsweise zu Vegan- und Veggie-Veranstaltungen, um sich dort mit Veganern zu treffen und vegane Produkte zu konsumieren.

Der Vegan Lifestyle verdient deswegen Beachtung, weil er die Tierbewegung in mehrerei Hinsicht beeinflusst. Über die vorgelebte oder gar zelebrierte vegane Lebensweise kommen Menschen aus dem sozialen Umfeld von Lifestyle-Veganern in Kontakt mit tierethischen Einstellungen. Über Gespräche oder den Konsum veganer Produkte beginnen sie, sich mit der Produktion tierlicher Produkte auseinanderzusetzen. Manche werden daraufhin Veganer. Ein anderer Aspekt ist, dass der vegan Lifestyle Ressourcen bindet, die zuvor der Tierbewegung zur Verfügung standen, dann aber weniger. Manche am Rande noch Aktive der Tierbewegung gehen im Vegan Lifestyle auf – und versinken darin. Sie nutzen die vegane Infrastruktur für „Socializing" (Veganer-Bekannte treffen) und den Konsum. Genuss und Erholung bekommen einen höheren Stellenwert als der Aktivismus, welcher gelegentlich abnimmt.[16] Der wesentliche Unterschied zur veganen Bewegung besteht darin, dass der Vegan Lifestyle den Veganismus nicht aktivistisch bewirbt, sondern ihn lebt. Viele Lifestyle-Veganer engagieren sich zusätzlich auch in der veganen oder in der Veggie-Bewegung. Der Vegan Lifestyle stellt aber keine eigene Bewegung dar.

Diskussion der veganen Bewegung

Die vegane Bewegung bewirbt die vegane Lebensweise, also ein Leben, das ohne Tierausbeutungsprodukte geführt wird. Sie hat aber auch die wichtige Aufgabe, eine vegane Infrastruktur auszubauen und bekannt zu machen. Sie erleichtert es Menschen, konsequent nach ihren (neuen) ethischen Ansichten zu leben. Ihre Motive sind vielfältig, hauptsächlich jedoch ethisch motiviert, denn sonst bräuchte man die vegane Lebensweise nicht zu fördern versuchen. Die ethischen Gründe für die vegane Ernährung beziehen sich auf nichtmenschliche Tiere (dass Tieren kein Leid zugefügt oder aber, dass sie nicht instrumentalisiert, sondern ihre Autonomie geachtet werden sollte), aber auch auf Menschen: dass wir – vor allem mit Hinblick auf die kommenden Generationen – unsere Umwelt, unsere Ressourcen und unser Klima schonen und die Grünflächen für Nahrungs- und nicht für Futtermittel nutzen sollten. Es geht auch um die Sozial- und Wirtschaftsverträglichkeit.[17]

Selbst wenn die vegane Bewegung nicht vollständig in der abolitionistischen Bewegung aufgeht, kann sie ihr doch zugezählt werden. Die abolitionistische Bewegung tritt politischer und umfassender auf. Sie fordert auch auf der gesellschaftlichen Ebene die Abschaffung der Tierausbeutungsindustrie, während die vegane Bewegung sich eher um den Bewusstseins- und Lebenswandel bei Einzelnen oder in der Gesellschaft bemüht und sich vor allem auf die Bereiche des (Nahrungs-)Konsums spezialisiert.

Die vegane Bewegung birgt außerdem das Potential, „Lifestyle-Veganer" zu aktivieren. Viele (Neu-)Veganer sind noch nicht aktiv, sie kennen sich mit den Bewegungsansätzen nicht aus, identifizieren sich entsprechend noch nicht mit einem bestimmten Bewegungsprofil, möchten sich aber ethisch motiviert für die Verbreitung der veganen Idee einsetzen. Für viele Veganer ist die vegane Bewegung die erste aktivistische Station in ihrem Engagement für nichtmenschliche Tiere. Ein vermittelndes Bindeglied ist zum Beispiel der Veggie Street Day in mehreren deutschen Städten. Lifestyle-Veganer gehen primär wegen des Konsums und Socializings hin, bekommen darüber hinaus aber auch Tierrechts- (und weitere) Inhalte geboten und lernen Menschen kennen, die bereits für die Tiere aktiv sind.

Diskussion der Veggie-Bewegung

Viele Akteure der Veggie-Bewegung (vor allem die federführenden) leben selbst zwar vegan, bewerben dies jedoch nicht oder wenig direkt, sondern verfolgen eine Strategie der bescheidenen Schritte. Im Gegensatz zur veganen Bewegung bewirbt die Veggie-Bewegung nicht nur die rein vegane Lebensweise und allein die veganen Produkte, sondern darüber hinaus auch vegetarische Produkte und die vegetarische, aber auch die fleischreduzierte Lebensweise. Sie setzt sich zum Beispiel dafür ein, dass Großküchen den Veggie-Anteil erhöhen, dass in öffentlichen Kantinen ein fleischfreier Tag eingeführt wird, dass Menschen ihren Fleischkonsum reduzieren (Halbzeitvegetarier-Projekt und Präsentationen des VEBU), aber auch, dass die auf Tiernutzung basierende Produktion von Lebensmitteln „humaner" wird. Die Konsumenten sollen „eine andere Einstellung zu dem, was wir uns täglich einverleiben", entwickeln, sie sollen das Fleisch und die Tierprodukte, die sie essen, wertschätzen, indem es unter tiergerechteren Bedingungen produziert und teurer wird.[18]

Diskussion von „Tierschutz"

Der Bezugspunkt des Tierschutzes sind die Leiden der Tiere, die Leidensfähigkeit, auf die mehr oder weniger stark Rücksicht genommen werden solle. Es lassen sich zwei eigentlich eigenständige Tierschutzbewegungen ausmachen.[19] Die eine repräsentiert den klassischen (oder traditionellen) Tierschutz. Sein Ziel ist die Minimierung von Tierleid auf ein „notwendiges" Maß (regulative Reformen, Minimierungsreformen). Ihm steht die Ansicht zugrunde, dass wir Menschen nichtmenschliche Tiere grundsätzlich für unsere Zwecke nutzen dürften, sie jedoch schonend zu behandeln hätten.[20] Diese Tierschutzeinstellung entspricht großteils DeGrazias schwächeren ersten Stufe der „Tierrechte" (Tiere haben einen moralischen Status und sind grundsätzlich moralisch zu berücksichtigen).

Die andere repräsentiert den modernen (oder konsequenten) Tierschutz. Sein Ziel ist zum einen die Minimierung von Tierleid auf ein „erreichbares" Maß (Minimierungsreformen), darüber hinaus aber auch die Vermeidung „unnötigen" Tierleids (prohibitive Reformen, Verbotsreformen). Häufig wird der moderne Tierschutz als Strategie für Tierrechtsbestrebungen gewählt. Die Idee dahinter ist, dass regulative (Minimierungs-) und/oder prohibitive (Verbots-) Reformen irgendwann einmal zur Abschaffung der Tiernutzung führen würden. Die Regulation führe über die fortschreitend verschärften Tierschutzgesetze zur Schwächung der tierausbeutenden Industrie. Mit der Zeit würde sich die Tierausbeutung für die Industrie immer weniger lohnen, ohne Tierausbeutung zu produzieren jedoch immer mehr. Über den ansteigenden Preis, der für Tierausbeutungsprodukte zu zahlen wäre, würde sich das Konsumverhalten der Massen ändern. Die Nachfrage und die Produktion von tierfreien, veganen Lebensmitteln würde kontinuierlich ansteigen, ebenso das tierethische Bewusstsein der Konsumenten. So die Theorie.[21]

Der Tierschutz kann sich nun dafür einsetzen, dass *Sequenzen* der Tiernutzung reguliert oder *Segmente* der Tiernutzung verboten werden. Mit Sequenzen sind einzelne Bestandteile aus der Abfolge einer bestimmten Tiernutzung gemeint (Kettenglieder). Reguliert werden können zum Beispiel die Art der Kastration von Schweinen, die Transportzeiten zum Schlachthof, das Vorgehen bei den Tötungen und so weiter (regulative Reformen). Die Tiernutzung an sich wird durch die Regulierung von Sequenzen nicht angegriffen. Mit Segmenten sind einzelne Arten der Tiernutzung gemeint, die komplett eingestellt werden sollen. Verboten werden können zum Beispiel die Art der Nutzung bestimmter Tiere (Käfighaltung von „Legehühnern", Kleinkäfige für Nerze, Einzelhaltung von Kälbern) oder die Art der genutzten Tierarten (zum Beispiel Experimente mit Menschenaffen, Gefangenhaltung von Menschenaffen in Zoos oder die Vorführung von Wildtieren in Zirkussen). Theoretisch können prohibitive Reformen dazu führen, dass eine bestimmte Art der Tiernutzung ersatzlos eingestellt wird (damit würden sie auch dem Ziel der abolitionistischen Bewegung entsprechen). So ist in manchen Ländern die Existenz von Pelzfarmen „quasi" verboten, weil die neuen gesetzlichen Haltungsvorschriften das kommerzielle Betreiben einer „Pelzfarm" unrentabel machen. Das Verbot der Käfighaltung von Hühnern führt jedoch nicht zum „Quasiverbot" der Hühnerhaltung.

Diskussion von „Tierrechten"

Voneinander zu unterscheiden sind moralische und gesetzliche Rechte. Moralische Tierrechte sind jene, die wir nichtmenschlichen Tieren mittels moralphilosophischer Begründung zusprechen. Gesetzliche Tierrechte sind jene Rechte, die gesetzlich institutionalisiert sind („legal rights"). Sie müssen sich nicht mit den moralischen decken. Die Unterscheidung moralische versus gesetzliche Rechte macht Sinn, wenn es um die gesetzliche Legitimierung geht. Gesetzesänderungen finden stufenweise und gegen viel Widerstand statt. Moralische Rechte sind ideale Rechte, auf ihre Umsetzbarkeit muss nicht Bezug genommen werden. Gesetzliche Rechte unterliegen der gesellschaftlichen Wirklichkeit und müssen ausgehandelt werden. Es ist klar, dass sich eine Gesellschaft nicht sofort radikal wandeln wird, wenn sie die moralischen Grundrechte der Tiere anerkennt.

Rechte gibt es nicht in der Natur (auch keine „Menschenrechte"), sondern sie werden (von uns Menschen) zugeschrieben. Die Zuschreibung moralischer Rechte muss jedoch nicht willkürlich sein. Als ethisch relevantes Kriterium dafür kann die Empfindungsfähigkeit angesehen werden.[22] Wenn Interessen nicht durch Rechte geschützt werden, dann gibt es keinen Anspruch auf deren Erfüllung. Ohne moralische Rechte gibt es bestenfalls eine Güterabwägung, einen Wertevergleich.

Auf der Ebene der Tierrechte streiten Theoretiker miteinander darum, ob nichtmenschlichen, empfindungsfähigen Tieren, die keine „Personen" sind, gleiche Rechte zukommen sollten (Grundrechte, Egalitarismus), oder ob die Rechtevergabe abhängig sein soll von dem Grad oder der Art ihres Geistes (keine grundsätzlich vollwertigen Rechte, Hierarchie). Rechte kann es entsprechend unterschiedlicher Art geben. Die Begründung der Menschenrechte und die Zurückweisung des Speziesismus nutzen einige Theoretiker dafür, eben jene Rechte auch auf andere Spezies auszudehnen. Wir haben es dann mit einer erweiterten Theorie der Menschenrechte zu tun.[23] Die Argumentation besteht dann darin, die speziesistische Ungleichbehandlung/Diskriminierung zurückzuweisen und die Empfindungsfähigkeit oder die Autonomiepräferenz (die Fähigkeit, sich für gewisse Zustände zu entscheiden) als moralisch relevant hervorzuheben. Rechte würden in Form von „Trümpfen" zugesprochen werden, dann gelten sie grundsätzlich und entsprechen Grundrechten wie dem Recht auf Freiheit, dem Recht auf Leben, dem Recht darauf, nicht willentlich geschädigt zu werden.

„Tierrechte" müssen aber nicht unbedingt in Anlehnung an die Menschenrechte als deren Erweiterung formuliert werden. Sie können auch konkret auf nichtmenschliche Tiere zugeschnitten sein. Die Argumentation lautet dann, dass (gewisse) nichtmenschliche Tiere (gewisse) Bedürfnisse hätten sowie ein moralisches Anrecht auf entsprechend „artgerechte Behandlung". Gesetze sollten die Haltungsbedingungen regulieren. Nicht mitgetragen wird hier die Forderung und Förderung eines revolutionär-anderen moralischen Status für nichtmenschliche Tiere. Rechte würden dann zugesprochen werden als das Recht auf eine gewisse Käfiggröße, das Recht, einen Monat lang mit seinem Neugeborenen zusammenleben zu dürfen, das Recht auf eine begrenzte Transportzeit, das Recht auf medizinische Versorgung. Im schwachen Sinne könnte man also auch bei manchen regulativen und prohibitiven Reformen von „Tierrechten" reden. Man müsste dann sagen: „Hühner haben das Recht auf einen größeren Käfig, darauf, ihre Flügel ausstrecken zu können." Oder: „Tiere haben das Recht, ‚human' getötet zu werden und nicht von ungelernten Arbeitern im Akkord." Das sind dann aber Tierschutzrechte („welfare rights"), keine Grundrechte. Konsens der (eigentlichen) Tierrechtsbewegung ist jedoch, dass mit „Tierrechten" nicht das Recht auf einen größeren Käfig oder auf eine humane Tötung gemeint sein kann, sondern (aufgrund der Eigenschaft, empfindungsfähig oder zusätzlich auch präferenzautonom – das heißt fähig und willens, Entscheidungen über das eigene Leben zu treffen – zu sein) die Grundrechte auf Leben, Freiheit und Unversehrtheit.

Diskussion von „Tierbefreiung" I

Zwei unterschiedliche Bedeutungen von „Tierbefreiung" haben Peter Singer und die *Berliner-Tierbefreiungs-Aktion* (BerTA) dargelegt. Die moderne Tier(!)bewegung verdanken wir meiner Ansicht nach vor allem Peter Singer, weshalb ich ihn etwas ausführlicher behandle und bewegungsübergreifend diskutiere. Von Singer erschien 1975 das damals bahnbrechende Buch *Animal Liberation*.[24] Auf der Basis des im englischsprachigen Raum stärker vertretenen Utilitarismus präsentierte Singer eine damals revolutionäre, paradigmenwechselnde philosophische Grundlage, der zufolge nichtmenschliche Tiere einen anderen Stellenwert als bisher in der Moral einnehmen sollten. Seit *Animal Liberation* müssen sich jene, die die Leiden und Interessen nichtmenschlicher Tiere nicht oder geringer berücksichtigen, die Zuschreibung einer moralisch unzulässigen Diskriminierung – des Speziesismus – gefallen lassen.

Gewisse Ansichten von Singer, die mittlerweile mehr oder weniger von der westlichen Kulturgesellschaft geteilt werden, sind:

1. Nichtmenschliche Tiere sind aufgrund ihrer Leidensfähigkeit und ihrer Fähigkeit, Interessen zu haben, an sich moralisch zu berücksichtigen. Sie sind keine Dinge, über die wir willkürlich verfügen könnten oder die wir lediglich indirekt (mit Hinblick auf uns Menschen) beachten müssten. Sondern sie sind aufgrund der Möglichkeit, ihnen Schaden zuzufügen, welcher ihr „gutes Leben" beeinträchtigt, Wesen, die „an sich"/„für sich" moralisch zu berücksichtigen sind. Somit gehören auch sie zur „moralischen Sphäre", sie haben einen „moralischen Status". Ihre Interessen sind moralisch relevant (*Interessensprinzip*).

2. Die Interessen von nichtmenschlichen Tieren sind nicht geringerwertig zu berücksichtigen als jene von Menschen. Gleiches oder Ähnliches soll auch gleich oder ähnlich behandelt werden (*Gleichheitsprinzip*). Andernfalls haben wir es mit einer willkürlichen Diskriminierung zu tun (Speziesismus).

Nach Singer sind nichtmenschliche Tiere aus dem (noch) bestehenden Diskriminierungsverhältnis des „Speziesismus" zu befreien. Das heißt: Ebenso wie wir es als westliche Gesellschaften ablehnen, dass die Interessen von Frauen oder Angehörigen gewisser ethnischer Gruppen nicht oder geringer berücksichtigt und diese somit diskriminiert und unterdrückt werden (Sexismus, Rassismus), sollten wir es auch ablehnen, die Interessen von nichtmenschlichen Tieren nicht oder geringer zu berücksichtigen. Das zentrale moralische Prinzip Singers ist somit das *Prinzip der gleichen Interessenabwägung*. Diesem zufolge darf uns bei der Frage moralischer Handlungen nicht interessieren, wer oder was der Träger von Interessen ist. Sobald unsere Handlungen die Interessen anderer beeinträchtigen könnten, sollten wir abwägen, welche Handlung im besten Interesse aller (!) Betroffenen ist.

Wie sieht es bei Peter Singer mit Rechten aus? Die Einführung von „Rechten" sieht der Utilitarist Singer als nicht notwendig an, um die Interessen von Interessenträgern angemessen zu berücksichtigen, sondern eher als hinderlich. Rechte stehen der unvoreingenommenen Abwägung von Interessen entgegen. Institutionalisierte Rechte führen gerade dazu, dass eben nicht alle Interessen gegeneinander abgewogen werden können. Rechteinhaber sind vielmehr privilegiert.[25] Das heißt: Sie haben vor jeder utilitaristischen Abwägung einen besonderen moralischen oder rechtlichen Stand, der sie vor Allgemeinwohlerwägungen und gewissen Behandlungen schützt.

Singers Vorstellung von der „Befreiung der Tiere" macht also aus, dass die Interessen von nichtmenschlichen Tieren (ebenfalls) gleichwertig zu berücksichtigen seien und die nichtmenschlichen Tiere entsprechend nicht weiter diskriminiert werden sollten. Diese Vorstellung spricht jedoch nicht grundsätzlich dagegen, dass wir Tiere für unsere Zwecke nutzen dürften. Wir bräuchten unsere Einstellung Tieren gegenüber nicht insofern ändern, dass sie ein Recht auf ein selbstbestimmtes Leben hätten und wir kein Recht, uns beeinträchtigend einzumischen. Sondern es reichte, nichtmenschlichen Tieren einen moralischen Status zuzusprechen (DeGrazia: erste Stufe der „Tierrechte") und ihre Interessen gleichermaßen zu berücksichtigen (DeGrazia: zweite Stufe der „Tierrechte").[26] Die Position Singers wird für gewöhnlich nicht als „Tierbefreiungsposition" angesehen.

Diskussion von „Tierbefreiung" II

Eine andere Bedeutung von „Tierbefreiung" macht vor allem die *Berliner-Tierbefreiungs-Aktion* (BerTA) stark.[27] Zunächst gelte es, das gegenwärtige, diskriminierende Mensch-Tier-Verhältnis – vor allem im Bewusstsein der Menschen – aufzuheben. Die Bezeichnungen „das Tier" oder „Tiere" werden dazu als Konstruktionen und Kategorien zurückgewiesen. Ebenso die Kategorien „Nutztier", „Versuchstier", „Schädling", „Haustier". Sie werden nicht anerkannt in Form von Reformbestrebungen bezüglich deren Zucht, Haltung, Nutzung, Tötung. Die kategoriale „Mensch-Tier"-Unterscheidung soll aufgehoben werden. Auch wir Menschen sind Tiere. Außerdem gibt es Unterschiede zwischen den Arten und den Individuen innerhalb einer Art (sofern es noch sinnvoll ist, überhaupt von Arten zu reden). Tierliche Lebewesen sollten als autonome (und überhaupt: als) Individuen angesehen werden, nicht als Mitglieder einer bestimmten Spezies, für die es gewisse konkrete Rechte gebe.

Das allgemein vorherrschende Verständnis der legitimen Ausbeutung von nichtmenschlichen Tieren wird jedoch nicht als ein Phänomen angesehen, das mit Aufklärung allein wegdiskutiert werden, von dem sich unsere Gesellschaft ohne Weiteres wegentwickeln könnte. Sondern es seien die vorherrschenden und verfestigten gesellschaftlichen Strukturen, die dazu aufgebrochen werden müssten. Diese beträfen nicht nur nichtmenschliche Tiere. Die Befreiungsidee beginne oder ende somit weder bei nichtmenschlichen Tieren noch bei Menschen. Ihr emanzipatorischer Gehalt greift die gesellschaftlichen Unterdrückungsstrukturen an sich an. Tiere (zu denen auch wir Menschen gehören) sollten nicht als verwertbare Objekte der Ausbeutung angesehen und behandelt werden. Das Ziel sei entsprechend eine herrschaftsfreie Gesellschaft ohne Unterdrückung und Ausbeutung.

Der herrschafts- und gesellschaftskritische Ansatz versteht unter „Tierbefreiung" vor allem die Befreiung der nichtmenschlichen Tiere aus dem Herrschaftsverständnis und -verhältnis der Menschen, nicht die Klärung konkurrierender Rechtsansprüche. Die BerTA bezweifelt, dass „das Ziel der Abschaffung der Ausbeutung und Nutzung nichtmenschlicher Tiere über die Forderung nach Tierrechten erreicht werden kann". Ein Aspekt ist, dass moralische Rechte nicht einfach so verliehen würden, sondern aufgrund gewisser Eigenschaften von Individuen, die dies rechtfertigten. An gesetzlichen Rechten würden dann, so die Annahme, nicht Grundrechte bestimmt, sondern geringere Schutz- und Anspruchsrechte (wie zum Beispiel auf größere Käfige oder den Schutz vor willkürlicher Gewalt). Somit ergebe sich nicht die Forderung der Abschaffung von Tiernutzung, sondern lediglich die nach Reformen der Tiernutzung.[28] Auch die rechtsstaatliche Gesellschaftsordnung wird von der BerTA zurückgewiesen. Wenn gesellschaftskritische Tierbefreier trotz der Distanzierung dennoch von einer gemeinsamen „Tierrechts-/Tierbefreiungsbewegung" reden, meinen sie damit im Grunde, dass (auch) die Tierrechtsbewegung das Tierbefreiungsprofil übernehmen, von der Tierbefreiungsbewegung also geschluckt werden sollte.

Der historisch-materielle Ansatz (oder auch Marxismus) der *Tierrechts-Aktion-Nord* (TAN) oder heutigen *Assoziation Dämmerung* (AD) bringt mit der radikalen Kapitalismuskritik einen konkreten Aspekt der Gesellschaftskritik ins Spiel. Es könne keine befreite Gesellschaft geben, solange „der Kapitalismus" als Hauptwiderspruch nicht überwunden sei. Solange Lohnarbeit veräußert werden muss, die Ökonomie auf Verwertung der Natur, ungebremstes Wachstum und die Vermehrung von Kapital ausgelegt sei, Individuen – vor allem tierliche – im Vergleich zum Recht auf Profit nicht zählten und nicht nach den Bedürfnissen der Menschen produziert wird, würde es immer Opfer des Systems und auch Tierausbeutung geben. Eine kapitalistische Gesellschaft ohne Ausbeutung sei nicht denkbar.[29]

Nun gilt es, einen Vorschlag dafür zu machen, was das Tierbefreiungsprofil ausmache. Singers Ansatz der Befreiung der Tiere ist sicherlich zu weit gefasst. Innerhalb seines Ansatzes wäre Tiernutzung und Tierausbeutung möglich, es ist kein abolitionistischer Ansatz. Offensichtlich bestehender Konsens der Tierbefreiungsbewegung ist jedoch, dass nichtmenschliche Tiere nicht mehr für unsere Zwecke nutzbar gemacht werden sollten. Der gesellschaftskritische Ansatz zielt zum einen auf die Analyse gesellschaftlicher Strukturen, zum anderen auf die grundsätzliche Ablehnung des Kapitalismus und selbst der bestehenden (parlamentarischen) Gesellschaftsordnung. Ich glaube, die real existierende Tierbefreiungsbewegung geht (noch) nicht so weit. Solange das kapitalismuskritische Konzept nicht konkreter ausgearbeitet ist und von der Tierbefreiungsbewegung angenommen und auch umgesetzt wird, würde ich vorschlagen, bei der Bildung des Tierbefreiungsprofils diesen Aspekt noch zurückzustellen. Es bleibt also noch die Analyse und die Kritik an der sozialen Stellung der nichtmenschlichen

Tiere in der Vorstellung und Praxis der Gesellschaft sowie die Analyse und Kritik an den vorherrschenden Unterdrückungsstrukturen.

Während es der Tierrechtsbewegung darum geht, dass nichtmenschliche Tiere innerhalb des bestehenden gesellschaftlichen Systems Grundrechte zugesprochen bekommen sollen, sieht die Tierbefreiungsbewegung gerade im herrschenden Gesellschaftssystem die Grundlage für die Unterdrückung von (übrigens auch menschlichen) Tieren. Entsprechend nahe steht die Tierbefreiungsbewegung anderen sozialen Bewegungen.

Zur Frage der Zugehörigkeit

Selbst wenn jemand vegan lebt und persönlich weitreichendere Ziele im Sinn hat, als er tatsächlich fördert, ist die Zugehörigkeit eines Menschen zu einer Bewegung daran zu messen, ob er ihr Profil respektiert und sich mit diesem identifiziert, entsprechend die Handlungsstrategien teilt, ihre Ziele öffentlich benennt und diese vor allem dann auch verfolgt. Doch nicht Menschen sollen primär der einen oder anderen Bewegung hinzugezählt und als Menschen kategorisiert werden, sondern ihre jeweiligen Handlungen und Einstellungen. Diese lassen sich gesammelt oft nicht eindeutig einer einzigen Bewegung zuordnen. So kann jemand vielerlei Einstellungen haben. Zum Beispiel jene, Tiernutzung grundsätzlich abzulehnen und sich eine Gesellschaft zu wünschen, die ohne Tiernutzung auskommt (was einer Tierrechtseinstellung gleichkommt), zugleich aber auch die Einstellung, sich im Hier und Jetzt für die Lebensverbesserung von „Nutztieren" oder „Haustieren" einsetzen zu sollen (was einer „praktischen" Tierschutzeinstellung gleichkommt). So jemand gehört von der Grundeinstellung her der Tierrechtsbewegung an, während er aufgrund des Handlungsansatzes „praktischer Tierschützer" wäre. Hier besteht kein Konflikt. Wer gemäß seiner Grundeinstellung Tierausbeutung ablehnt, in seinem Aktivismus jedoch nicht deren Abschaffung fordert und fördert, sondern lediglich deren Regulierung, bei dem besteht ein Widerspruch zwischen seiner Einstellung und seinem Aktivismus. Er gehört dann an seinem Aktivismus gemessen nicht der Tierrechtsbewegung, sondern der Bewegung des organisierten Tierschutzes an.

Mögliche Kooperationen

An einer Kampagne wie *Stop Huntingdon Animal Cruelty* (SHAC), die Tierquälerei als Grundlage hat (zum Beispiel videodokumentiertes, willkürliches Schlagen von Tieren, die für Experimente benutzt werden), können und sollten sich mehrere Bewegungen beteiligen. Für Tierschützer sollte klar sein, dass diese Institution der offensichtlichen Tierquälerei bekämpft werden sollte. Aber auch die Tierbefreiungs- und die Tierrechtsbewegung beteiligen sich an der Kampagne gegen ein einzelnes Unternehmen, selbst wenn bei erfolgreichem Kampagnenende die Aufträge letztlich nicht eingestellt, sondern an andere Tierversuchslabore weitervergeben werden. Der Öffentlichkeit wird vor Augen gehalten, wie es hinter den Kulissen eines der größten Tierversuchslabore, Huntingdon Life Sciences (HLS), aussieht. Damit wird nicht nur erreicht, dass 1. Tierquälerei eingestellt, 2. ein bestimmtes Unternehmen von der Öffentlichkeit wegen Tierquälerei verurteilt wird, im Laufe der Kampagne bankrottgeht und sich 3. aufgrund der gestiegenen Sensibilität der Bevölkerung die Politik und die Industrie etwas bewegen und den Tierschutzstandard oder die Kontrollen ein wenig erhöhen. Sondern die Thematik der Tierversuche und der Tierausbeutung insgesamt kann in die Wahrnehmung und das Bewusstsein der Öffentlichkeit gerückt und somit der gesellschaftliche Wandel gefördert werden.

Auch manches reformistische Vorgehen kann von Tierrechtlern oder Tierbefreiern, denen es um die Abschaffung von Tiernutzung geht, widerspruchslos mitgetragen werden. Wenn es sich abzeichnet, dass eine tierschützerisch vorgehende Kampagne dazu führt, dass eine Tiernutzungsart eingestellt werden muss und die Tierausbeutung nicht auf andere Bereiche oder Länder verschoben wird, dann entspricht dieser Tierschutz auch den Zielen eines Tierrechtlers oder Tierbefreiers. Tierrechtspositionen und Tierschutzaktionen sind nicht in jedem Fall klar voneinander zu trennen. Zu einer Tierrechtsaktion würde sie allerdings erst dann, wenn entsprechend des Profils die Beweggründe und das Ziel der Tierrechtsbewegung (die Abschaffung von Tiernutzung) mitkommuniziert würden.

Unabhängigkeit (in) der Tierbewegung

Die Tierbewegung selbst tritt mit ihrem radikal-toleranten Profil in der Öffentlichkeit nicht in Erscheinung und konkurriert nicht gegen die Einzelbewegungen. Andernfalls würde sie ihre Funktion als Dachbewegung einbüßen. Die eigenständigen Einzelbewegungen mit ihren eigenen (das heißt sich abgrenzenden) Profilen wären vielmehr davor zu schützen, dass ihre jeweiligen (teils radikalen) Ziele nicht verflachen und sie dadurch nahezu profillos werden. Klare Profile fördern die Identifikation mit einer entsprechenden Bewegung und die Motivation, in ihr mitzuwirken.

Auch einzelne Bewegungen dürften nicht versuchen, das Aushängeschild der gemeinsamen Tierbewegung zu werden. Die moderne Tierbewegung muss notwendig tolerant und unabhängig sein. Bescheidenheit ist hier notwendig. Ein Profil gilt nur für die jeweilige Bewegung. Die Profile anderer Bewegungen müssen – als solche – respektiert werden. Sie dürfen kritisiert, aber nicht unterschlagen und unterdrückt werden. Innerhalb der Tierbewegung führt der Diskurs zu einer gesunden Konkurrenz um Anerkennung und Aktivisten. Ein Kampf darum, das Sprachrohr der gemeinsamen Bewegung zu sein, wäre hier aber deplatziert und schädlich. Das haben wir bisher in der „Tierrechtsbewegung"; dieses sinnlose Aufreiben aneinander will aber niemand mehr. Die moderne Tierbewegung stellt vielmehr den gemeinsamen Rahmen für voneinander unabhängige

Einzelbewegungen dar, die eine verbindende Gemeinsamkeit haben: tierethisch motiviert zu sein. In ihr müssen die Einzelprofile gewahrt und vor Versuchen der Verwässerung oder der Unterdrückung geschützt werden.

Fazit

Meine Vorschläge sollten im Sinne aller sein, das heißt zumindest all jener, die nicht versuchen, anderen über Streitigkeiten ihre eigenen Vorstellungen aufzustülpen. Lieber eine gut aufgestellte (Tier-)Bewegung ohne Streit (sondern mit kritischen Diskursen in sachlicher Konkurrenz zueinander), als eine selbstwidersprüchliche Gemeinschafts-(„Tierrechts"-)Bewegung mit Streit. Aber es sind zunächst auch nur Vorschläge, die ich anbiete. Sie ersetzen nicht den Diskurs, sondern sollen dazu anregen, Bewegungsprofile zu bestimmen.

So wie es eine grundlegende Definition von Veganismus sowie unbedingt gültige ALF-Richtlinien gibt,[30] müssten auch die Profile der Einzelbewegungen leicht verständlich und als Definitionen verfügbar sein. Wer angäbe, mit der Ermordung eines Jägers eine ALF-Aktion durchzuführen, widerspräche damit dem zentralen ALF-Grundsatz, keine Menschen zu schädigen. Das Problem bestünde dann nicht nur in der theoretischen, der begrifflichen Fehlverwendung. Sondern der ALF würde geschadet, weil ihr Profil nicht respektiert wird und sie in der Öffentlichkeit dann so wahrgenommen wird, als würde sie Morde an Jägern akzeptieren. Zusätzlich bestünde die Gefahr, dass andere Aktivisten aufgrund dieser Morde das Profil der ALF verkennen und ebenfalls im Namen der ALF zu morden beginnen. Die Folge wäre dann eine aufreibende interne Auseinandersetzung darum, was unter ALF falle, und was nicht mehr.[31] Das Vorhandensein der ALF-Richtlinien und der Vegan-Definition macht jedes Streiten über das Verwenden der Begriffe „ALF" und „vegan" sowie deren Bedeutungen überflüssig. Die Begriffe sind klar, und sie haben sich als Konsens durchgesetzt. Es ist nicht möglich, dass jemand mit einem containerten Bio-Käsebrotchen von sich behauptet, ein „veganes" Brötchen zu essen und entsprechend „Veganer" zu sein. Oder „Veganer" zu sein, wenn er die Eier seiner befreiten Hühner isst oder das „Fleisch", das sonst vernichtet würde. Dafür gibt es andere Begriffe (etwa „Freeganer" oder „Fast-Veganer"). Die Begriffe werden aber nur in dem Maße respektiert, wie sie anerkannt sind und verteidigt werden.

Bisher werden die Bewegungsdiskurse auf der falschen Ebene geführt. Wir dürfen nicht mehr davon ausgehen, dass es „die eine" Bewegung gibt, innerhalb der die Streitigkeiten über „das" Bewegungsprofil dann unabwendbar wären. Es schadet nicht, wenn die (Gesamt-)Bewegung eigenständige, unterschiedliche, auch entgegengesetzte Profile und Ziele aufweist, die von Bewegungen getragen werden, die sich voneinander unterscheiden. Dieser Zustand würde der sozialen Realität Rechnung tragen. Die Anerkennung und Würdigung dieser Realität (dass es mehrere Einzelbewegungen nebeneinander gibt) würde Konfliktpoten-

tiale aushebeln. Kaum jemand wird sich darüber beschweren, wenn Tierschützer Tierschutz betreiben. Oder wenn Tierrechtler auf ihr Profil verweisen, sich
Verlaufende aufklären und gegebenenfalls Inkonsistenzen (Nichtübereinstim-
mungen mit dem Profil) angreifen. Es geht mir nicht darum, jeden angreifbar
zu machen, der seine Aktionen nicht strikt einer konkreten Bewegung zuord-
net. Erreicht werden soll aber, dass die bisher sehr häufige Falschetikettierung
eingestellt wird.[32] Das ist eine Frage des Respekts und eine der Verantwortung
gegenüber den Bewegungen. Wenn die Profile der Einzelbewegungen be- und
geachtet würden, gäbe es viel weniger Gründe für Streitigkeiten und viel mehr
Toleranz in der Bewegung. Man wird sich allein schon aus Interesse eher auch
mal mit den Nachbarbewegungen und deren Profilen auseinandersetzen, die einem bisher noch fremd sind. Mit der Erarbeitung von konkreten Profilen wird es
einen transparenteren und damit ehrlicheren Diskurs zwischen den Bewegungen
geben können. Ob man einer Einzelbewegung angehört oder sich zugehörig fühlen möchte, liegt dann in der eigenen Entscheidung. Über den Diskurs hätte man
die Möglichkeit, das Profil einer Bewegung zu beeinflussen.

Nicht wenige Menschen in der Bewegung wollen es nicht hinnehmen, wenn
sich Kritiker mit einem enger gefassten Profil komplett aus der gemeinsamen
Bewegung zurückziehen. Das lässt sich leicht verhindern. Wir brauchen eine gemeinsame Bewegung, die allen (ihren) Raum gibt – und lässt. Diese gemeinsame
Bewegung gibt es bereits. Es ist die Tierbewegung, die bisher fälschlich den Namen „Tierrechtsbewegung" trägt. Wir müssen nun dafür sorgen, dass sie einen
gewissen Charakter annimmt, damit die ewigen Streitigkeiten endlich ein Ende
finden und endlich gegenseitige Toleranz herrschen kann. Dieser Charakter wäre
jener einer unabhängigen und toleranten Dachbewegung für Einzelbewegungen
mit jeweils eigenen, zu schützenden Profilen.

Ausgabe 76 (September 2012)

Endnoten:

1. Weiter unten mache ich Vorschläge für die Unterscheidung der einzelnen
   Bewegungen. Sie sind hoffentlich argumentativ stark und nachvollziehbar. Ich
   erhebe aber nicht den Anspruch, einen Diskurs ersetzen zu können. Meine
   Analysen/Vorschläge sollen den Diskurs vielmehr anregen.

2. Siehe Simon Sadowski (2011): „Verschwommene Bewegung. Von der
   Notwendigkeit der Tierrechts-/Tierbefreiungsbewegung, sich von Vegetarier_
   innen und (veganen) Tierschützer_innen abzugrenzen", *www.linksunten.*
   indymedia.org/node/36876. Eine zentrale Frage lautet: „Wenn schon zu viele
   Menschen und Gruppen innerhalb der Bewegung nicht dazu bereit sind,
   Menschen und Gruppen entgegenzutreten, die ihrem Anliegen entgegenarbeiten,
   wie soll die Öffentlichkeit dann in der Lage sein, das verknotete Gemenge aus

Tierrechten, Tierschutz, Veganismus und Vegetarismus zu entflechten?"

3. Ich teile nur bedingt die Meinung, dass der organisierte Tierschutz mit seinen Erfolgen den Tierrechtszielen schade. Wenn Menschen für das (übermäßige) Leiden der Tiere sensibilisiert werden, dann schadet es nicht dem parallelen Vorhaben anderer, die Gesellschaft dafür zu sensibilisieren, dass nichtmenschliche Tiere Grundrechte haben oder nicht mehr als minderwertig angesehen werden sollten. Es schadet nicht, unser Verhältnis zu nichtmenschlichen Tieren von unterschiedlichen Seiten aus anzugreifen. Nicht hinnehmbar ist jedoch, wenn der moderne Tierschutz in der Öffentlichkeit als das dominierende Sprachrohr einer gemeinsamen Bewegung auftritt und das radikale Ziel sowie die langfristige Strategie der abolitionistischen Bewegung nicht mehr angemessen zum Vorschein kommen. Als kritischer Punkt bleibt, ob Reformerfolge die Tiernutzung nicht gerade etablieren und bei den Menschen sogar einen bewussten Konsum mit ausgesprochen gutem Gewissen bewirken. Damit würde der Reformismus dem Abolitionismus geradezu entgegenarbeiten. Moderne Tierschützer können sich ihrerseits als Tierrechtler ansehen, wenn sie meinen, dass wir als sich entwickelndes Ergebnis am Ende der jahrzehntelangen Tierschutzarbeit mit kurzgesteckten Reformzielen irgendwann dann eine vegane Gesellschaft ohne Tiernutzung vorliegen hätten. Diese Theorie und die Auseinandersetzung mit ihr erfordert einen eigenen Artikel. Ein entschiedener Vertreter dieser Ansicht ist Martin Balluch, ein entschiedener Kritiker Gary Francione. Wir können letztendlich nicht wissen, dass diese Theorie falsch ist (meiner Ansicht nach ist sie aber übermäßig voraussetzungsreich und brüchig). Faktisch zählt bei der Zuordnung zu einer Bewegung jedoch, dass Forderungen von „humaneren" Tiernutzungsbedingungen keine Tierrechtsforderungen sind und den Tierrechtszielen nicht entsprechen.

4. Siehe Mieke Roscher (2012): „Tierschutz- und Tierrechtsbewegung – ein historischer Abriss", in: *Aus Politik und Zeitgeschichte*. Nr.08/20.02.2012. Thema: Mensch und Tier, *www.bundestag.de/dasparlament/2012/08-09/Beilage/006.html* und Melanie Bujok (2002): „Tierschutz, New Welfarism, Tierrechte, Tierbefreiung – Ideenpluralismus in den Bewegungen für Tiere. Eine kritische Bewertung", *www. vebu.de/alt/nv/nv_2003_4__tierrechte__Ideenpluralismus_in_den_Bewegungen_ fuer_Tiere__Teil__1.htm*. Roscher meint: „Tierschutz- und Tierrechtsbewegung werden fälschlicherweise oft gleichgesetzt, dabei unterscheiden sie sich in einigen Punkten so grundsätzlich, dass man es eigentlich mit zwei voneinander getrennten sozialen Bewegungen zu tun hat." Und: „Die bestehende Bewegung wurde [...] nicht nur revitalisiert; einher ging dies mit einer Welle von Neugründungen von Tierrechtsgruppen [...] sowie der deutlichen Differenzierung von Tierschutz und Tierrecht als Ziele politischer Forderungen." Bujok unterscheidet mehrere „Bewegungen für Tiere" voneinander: die Tierrechtsbewegung, die Tierbefreiungsbewegung, den klassischen Tierschutz und den New Welfarism.

5. Bujok (2002): „Es besteht ein Ideenpluralismus. Eine Abgrenzung zum klassischen Tierschutz und New Welfarism (Francione) [wird] von der Tierrechtsbewegung und Tierbefreiungsbewegung nur zaghaft vorgenommen. Damit verwischt sie jedoch ihre eigene Identität und schwächt das Fundament, auf dem sie steht."

Es gebe „Gründe, die ein unkritisches Nebenher von Ansätzen und Ideen in der Tierrechtsbewegung und Tierbefreiungsbewegung zu beenden suchen." „Den Konzeptionen der Tierrechte und Tierbefreiung liegen philosophische Begründungen zugrunde, die nicht beliebig angenommen oder verworfen werden können, sondern es lässt sich in diesem Sinne durchaus von ‚guten‘ oder ‚schlechten‘ Argumenten, [abhängig davon, ob sie] einer kritischen Befragung [...] standhalten, unterscheiden."

6. Zum Konflikt zwischen den Ansichten beachte Emil Franzinelli (2011): „Zur Frage der Toleranz. Herrschaftskritik ist in der Tierrechtsbewegung weder verzicht- noch teilbar", in: *TIERBEFREIUNG 70.*

7. Siehe zum Beispiel den Text „Denunziation und Aufsplitterung in der Tierrechtsbewegung", *www.vegan.at/warumvegan/tierrechte/denunziation_ und_aufsplitterung_in_der_tierrechtsbewegung.html*: „Erstens dürfen wir keine Aufsplitterung der Kräfte, keine Trennung in Tierschutz versus Tierrechte, große Vereine versus kleine Aktionsgruppen, bürgerliche versus linke AktivistInnen usw. zulassen. [...] wir brauchen Toleranz füreinander. Liberale, demokratische Toleranz, und eine bunte Vielschichtigkeit, viele verschiedene Meinungen und viele verschiedene Gruppierungen mit einem gemeinsamen Ziel, dem Ende der Tierausbeutung." Diese Forderung nach Toleranz ignoriert jedoch – zudem im Eigeninteresse (das heißt als Tierschutzorga, als großer Verein, als dominierender populärer Ansatz) – die empfindliche Schädigung des Gegenansatzes.

8. Für die Tierrechts- und die Tierbefreiungsbewegung gilt: Sie würden inhaltlich immer noch gemeinsam einen Kontrast zu jenem organisierten Tierschutz bilden, der die Abschaffung der Tierausbeutung nicht hinreichend thematisiert. Nun aber von zwei unterschiedlichen Ansätzen her. Wenn es um die zentrale Gemeinsamkeit des Abolitionismus geht, kann/sollte von der abolitionistischen Bewegung geredet werden.

9. In einzelnen Fällen wird sicherlich die Frage im Raum stehen, ob noch die Bereitschaft und das Vertrauen da sind, mit Menschen und Organisationen zusammenzuarbeiten, die auch mit Nazis und dem UL kooperieren. Einfacher wird es sein, wenn jene, die bewegungsübergreifend etwas erreichen wollen, sich klar für eine emanzipatorische (Tier-)Bewegung entscheiden, die eben nicht hauptsächlich für die (nichtmenschlichen) Tiere eingestimmt ist, sondern auch andere Aspekte der Diskriminierung und Unterdrückung berücksichtigt.

10. Auf dieser Ebene unterscheiden sich die nationalen Bewegungen etwas voneinander. Zur Entwicklung geeigneter Ziele wäre es hilfreich, wenn es in anderen Ländern ebenfalls klarere Profilbildungen und Auseinandersetzungen um die Definitionen gäbe, die sich analytisch ausgehend auf die Begriffe stützen.

11. Selbstverständlich soll mein Beitrag nur eine Anregung, ein Einstieg in den Diskurs darstellen, er kann ihn nicht ersetzen.

12. Siehe David DeGrazia (2002): *Animal Rights: A Very Short Introduction.*

13. Siehe zum Beispiel Emil Franzinelli (2010): „Hauptsache für die Tiere? Wie unkritisch und unpolitisch dürfen die Tierrechtsbewegung und ihre

Repräsentierenden sein?", in: *TIERBEFREIUNG 67*.

14. Bei Direkten Aktionen geht es primär nicht darum, die Gesellschaft oder den Gesetzgeber zu erreichen und sich für einen Wandel in Bewusstsein oder Gesetzgebung einzusetzen, sondern es wird auf direktem Wege ein (vermeintliches) Unrecht angegangen. Ein zentraler Grundsatz der ALF ist, dass bei Direkten Aktionen Menschen und nichtmenschliche Tiere nicht verletzt werden dürfen.

15. Beachte die kritische Auseinandersetzung mit der Antispe im Kommentarteil zum Aufruf zu einem herrschaftskritischen Block in Aachen 2011, *www.linksunten. indymedia.org/de/node/46662*.

16. So beschweren sich mittlerweile Gruppen, dass zu den Aktionen kaum noch Aktive kämen, zu Brunchs und anderen Fressgelagen aber jede Menge, auch ehemals Aktivere. Das ist bedauerlich, doch ein Urteil darüber steht uns nicht zu. Klar ist, dass niemandem vorgeschrieben werden kann, aktiver zu sein. Und auch Burnout, mangelnde Erholung und Regeneration sind Thema in der Bewegung. Wenn man sich zusätzlich zum Alltag auch noch tierethischen Aktivismus aufhalst, kann man mit der Zeit an die Grenzen der eigenen Belastbarkeit kommen. Da ist es gut, dass der Veganismus auch ausgesprochen einladende, schöne Seiten hat.

17. Eine Auflistung der konkreten Gründe findet sich auf Seite 9 f. im Kapitel „Nahrungsmittelproduktion – Klima, Umwelt, Wirtschaft und Gesellschaft" von: Emil Franzinelli (2008): „100 Jahre Food Revolution. Rückblick auf den Welt-Vegetarier-Kongress 2008", in: *TIERBEFREIUNG 60*.

18. Siehe zum Beispiel Sebastian Zösch (2012): „Essen macht Muh", *www.theeuropean. de/sebastian-zoesch/11691-fleischkonsum-und-nahrungsethik*.

19. Zugunsten der praktischen Gegenüberstellung führe ich sie nicht getrennt auf, was eigentlich angemessen wäre. Ich stütze mich hier teilweise auf die Darstellungen von Martin Balluch und Klaus Petrus auf dem Tierrechtskongress 2011 in Wien.

20. Beachte zum Beispiel das Statement von Renate Künast in ihrem Gastbeitrag „Die zynische Idylle" in der *Frankfurter Rundschau* vom 21. Juli 2012, *www. fr-online.de/1472602,16669916.html*: „Die Grünen verlangen [...], dass die Haltungsbedingungen in der Landwirtschaft sich an den Bedürfnissen der Tiere orientieren müssen. Wir brauchen kritische Prüfverfahren für Stallsysteme. Dauerhafte Anbindehaltung und die sogenannte Engaufstellung sind nicht länger verantwortbar. Qualzucht muss klar benannt und strikt verboten werden. Die Alternative ist eine artgerechte Tierhaltung". Ein typisches Beispiel stellt auch der Fleischer-Fachverband Neuland e.V. dar, „ein landwirtschaftlicher Fachverband zur Förderung einer tiergerechten, umweltschonenden, qualitätsorientierten, bäuerlichen Nutztierhaltung." Die Träger sind die drei Verbände *Deutscher Tierschutzbund e.V.* (DTSchB), *Bund für Umwelt- und Naturschutz Deutschland e.V.* (BUND) und die *Arbeitsgemeinschaft Bäuerliche Landwirtschaft e.V.* (AbL). Außerordentliche Mitglieder sind Landwirte und Fleischer. Der Ehrenpräsident des DTSchB, Wolfgang Apel, ist Vorstand dieses Fleischer-Fachverbands. Siehe www.neuland-fleisch.de/verein/der-neuland-verein.html. Ein weiteres Beispiel für den klassischen Tierschutz ist, wenn die „Tierrechtsorganisation" PeTA ihren PeTA

Progress Award an Temple Grandin dafür verleiht, dass sie die Schlachthöfe in den USA tierfreundlicher konzipiert.

21. Klaus Petrus kam bezüglich der Eierproduktion in der Schweiz jedoch zu folgendem Fazit: Der Tierschutz ist den Schweizern sehr wichtig. 1992 wurde die Käfighaltung von Hühnern verboten. Heute gibt es mehr „Legehennen" in der Schweiz, den gleichen Konsum an Eiern, kein Bewusstsein der Konsumenten für einen gebotenen Verzicht. Der tierausbeutenden Industrie gehe es heute besser, sie wurde nicht ökonomisch geschwächt.

22. Denn nur bei Vorhandensein dieser Fähigkeit (dann aber unmittelbar) werden gewisse Zustände der Welt als schlecht oder gut erlebt und bewertet, nur hier ist Schaden möglich. Vor einer Schädigung wollen wir uns schützen. Unser Interesse, nicht geschädigt zu werden, sichern wir uns über institutionalisierte Rechte (Abwehrrechte). Damit ein Rechtesystem stabil wird und nicht durch zufällig Machthabende zum Nachteil einer diskriminierbaren Gruppe ausgehebelt werden kann, muss das Gleichheitsprinzip gelten. Wenn wir sagen: „Tiere haben Rechte", dann meinen wir eigentlich: „Wir sollten nichtmenschlichen, empfindungsfähigen Tieren deswegen Grundrechte zusprechen, weil wir es auch bei empfindungsfähigen Menschen tun." Die Zuschreibung einer „Würde" oder eines „inhärenten Wertes" wird nicht benötigt, weil es diese ebenso wenig in der Welt gibt wie Naturrechte und man sich vom philosophischen Standpunkt her damit keinen Gefallen tut. Eine hervorragende Begründung und Diskussion von Tierrechten, die ohne metaphysische Annahmen auskommt, bietet Klaus Peter Rippe (2008): *Ethik im außerhumanen Bereich.*

23. So zum Beispiel Tom Regan (1983): *The Case for Animal Rights* und Paola Cavalieri (2002): *Die Frage nach den Tieren. Für eine erweiterte Theorie der Menschenrechte.*

24. Für seine Theorie des Präferenzutilitarismus ist sein Hauptwerk *Praktische Ethik* (mittlerweile in der dritten Auflage erschienen) ebenfalls relevant. Singers philosophischen Ansatz diskutiere ich in: Emil Franzinelli (2011): „Antispeziesistisches Plädoyer für die Befreiung des Menschen – Eine Auseinandersetzung mit linkem Anti-Antispeziesismus", in: *TIERBEFREIUNG 70.*

25. Der Begründer des Utilitarismus, Jeremy Bentham, trat als Sozialreformer gegen die (rechtlichen) Privilegien der gesellschaftlichen Oberschicht und für mehr Demokratie, Gleichheit und Gerechtigkeit ein.

26. Singer selbst bezeichnet sich als der „Tierrechtsbewegung" zugehörig. Auf Nachfrage hin gibt er jedoch zu, nicht „Tierrechtler" im eigentlichen Sinne zu sein, weil er als Utilitarist die Forderung von (Grund-)Rechten eigentlich ablehnt.

27. Siehe den Text zu ihrer Umbenennung (2010): „Tierbefreiung statt Tierrechte – eine politische Begründung der Umbenennung der BerTA", *www.berta-online. org/?page_id=60.*

28. Die Darstellung und Zurückweisung der „Tierrechts"konzepte durch die BerTA finde ich teils einseitig und illegitim verschärft.

29. Beachte den Sammelband von Susann Witt-Stahl (Hrsg., 2007): *Das steinerne Herz der Unendlichkeit erweichen. Beiträge zu einer kritischen Theorie für die Befreiung*

der Tiere. Sowie den Flyer anderer Hamburger Aktivisten zu den Blockupy-Protesten in Frankfurt (2012): „Menschen, Natur und Tiere in der Krise. Über die Notwendigkeit einer antikapitalistischen Kritik der Tierausbeutung", *www.tierbefreiung-hamburg.org/archives/1255.*

30. In ihrem Memorandum von 1979 definiert die britische *Vegan Society* den Veganismus als eine „Philosophie und Lebensart, die versucht – so weit wie möglich und praktisch durchführbar –, alle Formen der Ausbeutung und Grausamkeiten an Tieren für Essen, Kleidung oder andere Zwecke zu vermeiden und fördert darüber hinaus, zum Wohle von Menschen, Tieren und der Umwelt, die Entwicklung und Nutzung tierfreier Alternativen. Bezüglich der Ernährung bezeichnet es die Praxis des Verzichts auf alle Produkte, die ganz oder teilweise aus Tieren gewonnen werden." Siehe auf Englisch unter Punkt 3: *www.vegansociety.com/pdf/ArticlesofAssociation.pdf.* Entsprechend, aber kürzer, eine aktuelle Definition der *Vegan Society*: „Veganism is a way of living that seeks to exclude, as far as possible and practicable, all forms of exploitation of, and cruelty to, animals for food, clothing and any other purpose." Siehe *www.vegansociety.com/about/who-we-are.aspx.* Für die ALF-Richtlinien siehe hier: „The ALF Credo and Guidelines": *www.animalliberationfront.com/ALFront/alf_credo.htm.* Für die Tierbefreiungsbewegung gibt es bereits einen Ansatz aus der Schweiz, der meiner Überzeugung nach aber noch des erweiterten Diskurses bedarf. Siehe *www.al-hallmarks.net.*

31. Wer militanter agieren möchte, als die ALF-Richtlinien es erlauben, würde mit seiner Aktion nicht mehr der Tierrechts- oder Tierbefreiungsbewegung angehören, weil diese die Gewalt gegen Individuen ablehnt.

32. Beispiel: Tierschützer organisieren Tierbefreiungsworkshops. Siehe *www.animal-liberation.at.*

ERLÄUTERUNGEN ZUM ARTIKEL „DIE MODERNE TIERBEWEGUNG"

Emil Franzinelli

Der Artikel „Die moderne Tierbewegung" fiel mir nicht gerade aus dem Ärmel. Es ist ein komplexes Thema und stellt eine neue Idee dar, die ich bemüht war, angemessen und möglichst verständlich vorzustellen. Der Text stellt bereits die gekürzte Version einer um fast ein Viertel längeren dar.

Der Artikel geht von zwei Punkten aus, die vielen Leuten in „der Bewegung" sehr wichtig sind. Es gibt einerseits den Wunsch nach dem Ende der Streitigkeiten in der einen großen, gemeinsamen „Bewegung für die Tiere" (der Tierbewegung, die bisher fälschlich „Tierrechtsbewegung" genannt wird), dem Wunsch nach weitreichender Toleranz und anerkannter Pluralität, der Zugehörigkeit zu einer Bewegung, ohne sich großartig mit Theorie auseinandersetzen zu brauchen. Und es gibt andererseits den Wunsch nach einer einheitlichen Bewegung mit gewissen Zielen und Strategien, die sich von anderen Strömungen der Tierbewegung so elementar unterscheiden, dass sie ein eigenes Profil und eine eigene Bewegung ausmachen.

Faktisch besteht die (fälschlich so benannte) „Tierrechtsbewegung" aus mehreren, voneinander verschiedenen, teilweise sich entgegenstehenden Bewegungen. Vieles lässt sich nicht wegdiskutieren oder schönreden – es steht sich unvereinbar entgegen. Das müssen wir respektieren. Wir Menschen sind nun mal verschieden, entsprechend entstehen auch unterschiedliche Bewegungen. Mit Gleichgesinnten vereinen wir uns zu einer Bewegung, die wir inhaltlich von jenem abgrenzen, das dem Profil unserer Bewegung nicht entspricht. Warum trennen sich miteinander streitende Parteien nicht in separate Bewegungen, wenn sie ohnehin schon Bewegungen darstellen, die nicht miteinander übereinstimmen? In der Tierbewegung lassen sich konkrete Bewegungen, die sich mit ihren unterschiedlichen Profilen voneinander abgrenzen, leicht ausmachen. Wer des Streitens überdrüssig ist und die Bewegungen „für die Tiere" stärken möchte, sollte aufhören, von „der einen gemeinsamen Tierrechtsbewegung" zu reden. Vielmehr sollten wir uns unserer Einstellungen und Ziele bewusst werden.

Beide Wünsche sollten respektiert werden, sowohl der nach einer großen, gemeinsamen Bewegung ohne Ausschluss als auch der nach der Anerkennung und des Respektierens von Einzelbewegungen mit ihren jeweiligen Profilen. Und beide Wünsche hängen stark miteinander zusammen: Wenn die Missachtung der Bewegungen und derer Profile aufhörte, würde der Hauptgrund für die **internen** Bewegungsstreitigkeiten in ihrer bisherigen Form wegfallen. Es müsste nicht mehr ausgegrenzt werden. Das Motto könnte dann lauten: **Jedem seine Bewegung.**

Jeder könnte und sollte seine persönlichen Ziele und Strategien verfolgen. Wer dies mit anderen innerhalb einer gemeinsamen Bewegung tun möchte, sollte sich dem konkreten Bewegungsprofil anpassen, dieses respektieren und nicht torpedieren. Mit der Missachtung eines Bewegungsprofils schwächt man diese Bewegung – auch ohne es zu wollen. Mit einem Begriffsmissbrauch, wie ihn Jens Grote in seiner Satire „Toleranz" zuspitzt (*TIERBEFREIUNG 75*), provoziert man jene, in deren Namen, unter deren Flagge man angeblich handelt. Wenn sich jemand erdreisten würde, im Namen der Animal Liberation Front Jäger zu ermorden, dann müsste frühzeitig und energisch richtiggestellt, distanziert und kommuniziert werden, damit das Selbstverständnis und die Richtlinien der ALF gewahrt blieben.

Ein erster Schritt wäre tatsächlich die Umetikettierung, die Klarstellung, dass so eine Aktion nicht im Rahmen der ALF, der Tierbefreiungs- oder der Tierrechtsbewegung tolerierbar wäre, sondern bestenfalls im Rahmen der Earth Liberation Front oder Animal Rights Militia, die meiner Meinung nach mit ihren menschenfeindlichen Ansichten nicht der Tierrechtsbewegung zugezählt werden können.

Ein zweiter Schritt wäre, sich seiner Ziele und seiner Einstellungen bewusst zu werden, sich selbst vor Augen zu führen, welcher Bewegung man eigentlich angehören möchte. Ob zum Beispiel einer Bewegung, die sich für eine Gesellschaft mit kürzeren Transportzeiten einsetzt, oder einer für eine Gesellschaft ohne Transporte. Die eine Bewegung setzt sich für eine regulierte Tiernutzung ein, die andere gegen jegliche. Wir brauchen einen deutlichen, klaren Schnitt, ein Auseinanderdriften der Bewegungen mit ihren unterschiedlichen und entgegengesetzten Zielen. Wenigstens eine Abspaltung der reformistischen und der abolitionistischen Bewegungen voneinander.

Anstatt jedoch als Bewegungen parallel – also aneinander vorbei – zu wirken, haben wir leider noch den streitverursachenden Zustand, dass innerhalb einer gemeinsamen Bewegung das Unvereinbare miteinander vereint ist und somit über das gemeinsame Bewegungsprofil gestritten wird, anstatt dass sich auf die eigenen Ziele konzentriert wird.

Zur Zeit stehen sich zwei Streitparteien gegenüber und kriegen ihre Probleme nicht gelöst. Dabei wollen beide Seiten letztendlich das Gleiche: eine starke Bewegung. In der Erfüllung ihrer Wünsche sind sie meiner Ansicht nach voneinander abhängig: Entweder es werden beide erfüllt (Respektieren der Bewegungsprofile und Aufhören der Streitigkeiten) oder keiner. Die kritische Auseinandersetzung der gegensätzlichen Ansichten würde sich auf eine andere Ebene verschieben: Anstatt **innerhalb** der (sogenannten) „Tierrechtsbewegung" um das Profil und seine Grenzen zu streiten, stünden sich nunmehr **voneinander getrennte** Bewegungen in wesentlich distanzierterer und sachlicherer Kritik und Konkurrenz entgegen. Wenn mein Nachbar im Namen der Tierschutzbewegung kürzere Transportzeiten einfordert, dann rümpfe ich vielleicht die Nase, kritisiere es vielleicht als falsch ansetzend, habe die Möglichkeit, der Gesellschaft im Namen der Tierrechtsbewegung ein Gegenkonzept für den meiner Meinung nach angemessenen moralischen Umgang mit nichtmenschlichen Tieren vorzulegen. Ich könnte es aber auch lassen, mich mit den Tierschutzaktivitäten meines Nachbarn auseinanderzusetzen, weil sie mir und meiner Bewegung nicht unmittelbar in die Quere kommen. Fordert mein Nachbar jedoch im Namen der „Tierrechtsbewegung" kürzere Transportzeiten, dann entsteht das Problem, dass meine (!) Bewegung dadurch schleichend unterwandert, verwässert und ausgehebelt wird sowie deren Profil ausgehöhlt. Der entscheidende Unterschied ist, dass wir dann nicht sachlich darum **konkurrieren**, welche Bewegung das bessere Profil, die besseren Ansichten hat, sondern dass wir uns innerhalb einer gemeinsamen Bewegung darum **streiten** (müssen), was das Profil dieser Bewegung sei, wo die Grenze dieser einen gemeinsamen Bewegung zu verlaufen habe, wie die Bewegung der Öffentlichkeit präsentiert wird.

So einigen in „der Bewegung" ist die Grenzziehung offenbar so wichtig, dass sie deswegen streiten und auch Veranstaltungen stören. Das Naheliegende ist da doch, die Wünsche nach Abgrenzung und Wahrung des Profils einer Bewegung zu achten. Wenn die Tierrechtsbewegung für nichtmenschliche Tiere Grundrechte wie das auf Freiheit oder Unversehrtheit fordert, dann lässt sich in ihrem Rahmen keine Verkürzung der Transportzeiten oder Verfeinerung von Experimenten mit Tieren fordern. Dafür gibt es die Tierschutzbewegung: ob über den klassischen Tierschutz (mit dem Verständnis, dass wir nichtmenschliche Tiere für unsere Zwecke nutzen dürften) oder über den modernen Tierschutz (mit der Vorstellung, dass kleinschrittige Tierschutzforderungen und Reformen langfristig zu einer Gesellschaft ohne Tiernutzung führen werden). Wenn die Tierrechtsbewegung des Weiteren die Einsicht teilt, dass auch Menschen Tiere sind und dass Diskriminierung, Unterdrückung und Ausbeutung an sich schlecht sind (der Grundstein der Tierrechtsbewegung liegt in der Analogie des Antispeziesismus zum sozialen Kampf gegen Rassismus und Sexismus), dann lässt sich in ihrem Rahmen nicht mit Gruppen wie Nazis oder dem UL zusammenarbeiten, die Menschen diskriminieren, unterdrücken und ausbeuten.

Die „Tierbewegung" stellt eine künstliche und theoretische Bewegung dar, die öffentlich nicht in Erscheinung tritt. Sie hat zwei zentrale Funktionen: Auf der einen Seite ermöglicht sie jenen eine gemeinsame Bewegung, die sich eine breite Bewegung „für die Tiere" und eine weitreichende Toleranz auf der Basis eines sehr niedrigen gemeinsamen Nenners wünschen. Der kleinste gemeinsame Nenner für die Zugehörigkeit zur Tierbewegung ist, die Situation der nichtmenschlichen Tiere verbessern zu wollen. Niemand wird aus „der Bewegung" ausgeschlossen. Jeder darf nach eigenem Belieben „für die Tiere" aktiv sein. Auf der anderen Seite werden die Einzelbewegungen mit ihren jeweiligen Profilen definiert und geschützt. Entsprechend der Profile gelten nicht mehr alle Aktionen und Einstellungen als (zum Beispiel) der Tierrechtsbewegung zugehörig.

Dies gilt es zu respektieren. Aktivisten, die für die Tiere aktiv sind, sollten Besseres zu tun haben, als sich intern zu streiten. Begriffs- und Profilklarheit, profilbezogene (also sachliche) Abgrenzungen und Respekt helfen, Gegensätzliches voneinander zu trennen.

Unter der künstlich installierten „Tierbewegung" wird die faktisch bestehende gemeinsame Bewegung, die bisher fälschlich als „Tierrechtsbewegung" bezeichnet wird, nicht aufgelöst, sondern vielmehr gewürdigt und dennoch zugleich die Grundlage dafür geschaffen, konkrete Profile zu definieren. Es gibt weiterhin eine Bewegung für alle, die sich nicht um Definitionen scheren, zugleich aber auch Einzelbewegungen, deren Profile soweit definiert sind. Dieser neue Doppelcharakter der Tierbewegung nutzt allen Beteiligten. Durch die Etablierung einer künstlichen Rahmenbewegung könnten beide zentralen Probleme der Bewegung zugleich gelöst werden: Durch die Trennung der Bewegungen und den Schutz sowie das Respektieren derer Profile würden die Streitigkeiten automatisch eingedämmt. Das ist eine Chance, die es zu begreifen und zu nutzen gilt.[1]

Ausgabe 77 (Dezember 2012)

Endnote:

1. In der Diskussionsrunde zu dem auf der International Animal Rights Conference 2012 in Luxemburg gehaltenen Vortrag „The modern Animal Movement – Advantages of Dividing the Movement" kam der Vorschlag auf, das Konzept der „modernen Tierbewegung" in vereinfachter Form auf einer Website zugänglich zu machen. Mittlerweile gibt es eine deutschsprachige (*www.tierbewegung.net*) und bald auch eine (mindestens) englischsprachige Website (*www.animal-movement. net*) zur modernen Tierbewegung und den Profilen der Einzelbewegungen. Hinweise und Mitarbeit sind herzlich willkommen. Kontakt: *mail@tierbewegung. net.*

DER SCHWIERIGE BALANCEAKT ZWISCHEN KRITIK UND TOLERANZ

Warum Abgrenzungen auch problematisch sein können und die Anerkennung unterschiedlicher Strategien und Ziele wichtig ist

Maria Schulze

Vorab will ich deutlich machen, dass ich nicht für eine Seite oder „Fraktion" eintrete, die verteidigt oder für die Argumente versammelt werden sollen, um eine bestimmte Position zu verteidigen oder zu errichten, die sich gegen bestimmte Menschen, Gruppen und Strömungen wendet. Es sollen Probleme behandelt werden, die bei Kategorisierungen und der negativen Bewertung anderer, von den eigenen abweichender, Ziele auftreten können. Als Beispiele sollen Strategien und Forderungen herangezogen werden, die der Tierschutzbewegung zugeordnet werden. Diese sollen aber nicht inhaltlich verteidigt oder aufgewertet oder die Ziele der Tierrechts- und Tierbefreiungsbewegung abgewertet, sondern exemplarisch angeführt werden, um für eine stärkere Anerkennung anderer Ziele und mehr Achtung und Respekt unter Menschen mit unterschiedlichen Ansichten zu werben.

Abwertungsmechanismen als Begleiterscheinungen von Abgrenzungen und Kategorisierungen. Problemanalyse am Beispiel Tierschutz

Innerhalb einer Tierrechtsinitiative kann es Ansichten geben, Tierschutz sei wichtig und sinnvoll oder ineffektiv oder sogar hinderlich auf dem Weg in die Utopie einer befreiten Gesellschaft. Sogar in Gruppen mit drei oder vier Menschen können alle unterschiedlicher Meinung darüber sein, was Tierschutz für die eigenen Ziele bedeutet, ob er „nützlich" oder „schädlich" ist, und trotzdem kann gemeinsames Handeln mit TierschützerInnen (gegen Tierversuche, Zirkusse, Jagd zu demonstrieren) erfolgen. In letzter Zeit ist meinem Eindruck nach verstärkt zu hören und zu lesen, dass Tierschutz an sich ein Problem sei, weil er wegen seiner ihm vorgeworfenen Inkonsequenz Tierausbeutung gesellschaftsfähiger machen und nur regulierter etablieren würde. Aus dieser Überzeugung heraus werden aber nicht nur andere Herangehensweisen und Strategien öffentlich kritisiert, sondern auch Veranstaltungen gestört. Da war das Event für Tierrechte in Köln im Mai 2011 oder die Demo gegen Tierversuche in Bremen im April 2012. Unter anderem wegen Gegenaktionen löste sich die *vegane antifa süd* auf.

Kampagnen und Organisationen, die etwas für Natur-, Klima-, Umwelt- oder Tierschutz tun wollen, werden kritisiert, wenn sie Tiere als Teil eines intakten Ökosystems aber nicht als Individuen thematisieren, weil sie dann zu Objekten würden, die wegen der Zugehörigkeit ihrer Art und ihrem Nutzen für die Menschen als Bestandteil der Natur und nicht als Individuen geschützt würden. Natürlich sind Tiere Individuen, die eine komplexe Gefühls- und Gedankenwelt erleben und einzigartige Charaktereigenschaften und Bedürfnisse besitzen und nicht dazu geboren werden, um die Umwelt von Menschen intakt zu halten oder missbraucht und ausgeschlachtet zu werden. Diese Kritik an der Entindividualisierung ist auch berechtigt. Jedoch sollte der Beitrag, den verschiedene Organisationen für Natur, Umwelt und Tiere leisten, nicht unterschätzt werden. Zudem werden viele Menschen über den Kontakt mit anderen Gruppen und Projekten, die das Leiden der Tiere thematisieren, gewissermaßen erst für radikalere Ansichten sensibilisiert. Beispielsweise sind einige Menschen durch Kontakte und Zusammenarbeit mit TierbefreierInnen, die sich aus anderen Gründen, wie Umweltverschmutzung und Lärmbelästigung, gegen den Schlachthof in Wietze und die Mastanlagen engagiert haben, offener für das Thema Tierrechte geworden. Ich habe gehört, es seien nicht wenige Menschen aus den Bürgerinitiativen VegetarierInnen oder VeganerInnen geworden, weil sie sich über die anfänglichen Themen hinaus mit weiteren Aspekten und Problemen der Tierhaltung auseinandergesetzt haben.

Probleme der vorschnellen Abwertung anderer Ansätze

Ich habe es schon öfter erlebt, dass Menschen und ganze Gruppen innerhalb von Sekunden umfassend bewertet und abgeurteilt wurden, weil sie bei PeTA, *ProVieh*, dem lokalen Tierschutzverein oder der Tierschutzpartei aktiv sind. Was nicht heißt, dass Probleme in Initiativen, Parteien und anderen Gruppen nicht thematisiert werden sollen. Schließlich ist es absurd, wenn Menschen im Namen der Tiere Spenden sammeln und ihre omnivore Ernährung verteidigen. Dennoch sollte sich meiner Meinung nach neben der Beurteilung von Menschen nach ihrem Handeln und der Initiative, für die sie tätig sind, auch gefragt werden, wie sie wirklich denken, was sie gemacht haben, wie sie da hingekommen sind oder wie sie im Detail zu verschiedensten Aspekten bestimmender Diskurse stehen. Es sollte neben ihrem Handeln auch ihre Einstellung berücksichtigt werden.

Eine negative Konsequenz des Dauerzustandes aggressiver Kritik und Auseinandersetzung mit Menschen, die ähnliche oder gleiche Ziele haben, aber sie anders verfolgen, könnte die Stagnation der Bewegung sein. Sie scheint nicht anzuwachsen. Viele Menschen kommen und gehen. Die Mitgliederzahl erhöht sich nicht spürbar, sie gewinnt nicht an Einfluss oder gesellschaftlicher Anerkennung.

Sie wird von den Medien kaum wahrgenommen und kann sich gesellschaftlich nicht etablieren. Denn die oft wiederholte und vereinfachte Abwertung anderer Menschen und Gruppen kann abschreckend wirken. Es gibt sicher nicht wenige Menschen, die sich durch abschätzigen, teilweise verachtenden Umgang miteinander unwohl fühlten und politische Zusammenhänge daher verlassen haben.

Eine distanziertere Betrachtung fördern

Mit einer distanzierteren Betrachtung sehen wir vielleicht, dass die Kategorisierungen von Menschen und Gruppen nicht so einfach sind. So ist die Organisation *EndZOO* keine Tierrechts- ODER Tierschutz- ODER Artenschutzorganisation, sondern alles zusammen. Manche Menschen sind in ihren Forderungen TierrechtlerInnen, aber in ihren Tätigkeiten, weil sie gegen Käfigeier, Anbindehaltung oder Kastenstände kämpfen, „nur" TierschützerInnen. Weil sie sich auf andere Weise für das Leben oder ein weniger schlimmes Leben der Tiere einsetzen, die eingesperrt, gemästet und geschlachtet werden, und weil sich „der" institutionalisierte Tierschutz für Konsum von Fleisch und anderen Tierprodukten ausspricht, sind diese Menschen (die von ihren Forderungen genauso gut TierrechtlerInnen oder TierbefreierInnen sein könnten), trotzdem „nur" TierschützerInnen und daher zu kritisieren und zu bekämpfen? Wenn Leute irgendwelchen Tieren helfen (zum Beispiel „Haustieren", da ihnen dies durch die westliche Kultur einfacher zugänglich ist und leichter fällt), aber noch Fleisch essen, müssen sie nicht Tod und Ausbeutung anderer Tiere befürworten, sondern haben es vielleicht nur noch nicht geschafft, sich um andere Themen zu kümmern. Es sollte nicht von der eigenen Biografie auf andere geschlossen und Probleme bei Ernährungsumstellungen, die diese für andere bereiten, ernst genommen werden. Ich denke, die Ernährung sollte kein wichtigerer Faktor bei der Bewertung der „wahren" Absichten (die zudem so komplex sein können, dass sie nicht einfach einzuordnen sind) von Menschen sein, als ihr Einsatz oder ihre Einstellung. Denn auch sie haben so viel Veränderungspotenzial wie andere Menschen, die nicht von Beginn ihres Lebens an vegan lebten.

Reduktion und Einseitigkeit in der Wahrnehmung verändern

Wieso wird Tierschutzarbeit von vielen Menschen in der Tierrechtsbewegung nicht stärker anerkannt? Wenn durch höhere Tierschutzstandards die Tierausbeutung für Zweige der Industrie unrentabler wird und sich damit verringert, was ist daran schlecht? Dürfen alle, die andere Weltanschauungen, Strategien und Hoffnungen haben, verurteilt werden? Sollte sich nicht jede/r für Tierschutzreformen einsetzen (dürfen), auch wenn er für die Abschaffung der Tierausbeutung ist? Kann es nicht sinnvoll sein, für das Verbot einer bestimmten Tierart in einem Zoo oder für kürzere Transportzeiten von Tieren in Schlachthöfe einzutreten, wenn die Haltung von „Zootieren" oder „Nutztieren" zur „Fleisch"produktion in absehbarer Zeit nicht realisierbar ist? Muss die Verbesserung der schrecklichen Bedingungen für Tiere immer bedeuten, dass diese Arbeit Mord und Ausbeutung nicht wirklich ablehnt und daher gesellschaftlich etablieren würde? Wenn eine Abschaffung von Tierausbeutung in absehbarer Zeit nicht umsetzbar ist, wieso sollten sich andere nicht dafür einsetzen, den lebenden Individuen ein weniger grausames Leben zu ermöglichen, ohne dass sie als TierschützerInnen beschimpft werden oder ihnen unterstellt wird, eigentlich für eine stärkere Regulierung von Tierausbeutung zu sein?

Das grundlegende Problem (weshalb die Fragen gestellt werden) ist, dass all diese komplexen Handlungen und die dahinterstehenden Individuen oft sehr reduziert und einseitig betrachtet und bewertet werden. Oft wird Tierschutz über das Grundverständnis definiert, dass er Tierausbeutung und -nutzung legitimieren und Tieren keinen Anspruch auf Freiheit und ein grundsätzliches Lebensrecht einräumen würde. Sicher gibt es Initiativen und Bewegungen, die eine artgerechte oder Biohaltung fordern und damit tatsächlich oder scheinbar Gefangenschaft und die Nutzung von Tieren für Menschen nicht hinterfragen oder gar offensiv verteidigen. Jedoch sollte von vielen, die Tierschutz einseitig verurteilen, auch die Perspektive der Tiere beachtet werden.

Die Perspektive der Gequälten

Der Einsatz für eine „Verbesserung" der Situation für Tiere muss nicht immer bedeuten, grundsätzlich das menschliche Recht auf Tiernutzung zu vertreten. Es ist auch eine notwendige Arbeit dafür, ihnen ein weniger grausames Leben zu erkämpfen, weil dies aktuell vielleicht möglich, aber ihre Befreiung in deren Leben nicht mehr erreichbar ist. Das Engagement für Tiere, ihnen konkret und speziell zu helfen, wird hier nicht mit dem kleinsten gemeinsamen Nenner zwischen irgendwelchen Konzepten (Tierschutz, Tierrechte) begründet, sondern mit der konkreten Notlage der Tiere. Sie werden als Individuen begriffen, die, wenn ihre Befreiung nicht umsetzbar ist, dennoch ein (moralisches und/oder universales, egalitäres und/oder justizielles, je nachdem welcher Ansatz vertreten wird) Recht darauf haben, ein weniger schreckliches schmerzvolles Leben zu führen. So wird Tierschutz sinnvoll und notwendig, wenn Tierrechtsaktionen konkret an ihrer Lebenssituation in ihrem einzigen Leben nichts ändern können.

Die Behauptung, jede Gefangenschaft sei Unrecht und daher gleich konsequent abzulehnen und immer gleich schlimm, verschleiert die tatsächliche Situation der Betroffenen und stülpt eine theoretische Annahme der komplexeren Realität über. Eine Veränderung in Richtung weniger Grausamkeit (auch wenn jedes Individuum unterschiedlich stark leidet), beispielsweise mehr Auslauf oder die Vorschrift von Betäubung bei Amputationen, sind Tatsachen für die Betroffenen. Sie wirken für die Tiere unabhängig von menschlichen Überlegungen darüber, dass dies Reformen seien, die langfristig nicht zu einer (für die Betroffen unbekannten, utopischen Vision von) Befreiung führen könnten oder dass dadurch Menschen nicht von Tierrechts-, Tierbefreiungskonzepten zu überzeugen seien. Stattdessen wäre es möglich, dass sich Forderungen von Tierrechten, Tierschutz und Tierbefreiung ergänzen, statt sich immer widersprechen zu müssen.

Tierschutz kann Millionen von Individuen ein erträglicheres, weniger grausames Dasein ermöglichen, bis hin zur Verhinderung von Ausbeutung und Leben (zum Beispiel wenn weniger Tiere gezüchtet werden). Tierrechte können das Bewusstsein der Menschen dafür schaffen, auch nichtmenschliche Tiere als InhaberInnen von Interessen und Bedürfnissen wahrzunehmen und ihnen auch Rechte auf Unversehrtheit und Freiheit zusprechen. Tierbefreiung als Vision einer herrschafts- und gewaltfreien Gesellschaft ohne Ausbeutung, Diskriminierung und Unterdrückung, als Utopie mit anarchistischen Elementen, kann dennoch gleichzeitig und gleichwertig angestrebt werden, um eine ideale zukunftsweisende Möglichkeit zu eröffnen und dafür konkrete Konzepte zur Umsetzung zu entwickeln.

Wenn geholfen werden kann, dass weniger Tauben hungern, indem ihnen Taubenschläge gebaut werden, und man in dem Fall mit Tierschutzargumenten an Stadträte aller Parteien und Behörden herantreten muss; wenn es möglich ist, einzelne Regionen in anderen europäischen Ländern dazu zu bringen, die private grausame Jagd auf Straßenhunde und -katzen einzudämmen oder Menschen in Südamerika dazu zu bringen, ihre Esel – oder in arabischen Ländern die Kamele – weniger zu schlagen und zu vernachlässigen, sodass diese weniger Schmerzen haben, führen Tierrechts- und Tierbefreiungs- oder manchmal nicht einmal Tierschutzargumente weiter. Denn wie bei uns beispielsweise die „Nutztiere", die Fleisch „liefern", werden viele Tierarten in vielen Weltregionen in absehbarer Zeit Ware bleiben. Wenn aber dafür gesorgt werden kann, dass es ihnen weniger schlecht geht oder ihre letzten Lebensminuten nicht von Höllenqualen begleitet werden sollen (indem man sich zum Beispiel für ein Verbot einsetzt, Meerestiere lebend zu kochen) und dabei die von der Tierrechts- und Tierbefreiungsbewegung verwendeten und akzeptierten Argumente nicht helfen, kann es notwendig sein, andere Gründe anzuführen, diese Tiere weniger schlecht zu behandeln. Auch wenn es während ihrer Lebenszeit nicht aus ihrer Not führt, sollte ihnen ein Recht auf weniger Hölle in ihrem Leben zugestanden werden. Und dafür sind die Argumente und ihre Einordnung, die oft nicht einmal in den Tierschutz, sondern in die Abteilung „weniger Not und mehr Geld für Menschen" fallen und ausschließlich Menscheninteressen thematisieren (weil diese Tiere dann länger leben, besser arbeiten und mehr Gewinn beim Verkauf bringen) irrelevant, wenn es um das Ziel geht, ihr einziges Leben und leidvolles Dasein weniger qualvoll werden zu lassen. Das heißt nicht, dass die Kategorisierung von Forderungen nicht vorgenommen werden darf, sondern dass die Motive für bestimmte Ziele, die von Tierrechts- und Tierbefreiungspositionen abweichen, erkannt und anerkannt werden sollen.

Emanzipierung unterschiedlicher Strategien

Es soll darum gehen können, Selbstauf- und Fremdabwertungstendenzen (die beispielsweise bei der gesellschaftlichen Bewertung von Tieren von den Human-Animal Studies ausführlich thematisiert werden) in der eigenen Wahrnehmung zu reflektieren und zu hinterfragen. Und es sollte das Interesse der betroffenen und leidenden Individuen thematisiert werden können. Dazu kann und muss nicht immer die Überzeugungsarbeit für Menschen den gleichen Stellenwert haben und alle Handlungen, die Tieren helfen, mit vereinfachten Gesellschaftstheorien vereinbar sein. Weil es für einige Menschen in erster Linie um die Interessen der Tiere und erst in zweiter Linie um die Überzeugung von Menschen geht (dass die Bedürfnisse von Tieren gleichwertig mit denen von Menschen sein sollen). Die „Verbesserungen" für Tiere und das Verständnis für ihre Situation sollte ebenfalls berücksichtigt und anerkannt werden und nicht nur die Notwendigkeit, diese Forderungen und ihre Formulierung sowie die Menschen, die damit an die Öffentlichkeit treten, in Bewegungskategorien einzuordnen und danach zu bewerten und – wie oft geschehen – abzuwerten. Das ist arrogant, einseitig, respektlos engagierten Menschen gegenüber und kann das Gegenteil davon bewirken, was eigentlich erreicht werden will: die Einschränkung und Abschaffung von Willkür, Gewalt, Unterdrückung gegenüber leidensfähigen Individuen. Weil viele Menschen wiederholende verbale Angriffe (damit ist keine respektvoll vorgetragene Kritik gemeint) nicht lange aushalten beziehungsweise dadurch ihre Motivation mit zerstört wird und weil weniger Engagement für Tiere, deren aussichts- und hilflose Situation länger aufrechterhält.

Das soll nicht bedeuten, dass Bewegungsprofile nicht definiert werden sollen oder Einstellungen, Strategien und Forderungen nicht kritisiert werden dürfen, sondern dass neben einer Einordnung und bei einer Bewertung auch die Persönlichkeit von Menschen und die Interessen der Tiere wichtig sind.

Nicht um hier jemanden zu verteidigen, sondern um anzuerkennen, dass ich, wie einige andere Menschen auch, durch PeTA auf die Themen rund um Tierrechte aufmerksam geworden bin und heute wahrscheinlich sonst nicht aktiv wäre, möchte ich abschließend einen Freund aus einer Maildiskussion zitieren: „Klar muss es Kritik an PeTA geben; das heißt aber nicht, dass sie weniger wichtig und notwendig als irgendeine andere Gruppe oder Bewegung sind.[...] Klar bin ich der Meinung, dass Tierschutz allein nicht viel bringen wird und auch kritisiert werden kann, darf und sollte. Ich denke aber nicht, dass irgendjemand die Weisheit mit Löffeln gefressen hat; von daher sollten wir auch nicht den Anspruch darauf erheben. Alle Mittel und Wege [zu einer gerechteren und befreiten Gesellschaft] sind richtig, wichtig, notwendig und gleichberechtigt!"

Das Zitat soll nicht bezwecken, alle Methoden für die Verbesserung der Situation der Tiere oder die Ziele der Tierrechts-, Tierschutz- und Tierbefreiungsbewegung in der Bedeutung gleichzusetzen. Es soll auch nicht dazu aufrufen, alle Strategien und Herangehensweisen selbst zu verfolgen. Es soll betonen, dass andere Methoden auch wichtig sind, weil sie mit anderen Zielgruppen andere Menschen erreichen und damit andere Möglichkeiten haben. Weil beispielsweise Verantwortliche (von Parteien, Verbänden, einflussreicheren Initiativen, NGOs), die für Projekte notwendiges Geld freigeben oder Gesetze verändern können, eher „gemäßigtere", also Tierschutzforderungen akzeptieren und unterstützen würden, als Forderungen nach Tierbefreiung. Und es will verdeutlichen, dass Emanzipation von der traditionellen Verwendung im Sinne von Gleichberechtigung von (bisher) diskriminierten Menschen(gruppen) auch bedeuten kann, die („guten") Absichten, Vorteile und Erfolge andersgelagerter, spezialisierter oder ganz konkreter Ziele anzuerkennen. Von den eigenen Vorstellungen abweichende Strategien sollten fair und gleichberechtigt bewertet oder von einer Bewertung Abstand genommen werden, wenn diese nur über die Unterschiede zu eigenen Positionen funktionieren und die Gemeinsamkeiten völlig ignoriert werden (und damit die Prozesse, wie einige Menschen zum Beispiel Tiere wahrnehmen, reproduziert werden).

Fazit

Forderungen und Engagement, die dem Tierschutz zugeordnet werden, können auch aus der Perspektive der konkret betroffenen Individuen gesehen werden. Es gibt auch Tierschutz jenseits der Akzeptanz und Verteidigung der Nutzung von Tieren. Statt artgerechte Haltung zu fordern, ist es auch möglich, das Weniger an konkretem Leiden zu sehen, denen die Tiere dann ausgesetzt wären.

Es gibt nicht immer ein Entweder/Oder. Wenn also Forderungen und Aktionen unterstützt werden, die die Situation von Tieren verbessern wollen (größere Stall-, Auslauf-, Käfigflächen; Reduzierung der Einsatzzeit von Pferden an Stadtkutschen; Verbot von betäubungsloser Kastration oder Gliedmaßenamputationen), können durchaus die Ziele von Tierbefreiung geteilt und Tierrechtsforderungen kommuniziert werden. Wenn beispielsweise gegen Zirkusse mit Tieren protestiert wird, kann die Forderung nach Zirkussen ohne Tiere zwar eine Tierschutzforderung sein, dabei Interesse und/oder das Recht der Tiere, nicht für das Vergnügen von Menschen eingesperrt, dressiert und vorgeführt zu werden, kommuniziert und der Anspruch, sie grundsätzlich und für immer aus der Verfügungsgewalt von Menschen zu befreien, mitgedacht oder auch kommuniziert werden. Diese Strategien und Ziele, die in Tierschutz-, Tierrechts- oder Tierbefreiungspositionen eingeordnet werden, müssen sich nicht widersprechen, sondern können sich sehr oft ergänzen.

Natürlich ist es interessant und sinnvoll unterschiedliche Ziele und Strategien in definierte und klare Bewegungsprofile, Selbstverständnisse und politische Richtungen einzuordnen. Denn dafür gibt es viele Vorteile. Ich meine nur, dass auch Ziele verfolgt werden und sich Menschen so breit gefächert engagieren können, dass sie mit ihren Überzeugungen und Tätigkeiten nicht immer klar einzuordnen sind oder auch nicht immer sein wollen und dass sie, wie ich oft erlebt habe, schnell und unüberlegt in Schubladen gestopft werden. Die Gedanken anderer Menschen zu den vielen Spezialthemen können sehr unterschiedlich sein und – an theoretischen Konzepten orientiert – sich widersprechen. Ihre Handlungen sollten nicht von oben herab von dritten Personen bewertet und eingeordnet werden, um zu erwägen, ob deren Ziele tierrechtskonform genug sind, um sie für Diskussionen oder überhaupt eine Kontaktaufnahme zu akzeptieren. Gegenseitiger Austausch muss schließlich nicht Zusammen- oder Bündnisarbeit bedeuten, sondern kann auch bedeuten, sich verschiedene Perspektiven, Konzepte und Spezialwissen gegenseitig zu vermitteln.

Viele Menschen wollen sich nicht mit Konzepten um Tierschutz, Tierrecht, Tierbefreiung, Kapitalismus- oder Herrschaftskritik beschäftigen, sondern sie wollen konkret etwas tun. Es kann ihnen empfohlen, sollte ihnen aber nicht aufgezwungen werden. Wenn Einzelpersonen, die mit den Konzepten nicht vertraut sind, sich in diese selbst nicht einordnen wollen, sollte das akzeptiert werden. Definitionen und theoretische Abgrenzungen können sinnvoll sein, um Konzepte, Theorien und Utopien zu umreißen und zu definieren, damit sich Menschen daran orientieren und selbst hinterfragen sowie weitere Theorien entwickeln können.

Ausgabe 76 (September 2012)

DAS GEGENTEIL VON GUT IST GUT GEMEINT

Plädoyer für eine verstärkte inhaltliche Auseinandersetzung und gegen Beliebigkeit von Meinungen und Ansichten in der Tierrechts-/Tierbefreiungsbewegung

Franziska Klein

Mit großem Interesse habe ich die Beiträge aus *TIERBEFREIUNG 76* zu Profil und Positionierung, „Streitereien", Kritik und Toleranz innerhalb „der Bewegung" von Emil Franzinelli und Maria Schulze gelesen. Im Folgenden möchte ich in Form eines Kommentars insbesondere zu den beiden Artikeln von Maria Schulze Entgegnungen auf die darin enthaltenen Aussagen, Forderungen und Schlussfolgerungen formulieren. Ich hoffe, damit die von mir sehr begrüßte inhaltliche Auseinandersetzung innerhalb „der Bewegung" um „die Bewegung", ihre Strategien, Ziele und ihr Profil produktiv zu bereichern.

Vorab will ich analog oder eher im Gegensatz zu Maria Schulze deutlich machen, dass ich absolut für eine Seite oder Fraktion eintrete und mir anders eine inhaltliche Auseinandersetzung (womit auch immer) gar nicht möglich erscheint. Der Anspruch, der zumindest in einem der beiden Artikel erhoben wird, durch eine Nicht-Positionierung lediglich Probleme zu behandeln und Dinge exemplarisch aufzuführen, verschleiert die Tatsache, dass selbstverständlich auch dieser Artikel eine Meinung und Positionierung vertritt. Meine Position ist die einer seit einigen Jahren in der Tierrechts-/Tierbefreiungsbewegung aktiven Person, die sowohl lokal (*Tierbefreiung Hamburg*) als auch bundesweit und teilweise international mit anderen Tierrechtsaktivist_innen Projekte, Kampagnen und Aktionen organisiert und durchführt und sich dabei explizit vom Tierschutz und seinen Zielen abgrenzt. Da die beiden Artikel, auf die ich mich hier beziehe, einen ähnlichen Tenor und sich leicht überschneidende Argumentationsmuster haben, beziehe ich mich im Folgenden auf beide gleichzeitig und versuche jeweils mit Zitaten oder Paraphrasierungen zu verdeutlichen, auf welche Aussagen Schulzes ich mich jeweils beziehe.

Was wird hier eigentlich kritisiert beziehungsweise thematisiert?

Zuallererst ist mir als Leserin nicht so richtig klar, worüber in den Beiträgen eigentlich geredet wird, um welche konkreten Phänomene es nun geht. Als Beispiele werden zwar einige genannt: Das Event für Tierrechte (Köln, Mai 2011), die Demo gegen Tierversuche (Bremen, April 2012), die Auflösung der *veganen antifa süd*, außerdem die Konflikte zwischen *Free Animal* und *Menschen für Tierrechte* sowie zwischen *Free Animal* und dem *Antitierbenutzungshof.*[1] Im Text beziehungsweise in beiden Texten wird aber schwerpunktmäßig auf persönliche Be- und Abwertungen eingegangen, auf Kritik und Akzeptanz von Personen (und nicht ihrer Handlungen), auf „Ansichten" und Meinungen und besonders im zweiten Artikel auf zwischenmenschliche Kommunikation. Bezogen auf kommunikationspsychologische Aspekte wird eine andere Umgangsweise innerhalb der Bewegung gefordert, doch auch hier wird die Intragruppen- und nicht die Intergruppenperspektive fokussiert, also auf die direkte Kommunikation zwischen Personen innerhalb einer Gruppe geschaut und eben nicht auf die zwischen verschiedenen Gruppen oder Initiativen. Mit den oben genannten Beispielen hat der Großteil der Ausführungen demnach meines Erachtens wenig zu tun – oder aber ich übersehe wesentliche Punkte –, geht es bei den genannten Beispielen doch eher um öffentliche Stellungnahmen, inhaltliche Kritik, den allgemeinen Umgang mit politischen Zielen und nur in Einzelfällen auch um personalisierte Auseinandersetzungen, diese jedoch zumeist im Hinblick auf die dahinterliegenden Fragen, zum Beispiel nach dem Umgang mit Tieren auf Lebenshöfen.

Ansichten und Meinungen in der Tierrechtsbewegung

Bereits in der Einleitung des ersten Artikels werden die Positionen und Strategien von Tierschutzbewegung und Tierrechts- und Tierbefreiungsbewegung als „Ansichten" bezeichnet, die in dem Artikel weder auf- noch abgewertet werden sollen. Ich möchte mich mit diesem Artikel aufs Schärfste gegen die Propagierung einer politischen und inhaltlichen Beliebigkeit innerhalb der Tierrechtsbewegung aussprechen. Schulze empört sich über vorherrschende, dominierende Meinungen und Wertungen, denen nicht widersprochen werden dürfe. Ich frage mich, wie eine Bewegung bestehen kann, wie eine politische Kraft Veränderung hervorrufen kann, wenn es nicht gemeinsame, geteilte Ziele – also auch gemeinsame „Meinungen" und Bewertungen – gibt, auf deren Grundlage für eine gesellschaftliche Veränderung gekämpft wird. Ich schließe mich doch gerade einer Bewegung an, weil ich ihre Meinungen und Bewertungen teile, und nicht, weil sie mir von Grund auf egal sind („sind ja eh alles nur Meinungen") oder weil ich die vorherrschenden Ideen verändern will. Ich würde zwar nicht so weit wie Emil Franzinelli gehen und für jede Strömung eine neue Bewegung aufmachen (das geht für mich nicht nur in Bezug auf die Tierrechts-/Tierbefreiungsbewegung an der Realität vorbei), aber es gibt doch Ziele und Perspektiven, die der Tierschutz verfolgt, und dem entgegengesetzte beziehungsweise sehr andere Ziele und Perspektiven, die von Tierrechtler_innen und Tierbefreier_innen verfolgt werden. Ich entscheide mich als Aktivist_in, als politisch aktiver Mensch, für eine Bewegung, eine Gruppe, eine Organisation aufgrund ihrer Inhalte, Positionen und

Ziele, insofern können und dürfen diese nicht beliebig sein. Und insofern muss ich auch nicht jede Meinung innerhalb „meiner" Bewegung akzeptieren oder tolerieren.

In den beiden Artikeln wird kritisiert, dass einzelne Personen dafür verurteilt werden, dass sie sich im Rahmen des Tierschutzes engagieren. Das Ziel der Kritik von Tierbefreier_innen sind jedoch üblicherweise und nach meinen Erfahrungen der institutionalisierte Tierschutz[2] und seine Ziele. Dabei richtet sich die Kritik also nicht gegen diese Personen, sondern eben gegen das konkrete Engagement, die Handlungen, Argumentationen und die Ziele dieser handelnden Menschen. Denn selbstverständlich ist „der Tierschutz" auch immer mit konkreten Menschen und Organisationen „gefüllt" und existiert nicht ideell so vor sich hin. Und diese Menschen konfrontiere ich in Gesprächen und Diskussionen damit, wofür sie einstehen, inwiefern dies inkonsequent oder gewaltvoll und verachtend gegenüber Tieren ist. Ist das nach Schulze dann schon eine Bewertung und damit respektlos gegenüber diesen engagierten Menschen?

Tierschutz: gut gemeint?

Tierschutz wird im ersten Artikel als eine konkrete Arbeit mit für die Betroffenen merkbaren Erfolgen dargestellt, quasi im Gegensatz dazu werden Tierrechte als eine Art abstraktes Engagement, das nur auf das Bewusstsein der Menschen ziele, beschrieben. Tierbefreiung taucht nur noch als Vision, als „Utopie mit anarchistischen Elementen" auf, die „ideale zukunftsweisende Möglichkeiten" eröffnen könne. So illustriert die Autorin die von ihr wahrgenommene oder erwünschte Koexistenz und Ergänzung der verschiedenen Forderungen, die sich dann nicht mehr widersprechen müssten. Damit verkennt sie jedoch die theoretischen Grundlagen (zum Teil nachzulesen in Franzinellis Artikel), die diese Widersprüche notwendigerweise hervorbringen.

Eine nicht selten angebrachte Legitimierung des Tierschutzes, die meiner Meinung nach auch im zweiten Abschnitt des ersten Artikels anklingt und auch beim PeTA-Beispiel nochmal deutlich aufscheint, ist die, dass hierüber Menschen erreicht werden, die noch nicht so weit sind beziehungsweise von Tierbefreiungsinhalten abgeschreckt werden könnten. Ich denke mir dabei: Wäre es nicht besser, diese Menschen würden, wenn sie googeln oder sich wie auch immer informieren, direkt auf der Seite der *tierbefreier* oder einer inhaltlich ähnlich ausgerichteten Organisation landen und eben nicht bei dem *Tierschutzbund* oder *Vier Pfoten*? Dann würden sie vielleicht direkt andere Zusammenhänge entdecken, andere Schlussfolgerungen ziehen und nicht erst jahrelang in Tierschutzvereinen rumdümpeln, bevor sie beispielsweise vegan werden. Warum sollten sie davon abgeschreckt sein, jegliche Tierausbeutung abzulehnen und nicht nur „besonders schlimme"? Gilt es also nicht eher, dafür zu kämpfen, dass die Tierbefreiungsposition die hegemoniale wird und nicht der Tierschutz? Anstatt den

Tierschutz als „Einstiegsbewegung" zu tolerieren oder zu instrumentalisieren, bei dem die Leute dann aber möglicherweise stehen bleiben?

Tierschutz: das Gegenteil von gut!

Tierschutz sollte laut Schulze stärker aus der „Perspektive der Gequälten" betrachtet werden. Es wird gefragt, ob Verbesserungen in der Haltung nicht begrüßenswert seien. Es wird argumentiert, dass es für das einzelne Tier einen Unterschied mache, ob es mehr oder weniger Auslauf habe oder ob es vor Amputationen betäubt werde oder nicht und dass Tiere, „wenn ihre Befreiung nicht umsetzbar ist, dennoch ein [...] Recht darauf haben, ein weniger schreckliches schmerzvolles Leben zu führen". Möglicherweise ist dies der Fall. Möglicherweise ist das Leben vor dem Tod für ein Rind „auf der grünen Wiese" angenehmer als in Anbindehaltung in einem dunklen, nach Fäkalien stinkenden Stall. Und doch geht es bei der Diskussion um den Tierschutz, so wie ich sie kenne, eben nicht um die Abwertung von scheinbaren „Verbesserungen" für einzelne Tiere. Sondern um die Kritik an der *Strategie* des institutionalisierten Tierschutzes, die Ausbeutung der Tiere weniger schlimm zu gestalten. Wie kann ich denn, wenn ich der Überzeugung bin, dass Tiere frei sein wollen/sollen, ernsthaft für größere Käfige, andere Tötungsmethoden oder die Abschaffung „unnötiger Tierversuche"[3] kämpfen? Damit fordere ich doch implizit weiterhin, dass Tiere eingesperrt, getötet und zu Versuchszwecken benutzt werden sollen. Und damit zementiere ich ihre gesellschaftliche Rolle und beruhige das Gewissen derjenigen, die eigentlich auch ein Unbehagen spüren bei Bildern aus Mastanlagen, Schlachthöfen und Versuchslaboren und die durch die „Errungenschaften" des Tierschutzes wieder ihre Augen vor der Gewalt gegen die Tiere schließen können.

Genau dieses Argument, die Problematisierung des institutionalisierten Tierschutzes als Tierausbeutung legitimierender und stützender Strategie, wird zwar von der Autorin zweimal aufgegriffen, jedoch argumentativ nicht weiter behandelt, weder be- noch entkräftigt. Es wird lediglich darauf hingewiesen, dass „Verbesserungen" im Umgang mit Tieren sinnvoll seien, solange ein Ende der Tierausbeutung nicht absehbar sei. Dabei wäre es doch gerade interessant zu schauen, inwiefern Tierausbeutung von Bestrebungen und „Erfolgen" des Tierschutzes gestärkt wird. Inwiefern oder wie viele Ex-Vegetarier_innen seit dem Bio-Boom nun wieder ohne schlechtes Gewissen zu Wurst und Steak greifen können. Oder ob das Quasi-Verbot der Haltung von Hennen in sogenannten Legebatterien in irgendeiner Weise zu einer verminderten Zahl von Legehennen in Deutschland geführt hat, den Eierkonsum eher gesenkt oder gar gesteigert hat oder irgendetwas im Bewusstsein der Konsument_innen verändert hat. Es könnte genauer untersucht werden, was diese ganzen „Fortschritte" im Tierschutz denn wirklich für die tierausbeutenden Industrien bedeuten und daraufhin auch geschaut werden, was sie für die einzelnen Tiere bedeuten. Für den Schlachthofbetrieb wird die Tatsache, wie die Tiere getötet werden, solange es nicht zu teuer wird, relativ egal sein. Das bedeutet nicht, dass die Schwächung tierausbeutender Industrien durch Maßnahmen, die die Produktion von Tierausbeutungsprodukten für sie unrentabler macht, nicht auch – wie auch von Schulze erwähnt – von Tierbefreier_innen in gewisser Hinsicht „begrüßt" werden *kann*, wie zum Beispiel die neue Verordnung zu Käfiggrößen in der Pelztierhaltung. Dies aber eben nicht, weil es den Tieren damit besser geht, sondern weil dies voraussichtlich das Aus für die Pelzfarmen bedeuten wird, somit eine reformistische Idee zu einer abolitionistischen Umsetzung führt. Das kann in anderen Fällen aber in der Regel nicht vorausgesetzt werden.

Ich wundere mich ehrlich gesagt fast, dass ich diese Zeilen in einer Zeitschrift des *tierbefreier e.V.*, die sich *TIERBEFREIUNG* nennt, offenbar schreiben muss, wurden sie doch sicher schon zigfach in diesem Zusammenhang diskutiert, vielleicht sogar lange bevor ich aktiv wurde. Aber meines Erachtens verwischen sowohl Schulze als auch Franzinelli in gewisser Hinsicht den unüberbrückbaren Gegensatz zwischen Tiernutzung und Tierbefreiung, also zwischen institutionalisiertem Tierschutz und der Tierrechts-/Tierbefreiungsbewegung, je auf ihre Art: Franzinelli, indem er die Bewegungen scheinbar allein durch die richtige Benennung und Definition untereinander befrieden will, aber doch eine gemeinsame Bewegung vorsieht, die dann nicht mehr über die Unterschiede diskutieren muss und sich gegenseitig akzeptieren kann (warum?). Schulze, indem sie Akzeptanz propagiert, eine Zusammenarbeit fordert, Differenzen klein beilegen und scheinbar jede „Ansicht" oder „Meinung" gleichberechtigt in den Diskurs bringen will.

Psychologisierung politischer Debatten

Besonders der zweite Artikel[4] geht aus meiner Perspektive kaum mehr darauf ein, worum es eigentlich zu gehen scheint. Hier wird vordergründig nicht über die Inhalte und das Was der politischen Konflikte geredet, sondern über das Wie, über zwischenmenschlichen Umgang, über Kommunikationsverhalten und scheinbar psychologische Phänomene, die sich zwischen Aktivist_innen mit unterschiedlichen Meinungen abspielen. Trotzdem wird dies wiederum an Beispielen illustriert, bei denen es um den Konflikt zwischen Tierschutz und Tierbefreiung geht und nicht zum Beispiel um den Umgang verschiedener Tierbefreiungsgruppen miteinander, und dadurch sofort wieder auf die inhaltliche Ebene gezogen. Teilweise muss ich der Autorin Recht geben: Einige der von ihr beschriebenen (kommunikations-)psychologischen Theorien, Analyse-Instrumente und Werkzeuge können in vielen Situationen hilfreich sein, um Konflikte zu bearbeiten, Gruppenprozesse zu begleiten oder einfach Vorurteile oder Falschannahmen auszuräumen. Und auch das Üben und Reflektieren von Kommunikation, beispielsweise in den eigenen Arbeitszusammenhängen, kann in vielen

Situationen hilfreich und klärend sein und auch Konflikten vorbeugen. Jedoch scheinen mir ihre Ausführungen an dieser Stelle und zu diesem Thema eher unangebracht. Es ist nämlich ein Unterschied, ob ich innerhalb meiner Gruppe persönlich kommuniziere oder ob ich an Institutionen, die im öffentlichen Diskurs stehen, adressiere. Vielleicht verstehe ich aber, wie oben bereits angemerkt, auch einfach nicht, auf welcher Ebene und worüber genau die Autorin hier redet. Vielleicht geht es um interne Gruppenprozesse, eigene Erfahrungen bei Aktionen oder „Diskussionen" über Mailinglisten und in anderen Online-Medien. Dann können die Hinweise der Autorin sicher nützlich sein. Wenn es aber um die Auseinandersetzung um das Profil der Bewegung und die Debatte um Tierschutz und Tierbefreiung geht, möchte ich vor einer Psychologisierung politischer Konflikte und Debatten warnen: Die inhaltliche Kritik am Tierschutz und seinen Strategien vonseiten der Tierbefreier_innen ist nicht auf psychische Charakteristika einzelner Personen oder Auswirkungen der Impliziten Persönlichkeitstheorie oder Vorurteile zurückzuführen. Und insofern darf sie auch nicht auf dieser Ebene verhandelt werden und beispielsweise über Gewaltfreie Kommunikation politische Differenzen befriedet oder (wohl eher) übergangen oder verschleiert werden. Oder ganz hierarchiefrei eine Meinung neben die andere gestellt werden. Zu versuchen, einen anderen Menschen zu verstehen, muss nicht zwangsläufig heißen, seine Meinungen und Einstellungen auch zu akzeptieren oder gar gut zu heißen. Das ist nicht die Art von Psychologie und zwischenmenschlicher Kommunikation, die ich anstrebe.

· Nach meiner Wahrnehmung wird von Schulze in beiden Artikeln ausführlich für Toleranz in der Bewegung geworben, die mir zu einer Beliebigkeit zu verkommen scheint. Kritik wird implizit als Bewertung und damit Abwertung problematisiert. Dann jedoch wird zusammengefasst, wie das Ganze denn nun auszusehen habe: „Kritik soll überall geübt werden dürfen, ohne dass daraus der Vorwurf entsteht, sie diene der Spaltung und Denunzierung innerhalb der Tierrechtsbewegung." Ja was denn nun? Kritisieren, aber nur in privaten E-Mails? Nichts bewerten, nur beschreiben und freundlich bitten, doch auch mal eine andere Meinung anzuhören (die aber ja nie „richtig" ist beziehungsweise sein kann, weil es ja nur eine Meinung unter vielen ist)? Ich finde, es muss die Möglichkeit geben, über politische Differenzen auch zu streiten und dies auch öffentlich und gemeinsam zu tun. Sonst können wir unsere politische Debattenkultur ein für allemal auf den Müll schmeißen und uns darauf ausruhen, dass wir irgendwie doch alle für „das Gleiche" sind.

Nochmal ganz konkret

Zu den von Schulze gebrachten Beispielen möchte ich ein paar Sätze verlieren, um ihre These zu hinterfragen, ob sich die Tierrechtsbewegung tatsächlich „zunehmend selbst sabotiert" oder die Beispiele gar nicht so schlimm sind, wie sie auf den ersten Blick erscheinen:

1. Event für Tierrechte in Köln:

Hier ging es nicht um die Abwertung irgendwelcher Tierschützer_innen, die ein Straßenfest besuchen, sondern um die ganz konkrete Kritik an dem Auftritt eines mehr als umstrittenen Vertreters von Tierrechten, nämlich Helmut Kaplan. Allein die Tatsache, dass dieser nur wenig zuvor einer rechtsradikalen Zeitung ein Interview gegeben und dort „passenderweise" die Wichtigkeit des Holocaustvergleichs hervorgehoben hat, müsste meines Erachtens ausreichen, diese Person nicht auf Veranstaltungen sprechen zu lassen.[5] Es ging hier also nicht darum, willkürlich eine Veranstaltung zu verhindern oder zu stören, auf der Tierschutzinhalte Platz fanden, sondern ganz konkret den Auftritt Kaplans zu kritisieren und im Endeffekt auch zu verhindern.

2. Demo gegen Tierversuche in Bremen:

In der TIERBEFREIUNG 76 wurden die Stellungnahmen der beteiligten Parteien bereits veröffentlicht, denen ich eigentlich nichts hinzuzufügen habe. Zur Klarstellung: Ein Vertreter der (Bio-)Fleischindustrie redet auf einer Demo, die sich für die Abschaffung von Tierversuchen ausspricht und auf der ein Tierbefreiungsblock von den Organisator_innen explizit begrüßt wird. Wie kann das sein? Wie könnte ein Tierbefreiungsblock dies unwidersprochen hinnehmen? Die Störung beziehungsweise eher kritische Begleitung dieser (und nur dieser) Rede ist meines Erachtens aus einer Tierbefreiungsperspektive in so einer Situation absolut angebracht.

3. Auflösung der *veganen antifa süd* (vas):

Diese wird von Schulze unter anderem auf „Gegenaktionen" zurückgeführt, wie dies die vas selbst auch in ihrem Text zur Auflösung tut. Tatsächlich gab es konkrete inhaltliche Kritik am Konzept des Schwarzen Blocks auf Tierrechtsdemos wie der Frankfurt Pelzfrei, die sowohl der vas gegenüber kommuniziert als auch in der TIERBEFREIUNG 72 abgedruckt und auf einer Frankfurt Pelzfrei-Demonstration als Flyer an die Teilnehmer_innen verteilt wurde.[6] Hier kann meines Erachtens keine Rede von einer „Gegenaktion" sein, sondern es wurde ausführlich begründete, inhaltliche Kritik an der wesentlichen Strategie der vas (nämlich dem Black Block als Mittel, um „Antifa" und „Antispe" zusammenzubringen) geübt, die jedoch offensichtlich lediglich als Angriff auf das dahinterliegende Ziel wahrgenommen und nicht als produktives Diskussionsangebot um Form und Strategie angenommen wurde.

4. Konflikte zwischen *Free Animal* und dem *Antitierbenutzungshof* sowie *Free Animal* und *Menschen für Tierrechte*:

Bestimmt lässt sich vor allem aus der Außenperspektive über das Wie der Auseinandersetzungen streiten, oder zumindest kann es Verwunderung wecken. Aber prinzipiell ist es doch super, dass beispielsweise über vegane Ernährung auf Lebenshöfen, über Tiernutzung und -haltung jetzt und heute diskutiert wird und dadurch auch Veränderung innerhalb unserer Bewegung erwirkt werden kann. Möglicherweise wirken die Stellungnahmen von *Free Animal* und *Menschen für Tierrechte* teilweise hart und übertrieben, weil wir als Leser_innen nicht in die Konflikte involviert sind. Aber wie, wenn nicht über öffentliche Stellungnahmen, kann denn ein Verein seine Handlungen in einer solchen schwierigen Situation begründen und für (potentielle) Mitglieder und Unterstützer_innen transparent und nachvollziehbar machen? Auch hier kann doch von jedem und jeder an diese Auseinandersetzungen angeknüpft, sich eingebracht und Positionen und Entscheidungen hinterfragt und kritisiert werden.

Darf ich das?

Nach den Ausführungen von Maria Schulze stellt sich für mich fast schon die Frage, ob ein solcher Kommentar wie dieser überhaupt angebracht ist. Ich hätte ja auch den persönlichen Kontakt mit ihr suchen können, so wie sie es vorschlägt, und ihr ohne Bewertung am besten mit der Methode der Gewaltfreien Kommunikation mitteilen können, was ihr Artikel bei mir kognitiv und emotional ausgelöst hat und was ich mir von ihr wünschen würde. Schließlich ist nach ihr eine „Schlacht der Stellungnahmen auf Blogs, Flyern und in Magazinen [...] eine denkbar ungünstige Methode sich auszutauschen und wirkt eher kontraproduktiv". Ich denke aber, dass diese Diskussionen gemeinsam und in gewisser Hinsicht öffentlich geführt werden müssen, und sie denkt es scheinbar auch, sonst hätte auch sie die einzelnen Parteien, die sie anspricht, persönlich angeschrieben und ohne Bewertungen mit ihnen direkt kommuniziert. In diesem Sinne wünsche ich mir viele weitere lebhafte Auseinandersetzungen auf Blogs, Flyern und in Magazinen und hoffe hiermit einen produktiven Teil dazu beigetragen zu haben.

Ausgabe 77 (Dezember 2012)

Endnoten:

1. Auf alle vier beziehungsweise fünf Beispiele gehe ich am Ende des Artikels noch kurz inhaltlich ein.

2. Mit institutionalisiertem Tierschutz meine ich die Bestrebungen, Kampagnen und Ziele von Tierschutzorganisationen wie dem *Deutschen Tierschutzbund* oder *Vier Pfoten*, die auf eine Verbesserung der Tierhaltung zielen, ohne die Tiernutzung an sich in Frage zu stellen, die sich also vorrangig gegen „Missbrauch" und „unnötiges" Leiden von Tieren aussprechen. Mit institutionalisiertem Tierschutz meine ich eben nicht tierschützerisch ausgerichtete Handlungen einzelner womöglich sogar vegan lebender Personen, zum Beispiel die „Rettung" oder Aufnahme sogenannter Haustiere oder das Freikaufen eines bestimmten Kalbs aufgrund einer „persönlichen Beziehung" zu diesem. Es geht mir also um die politischen Forderungen und Handlungen, wie sie von Organisationen und Gruppen vertreten werden und die hier auch zur Diskussion stehen.

3. So zum Beispiel eine aktuelle „Kampagne für ein zeitgemäßes Tierversuchsgesetz" des Vereins *VGT Österreich*, in der der Verein das „Verbot unnötiger [!] Tierversuche" fordert (Juni 2012).

4. Maria Schulze: „Streitereien, Beschuldigungen, Eskalationen, Gruppenauflösungen – Sabotiert sich die Tierrechtsbewegung zunehmend selbst?", in: *TIERBEFREIUNG 76.*

5. Zu weiteren Gründen und einer Stellungnahme der „Störer_innen" siehe: „„Hauptsache für die Tiere!' – Nicht mit uns! Protest gegen ‚Event für Tierrechte' in Köln", in: *TIERBEFREIUNG 72.*

6. Konrad Eckstein: „Wer hat Angst vorm Schwarzen Block?", in: *TIERBEFREIUNG 72.*

ICH MAL MIR EINE NEUE WELT

Einige Gedanken über vegane Utopien, Schnittmengen mit anderen Bewegungen und Elemente einer grundlegenden Konsumkritik

Markus Kurth

Der Fokus der Tierbefreiungsbewegung ist auf die Veränderung des Status nichtmenschlicher Tiere in unserer Gesellschaft gerichtet. Das ist an sich gut und wichtig. Problematisch wird es allerdings, wenn dieser Schwerpunkt nicht als vernetzt mit anderen Bewegungen gedacht wird, sondern aus- und abschließend für sich allein steht. Ein zentrales Beispiel aus der Bewegung – der „Veganismus"[1] – zeigt die Probleme einer solchen eingeschränkten Sichtweise auf.

In vielen Zusammenhängen funktioniert Veganismus als fixe Identität – und damit binär. Ich teile Lebensmittel im Laden, das Handeln von Menschen oder sogar sie selbst in „vegan" und „nicht-vegan" ein und wähne mich auf der guten Seite. Mit jeder Bestätigung des „Ich bin vegan" suggeriere ich einmal mehr, ich sei bereits angekommen, ich handle gut und richtig. Dieses Denken enthält, wie jede Identität, einige bedenkliche Vorannahmen. Zunächst einmal ist diese identitäre Form von Veganismus eine zweifelhafte Vereindeutigung von an sich hochkomplexen Zusammenhängen wie den kapitalistischen Warenflüssen der Gegenwart mit ihren vielen Zwischenstationen von der Erzeugung bis zum Konsum. Es mag beinahe so erscheinen, als ob ein Produkt moralisch nicht verwerflich und politisch einwandfrei ist, sobald keine Tierprodukte enthalten sind. Dabei werden andere Ebenen der Betrachtung wie ökologische Auswirkungen oder Auswirkungen für alle an der Produktion und dem Handel beteiligten Firmen wie Menschen (teilweise) sehr schnell ausgeblendet. In Abwägungsfragen wird das „Vegan"-Sein eines Produktes jedenfalls höher bewertet als beispielsweise die Arbeitsbedingungen für die Erzeuger_innen der einzelnen Bestandteile des Produkts (auch wenn „gute" Arbeitsbedingungen und Tierproduktfreiheit für einige Hersteller_innen keine Gegensätze sind). Außerdem werden andere Menschen, die sich auch für Tierbefreiung interessieren, sich aber in ihrer Konsumweise (noch) nicht so weit von der Restgesellschaft abgrenzen können oder wollen, mit diesem starren „Vegan"-Dogma ausgeschlossen. Genauso wie Menschen, die aufgrund einer ähnlichen Utopie zu anderen Schlüssen kommen und zum Beispiel freegan[2] leben.

Um die Kritikpunkte an der „veganen" Identität und die Abgrenzung zu einem Verständnis von Veganismus als Prozess hin zu einer Utopie besser aufzeigen zu können, werde ich mich zuerst einmal auf die vorgeblich individuelle Ebene begeben.

Vermutlich stehe ich nicht allein da, wenn ich meine, dass „Vegan-Werden" in meinem Leben einen wirklich großen Schritt bedeutete, der mir sehr viel gab und gibt. Dieser symbolische Bruch mit der alten Ordnung durch die Abkehr von allen Tierausbeutungsprodukten riss mich für eine Weile kurz aus der Bewusstlosigkeit des alltäglichen Konsums. Zahllose Nahrungsmittel wurden auf ihre Inhaltsstoffe hin überprüft, was den neuen Standards gerade noch genügt und was nicht – inklusive kontroverser Diskussionen um Fruchtsaftklärung, Zusatzstoffe und so weiter. Relativ bald folgte nach der Annahme dieser „veganen" Identität jedoch wieder der alte Trott. Eine Reihe von Grundlebensmitteln aus verschiedenen Discountern wanderte in den Vorratsschrank, manchmal kam etwas Neues dazu und etwas Altes ging – ab und zu auch mal eine Großbestellung bei einem Veganversand für Luxusnahrungsprodukte, identitäre Aufnäher, T-Shirts oder Schuhe.

Tiefergehende Hinterfragungen meines eigenen Lebensstils fanden daraufhin eine Weile lang nicht mehr statt. Um das deutlich zu machen: Die Absicht vegan – also nicht auf Kosten anderer tierlicher Lebewesen und ohne Ausbeutung selbiger – leben zu wollen, halte ich für einen sehr wichtigen Schritt auf dem Weg in Richtung Utopie. Allerdings sagt diese Absicht wenig über die – oftmals sogar globalen – Auswirkungen unseres Handelns aus. Genauso wenig, wie die Utopie etwas über ihre möglichen Umsetzungen aussagt. Vielleicht bedarf es des „Vegan-Werdens", um überhaupt die Verflochtenheit des eigenen Handelns mit den vielfältigen Formen von Tierausbeutung und Tierleid ernsthaft in den Blick zu nehmen. Damit Veganismus als wirkmächtige politische Intervention funktionieren kann, muss eine grundlegende Kritik an kapitalistischen Verhältnissen erfolgen. Anderenfalls wird ein vegan-identitäres Aufbegehren bereits durch Discounter und Bioladenketten geschluckt. Denn die Konsumpalette kapitalistischer Warenwirtschaft hält mittlerweile auch für Veganer_innen genügend Produkte für den täglichen Bedarf bereit. Stellt sich die Frage, ob das Ausschöpfen dieser „konventionellen" Palette wirklich die Absicht hinter den Bemühungen um Veganismus sein kann.

Grundlegend wird mit dieser individuellen, rein auf Vermeidung bestimmter Produkte angelegten Konsumweise jedenfalls noch kein Kapitalverhältnis aus den Angeln gehoben – auch wenn sich vielleicht immer neue, schönere Ersatzprodukte finden und einige Hersteller_innen aus Profitlogik heraus sogar schon darauf hinweisen, dass ihr Produkt „vegan" ist. Andererseits steckt selbst in dieser identitären und erst recht in einer vegan-utopischen Konsumkritik einiges an kapitalismuskritischem Potenzial, das nur darauf wartet, befreit zu werden. Dann kann sich die Konsumutopie selbstverständlich nicht im derzeitigen Rahmen von Discounter- und gelegentlichen Bioladeneinkäufen bewegen und muss über unser derzeitiges Verhältnis zur Produktion hinausweisen.

Um dies zu erreichen, sollte der Blick zuerst einmal auf die Auswirkungen von Konsumprozessen gerichtet werden. Und davon sind nicht nur nichtmenschliche Tiere betroffen. Selbstverständlich ist der konventionelle Massenanbau ebenfalls schädlich für Menschen und die umgebenden Ökosysteme. Genannt seien stellvertretend für viele andere Probleme allein Pestizide, Hungerlöhne, Zwang zur Kinderarbeit und maßlose Ressourcenverschwendung. Der Zusammenhang zwischen einer kapitalistischen, nicht bedürfnisorientierten (Land-)Wirtschaft ist untrennbar mit den verheerenden Folgen für Menschen und nichtmenschliche Tiere verbunden.

Darum greift auch der Ansatz, innerhalb dieses Systems möglichst schuldfrei leben zu wollen, entschieden zu kurz. Oder im Klartext: Nur weil ich mir selbst noch mehr aufbürden will, um persönlich „perfekter" oder „freier von Tierausbeutung" zu werden, wird sich im Großen nichts ändern. Individueller Verzicht ist und bleibt keine Lösung. So ist notwendigerweise ein gesunder Pragmatismus geboten, denn es gibt zwar bessere und schlechtere Konsumweisen, aber keinen Goldenen Weg, um sich komplett aus den Kapitalverhältnissen herauszuziehen. Dennoch ist individuelles Handeln auch nicht komplett bedeutungslos. Gezielter Konsum kann zum Beispiel einen Teil dazu beitragen, alternative Strukturen aufzubauen. Eine Analyse, wer genau von welchem Konsum profitiert oder darunter leidet, ist dann allerdings unabdingbar. Ohnehin ist auch individueller Veganismus stets mehr als nur ein Mittel, um gegenüber skeptischen Mehrheitsgesellschaftsmeinungen als konsequent zu gelten. Das utopische Bauchgefühl kann den Alltag politisieren und über das identitäre Experiment mit Konsumgewohnheiten Anstöße für grundlegenderen Wandel bieten. Zumal es ja auch jetzt schon – relativ unutopische, dafür aber sehr effektive – Wege gibt, dem System individuell ein Schnippchen zu schlagen.

In Maßen können auch Konzepte wie Fair Trade oder einige ökologischere Anbauformen (beziehungsweise deren Unterstützung) erste Schritte sein, das Jetzt zu verbessern. Wobei natürlich Skepsis gegenüber „Bio" angebracht ist – ein Label allein macht noch kein grundsätzlich positiveres Verhältnis zur Umwelt aus (und bringt manchmal auch sehr kritikwürdige Konzepte, wie zum Beispiel die Anthroposophie, mit sich). Genauso funktioniert auch Fair Trade natürlich bestens innerhalb des Systems, doch sind dies bei allen Defiziten zumindest Ansatzpunkte für ein Weiterdenken. So klingen sowohl ein Lebensmittelanbau, der versucht, auf ökologische Folgen Rücksicht zu nehmen (zum Beispiel die Rolle von Dünger, „Schädlings"bekämpfung, Wasserverbrauch, Einfluss auf Tiere/Ökosysteme und so weiter) als auch ein Handel auf der Grundlage von Solidarität mit den Produzent_innen „unserer" Produkte zumindest in der Theorie schon sehr utopisch. Nicht, dass es weiterführende Ideen wie den bio-veganen

Landbau nicht schon gäbe. Dass die Umsetzung gelingt, liegt dann allerdings wiederum auch an uns selbst und unserer Unterstützung.

Nicht nur tierbefreierische Positionen können durch ökologische Überlegungen bereichert werden. Umgekehrt funktionieren auch ökologische Positionen nicht ohne Kritik an der (Massen-)Tierhaltung. Als Beispiel mag ein der Propaganda unverdächtiger Internetrechner des österreichischen Landwirtschaftsministeriums gelten, der den individuellen ökologischen Fußabdruck errechnet.[3] In der Berechnung macht die Ernährung ein Drittel unseres Fußabdrucks aus und dieses Drittel wird wiederum durch 70 bis 80 Prozent von Eiern, Milch und „Fleisch" dominiert.

Wird dies nun verknüpft zur Utopie einer solidarischen Gegenwirtschaft, die sich nicht über die Ausbeutung von Menschen und nichtmenschlichen Tieren definiert, ist eine vegane Utopie als wichtiger Teil davon ganz und gar nicht abwegig. Die derzeitige Intensivlandwirtschaft könnte deutlich ökologischer werden und, ganz lapidar gesagt, es würden trotzdem alle satt. Der Futtermittelanbau fiele weg und wenn Anbau und Verteilung nach Bedürfnissen funktionieren würden, wären zusätzliche Ressourcen frei. Menschen müssten nicht wie jetzt trotz enormen Produktionsüberschüssen hungern.

Und hier kommt die Bewegungsebene ins Spiel. Wenn auf diese Utopie hingewirkt werden soll, muss die Tierbefreiungsproblematik in größere Kontexte eingebettet werden, um auch dort Wirkung zu entfalten. Anschlussfähig ist sie allemal, wenn sie nicht rein identitär gedacht wird. Auf der anderen Seite besteht auch die inhaltliche Anschlussfähigkeit an die Umweltbewegung, welche bereits viele Gedanken zu einem besseren Umgang mit der Umwelt gedacht und eigene Strukturen aufgebaut hat. Seien dies nun Kämpfe gegen die Massentierhaltung oder das, was ich mit „Gegenwirtschaft" ausdrücken wollte. Auf vielen Gebieten sind uns andere in Lösungsansätzen und Ideen bereits voraus. Wir sollten von ihnen lernen und unser spezielles Anliegen mitbringen (auch wenn dieses partiell sowieso schon das Gleiche ist: herrschaftskritisch und selbstbestimmt wirtschaften und leben). Dass die inhaltliche Identität der Tierbefreiungsbewegung trotzdem wichtig ist, zeigen Kampagnen wie jene von Greenpeace, welche gegen Massentierhaltung in Regenwaldgebieten kämpft – aber nicht, weil (Massen)-Tierhaltung oder gar Tierausbeutung an sich schlecht wäre, sondern nur aus dem Grunde des zu verhindernden Klimawandels.[4]

Das alte Lied vom Verknüpfen verschiedener Kämpfe kann also wieder einmal angestimmt werden. Gemeinsam Kapitalprozesse zu analysieren, diese öffentlich zu machen und in Netzwerken nach Alternativen zu suchen, klingt zumindest theoretisch schon einmal vielversprechend. Nur weil die Utopie nicht von heute auf morgen kommen kann, sollte sie nicht vergessen werden.

Dies ist auch wichtig im Hinblick auf das Problem der kurzen Verweildauer von Menschen in der Tierbefreiungsbewegung. Wenn der politische Blick über identitäre Grenzen hinaus geweitet werden kann, wird unter Umständen eine

Politisierung des Alltags über bloßes „andere Produkte konsumieren" möglich. Vielleicht können sich Menschen auch längerfristiger mit Tierbefreiungsgedanken identifizieren, wenn Projekt und Individuum stärker zusammenfließen und (Selbst-)Kontrolle und Kodizes durch praktisches Losgehen abgeschwächt werden. Erprobungsräume für einen bewussteren kollektiven Konsum können zum Beispiel Voküs, Kongresse, Polit-Camps oder Vortragsreihen sein, deren Verpflegung gut durchdacht und nach strengen Kriterien organisiert wird. Die organisierende Gruppe muss dann entscheiden, wie diese Kriterien aussehen. Zu wünschen wäre jedenfalls eine Orientierung, die mehr als nur möglichst geringe Kosten (und damit auch wichtige Soli-Erträge) im Blick hat. Darüber hinaus können bei solchen Gelegenheiten auch gleich Kontakte zu möglichen Produzent_innen aufgebaut werden. Und wenn viele Menschen auf einmal verpflegt werden, hat das, sowohl auf das Denken der Beteiligten als auch wirtschaftlich als Unterstützung von bestimmten Erzeuger_innen, Auswirkungen. Auf diesem Wege werden letztere auch gleich noch einmal gestärkt – diesmal allerdings bewusst. Und so geht es Schritt für Schritt weiter in Richtung Bewusstwerdung, verantwortliche Selbstbestimmung und Veganismus.

Ausgabe 64 (Oktober 2009)

Endnoten:

1. Ich unterscheide im Text zwischen zwei Veganismus-Formen: einem utopischen, auf die Auswirkungen der eigenen Lebensweise bedachten Veganismus („Was bewirkt mein Konsum von Produkt XY?") und einem eher identitären „Veganismus", der vor allem die Absichten der eigenen Lebensweise betont („Ich esse Produkt XY nicht, wenn es ein Tierprodukt ist."). Letzteren setze ich in Anführungszeichen.

2. „Freegans holen sich, was andere wegwerfen." Sehr ausführlich und informativ mehr dazu auf *www.freegan.at*.

3. Siehe *www.mein-fussabdruck.at*.

4. Siehe *www.greenpeace.de/themen/waelder/nachrichten/artikel/adidas_timberland_und_geox_stoppen_leder_von_rinderfarmen_im_amazonas_gebiet-1*.

BIST DU „WELL ADJUSTED"?

Im Juni 2009 lud die *Tierrechts-Aktion-Nord* (TAN) zu einer Diskussionsveranstaltung in Hamburg ein. Im Fokus ihrer Analyse und Kritik stand die sogenannte „autonome Szene", bestehend aus „well adjusted people", die sich auf dem rechten Weg der bürgerlichen Gesellschaft bewegen, sowie Nachahmer_innen aus der Tierrechtsbewegung und die Folgen für die Tierrechts- und Tierbefreiungsbewegung. Über 70 Interessierte kamen, um den Vorträgen zu folgen und mit den Referent_innen zu diskutieren.

Der Tierrechts- und Tierbefreiungsbewegung mangelt es an eigenem Profil. Statt sich ein eigenes Profil zu erarbeiten, gleicht ein Teil der Bewegung diesen Mangel durch Nachahmung von Erscheinung (uniform radical chic) und politischen Phrasen der „autonomen Szene" aus und bringt so bürgerliche Ideologien in die Bewegung. Dadurch entsteht die Gefahr, dass die Tierrechts- und Tierbefreiungsbewegung ihre angestrebten Ziele nicht erreichen kann; herrschende Verhältnisse bleiben durch bestätigendes Verhalten bestehen, und gemeinsames politisches Handeln wird unmöglich. Diese Kernthesen über den derzeitigen Stand der Bewegung und die damit einhergehende düstere Zukunftsperspektive formuliert die TAN bereits in ihrem Ankündigungsflyer; sie hatte das ehrgeizige Ziel, ihre Thesen in Hamburg auch öffentlich zu diskutieren. Diskussionsgrundlage waren die Vorträge von Susann Witt-Stahl, Michael Sommer und Christian Stache. Eine deutlich konstruktive Diskussion fand nicht statt, konnte vielleicht auch nicht stattfinden – vielleicht aus Mangel an Zeit (für die Veranstaltung waren ursprünglich zwei Tage vorgesehen), vielleicht aus Mangel an freiem Referieren (die druckreifen Vorträge wurden abgelesen) und vielleicht aus Mangel an Theoriewissen bei einigen Interessierten.

Die Vorträge sind noch nicht veröffentlicht. Trotzdem kann die notwendige Diskussion innerhalb der Bewegung an dieser Stelle erneut angeregt werden. Susann Witt-Stahl, Michael Sommer und Christian Stache haben nach der Veranstaltung auf Fragen geantwortet.

Das kritische Bewusstsein der radikalen Linken ist deformiert. Wer (und/oder was) deformiert das Bewusstsein?
Susann Witt-Stahl: Alle und niemand. Die Regression der Kritikfähigkeit in den westlichen Gesellschaften – warum sollte ausgerechnet die deutsche Linke davon verschont bleiben – ist eine Folge gewaltiger geopolitischer Umwälzungen und Machtverschiebungen und einer Totalisierung des Neoliberalismus (das heißt Deregulierung, Privatisierung, Sozialabbau) in den vergangenen zwei Dekaden, die eine rapide Eindimensionalisierung der Medien, empfindliche Einschnitte im Bildungssystem und eine radikale Subordination der Wissenschaften und

der Kunst unter privatwirtschaftliche Profitinteressen mit sich brachte. Das hat nicht bloß für die Tiere verheerende Auswirkungen (der „Tierverbrauch" in der Forschung, im Konsum- und Entertainmentbereich steigt weltweit). Es führt auch zur Kommerzialisierung der Politik und Verkulturindustrialisierung der Protestkultur und auch derer, die sich die Befreiung der Tiere auf die Fahnen geschrieben haben. So können Antipelz-Demonstrationen im Partyrausch des Elektropop-Rave (dem Soundtrack all derer, die sich freiwillig zur Waren- und Geldmonade erniedrigen) untergehen und dann etwa noch so viel „radikale Gesellschaftskritik" verbreiten wie der „Frauentausch" auf RTL 2.

Was braucht die Tierrechtsbewegung, um bestehende Herrschaftsverhältnisse nicht nur realisieren, aufzeigen und kritisieren, sondern auch abschaffen zu können?
Susann Witt-Stahl: Nun, zunächst müsste sie erst einmal ihren Job machen und die Herrschaftsverhältnisse richtig analysieren. Bisher hat ihr Mainstream vorwiegend mit – oftmals wahllos zusammengeschusterten – Theorieversatzstücken aus philosophischem Idealismus, bürgerlichem Utilitarismus und Vulgäranarchismus herumhantiert. Das Ganze wurde dann noch mit den in der „autonomen Szene" eingeübten, gefühlslinken Empörungswettbewerben über irgendwelche Ismen gewürzt, und fertig war ein ziemlich trübes Gebräu, in dem der Irrtum weitergären kann, dass das Bewusstsein das gesellschaftliche Sein bestimme – ein kapitaler Irrtum, der ungewollt die mörderische Ideologie der tierwarenproduzierenden Gesellschaft nur noch unterstreicht, statt sie samt ihrer ökonomischen Basis radikal anzugreifen. Verhältnisse, die man nicht begriffen hat, kann man auch nicht wirkungsvoll bekämpfen. Schon gar nicht kann man sie langfristig abschaffen. Solange die Mehrheit der Träger der Tierrechts- beziehungsweise Tierbefreiungsbewegung meint, dem Speziesismus mit Metaphysik statt mit historischem Materialismus beikommen zu können, und solange sie gedenkt, auf eine Kritik der politischen Ökonomie des Tiermords verzichten zu können, sehe ich schwarz.

Was ist das genau, der Zirkulationsmarxismus? Wer steckt hinter der „Szene"? Und was genau ist die Gefahr, die damit einhergeht?
Michael Sommer: „Zirkulationsmarxismus" – den Begriff haben Gerhard Hanloser und Karl Reitter geprägt – bezeichnet eine „Lesestrategie" des Marxschen *Kapitals*, der zufolge es genügt, die ersten drei Kapitel des Marxschen Hauptwerks zu lesen, um den Kapitalismus zu begreifen. Marx untersucht in den ersten drei Kapiteln des *Kapitals* die Warenzirkulation – Ware, Geld und ihr Verhältnis –, um die besondere Form der gesellschaftlichen Vermittlung im Kapitalismus zu dechiffrieren. Die Zirkulation von Ware und Geld ist aber zugleich ein Phänomen der kapitalistischen Oberfläche, hinter dem die ihr zugrunde liegenden Ausbeutungsverhältnisse verschwinden. Auf ihr, sagt Marx, beruhen alle Mys-

tifikationen der kapitalistischen Produktionsweise, alle ihre Freiheitsillusionen, alle apologetischen Flausen der bürgerlichen Wissenschaftler. Der „Zirkulationsmarxismus" liefert daher zweierlei: Ein lächerliches Verständnis der Marxschen Gesellschaftsanalyse und ein praktisches Verständnis des Kapitalismus: Der ist nämlich keine Ausbeutungsordnung mehr, sondern Garant der bürgerlichen Freiheitsrechte, die es gegen alles Mögliche zu verteidigen gilt. So kann man sich als radikaler Marxist vorkommen und gleichzeitig nur darum bemüht sein, dass alles so bleibt wie es ist. Eine attraktive Mischung!

Du brachtest in deinem Vortrag Textbeispiele für Anti-Antikapitalismus. Was sind eindeutige „Symptome"?

Michael Sommer: Das Standardargument „linken" Anti-Antikapitalismus geht etwa so: Der Kapitalismus ist eine Form „apersonaler" oder „subjektloser" Herrschaft. Was herrscht, sind „Strukturen". Wenn man also von herrschenden Menschen oder Menschengruppen, etwa Klassen, spricht, verfehlt man die kapitalistische Wirklichkeit. Man konkretisiert abstrakte Verhältnisse, heißt es. So zum Beispiel auf der Internetseite der Antifa Moers: „Statt den Kapitalismus als komplexes gesellschaftliches Verhältnis zu kritisieren, werden also ‚die Herrschenden' persönlich ... als die schuldigen Akteure dämonisiert". Diese Auffassung wird im Sinne des „ein Hund hat vier Beine, also ist alles, was vier Beine hat, ein Hund" mit einer bestimmten Antisemitismustheorie kurzgeschlossen, der zufolge der Antisemitismus den Juden die Schuld am Kapitalismus gab. Dann meint jeder, der irgendwem die Schuld am Kapitalismus gibt, eigentlich die Juden. Ergo: Antikapitalismus ist eigentlich Antisemitismus und Antikapitalisten sind ein ekelhaftes Gebräu aus „Arbeitsfetischisten, Volkstümlern, DDR-Nostalgikern, Querfrontlern, Nazi- und Islamistenverstehern in der Linkspartei", wie etwa die *Antifaschistische Gruppe Bonn* schreibt. Im Ergebnis unterscheidet sich das, was die Anti-Antikapitalisten daherreden, nicht von den Theorien neoliberaler, oder wie man in den USA sagt: neokonservativer, Theoriebildung: Kommunismus und Faschismus sind eigentlich dasselbe, nämlich von antikapitalistischem Ressentiment getragene reaktionäre Bewegungen, gegen die man die Errungenschaften des Kapitalismus – die Freiheit der westlichen Welt – verteidigen müsse. Kein Wunder also, dass sich fundamentalchristliche Neokonservative und deutsche Antifas plötzlich auf denselben Veranstaltungen wiederfinden. Es geht hier nicht um einen „innerlinken Meinungsstreit", sondern darum, zur Kenntnis zu nehmen, dass sich Teile der Linken mit ihren Theorien nach rechts verabschiedet haben. Reisende soll man nicht aufhalten.

Wie schätzt du den derzeitigen Einfluss der Anti-Antikapitalismusbewegung auf die Tierrechtsszene ein?

Michael Sommer: Das kann ich nicht einschätzen, da ich selbst nicht Teil dieser Szene bin und daher nur wenig Überblick über ihre Strukturen habe. In der autonomen und/oder Antifa-Szene – ich drücke mich bewusst so schwammig aus, weil die Grenzen hier sehr schwer zu bestimmen sind – bemerke ich eine Zunahme radikal „zirkulationsmarxistischer" – sprich: neoliberaler – Phrasen. So groß wie der Einfluss dieser Szene auf die Tierrechtsszene ist, so groß wird auch der Einfluss dieses rückschrittlichen Denkens sein.

Was, glaubst du, ist der richtige Weg, diesen Einfluss zu realisieren, und wie kann man ihn verhindern?
Michael Sommer: Da Ansichten, wie ich sie oben geschildert habe, in der „Szene" eine weite Verbreitung genießen, sind viele, vor allem junge Leute, die neu in die „Szene" kommen, von Anfang an mit diesen Vorstellungen und Argumentationsmustern konfrontiert. Sie wachsen sozusagen damit auf. Deshalb ist es wichtig zu zeigen, dass es auch noch etwas anderes gibt. Dafür war die Veranstaltung gedacht: Gegenstimmen hörbar zu machen.

Wie schätzt du den praktischen Nutzen eurer Vorträge für die tägliche Tierrechtsarbeit ein?
Michael Sommer: Der praktische Nutzen meines Vortrages für die tägliche Tierrechtsarbeit könnte darin bestehen, dass sich die Aktiven nicht dumm machen lassen: Es sind keine anonymen Mächte, die Ausbeutung organisieren, sondern konkrete Akteure in bestimmten gesellschaftlichen Verhältnissen. Deshalb ist es richtig – und nicht etwa antisemitisch (!) –, sich auch mit diesen Akteuren auseinanderzusetzen.

Kannst du bitte das Wesen/die Hauptmerkmale der „autonomen Antispes" erläutern?
Christian Stache: Es gibt verschiedene Wesensmerkmale der „autonomen Antispes". In der Theorie zeichnen sie sich dadurch aus, dass sie idealistisch im philosophischen Sinne (Metaphysik) argumentieren, indem sie vorrangig das menschliche Denken für die Ausbeutung von Tieren verantwortlich machen und nicht die jeweiligen gesellschaftlichen Produktionsverhältnisse, in denen die Menschen zu einem bestimmten historischen Moment gelebt haben. Durchschnittlich wird vor allem das dualistische Denken der Menschen ins Zentrum der Kritik gerückt. Ich denke, dass dieses Denken eine Herrschaft und Ausbeutung stabilisierende und legitimierende Funktion hat, aber nicht der Grund für Herrschaft und Ausbeutung ist. Auffällig ist auch, dass in diesen Theorien nahezu nie erläutert wird, wie dualistisches Denken in historisch spezifischen Situationen entstanden ist und warum. Diese Argumentationen sind in der Regel auch unhistorisch, weil sie von den jeweiligen historischen Erfordernissen zur menschlichen Reproduktion in älteren Stadien menschlicher Entwicklung abstrahieren und Kategorien des modernen Kapitalismus auf die Geschichte projizieren. Zum Beispiel ist die Frage, ob man jemanden (hier vor allem einen Menschen) als Individuum aner-

kennt, erst mit der Französischen Revolution aufgekommen, weil die Menschen zuvor den Begriff des Individuums gar nicht kannten. Dass Menschen Tiere erst seit einigen Jahrzehnten als Individuen betrachten, ist eben kein Zufall. Zum anderen muss man konstatieren, dass „autonome Antispes" überwiegend auch über moralische Argumente nicht hinauskommen, die für eine gesellschafts-kritische Analyse des Verhältnisses von Menschen zu Tieren nicht ausreichen, das Problem der Herrschaft und Ausbeutung auf das eines individuellen Verhal-tens oder Denkens reduzieren und von seiner Gesellschaftlichkeit abstrahieren. Kommen wir zur Praxis. Ich habe in meinem Vortrag gesagt, dass der subjektbe-zogenen und idealistischen Theorie eine individualistische Praxis entspricht, der zufolge der Widerspruch zwischen Natur und Gesellschaft, wie er derzeit besteht, durch individuelle Verhaltensänderung aufgehoben werden könne (zugespitzt: wir müssen nur alle vegan leben, dann wird's schon). Rigide Verhaltenskodizes (du darfst jenes nicht essen, das nicht tragen und dergleichen) ersetzen die politi-sche Auseinandersetzung mit anderen gesellschaftlichen Gruppen, mit der The-orie, mit dem Thema, mit anderen Tierbefreiungsgruppen und so weiter. Politik wird auf Subkultur, Lifestyle, Party und Kulturindustrie degradiert und mit ihm identifiziert, politische Arbeit als mühsam, unhipp, langweilig und aufwendig oder „elitär" abgetan, wie zum Beispiel bei den ewigen Diskussionen über Spra-che, Umfang und Komplexität von Vorträgen, Büchern und so weiter, bei denen mit auffälliger Penetranz nicht über den Inhalt des Gesagten gesprochen/disku-tiert wird. Stattdessen richtet man die eigenen Inhalte und Methoden auf schnel-le popkulturelle Unterhaltung aus (Rave gegen Tierbefreiung zum Beispiel), die durch rituell reproduzierte, politische Phrasen aufgepeppt werden. Man verwehrt sich gegen die theoretische Arbeit und geriert sich lieber superradikal und pseu-domilitant mit hohlen Parolen, Klamotten des radical chic auf Demonstrationen und „added" Freunde bei *MySpace* oder *Facebook*, um seine kleine heile vegane Welt aufrechtzuerhalten. Die Mittel der Politik werden ihr (Selbst-)Zweck. Poli-tik wird zur Kinderspielwiese, auf der eigene Bedürfnisse im Mittelpunkt stehen und nicht gesellschaftliche Probleme. Die Tierbefreiungsbewegung verwehrt sich durch dieses Verhalten die eigene politische und inhaltliche Entwicklung. Ich bin der Meinung, dass diese Entwicklung der „autonomen Antispes" auch keinesfalls ein Zufallsprodukt oder isoliertes Problem ist. Wenn man sich mit der heutigen autonomen Szene befasst, wie sie in anderen politischen Feldern (Feminismus, Antirassismus zum Beispiel) agiert, gibt es dort dieselben Phänomene. Man soll-te nicht vergessen, dass wir hier über eine Entwicklung der politischen Linken in Zeiten des neoliberalen Kapitalismus sprechen, die sich einerseits zu einem fast ausschließlich subkulturellem, hauptsächlich von jugendlichen Menschen dominierten und andererseits zu einem offen realpolitisch, neokonservativen auftretenden Phänomen entwickelt hat. Beide Wege sind zwei Seiten derselben Integration in die bürgerliche Gesellschaft durch Schritte nach rechts.

Dein Vortrag endet mit einer Art Ausblick. Du erwähnst einen dritten Weg. Kannst du schildern, wie Weg eins und zwei aussehen? Und im Vergleich dazu: Wie gestaltet sich deiner Meinung nach der dritte Weg?

Christian Stache: Ich denke, dass der „dritte Weg" – nicht zu verwechseln mit ähnlich klingenden Formulierungen Gerhard Schröders und Tony Blairs – eine Position ist, die sich vorrangig erst einmal aus der Kritik der beiden falschen Wege ergibt. Die beiden falschen Wege sind der „autonome Antispeziesismus" wie oben beschrieben und der neuerdings wieder noch stärker auftretende Speziesismus, der sich durch eine besonders offene Naturverachtung und Naturverfallenheit auszeichnet. In meinem Vortrag mache ich das an einer Diskussionsreihe in dem antideutschen, popkulturellen Wochenmagazin jungle world fest. Dort „diskutierten" verschiedene Personen, von Autoren der neokonservativen und rassistischen Zeitschrift *BAHAMAS* über *jungle world*-Autoren, autonome Antifas, Vegetarier, antideutsche Veganer und so weiter, warum Antispeziesismus eine Ideologie und damit herrschaftssichernd sei. In den Beiträgen manifestiert sich nicht nur der politisch naive und bürgerlich-liberale Glaube einiger Veganer, man könne in solchen Zeitungen überhaupt zu anderen Ergebnissen kommen als zu dem, dass Tiere auf den Teller und in den Zoo – vielleicht unter „besseren Lebensbedingungen" – gehören. Dort wird vor allem auch der Hass auf Tiere, die bereitwillige Komplizenschaft mit der Tiermordindustrie und eine nicht zu unterschätzende Verachtung für die Natur auf den Begriff gebracht. Der „dritte Weg" ist nicht positiv verallgemeinernd und unabhängig von politischen Entwicklungen zu bestimmen. In erster Linie besteht er darin, sich nicht auf die falschen Wege einzulassen, sich mit diesen auseinanderzusetzen und dafür Sorge zu tragen, dass man selbst diese Positionen nicht teilt beziehungsweise unterstützt und die Tierbefreiungsbewegung diese Positionen nicht verfolgt. Vorrangig ist der „Dritte Weg" also keine „goldene Mitte", kein Mischmasch aus vielen einzelnen Punkten, und ist auch nicht durch Raushalten zu bekommen, sondern nur durch politische Auseinandersetzung mit diesen beiden Extremen zu erlangen. Was darüber hinaus dann möglich ist, hängt auch immer von der individuellen, organisatorischen und gesellschaftlichen Konstellation ab. Momentan ist die Zersplitterung der ernstzunehmenden politischen Linken ein Problem, das man überwinden muss. Daher unterstütze ich zum Beispiel auch die fallspezifische Kooperation mit anderen Linken, wie zum Beispiel den verschwindend geringen Teilen der linken GewerkschafterInnen oder den linken Teilen der Partei DIE LINKE, die nahezu keinen blassen Schimmer davon hat, dass so etwas wie Tierbefreiung überhaupt existiert, und die aber auch nicht grundsätzlich verschlossen ist. Ein Protest gegen McDonald's etwa könnte diese Leute, unter der Voraussetzung, dass man sich und seine Anliegen auf Augenhöhe respektiert, zusammenbringen. Ebenso ist der Blick auf die neu entstehende Klimabewegung interessant, die zum Teil sehr anthropozentrisch ist, aber eine Kritik des gesellschaftlichen Verhältnisses der Natur formuliert, bei der man sich gegenseitig unterstützen könnte. Für mich ist es aber von entscheidender Bedeutung, dass man seine Kritik der Tierausbeutung auf eine materialistische Basis stellt und diese zum Gegenstand gemeinsamer linker Politik und Kritik macht.

Einige Tierrechtler_innen sind nicht zur Veranstaltung gekommen, da sie davon ausgingen, sie würden euren Vorträgen nicht folgen können. Während der Abschlussdiskussion wurdet ihr unter anderem für die Form eurer Vorträge kritisiert; es würde zu viel theoretisches Hintergrundwissen vorausgesetzt, und eure Sprache sei aufgrund der verwendeten Fachbegriffe zu unverständlich. Wie stehst du zu dieser Kritik?
Susann Witt-Stahl: Zunächst eine Vorbemerkung: Wir – das gilt für die Referenten und auch für die TAN – wissen überhaupt nichts davon, dass „einige Tierrechtler_innen nicht zur Veranstaltung gekommen sind, da sie davon ausgingen, sie würden unseren Vorträgen nicht folgen können". Angenommen, es stimmt: Vielleicht wäre es sinnvoll gewesen, uns im Vorfeld der Veranstaltung mit dem Problem zu konfrontieren, dann hätten wir gemeinsam Wege zum besseren Verständnis (beispielsweise durch Hinweise auf vorbereitende Lektüre) finden können. Dann zwei Aspekte zum zweiten Teil der Frage: Objektiv halte ich die Kritik am Ablesen und anderen Mängeln der Vermittlung, die unsere Vorträge aufwiesen, für berechtigt. Wir müssen und wollen an der Entwicklung unserer zum Teil nicht gut ausgebildeten didaktischen Fähigkeiten arbeiten. Unseres Erachtens besteht da noch großer Optimierungsbedarf, um langfristig mehr aufrichtig Interessierte zu motivieren, unsere Veranstaltungen zu besuchen, unsere Thesen zu diskutieren und sich an unserer Theoriearbeit zu beteiligen. Allerdings denke ich nicht, dass allein eine bessere Vermittlung das Problem der Theorieabstinenz in der Tierrechts- und Tierbefreiungsbewegung lösen wird. Besonders in an der „autonomen Szene" orientierten Kreisen, aber bei Weitem nicht nur, herrscht teilweise ein Antiintellektualismus, der in Deutschland eine lange und bittere Tradition hat – vor allem ist eine starke Abneigung gegen jede Form konzentrierter politischer *Arbeit* festzustellen. Von der Aktion bis zur Debatte – alles, so die Konsumhaltung vieler, soll eventisiert und kulturindustriell aufbereitet sein. Politik als Infotainment. Wenn man mal bedenkt, dass die überwältigende Mehrheit der Akteure der Tierrechts- beziehungsweise Tierbefreiungsbewegung nicht etwa aus der sogenannten „bildungsfernen" Unterschicht stammt (deren Mitglieder in der neoliberalen Gesellschaft brutal ausgegrenzt und schlichtweg um alle Chancen auf einen gelungenen Lebensvollzug betrogen werden), sondern aus der privilegierten Mittelschicht, die meisten Abitur, nicht wenige eine studentische Laufbahn vorzuweisen haben, dann mutet das Lamento über zu viele „Fachbegriffe" (welche sollen das denn sein?) oder was immer, zuweilen etwas merkwürdig an. Ich kann mich oftmals des Eindrucks nicht erwehren, dass die Klage über angeblich so viele Fremdwörter in der Theoriearbeit (es gibt Lexika, es gibt das Internet – nach Vorträgen kann man Fragen stellen) doch ein will-

kommenes Alibi ist, um sich bloß nicht mit der Kritik an der eigenen Bewegung und unliebsamen linken Inhalten (fundamentaler Kritik an der kapitalistischen Gesellschaft) auseinandersetzen zu müssen – häufig erweist sie sich als Arbeitsvermeidungsstrategie (vermengt mit einer gehörigen Portion bürgerlichem Antikommunismus). Denn horcht man sich in Einzelgesprächen mal um, wie viel Zeit Menschen in der „linken Szene", zu der sich ja auch ein erheblicher Teil der Tierrechts- beziehungsweise Tierbefreiungsbewegung zählt, für ihre politische und kulturelle Bildung investieren, dann verwundert es kaum noch, dass viele zwar alle Texte von Egotronic oder anderen Kohl-Jugend-Kultbands auswendig kennen, aber nicht wissen, dass Bernd Alois Zimmermann kein Handwerker war. Manchmal, so meine Erfahrung, wissen nicht einmal mehr Studierende der Soziologie, Politikwissenschaften oder Philosophie etwas mit dem Begriff „Materialismus" anzufangen (oder wollen sie das auch nicht). Und wenn ich erlebe, wie Leute aus der Bewegung die Marx-Lektüre mit der Begründung madig machen, dass der Autor des Kapitals sich nicht zu Feminismus oder Speziesismus geäußert habe, dann könnte ich schier verzweifeln ...

Michael Sommer: Mit dieser Kritik ist man, das ist meine leidvolle Erfahrung, als Referent immer wieder konfrontiert. Natürlich sollte ein Vortrag verständlich, nachvollziehbar und attraktiv präsentiert sein. Aber Vortragende sind keine Maschinen, die „von Natur aus" ohne Manuskript komplexe Zusammenhänge in einfachen Worten aus dem Kopf darbieten können. Ich erwarte von Menschen, die zu Diskussionsveranstaltungen kommen, auch ein gewisses Maß an Ehrgeiz. Wenn es ihnen um die Sache ginge, würden sie nicht solche Mengen an Diskussionszeit damit verschwenden, sich über die Form von Vorträgen zu empören, sondern die Zeit nutzen, um mit den Referenten inhaltlich zu diskutieren und sich Unverständliches erklären zu lassen. Oftmals habe ich jedoch den Eindruck, dass es darum gar nicht geht. Der Einwand, ein Vortrag sei zu kompliziert gewesen, dient dann eher dazu, sich mit dem Gesagten nicht auseinandersetzen zu müssen. Darauf bin ich dann nicht bereit, mich einzulassen.

Ausgabe 64 (Oktober 2009)

THEORIE UND AKTIVISMUS, EIN PERFEKTES TEAM!

Warum mehr Aktionen in der Tierrechts- und Tierbefreiungsbewegung notwendig sind

Ulf Naumann

Der Text basiert auf einem Vortrag, den ich bei den Tierbefreiungstagen 2012 in Hamburg gehalten habe. In diesem ersten von drei Teilen wird auf das Thema „Theorie und vermeintliche Theoriefeindlichkeit in der Tierrechtsbewegung" eingegangen und das Verhältnis von Theorie zu Widerstandsaktiviäten in der Tierrechtsbewegung in den letzten etwa 15 Jahren betrachtet, so wie es sich für mich darstellt.[1]

Verhältnis von Theorie zu Aktionen in der Tierrechtsbewegung

Aus dem Lot geraten

Um gleich mit dem Kern meiner Aussage zu beginnen, ich halte das Verhältnis von Theorie zu Aktionen in der Tierrechtsbewegung für unausgewogen, man könnte auch sagen: für aus dem Lot geraten. Wenn ich von Tierrechtsbewegung spreche, meine ich dabei tatsächlich die Tierrechtsbewegung und nicht die Strömung, die in den letzten Jahren vermehrt auftritt und die am ehesten als vegane Tierschutzszene oder als New Welfarism bezeichnet werden kann, die sich aber selber oft als tierrechtlerisch bezeichnen. In den letzten 20 Jahren gab es in Deutschland so einige Tierrechts- und Tierbefreiungskongresse, das heißt größere Kongresse, Gatherings oder Theorietage, bei denen theoretische Themen wie Analysen von Herrschafts- und Ausbeutungsverhältnis, von Macht- und Unterdrückungsstrukturen, Kapitalismuskritik, Gesellschaftstheorien, Ökofaschismusdebatten und so weiter mit im Programm waren, manchmal auch vorherrschten. „Größer" heißt, dass sie jeweils mehrere Tage lang liefen.

Tierrechtsaktionstage 1999

Ich war auf einigen von diesen Gatherings und habe die Tierrechtsaktionstage 1999 in Mülheim mitorganisiert. Bei diesen Tierrechtsaktionstagen ist mir bei dem Punkt „Vorstellung aus den Regionen" besonders aufgefallen, dass alle der zahlreich anwesenden Gruppen zwar ganz besonders betonten, wie wichtig ihnen Theoriearbeit sei, dass bei den meisten dieser Gruppen, was Aktivitäten auf der Straße gegen Tierausbeutung anging, aber kaum etwas lief. Es gab Leute, auch aus der Vorbereitungsgruppe, die ein Konzentrieren auf Aktionen gegen Tierausbeutung kritisch gesehen haben, und es wurde auch ein Reader verteilt („Quo vadis vegan? Eine immanente Kritik an der Tierrechtsbewegung"), der von ehemaligen TierrechtlerInnen erstellt worden war und in dem der Tierrechtsszene Theoriefeindlichkeit und blinder Aktionismus vorgeworfen wird. Den Vorwurf der Theoriefeindlichkeit habe ich damals schon nicht geteilt, denn angesprochen wurde vor allem der Teil der Tierrechtsbewegung, der sich eben zum Beispiel auf solchen Gatherings traf oder der sich in mehr oder weniger emanzipatorischen Tierrechtsgruppen organisiert hat und dem Theoriearbeit wichtig war. Die These beziehungsweise Stimmung, die also damals dort auf dem Gathering herrschte und auch von Gruppen bei der Vorstellungsrunde so vertreten wurde, war: „Uns ist Theorie und Theoriearbeit sehr wichtig. Wir finden, es wird sich zu wenig mit Theorie auseinandergesetzt." Ich fand es schon ziemlich paradox zu hören „Wir finden, es wird sich zu wenig mit Theorie auseinandergesetzt.", wenn doch alle dort anwesenden Gruppen, und es waren eine Menge, betonten, dass sie sich viel mit Theorie auseinandersetzen. Gleichzeitig haben die anwesenden Gruppen aber kaum etwas von eigenen Tierrechtsaktionen auf der Straße berichtet.

Tierrechtsmagazine dieser Zeit

Es gab zu diesem Zeitpunkt beziehungsweise in den Jahren zuvor außerdem mehrere Tierrechtszeitschriften, die sich teilweise oder vor allem mit theoretischen Fragen auseinandergesetzt haben: *Vegan Info, Tierbefreiung aktuell, VOICE, Schwarz Grünes Gegengift, No Hierarchy!.*

Mehr Theoriearbeit statt Aktionsarbeit?

Trotz all der theoretischen Auseinandersetzungen, die innerhalb von Gruppen stattfanden, die während und nach den Gatherings stattfanden und die in den Tierrechtszeitschriften stattfanden, haben 2004 und 2006, zu einem Zeitpunkt als die Aktionsintensität bereits anfing nachzulassen, Vertreter der *Tierrechts-Aktion-Nord* (TAN) die Tierrechtsbewegung als „rein aktionistisch orientiert", „generell entpolitisiert" und „ohne theoretische Debatte" beschrieben. Es wurde also nach wie vor mehr Theoriearbeit statt Aktionsarbeit gefordert, zumindest von diesen Leuten.

Notwendigkeit von Theorie und als Folge dessen Widerstandsaktionen

Wenn ich davon spreche, dass das Verhältnis von Theorie zu Aktionen in der Tierrechtsbewegung aus dem Lot geraten sei, meine ich nicht – und das ist mir ganz wichtig zu betonen –, dass ich eine inhaltliche Auseinandersetzung, die das gesamte gesellschaftliche Gefüge mit einbezieht, nicht für wichtig halte, ebenso wie philosophisch ethische Fragen. Daher der Titel des Vortrags „Aktivismus und Theorie, ein perfektes Team!" Aber grade dadurch, dass man sich gedanklich viel mit Gewalt-, Unterdrückungs- und Ausbeutungsstrukturen beschäftigt und sich dessen vergegenwärtigt, was Tieren angetan wird und in welchem Ausmaß es ihnen angetan wird, müsste aus meiner Sicht ein aktiver Widerstand dagegen zwingend folgen. Und mit Widerstand meine ich energische Aktionen dagegen. Für legal beziehungsweise offen agierende Gruppen sind dabei Aktionen des zivilen Ungehorsams sicherlich die Aktionsform, die den Widerstand am stärksten nach außen trägt.

Abnahme von Aktionen im Vergleich zu theoretischer Auseinandersetzung

Im Laufe der Jahre habe ich durch diese Gatherings, die Magazine und im Vergleich dazu den Level an Widerstandsaktionen das Gefühl bekommen, dass sich zwar intensiv mit allerlei theoretischen Fragen auseinandergesetzt wird, einschließlich damit verbundener Flügelkämpfe, wenn es aber an widerständlerische Aktionen geht, die ja eine Folge des Wissens über Zustände sein müssten, erheblich weniger Energie und Aufwand betrieben wird. Manchmal hatte ich den Eindruck, dass sich in der radikaleren Tierrechtsbewegung vor allem mit sich selbst beschäftigt wird. Entsprechend hat die Intensität widerständlerischer Aktionen in den letzten fünf bis zehn Jahren immer mehr abgenommen. Im Laufe der letzten fünf bis sechs Jahre habe ich nur noch sehr wenig von Aktionen des zivilen Widerstands wie Jagdstörungen, Ankettungen, Besetzungen (Privatgelände, Dachbesetzungen) oder Blockaden (Steh-/Sitzblockaden) gehört.

Ich habe versucht, eine Übersicht über Tierrechtsaktionen des zivilen Widerstands von 1995 bis 2011 zu erstellen. Die Quelle der absoluten Mehrheit der aufgelisteten Aktionen waren die zurückliegenden Ausgaben der *TIERBEFREI-UNG*. Ein kleiner Teil auch aus meinem Gedächtnis und anderen Magazinen. Da sich die Erfassung bestimmter Aktionsformen eher schwierig gestaltet, wurden nicht berücksichtigt: Go-Ins, normale Kunstblutaktionen und unangemeldete Demos. Teilberücksichtigt wurden Aktionen, die nur zu einem (geringen) Teil tierrechtlerisch begründet werden. Die Auflistung ist sicherlich nicht vollständig, da vermutlich nicht alle Aktionen veröffentlicht wurden. Im Diskussionsteil nach dem ersten Teil des Vortrags wurde beispielsweise erwähnt, dass es im Ruhrgebiet in den 90er-Jahren eine Gruppe gab, die über einen längeren Zeitraum mehrmals pro Monat versucht hat, Jagden zu finden und zu stören, darüber aber nicht immer berichtet hat. Da aber zumindest das Suchkriterium „Veröffentlichung in der *TIERBEFREIUNG*" für alle Jahre durchgängig angewendet wurde und den mit Abstand größten Teil der erwähnten Aktionen ausmacht, gibt die Auflistung sicherlich schon eine ganz gute Orientierung.

Zu Diskussionen nach dem ersten Teil des Vortrags hat auch geführt, dass Aktionen der letzten zwei Jahre in Verbindung mit dem Mega-Schlachthof in Wietze und damit verbundenen neuen Mastanlagen nur teilberücksichtigt wurden, also in Klammern gesetzt wurden. Warum habe ich diese Aktionen nur teilberücksichtigt und bezeichne sie nicht als eigentliche Tierrechtsaktionen? Als öffentliche Begründung für diese Aktionen wurden in der Vergangenheit folgende Argumente genannt, in der Regel alle zusammen:

- Gentechnikanbau für Futtermittel
- Klimawandel
- Umweltverschmutzung
- Kapitalismus
- von Tierschützern/Tierrechtlern: Tiere sind Lebewesen und keine Lebensmittel
- von Anwohnern: Geruchs- und Lärmbelästigung, was zum Sinken der Häuserwerte führt
- Futteranbauflächenerweiterung führt zu Vertreibung von Menschen in Südamerika
- deutsches Billigfleisch zerstört die (Fleisch)preise in Afrika und Asien und bäuerliche Strukturen werden weltweit zerstört, was zu Armut führt
- die Arbeitsbedingungen in Massentierhaltungsanlagen sind schlecht (Berufskrankheiten, starke gesundheitliche Belastung, schlechte Bezahlung)
- „Wir kritisieren, dass Politiker_innen, Investoren und Konzerne über unsere Köpfe hinweg entscheiden, wo unsere Nahrungsmittel herkommen und wie sie produziert werden."

Durch eine Auflistung von allerlei Argumenten wird das Tierrechtlerische abgewertet, scheint manchmal nebensächlich. Durch Argumente wie „miese Arbeitsbedingungen in Mastanlagen" wird sich sogar mit Arbeitern in solchen Anlagen solidarisiert. Das ist ein anti-tierrechtlerisches Argument. Dass ich dies bemängelt habe, hat bei einigen VortragszuhörerInnen zu einem gewissen Protest geführt, deshalb möchte ich meine Sichtweise noch einmal etwas genauer begründen. Die Lebensverhältnisse von Arbeitern, die in solchen Anlagen arbeiten, sind häufig leider schlecht, das ist klar. Ein eventueller eigener Opferstatus kann jedoch nicht als Legitimation dafür herangezogen werden, sich an der massenhaften Quälerei und Tötung noch Schwächerer zu beteiligen. Auch Arbeiter tragen für ihr Handeln Verantwortung. Sie aufgrund ihrer Lebenssituation ihrer Verantwortung für ihr Handeln zu entheben, ist auch ein Schlag ins Gesicht all derer, die ebenfalls unter schlechten Bedingungen leben (müssen), die aber ihrem Handeln trotzdem eine Ethik zugrunde legen, welche die Bedürfnisse anderer Lebewesen mitberücksichtigt. Die Diskussion erinnert mich ein wenig an eine Diskussion, die vor gut zehn Jahren nach einer Schlachthofaktion ablief:

Es kam die Argumentation seitens einiger TierrechtlerInnen auf, Aktionen an einem Schlachthof seien nicht richtig, da dort nur Arbeiter seien, die ebenfalls Opfer des Systems seien, einhergehend mit der Argumentation, Lohnarbeit sei generell Menschenausbeutung.

Ebenso ist eine Kritik daran, dass der Fleischmarkt in ärmeren Ländern, beispielsweise in Afrika, durch hiesige Massentierhaltung kaputt gemacht wird und somit Tierausbeutungsbauernstrukturen zerstört werden, anti-tierrechtlerisch. Ich bin in Südafrika aufgewachsen und habe viel von dort und anderen Teilen Afrikas mitbekommen. Selbstverständlich sind die Lebensbedingungen in Afrika zum Teil vollkommen anders als in Europa. Trotzdem gibt es auch vereinzelt in der lokalen Bevölkerung Menschen, die sich um das Wohl von Tieren zu kümmern versuchen. Europäer sollten natürlich nicht der Meinung sein, in anderen Ländern und Kulturen sei alles noch viel schlimmer und deshalb versuchen, dort zu missionieren, zumal es mehr als genug Dreck vor der eigenen Tür gibt. Aber man sollte sich vergegenwärtigen, dass es auch dort vor Ort einen kleinen Teil der Bevölkerung gibt, dem das Leid von Tieren nicht egal ist, und zumindest gedanklich deren Perspektive aufgreifen, und nicht stattdessen fordern, der Fleischmarkt müsse in diesen Ländern stabil bleiben. Als tierrechtlerisch kann man dies sicherlich nicht bezeichnen. Zudem irritiert es, dass in Verbindung mit Massentierhaltungsanlagen von „Produktion" von „unsere(n) Nahrungsmitteln" gesprochen wird.

Da trotz dieser durch die Auflistung vieler nicht-tierrechtlerischer Argumente einhergehenden Abwertung des Tierrechtlerischen (in nur einem von etwa zehn Argumenten kommen Tiere überhaupt vor) und trotz sogar einiger im Widerspruch zum Tierrechtlerischen stehenden Argumente trotzdem auch ein tierrechtlerisches Element enthalten ist, habe ich die Aktionen aufgenommen, aber eben nur teilberücksichtigt. Außerdem wird auch bisweilen, abhängig davon, mit wem man spricht oder welche Transpis bei Aktionen aus dem Umfeld der *Offensive gegen die industrielle Tierhaltung* (OGIT) im Mittelpunkt stehen, das Tierrechtlerische höher bewertet als es beispielsweise in Flyern oder Texten des Offensive-Umfelds getan wird, die unter anderem auch der *TIERBEFREIUNG* zugeschickt wurden. An sich ging es in dem Vortrag aber um etwas anderes, deshalb sollte die Bewertung der Wietze-und-Co.-Thematik nicht in den Mittelpunkt gestellt werden. Eine Ankettaktion im österreichischen Konsulat in München wegen des §278a-Verfahrens wurde ebenfalls in Klammern gepackt. Die Aktion war gut, fällt aber eher unter Antirepression als unter Tierrechte.

Vernetzung?

Alle Gatherings haben auch immer als eines ihrer wichtigsten Ziele eine Vernetzung genannt. In einem Aufruf zu den Tierrechtstagen 2007 in Recklinghausen heißt es zum Beispiel, es solle die „theoretische Entwicklung der Tierrechtsbewegung in Deutschland durch die Organisation von Vorträgen mit (hoffentlich) neuen Impulsen und der Bereitstellung einer Plattform zu Austausch und Vernetzung" vorangetrieben werden.

Eigentlich fand ich die Gatherings, bei denen ich war, immer ganz gut, und die Idee der Vernetzung macht ja auch Sinn. Ich musste im Laufe der Jahre aber immer wieder feststellen, dass diejenigen, die sich nach solchen Gatherings um Tierrechtsaktionen gekümmert haben, auch diejenigen waren, die sich vor den Gatherings um Aktionen gekümmert haben. Nach dem Gathering ist vor dem Gathering, so schien es. Es gab im Grunde gar nicht viel zu vernetzen, denn Vernetzung macht insbesondere für Aktivitäten Sinn, und wenn es vorher und nachher sowieso immer die Gleichen sind, die sich um das Initiieren und Organisieren von Aktionen kümmern, kann man es sich auch schenken. Ich möchte auch nicht alles schlecht reden, denke aber, dass man eben aufpassen muss, dass solche Gatherings nicht zum theoretischen Selbstzweck werden.

Letztendlich entschieden, den Vortrag für den Kongress in Hamburg anzubieten, habe ich, als Zeitungen die Details zu einer Staatsjagd, die zum Teil in die Kritik geraten war, im Harz genannt haben. Datum, Uhrzeit, Treffpunkt der Jäger und Jagdgebiet waren mehrere Wochen im Voraus bekannt. Es wurde nun versucht, das Organisieren einer Jagdstörung zu initiieren. Es wurden zweimal etwa 50 Gruppen angeschrieben, die sich als tierrechtlerisch oder tierbefreierisch bezeichnen. Es gab allerdings fast keine Resonanz, und organisiert wurde auch nichts. Kurze Zeit später wurde noch ein Termin einer Art Adelsjagd herumgemailt, da tat sich auch nichts, obwohl es von ein paar Gruppen gar nicht weit entfernt war. Dies kann man als Zeichen über den Zustand der Bewegung ansehen, wenn Jäger ihre Termine wieder öffentlich bekannt geben (können); ein Schritt rückwärts. Soviel zum Thema „Theorie und Aktivismus".

Ausgabe 76 (September 2012)

Endnote:

1. In den beiden weiteren Teilen wird – um eine eventuell vorhandene Hemmschwelle bezüglich des Organisierens und Durchführens von Aktionen des zivilen Ungehorsams abzubauen – über ein paar Erfahrungen mit dem Durchführen von Aktionen des zivilen Ungehorsams wie Jagdstörungen, Ankettungen, Sitzblockaden und Dachbesetzungen berichtet. Welche Arten von Aktionen gab es, wie wurden die Aktionen geplant, wie sind sie abgelaufen, was war dafür notwendig, worauf wurde geachtet, was gab es für rechtliche Aspekte, wie war der Umgang mit Medien und so weiter.

STRATEGIEN UND METHODEN

In diesem Block behandeln die ersten Beiträge Diskurse zur Frage, welchen Stellenwert eine gewisse Strategie in der Bewegung einnehmen sollte. Die ersten beiden davon zeichnet jeweils eine Pro-/Kontra-Auseinandersetzung aus. Die restlichen Beiträge des Blocks behandeln Aktionsformen: Sie diskutieren teilweise geeignete Demonstrationsarten (kreativer Widerstand, effektivere Demokonzepte), während sich andere darüber hinaus auch mit der Annäherung der Tierbefreiungsbewegung an andere soziale Bewegungen auseinandersetzt.

Text 14

Der Vergleich zwischen Tierausbeutung und Holocaust beziehungsweise zwischen Mastanlagen und Konzentrationslagern ist seit jeher umstritten. Sind solche Vergleiche akzeptable strategische Mittel, um Parallelen aufzuzeigen und Missstände zu veranschaulichen? Oder handelt es sich um einen Vergleich, der nicht nur pietätlos ist, sondern auch bedeutende Unterschiede unsichtbar macht? Die beiden Pro-/Kontra-Beiträge zum „KZ-Vergleich – Ja oder Nein?" diskutieren Positionen, die zur Entstehungszeit der Texte nicht neu waren, jedoch noch kaum in schriftlicher Form vorlagen.

Text 15

Umstritten ist auch das Great Ape Projekt. Es startete 1993 mit einer Buchveröffentlichung von Paola Cavalieri und Peter Singer. 2011 wurde das stagnierte Projekt in Deutschland reaktiviert. Ziel des Projektes ist es, für die Großen Menschenaffen Grundrechte (das Recht auf Leben, den Schutz der individuellen Freiheit und das Verbot der Folter) zu erwirken und sie damit in die moralische Gemeinschaft der Gleichen und der Rechteinhaber aufzunehmen. Im Vor- und Nachwort erläutern Cavalieri und Singer in ihrem Buch, dass es ihnen nicht nur um die Menschenaffen geht, dass sie aber mit ihnen beginnen wollen. Die Großen Menschenaffen stellen aufgrund ihrer Menschenähnlichkeit eine „Grauzone" dar, an der sich am besten ansetzen und die „kollektive Tierbefreiung" einleiten ließe. Ist der gewählte Ansatz der perfekte „Türöffner" für einen generellen moralischen Paradigmenwechsel, für ein neues Mensch-Tier-Verhältnis? Oder dürfen wir nicht mit der Menschenähnlichkeit gewisser Arten argumentieren, wenn es uns doch um alle nichtmenschlichen Tiere und um ein grundsätzlich anderes Mensch-Tier-Verständnis geht? Die zwei Beiträge zu „Das Great Ape Projekt" illustrieren die entgegengesetzten Positionen zu diesen Fragen.

Text 16

Im Text „Tierrettung als Bestandteil gesellschaftlicher Tierbefreiung?" wird das zu wenig beachtete Thema Lebenshöfe behandelt. Welche Rolle spielen Lebenshöfe für die abolitionistische Bewegung? Wie ist es zu bewerten, dass auch auf diesen Höfen Zäune unverzichtbar sind? Ist es die Aufgabe der Bewegung, diese Höfe zu ermöglichen und zu unterstützen? Lebenshöfe nehmen (auch) befreite Tiere auf und können nach außen hin ein anderes Mensch-Tier-Verhältnis demonstrieren: Eines ohne Ausbeutung und ohne nichtmenschliche Tiere als Sklaven, als Objekte, als Nahrungsmittel und als Waren zu betrachten und zu behandeln.

Text 17, 18 und 22

Wer andere Menschen erreichen und aufrütteln möchte, sollte sich auch über die Form des Auftretens Gedanken machen. Wird sich zu häufig hinter einer geschlossenen Demonstration versteckt ohne direkten Kontakt mit jenen zu haben, die erreicht werden sollen? Können Passant_innen auch mit den Inhalten (Sprüchen, Bannern, ...) häufig wenig anfangen? Geht das auch anders? Manch eine Protestform hat eine hohe Kommunikationsintensität und erfordert daher Selbstüberwindung und Einübung. Mit ihnen würde man die Mitmenschen jedoch direkter ansprechen und sie zum Nachdenken bewegen. Empfiehlt es sich daher, sich mit kreativen und somit effektiven Widerstandsformen auseinanderzusetzen? Inwiefern sind die typischen Laufdemos überhaupt noch zeitgemäß und für das Transportieren von Botschaften geeignet, wenn ständig irgendwo eine Demo ist? Wäre es nicht effektiver, anstelle einer latschenden und sonst wenig aktiven Masse viele kleinere Aktionen parallel zu organisieren? Im Beitrag „Tierrechtsaktivismus trifft kreativen Widerstand" werden nicht nur diese Fragen, sondern auch Alternativen aufgegriffen. Ist es heute noch förderlich, bei großen Tierrechtsdemos den Fokus auf „Pelz" zu setzen, wenn es doch eigentlich darum geht, tiefergreifende Inhalte zu transportieren? Lenkt der Fokus auf „Pelz" nicht davon ab, ein anderes Mensch-Tier-Verhältnis zu bewerben? Diese Fragen werden gerade jetzt wichtiger, wo eine deutliche Zunahme von Anti-Pelz-Demonstrationen zu verzeichnen ist, die es bei Demonstrationen mit einer allgemeinen Tierrechtsthematik nicht gibt. Auch der Beitrag „Kritik am Konzept der Pelzfrei-Demos" referiert nicht nur Kritik, sondern zeigt Alternativen für die politische Praxis auf.

Text 19 bis 21

Welche Rolle kommt dem „Schwarzen Block" auf Tierbefreiungsdemos zu? Fördert und unterstützt dieser eine Demonstration oder schreckt er eher ab? Welche Rolle spielen dabei Kritikpunkte wie ein selbstreferentieller – auf sich

selbst beziehender – Charakter und die „Mackerigkeit", die von manchen Aktiven kritisiert wird? Im Beitrag „Wer hat Angst vorm Schwarzen Block?" sowie im
Interview „Der Black Block und die Verbindung von Antifa und Antispe" werden exemplarisch Pro- und Kontra-Stimmen zum Konzept „Schwarzer Block"
laut. Zusammen mit dem Interview „Banken blockieren für die Befreiung der
Tiere?" betrifft das Interview „Der Black Block und die Verbindung von Antifa
und Antispe" aber auch noch eine weitere Diskussion: Welches Verhältnis nimmt
die Bewegung zu den linken, zu den anderen sozialen Bewegungen ein, und welches sollte sie zu diesen einnehmen? Macht das kapitalistische System implizit
Tiere zu Waren und zu Ausbeutungsobjekten? Kommt man umhin, gegen das
kapitalistische System als Ganzes anzukämpfen, wenn man diesen Zustand der
systematischen Verdinglichung von Tieren aufgehoben sehen möchte? Sind
jene Strukturen, die nichtmenschliche Tiere zu „Anderen" konstruieren und
deklassieren, nicht dieselben, die auch Menschengruppen aus der moralischen
Gemeinschaft der Gleichen ausgrenzen? Auch diese Diskussion ist nicht neu,
verdichtet sich jedoch in den letzten Jahren wieder. Vor allem die Diskussion
um die Verbindung von Tierbefreiung und Antikapitalismus hat die letzten Jahre
wieder zugenommen.

KZ-Vergleich – Ja oder Nein?

Fortsetzung einer ewigen Diskussion

„Wir denken, dass der KZ-Vergleich zu den dringenden Problemen der Tierrechtsbewegung gehört", schrieben bereits 1996 die AutorInnen eines Beitrags in der damaligen Tierrechtszeitung *No Hierarchy!*. Den Begriff „Hühner-KZ" benutzte der Zoodirektor und Tierfilmer Bernhard Grzimek sogar schon in den 70er-Jahren, als von Tierrechten noch niemand sprach. Die Diskussion um die Vergleichbarkeit von Massenmord an Tieren in heutigen Schlachthöfen und Massenmord an Menschen in den Konzentrationslagern des Nationalsozialismus begleitet die Bewegung wie kaum eine andere. Sie führte zur Spaltung ganzer Gruppen und Vereine und nicht wenige TierrechtlerInnen, vorwiegend mit linkem, anarchistischem Background, kehrten der Bewegung den Rücken, weil sie den KZ-Vergleich als menschenverachtend interpretierten. Für andere, die zwar weiter für Tierrechte kämpften, blieb er trotzdem ein rotes Tuch. Ganz anders sah es bei TierrechtlerInnen aus, deren Ursprünge im bürgerlichen Tierschutz lagen. Begriffe wie „Hühner-KZ" oder „Auschwitz der Tiere" waren hier weitestgehend akzeptiert.

In den letzten Jahren war die Diskussion etwas verstummt, wohl auch, weil sich die Erkenntnis eingestellt hatte, dass eine derart heterogene Szene wie die Tierrechtsbewegung niemals zu einer einheitlichen Linie finden würde. Dass sich seit einigen Monaten wieder GegnerInnen und BefürworterInnen in diversen Internetforen oder auf den verschiedensten Veranstaltungen und Gruppentreffen die Köpfe heiß reden, das haben wir der Tierschutzorganisation PeTA zu „verdanken". Mit der Kampagne „Der Holocaust auf Ihrem Teller" schockiert PeTA nach Amerika nun auch Europa. Während sich die Massenmedien erwartungsgemäß oberflächlich über den aus ihrer Sicht schon an sich skandalösen Vergleich von Menschen und Tieren echauffieren, geht die Diskussion innerhalb der Tierrechtsbewegung aufgrund der langjährigen Vorerfahrung sehr viel tiefer. Für die *TIERBEFREIUNG* kam nur eine Auseinandersetzung mit diesem Thema in Frage, wenn es gelänge, das Für und Wider in konstruktiven Beiträgen von qualifizierten AutorInnen und frei von Anthropozentrik darzustellen, um so einen wirklichen Beitrag zur Diskussion zu leisten, der auch nicht allzu viele Fragen offen lässt. Während Sina Walden einen sehr allgemeinen Zugang zum KZ-Vergleich gewählt hat, geht es Susann Witt-Stahl vor allem um das „Wie" der PeTA-Kampagne und darum, dass es sich hierbei nicht um einen Vergleich, sondern um eine Gleichsetzung mit dem Holocaust handele. Wir denken, dass beide

Texte die unterschiedlichen Standpunkte zum KZ-Vergleich in sehr gelungener Form wiedergeben.

Die Kampagne

Im Februar 2002 startete PeTA in den USA die Kampagne „Der Holocaust auf Ihrem Teller". Auf sechs Quadratmeter großen Schautafeln wurde je ein Foto aus einem Nazi-Konzentrationslager neben ein Bild aus einem Schlachthof oder einer Massentierhaltung gedruckt. Laut PeTA-Pressemitteilung solle die Ausstellung zum Nachdenken anregen. „Genauso wie die Nazis versuchten, ihre Opfer zu ‚entmenschlichen', indem sie sie zwangen, in schmutzigen, überfüllten Unterkünften zu leben, Kinder ihren Müttern entrissen und sie wie am Fließband umbrachten, werden die Tiere in der heutigen Massentierhaltung aller Dinge beraubt, die für sie angenehm und natürlich sind, und werden als nichts weiter als Fleisch-, Eier- und Milchmaschinen behandelt", heißt es dort. „Genau dieselbe Denkweise, die den Holocaust möglich machte – dass wir jenen, die wir als ‚anders' oder ‚minderwertig' abstempeln, alles antun können, was wir wollen – ist auch diejenige, die uns erlaubt, jeden einzelnen Tag Gräueltaten an Tieren zu verüben", so PeTAs Kampagnenkoordinator Matt Prescott. Hinzugefügt wird, dass dessen Familie mütterlicherseits fast vollständig von den Nazis ausgelöscht wurde. Überhaupt beruft sich PeTA bei der Kampagne besonders auf jüdische UnterstützerInnen – vom *SPIEGEL* Kronzeugen genannt –, vor allem auf die Familie des Literatur-Nobelpreisträgers Isaac Bashevis Singer, dessen Zitat „Wo es um Tiere geht, wird jeder zum Nazi" quasi das Leitmotiv der ganzen Kampagne darstellt. Die Ausstellungstour quer durch die USA wurde ergänzt durch die Internetseite www.masskilling.com. In mehreren amerikanischen Städten wurde das Zeigen der Plakate verboten.

Spätestens seit bekannt wurde, dass die Kampagne nahezu unverändert auch in Europa gezeigt werden sollte, regte sich vor allem in Deutschland großer Unmut. Die TV-Magazine *Panorama* und *Polylux* berichteten ebenso wie viele Tageszeitungen und Magazine, zuletzt auch der *SPIEGEL*. In der Regel blieb es bei oberflächlicher, effekthascherischer Kritik, so wurden etwa Prominente wie Nina Ruge präsentiert, die ehemals für PeTAs Anti-Pelz-Kampagnen am Start war, sich nun aber von der Organisation distanzierte. Offensichtlich hielt man es in den Redaktionen nicht für nötig, Begründungen für die Ablehnung des KZ-Vergleichs zu liefern. Die Kampagne spreche wohl für sich selbst. In einem Schreiben an den Vorsitzenden des Zentralrats der Juden, Paul Spiegel, bat PeTA um Unterstützung. Antwort kam von einer Anwaltskanzlei mit der Androhung einer Strafanzeige wegen Volksverhetzung. Ebenfalls auf Kritik stieß die Kampagne bei der Hamburger *Tierrechts-Aktion-Nord* (TAN). Unterstützt von anderen, meist unorganisierten TierrechtlerInnen, verschickte die TAN ein Schreiben an andere Tierrechtsorganisationen und Einzelpersonen mit der Bitte, sich gemeinsam von der Kampagne zu distanzieren.

Harald Ullmann, der Vorsitzende von PeTA Deutschland, bekam sogar mehrere Drohanrufe. „Wenn Ihr nach Frankfurt kommt, könnt Ihr Euch auf etwas gefasst machen", zitiert er einen eher harmlosen Anrufer. Gegenüber der *TIER-BEFREIUNG* gab sich Ullmann jedoch optimistisch, dass das Ziel der Kampagne erreicht würde. „Wir bekommen auch sehr, sehr viele positive Reaktionen aus der Bevölkerung. Selbst wenn nur wenige Menschen durch diese Kampagne bewegt werden, kein Fleisch mehr zu essen, dann ist das doch schon ein Erfolg."

Am 18. März 2003 begann PeTAs Europa-Tournee in Stuttgart. Dies war auch die einzige Station in Deutschland. Gleichzeitig ging die deutsche Version von *www.masskilling.com* unter *www.massenvernichtung.info* online.

Ausgabe 43 (April 2004)

DER VERBOTENE VERGLEICH

Sina Walden

Wo immer ein großes Unglück geschieht, eine Naturkatastrophe wie Erdbeben, Wirbelsturm, Feuersbrunst oder ein schwerer Verkehrsunfall mit vielen Toten, der Einsturz eines Hochhauses, eine Explosion, ein Attentat – immer sagen einige Augenzeugen spontan: „Es war wie im Krieg!" Eine natürliche Assoziation, der niemand widerspricht, der niemand besserwisserisch entgegenhält, dass der Krieg andere Ursachen hat als ein Erdbeben, dass der Krieg sich in hundert Aspekten von einem Zugunglück unterscheidet. Denn was die Leute meinen, ist sofort klar: Sie vergleichen das Schrecklichste, was ihnen einfällt, mit dem, was sie erlebt haben. Sie wählen ein Bild, das in jedem die Bilder oder das eigene Erleben von Krieg hervorruft, um das Entsetzen zu vermitteln, das sie fühlen. Der Vergleich ist eine Grundform menschlicher Kommunikation, eine Möglichkeit der Vermittlung von Gefühlen, Eindrücken, Erlebnissen, für die ein bloßer Bericht zu schwach erscheint.

Kein Mensch, der Schweres im Krieg erlebt hat, wird sich empören oder es als Beleidigung empfinden, wenn jemand, der seine Liebsten bei einem Massenunglück verloren hat, der Tote und Verstümmelte um sich gesehen, der die Schmerzens- und Todesschreie gehört hat, seine Gefühle, sein Erleben mit Kriegserfahrungen gleichsetzt. Keiner würde auf die Idee kommen, dass damit die Schrecken des Krieges herabgemindert werden könnten oder gar sollten. Im Gegenteil, das Heraufbeschwören des Bildes „Krieg" dient ihm dazu, sich in den anderen hineinzuversetzen.

Ist diese Assoziation mit Krieg so anders zu werten als die oft ebenso naheliegenden Assoziationen mit einem anderen jedermann verständlichen Menschheitshorror, den Massenverbrechen des Nationalsozialismus? Und warum sollte in diesem Fall die Vergleichbarkeit mit Gründen bestritten werden, die nicht in dem vergleichbaren Ergebnis liegen – dem Massenmord, der Zufügung von Leiden und Schmerzen, der Ausgrenzung und Herabwürdigung –, sondern in der Motivation der Täter? Fragt bei „Krieg" jemand danach, aus welchen Gründen der bildhaft evozierte Krieg angezettelt und geführt wurde? Die Analyse von Kriegen und Diktaturen und in ihren historischen Zusammenhängen wird auf einer ganz anderen Ebene vorgenommen, von der Geschichtsschreibung und im politischen Diskurs. Hier sind freilich sorgfältige Untersuchungen von Fakten und Kausalitäten geboten, schon um der Relativierung von Schuld durch Ewig-Gestrige und Neu-Gestrige entgegenzuwirken.

Unsere Frage zielt darauf, warum die maßlosen Verbrechen, die Tieren angetan werden, nicht in einem Atem mit Verbrechen an Menschen genannt werden sollten, und insbesondere nicht mit dem Schrecklichsten, was uns als Kindern des 20. Jahrhunderts sofort in den Sinn kommt und den Namen „Holocaust" trägt. Warum muss das Entsetzen über die gegenwärtige Barbarei gegen Tiere und deren Duldung und Leugnung die Assoziation mit der vergangenen Barbarei, die unbestreitbar als solche erkannt wird, scheuen?

Nazivergleiche unter Menschen

Wenn in irgendeinem Zusammenhang der Vergleich mit Untaten der Nazis gewählt wird, fließen allerdings gewöhnlich Aspekte ihrer Motivation mit ein, man fasst ihn also gleichzeitig (zeitlich) enger und (inhaltlich) tiefer als „Krieg". In dieser Form aber ist der Bezug allgegenwärtig. Umgangssprachlich wird wohl täglich irgendwo jemand als „Nazischwein" beschimpft, werden „Nazimethoden" angeprangert, vom „KZ Stammheim" war ungestraft die Rede, vom „atomaren Holocaust" in Hiroshima, vom „ökologischen Holocaust" in unseren Tagen. Nazi-, Hitler- beziehungsweise „Faschismus"-Analogien werden auch in der seriösen Presse und in der Politik gebraucht, etwa in Bezug auf Milosevic, Saddam Hussein oder südamerikanische Juntas und ihre Opfer. Dabei ist nicht der Antisemitismus als Motiv gemeint – höchstens dann, wenn real auch heute wieder jüdische Menschen die Opfer sind –, sondern er dient als Analogie, wenn menschenunwürdige Behandlung angeprangert werden soll, der ähnliche, zum Beispiel rassistische oder fremdenfeindliche Einstellungen zugrunde liegen. Haben solche Einstellungen große Zahlen von Morden und Menschenopfern im Gefolge, was meist nur mithilfe staatlicher oder usurpierter Macht möglich ist, wird die Mordmaschinerie des NS-Staats nahezu zwangsläufig als Bezugsgröße assoziiert. Es ist gewiss zuzugeben, dass Nazivergleiche inflationär in Umlauf sind, dass sie oft für allzu kleine Vorgänge benutzt werden, die an die Größenordnung und den Horror des Nazitums als Ganzes nicht entfernt heranreichen. Die Zeit dieses spezifischen Terrors bietet einen so riesigen Steinbruch, dass zu Recht oder zu Unrecht viele die ihnen geeigneten Steine da raus brechen und das wohl noch auf unabsehbare Zeit tun werden.

Doch so unproportional manche Vergleiche menschlicher Unbill mit Naziverbrechen oft auch sein mögen, so versteht man doch ihre Absicht, das jeweils angeprangerte Unrecht in die Nähe des Schlimmstmöglichen zu setzen. Es widerspricht der einfachsten Logik, dass der Vergleichende darauf abzielt, dieses Schlimmstmögliche als nicht so schlimm bezeichnen zu wollen, da er doch genau das Gegenteil ausdrückt. Nazivergleiche werden denn auch nicht der Opferseite verübelt, sondern nur dann als sträflich empfunden, wenn sich jemand dieserart mit den Tätern verglichen und seinen Ruf beschädigt sieht (oder jemand in seinem Namen) – eben weil man ihn mit dem schlechthin Teuflischen gleichsetzt. Warum aber sollten diejenigen, die die Opfer waren und überlebt haben, oder deren Angehörige sich verletzt fühlen?

Allenfalls schütteln sie den Kopf und denken „Der weiß ja nicht, wovon er redet!" Ihr Leid wird dadurch nicht kleiner, wenn andere meinen, ebenso zu leiden oder wirklich ebenso leiden. In der Regel äußern sich überhaupt nur diejenigen, die als Sachwalter der Opfer und ihres Andenkens zu sprechen behaupten. Opfer sprechen oft ganz anders: „Ich entsinne mich, daß ich während eines Urlaubaufenthalts von 1967 im russischen Wald bei Cavidovo zum ersten Mal eine solche ‚Hühnerfabrik‘ gesehen und besucht habe und daß mein erster Eindruck – und er hat sich später nie geändert – der war: das muss für die armen Tiere ja schlimmer sein als was wir im Konzentrationslager die Jahre hindurch haben ausstehen müssen!"[1]

Um Leiden und Tod systematisch verfolgter, gequälter, hingemordeter Menschengruppen in unserer Zeit sinnfällig zu bezeichnen, bieten sich die Erinnerungen an die Nazi-Ära so direkt an, dass sie ohne Weiteres als Verständigungsmittel dienen. Eine reflexartige Empörung setzt erst da ein, wenn es sich bei den Opfern nicht um Menschen handelt, sondern um Tiere. Nur hier erfolgt ein Aufschrei, wenn Analogien zu KZ und Holocaust gebildet werden. Es geht also nicht um die generelle Berechtigung der Assoziation mit den Schrecknissen dieser speziellen Epoche, sondern um die Vergleichbarkeit der Opfer. Der Verdacht liegt nahe, dass sich die Entrüsteten der angeblich herabgesetzten Opfer bedienen, sie (bewusst oder unbewusst) instrumentalisieren, um – siehe oben – den Vergleich mit den Tätern und Mittätern, Mitläufern und Nutznießern, abzuwehren. Denn das heißt: mit uns selbst. Ein Aufschrei gegen den Satz von Isaac B. Singer: „Den Tieren gegenüber sind alle Menschen Nazis."

Holocaust als Chiffre

Das deutsche Wort „Opfer" unterscheidet nicht zwischen den zwei Bedeutungen, wie sie sich im Englischen und in den romanischen Sprachen deutlicher zeigen: sacrifice und victim. Wer immer den Begriff „Holocaust" als Synonym für den Massenmord an der jüdischen Bevölkerung Europas ins Spiel gebracht hat – in Deutschland ist er erst durch ein „spannendes" amerikanisches Fernsehspiel in den 70er-Jahren eingebürgert worden –, hat nicht bedacht, dass dadurch der Akzent auf der Bedeutung „sacrifice" liegt. Das griechische Wort „Holocaust" bedeutet „gänzliche Verbrennung", „Ganzopfer", ein religiöses Ritual, bei dem Brandopfer (von Tieren!) zur Ehre Gottes gebracht wurden. Das hat offensichtlich mit den Intentionen der Nazis wenig zu tun. Das Wort hat einen Bedeutungswandel erfahren, und wer heute von „Holocaust" spricht, meint die Opfer im Sinne von „victim". Der Akzent liegt auf den unschuldigen Opfern von systematischem Massenmord, überwiegend eingeengt auf das Programm der Nazis zur Vernichtung der Juden, die aber selbst eher das Wort „Shoah" benutzen. Denn bei Holocaust klingt mehr an, er umfasst auch nichtjüdische Opfer des Herrenmenschenwahns, besonders in den KZs, die Sinti und Roma, deren halbes Volk umgebracht wurde, und andere Volksgruppen, die zu „Untermenschen" erklärt wurden, Homosexuelle, Behinderte, Geisteskranke. „Holocaust" ist eine Chiffre geworden. Ist es aber unmoralisch, mit diesem Schreckenswort Parallelen zu anderen systematischen Massenmorden in einem anderen historischen Umfeld zu ziehen? Das Wesen des Vergleichs beruht immer darauf, bei ähnlichen Dingen oder Vorgängen das Gemeinsame im Unterschiedlichen aufzuzeigen, und selbst wenn dabei ein Absolutes herauskommt (der Gepard ist das schnellste Landsäugetier, das Fest war das schönste, das ich je erlebt habe), so kommt man auch dazu nur, indem man eins gegen das andere hält. Ganz und gar Gleiches kann man nicht vergleichen.

Industrielle Tötungsmaschinerien

Worin also besteht das Gemeinsame und das Unterschiedliche zwischen dem Holocaust und der heutigen Behandlung von Tieren, insbesondere von „Nutztieren"? Zuerst springen die phänomenologischen Ähnlichkeiten ins Auge. Wer sich nicht blind stellt, fühlt sich beim Anblick von langgestreckten, stacheldrahtbewehrten Baracken abseits bewohnter Siedlungen, von Hühnerbatterien, Rinderstallungen, Schweine- oder Putenmastbetrieben, Pelz„farmen", von schwer gesicherten Tierversuchsanstalten, von endlosen Reihen trostlos verzweifelter Affen wie bei Covance, unweigerlich an Konzentrationslager erinnert. Im englischsprachigen Raum gibt es für Massentierhaltung das offizielle Wort CAFO, Concentrated Animal Feeding Operation. Bei factory farms, Tierfabriken, Fließbandschlachtung, Akkordschlachtung zeigt sich eine weitere Parallele zu einem Charakteristikum der Menschen-KZs: die industrialisierte, rationalisierte, geschäftsmäßige Form der massenhaften Tötungen. Das „Vergasen" ist die übliche Art der Tötung von „Pelztieren" und von Millionen männlicher Küken, die von den weiblichen „selektiert" werden, da sie als „Arbeitskräfte" (zum Eierlegen) nicht tauglich sind. Auf dem Gelände jeder größeren Tierversuchsanstalt ragt ein hoher Kamin in den Himmel, in dem die Ermordeten verbrannt werden, Rauch steigt auf.

Die Leichenberge sind selten sichtbar, werden der Öffentlichkeit zur Schonung ihrer Nerven nicht zugemutet. Aber jede/r weiß, dass es sie gibt, verdrängt es sofort, will es nicht wissen. Wenn Tierbefreier/innen oder Journalist/innen den Konsens des Nichtwissenwollens durchbrechen (unter Gefahren) und Bilder der Tatsachen liefern, haben sie es schwer, auch noch den Schutzwall der Medien zu überwinden. „Mutig" müssen Redaktionen sein, um „das Volk" auch nur Sekunden einen Blick riskieren zu lassen. So wird die zivile Gesellschaft, die reale Grausamkeit „nicht sehen kann", entlastet, kann sie minimalisieren, nicht richtig „glauben", verdrängen, wegstecken. Auch die Vernichtungslager des „Dritten Reichs" waren „geheime Reichssache". „Das Volk" wusste und wusste nicht. Hatte auch „andere Sorgen".

Das wirksamste Mittel aber, der Verdrängung zuzuarbeiten, ist die ideologische Abwertung der Opfer. Christen hatten keine Gewissensprobleme, wenn

„Heiden" zu Millionen abgeschlachtet, jahrhundertelang „Hexen" und „Ketzer" (zum „Wohl" der Rechtgläubigen) verbrannt wurden. Der Genozid an den Indianervölkern etwa konnte locker mit der behaupteten eigenen „geistigen" Überlegenheit begründet werden. Kommunisten aller Länder rechtfertigten vor sich und der Welt die unermesslichen Menschenopfer des Stalinismus im Namen des „Fortschritts", allein zwei bis drei Millionen ermordeter Bauern, der „Kulaken", im Zuge der Zwangskollektivierung mit zehn Millionen Hungertoten als deren Folge, oder rund zwölf Millionen Tote in den Arbeitslagern des Gulag; die bildungsstolzen weißen Europäer nahmen die institutionalisierten Grausamkeiten des Kolonialismus an Schwarzen und Farbigen, an den „Wilden", kaum zur Kenntnis.

Keine Metaphern, sondern Fakten

Sprechen wir von Zahlen. Die technischen und organisatorischen Errungenschaften des 20. Jahrhunderts ermöglichten eine hohe Effizienz der Niedertracht, eine Massierung und „Durchführung" von Gräueln in relativ kurzer Zeit. Immerhin waren und sind Menschen auch mit weniger ausgereifter Technik schon zu eindrucksvollen Massakern fähig gewesen, die an Quantität nicht hinter denen der Nazis zurückstehen. Doch kommt es auf Zahlen an? Lassen sich individuelle Leiden summieren? Lassen sich Verbrechen aufrechnen? Trotzdem kann unser Gehirn nicht anders als auch mit Zahlen zu operieren. Ein Serienmörder erschreckt uns mehr als ein Einmaltäter, sechs Millionen Ermordete lasten schwerer als ein niedergebranntes Dorf mit dreißig Toten. Wenn wir Zahlen ins Spiel bringen, kann allerdings der Vergleich mit den ermordeten Tieren nur noch Schwindel erregen. Nichts, was Menschen einander angetan haben, kommt auch nur in Bruchteilen von Bruchteilen an die Größenordnungen dessen heran, was wir Tieren antun. Es geht um Milliarden, Billiarden, um Hekatomben individueller Leiden und Tode, jahraus jahrein.

Und sprechen wir noch von einer weiteren Parallele: Ein besonders erschütternder Aspekt der Nazibarbarei ist ihr Auftreten mitten in einer sich auf dem Höchststand der Zivilisation, der Aufklärung, der Humanität, der Bildung, der Kultur wähnenden Gesellschaft. Das glauben wir uns heute auch ...

Unabweisbar zeigt uns der Vergleich Vergleichbares: Konzentrationslager, industriellen, planvollen Massenmord, vorangegangene Deklassierung und Verachtung der Opfer, ihre Ausblendung aus dem Bewusstsein, ihre Rechtfertigung durch einen „höheren Zweck", die Verschleierung und/oder Verdrängung der Grausamkeit, die Ungeheuerlichkeit der Zahlen. Dabei haben wir noch nicht einmal die Arten der Qualzufügung betrachtet. Das wollen wir uns hier auch ersparen. Wer auch nur fünf oder zehn Beschreibungen von Tierversuchen liest, fünf oder zehn Fotos oder Videos sieht, wer die Vorstellungskraft besitzt, sich in einen Affen mit angebohrtem Gehirn in einem stereotaktischen Stuhl hineinzuversetzen, in eine Katze mit zerschnittenem Auge, in eine zum stundenlangen Schwimmen gezwungene Maus, der man vorher die Hinterbeine gelähmt hat, in das von der Geburt bis zum Tod eingepferchte, wundgescheuerte Huhn, die lebenslang angebundene Kuh, in einer Gefängniszelle „so eng wie die Stehsärge von Oranienburg", das im Metallkasten gefesselte Mutterschwein, dem man die Kinder raubt – nein, keine Vorstellungskraft reicht an die entfesselte Orgie der raffinierten Grausamkeit und uneingeschränkten Brutalität heran, die sich an Tieren austobt. Doch sogar im physischen Leiden und Sterben wahren wir eifersüchtig unsere dünkelhafte Überlegenheit.

Mein Leid ist größer als dein Leid

Dass Tiere physisch und psychisch leiden, wird heute von niemandem ernsthaft bestritten. Dass das Gegenteil jemals von „großen Geistern" und ehrsamen Wissenschaftlern behauptet wurde, jahrhundertelang, wirkt geradezu wie ein Spuk. Wie aber kann man Leiden messen, wie vergleichbar machen? Die Überlegung, dass Tiere sogar mehr leiden als Menschen, ist nicht von der Hand zu weisen. Ihnen stehen einige Möglichkeiten der psychischen Entlastung nicht zur Verfügung, keine Hoffnung, kein Glaube an eine höhere, ausgleichende Gerechtigkeit, kein geistiger Trost. Auch keine Rache, keine Notwehr, nicht einmal Selbstmord.

Der Einwand, sie litten weniger, weil sie ihr eigenes Schicksal nicht in Zusammenhängen begreifen oder zum eigenen Leid nicht noch das Leid von Angehörigen oder Schicksalsgefährten summieren könnten, steht auf schwachen Füßen. Unser Wissen von der Wahrnehmungswelt von Tieren ist lächerlich gering. Doch das, was wir vom Leiden der Tiere fast mit bloßem Auge erkennen können, reicht wahrhaftig aus, um nicht auf kunstvolle Abwägungen warten zu müssen.

Der große Unterschied zwischen dem Holocaust an Menschen und dem namenlosen Terror gegen Tiere soll nun aber in der Motivation liegen, in Ziel und Zweck. Nämlich: Juden, „Zigeuner", „rassisch" oder biologisch (!) „Minderwertige" sollten ja vernichtet werden, einfach um sie zu vernichten, Tiere aber sollen gegessen werden (beziehungsweise in den Tierexperimenten der menschlichen Gesundheit dienen). Liegt hier aber wirklich ein wesentliches Unterscheidungsmerkmal vor? Zum einen wurden die KZ-Opfer der Nazis vor ihrer Vernichtung noch, solange es ging, auch als Arbeitskräfte ausgebeutet, ihr persönlicher Besitz wurde geraubt bis zu ihren Körperteilen wie Haare und Goldzähne. Zum anderen werden Tiere auch ohne Umwege vernichtet, etwa die Hälfte aller Hühner (die männlichen) routinemäßig gleich nach der Geburt, die Unbrauchbaren, wie die BSE-Rinder samt Millionen gesunder Artgenossen auf Scheiterhaufen zu Asche verkohlt; in unseren Tagen wurden gerade mehr als 60 Millionen grippekranke und gesunde Hühner und andere Vögel in Säcke gestopft und lebendig begraben oder verbrannt. In den permanent laufenden Tötungsmaschinerien fällt täglich „Abfall" an, alle, die noch vor jeder Nutzung unter den Haltungsbedingungen vorzeitig zusammenbrechen und „entsorgt" werden, dazu Überzählige, Fehlzuchten, Ungebärdige, Geflohene. Ein erweiterter Horizont lässt den Blick noch weiter gleiten: auf die Ausrottung ganzer Tiervölker wegen ihrer Unbrauchbarkeit für die Herrenrasse oder als lästige Konkurrenten für das Menschen-„Volk ohne Raum", das ihnen ihre Lebensgrundlagen stiehlt.

Zweckrationalisierung

Das entscheidende Moment aber, warum die Betonung des Zwecks so falsch und unsinnig ist, liegt darin, dass die Perspektive der Täterseite und nicht die der Opfer eingenommen wird. Irgendein „Zweck" dient jedem mit „höheren Werten" begründeten Massenmord als Rechtfertigung. Für die Opfer ist es völlig gleichgültig, warum sie vernichtet werden, ob das Interesse ihrer Mörder an ihrem Tod von deren Geschmacksnerven oder dem Rassenwahn in ihren Köpfen herrührt.

Doch auch wenn wir die Ähnlichkeiten der Motivlage betrachten, entdecken wir Gemeinsames. Zu den konstitutiven Bestandteilen der Naziideologie gehört der Überlegenheitswahn über andere, über „Minderwertige" nach eigener Definition der zur Herrschaft Gelangten, über „lebensunwertes Leben". Dazu gehört das „Recht des Stärkeren" als angebliches Naturgesetz, die propagierte Mitleidslosigkeit gegenüber den „Minderwertigen" und Unterlegenen, die Anmaßung, „mit Recht" den Wert fremden Lebens zu bestimmen, es auszulöschen oder grenzenlos auszubeuten. Die strukturelle Ähnlichkeit mit der allgemeinen Einstellung zu Tieren liegt auf der Hand.

Sie hier zu erkennen und mit allen Folgen zu akzeptieren, erfordert allerdings eine gewaltige geistige und seelische Anstrengung, die von der Mehrheit nicht über Nacht zu erwarten ist. Kein Überlegenheitswahn ist so uralt und so tief verwurzelt wie der der ganzen Menschheit über die ganze Tierwelt. Seit Menschengedenken hat mensch die Tiere als das „ganz Andere" und das weit unter ihm Stehende definiert und behandelt. Hunderte von Abgrenzungskriterien wurden von den Kulturen und Religionen betont oder erfunden, unter den Riesengebäuden der Selbstbespiegelung verschwanden die Gemeinsamkeiten bis zur Unsichtbarkeit. Erst seit Darwin begannen die selbsterrichteten Throne Risse zu bekommen, und die moderne Wissenschaft, insbesondere die Verhaltensforschung, entzog Stück für Stück die Fundamente, auf denen sie ruhen. Wer wissen will, weiß heute, dass Tiere, ganz ohne Zweifel mindestens Säugetiere und Vögel, sehr ähnliche, weitgehend identische, physiologische und diesen entsprechende sinnliche und emotionale Strukturen haben wie die Spezies Mensch, und dass auch ihr kognitiver Apparat prinzipiell den gleichen Mustern folgt (unfreiwilligerweise hat auch die Versuchstierforschung ihr Teil zu diesen Erkenntnissen beigetragen, es sei nur auf die Versuche auf dem Feld der Psychologie hingewiesen).

Die vor- und außerwissenschaftlichen Einsichten in die enge Verwandtschaft, die vergleichbare Erlebniswelt, sind bei Menschen, die sich nicht völlig von der Idolisierung der eigenen Art einnebeln ließen, auch immer schon da gewesen, hatten gegenüber dem herrschenden Menschenbild nur nie eine Chance. Erst die Denkrichtungen der auf Recht, Freiheit und Gleichheit gerichteten geistigen und politischen Konzepte entwickelten eine Eigendynamik, deren Logik nun auch die verachteten Tiere erreicht hat. Da als einziger markanter Unterschied nur die geringere oder genauer gesagt: anders geartete, Intelligenz der Tiere übrig bleibt, stellt die Logik die Frage, ob geringere oder andersartige Intelligenz einen Grund, eine Legitimation für jede Art Grausamkeit, Folter, Tötung, Versklavung, schwere Freiheitsberaubung oder sonst ein Verbrechen darstellt – und beantwortet sie mit Nein.

Aufklärung durch Schock?

Bisher ist es eine sehr kleine, aber stetig wachsende Minderheit, die die Tiere von der unmenschlichen (!) totalen Diktatur des Menschen befreien will. Eine ungeduldige unhomogene Bewegung, die nicht die Augen vor den Auswirkungen der Tyrannis verschließt und die sich die Perspektive der Opfer zu eigen macht. Für sie ist die Vergleichbarkeit des kreatürlichen Leids selbstverständlich und das Kardinalargument der Leugner „Tiere sind keine Menschen!" nichts als ein Schlagwort aus dem Arsenal der überheblichen Herrenmenschenmentalität. Und eben hier stößt die bis heute herrschende Moral, die die Tiere ausklammert, mit dem neuen Denkansatz zusammen, der von der Tierrechts- und Tierbefreiungsbewegung entwickelt wird und der eine artübergreifende Ethik fordert, die die Tiere einschließt.

Es ist zu begreifen, dass eine derart umfassende Erweiterung des moralischen Anspruchs die „normal" geprägten Zeitgenossen zunächst vor den Kopf stößt und es noch lange tun wird. Zumal keine Tyrannei jemals so viele Vorteile für die Privilegierten gebracht hat, nämlich irgendeinen für nahezu jedes Mitglied der menschlichen Rasse, und seien es nur Schuhe. Vor allem aber das schmeichelnde Bewusstsein, einer höheren Lebensform anzugehören. Die Abwehrmechanismen werden entsprechend in Stellung gebracht.

Wie aber kann diese Minderheit einer derart archaischen, von klein auf verinnerlichten, von ausnahmslos allen Institutionen geschützten Diktatur beikommen? Wie durchbricht man die alles niederwalzende Macht der Gewohnheit? Wie die konditionierte Mitgefühlslosigkeit?

Viele Wege werden gegangen. Nur einer davon ist die Schockmethode, die harte Konfrontation mit den Gräueln der grenzenlosen Ausbeutung der Tiere durch Visualisierung, der Versuch, die Opfer aus der Schattenwelt ihres Leidens herauszuholen und den Mitschuldigen und Gleichgültigen so zu präsentieren, dass sie nicht ausweichen können. So wie die Deutschen nach dem Krieg zwangsweise in KZs geführt wurden. Vielleicht trifft der verstörende Vergleich mit der eigenen Geschichte, einer Geschichte von Menschen gegen Menschen, mit der gegenwärtigen von Menschen gegen Tiere trotz aller Abwehr manche mitten ins Herz – vielleicht sogar ins Hirn. Vielleicht verstehen sie die Botschaft: Wie könnt ihr euch vor dem einen als furchtbare Ausnahmeerscheinung entsetzen und das andere als Normalität hinnehmen? Wer aber sinnwidrig in der grellen Beleuchtung des sonst abgedunkelten Tierleids eine Verachtung der Menschen erblicken will, der demonstriert genau damit, was ihm spiegelbildlich vorgehalten wird: seine Verachtung der Tiere.

Ausgabe 43 (April 2004)

Endnote:

1. Martin Niemöller, Kirchenpräsident, von 1938 bis 1945 in verschiedenen Konzentrationslagern.

Auschwitz liegt nicht am Strand von Malibu und auch nicht auf unseren Tellern

Kritische Anmerkungen zum „KZ-Vergleich"

Susann Witt-Stahl

Ein Foto zeigt abgemagerte Kinder in Häftlingskleidung hinter Stacheldraht, gleich daneben Ferkel eingesperrt auf engstem Raum. Unter dem Titel „Wandelnde Skelette" sieht man nackte Menschen mit aufgedunsenen Hungerbäuchen neben einem unterernährten Kälbchen, das sich vor Schwäche nur noch mühsam auf den Beinen halten kann. Dann ein Bild von Häftlingen in den Lagerbaracken, aufgestapelt wie Ware, dicht an dicht auf schmutzigen Pritschen, und rechts daneben die nicht enden wollenden Käfigreihen der Legebatterien.

Die Aussage des schockierenden Bildvergleichs, der im Februar letzten Jahres von der Tierrechtsorganisation PeTA ins Internet gestellt wurde, ist eindeutig: Das, was täglich in den Tierfabriken und Schlachthäusern stattfindet, ist der Holocaust der Tiere. Wer nach ausgiebiger Betrachtung der Schreckensbilder immer noch vermutet, das Anliegen der Urheber sei, Analogien zwischen der rationalisierten Gefangenhaltung von Menschen in den Todeslagern und von Tieren in den Fleischfabriken aufzuzeigen, wird durch den Begleittext der „Masskilling"-Internetseite[1] endgültig eines anderen belehrt. Es geht um weit mehr als deutlich zu machen, dass die Abläufe von Massentötungen in der industrialisierten Moderne stets denselben methodischen Charakter haben. Das belegt ein Zitat des österreichischen Tierrechtlers Helmut Kaplan am Ende der Fotoserie: „Unsere Enkel werden uns eines Tages fragen: ,Wo wart ihr, während des Holocaust der Tiere? Was habt ihr gegen diese entsetzlichen Verbrechen getan?' Die Entschuldigung, dass wir es nicht gewusst hätten, können wir kein zweites Mal vorbringen."[2]

Der *Leichenschmaus*-Autor gilt, zumindest im deutschen Sprachraum, als einer der offensivsten Verfechter des so genannten KZ-Vergleichs. Um zu erkennen, dass die Grausamkeiten, die Tieren angetan würden, so Kaplan in seinem Beitrag „Tiere und Juden oder die Kunst der Verdrängung", „exakt dem Holocaust der Nazis entsprechen", bräuchte man „nur Berichte über Menschenversuche in KZs und Berichte über heutige Tierversuche anzuschauen. Dann fällt es einem wie Schuppen von den Augen: Die Parallelen sind lückenlos, die Berichte sind austauschbar. Alles, was die Nazis den Juden angetan haben, praktizieren wir heute mit Tieren!"[3]

Ebenso wie Helmut Kaplan hält auch PeTA eine fundierte historische Begründung für die Gleichsetzung des alltäglichen Abschlachtens unzähliger Tiere für den menschlichen Konsum mit dem Völkermord, der während des Zweiten Weltkrieges von deutschen Tätern verübt worden war, offenbar für überflüssig. Das Verstehen tritt zu Gunsten des Sehens in den Hintergrund. Außer Horrorbildern bietet die PeTA-Website nicht viel mehr als einige sloganhaft dargebotene Zitate aus dem umfangreichen Werk des amerikanischen Literatur-Nobelpreisträgers Isaac Bashevis Singer, Auszügen aus Charles Pattersons *Eternal Treblinka* und jeder Menge Briefe von jüdischen Unterstützern der Kampagne, unter ihnen viele Holocaust-Überlebende.

Wenn es darum geht, die Gleichsetzung von Auschwitz[4] und Tiermord, wie sie von PeTA und Kaplan betrieben wird, kritisch zu reflektieren, dann können Methode und Gegenstand, Form und Inhalt nicht losgelöst voneinander betrachtet werden. Das Problem ist bereits in der reduktionistischen Vorgehensweise angelegt, für den Vergleich ausschließlich die Phänomene des Holocaust und der Massenschlachtung von Tieren zu berücksichtigen, ihr Wesen jedoch außer Acht zu lassen.

Hätten die Befürworter der Gleichsetzung die Frage „Was war Auschwitz?" als epistemologisches Problem behandelt, den Völkermord, der vorwiegend von Deutschen verübt wurde, nicht aus dem historischen und topographischen Kontext gerissen, nicht entpolitisiert und nicht als rein ethische Misere diagnostiziert, dann wäre ihnen vielleicht die nahezu unmögliche Fassbarkeit und Komplexität des Gegenstands bewusst geworden. Sie hätten sicher festgestellt, dass ihm ohne umfangreiche Exkurse in die Geschichte des Antisemitismus, des Kapitalismus, der Moderne nicht angemessen begegnet werden kann. Die über alle Maße des Erträglichen strapazierten Bildervergleichs-, „Große Geister"- und Kronzeugenzitatpraxis von PeTA und Kaplan[5] macht deutlich: Die Problematik des sogenannten KZ-Vergleichs ist nicht nur eine des Was, sondern auch eine des Wie.

Da aber die Gleichsetzung nahezu ausschließlich Ergebnis von Vergleichen der Phänomene des Grauens ist, blieb vor allem die Frage nach den Funktionen von Todeslagern und Schlachthäusern unberücksichtigt: Auschwitz war eine Todesfabrik. Sie hatte den Zweck, Tote zu produzieren. In den Lagern, die die Nationalsozialisten in Polen errichtet hatten, sollte die Auslöschung der Juden und ihrer Identität vollzogen werden. Die zentrale Maßnahme zur Erreichung des Ziels – die Juden samt ihrer Kultur im Abgrund der Geschichte verschwinden zu lassen, als hätte es sie nie gegeben – war die physische Vernichtung der „jüdischen Rasse", die von den Nazis, wie Max Horkheimer und Theodor W. Adorno in ihrer „Dialektik der Aufklärung" diagnostizierten, nicht als Minorität, sondern als „Gegenrasse" und „Kolonisatoren des Fortschritts" begriffen worden war.[6]

Der Zweck der Schlachthöfe und Tierfabriken dagegen ist nicht die Eliminierung eines erklärten Feindes, sondern aus Leibern von – während der gesamten Kulturgeschichte des Menschen – brutal unterdrückten Tieren Fleisch für den Konsum zu produzieren, vor allem aber Mehrwert für den Profit des Unternehmers zu erwirtschaften. Obwohl sich die Ideologie des Kapitalismus im Fleisch quasi materialisiert – die Schlachthöfe von Chicago, so schrieb der US-amerikanische Schriftsteller Upton Sinclair 1906 in seinem naturalistischen Roman *The Jungle*, sind die „Fleischwerdung des Geistes des Kapitalismus" –, ist das ökonomische Movens der Tierausbeutung in der Industriegesellschaft ein Aspekt, den PeTA und Kaplan größtenteils ausblenden.

Das Töten und die Fleischgewinnung wurde bereits im Frühkapitalismus als durchkalkulierter parzellierter Fabrikationsvorgang organisiert. Die Umwandlung der Schlachthäuser in perfekte Tötungs- und Fleischproduktionsfabriken begann Mitte des 19. Jahrhunderts, als sie aus den Innenstädten an die Stadtränder verlegt wurden. Der Schlachthof sollte bald zum Inbegriff, zum Symbol des institutionalisierten Tötens, der Degradierung quälbarer Körper zu Dingen werden. Die Schlachthäuser waren insofern Vorläuferinstitutionen der Todeslager, dass ihre perfektionierte Tötungsmaschinerie als „Prototyp" fungierte, den nationalsozialistischen Mörderbanden das „Know-how" für die millionenfache Menschenvernichtung lieferte. Dennoch stehen Tiertötungsfabriken und Auschwitz nicht in kausalem Zusammenhang. Aus der Tatsache, dass die Tiertötung technisch optimiert und institutionalisiert wurde, folgte nicht zwingend, dass rund einhundert Jahre später die Todesfabriken errichtet wurden. Die „Fließbandschlachtung von Tieren" führte nicht unweigerlich zur „Fließbandschlachtung von Menschen", wie Helmut Kaplan behauptet, und Bruno Bruckners Anstellung als Portier in einem Linzer Schlachthaus auch nicht dazu, dass er später im Tötungszentrum Hartheim arbeitete.[7]

Die phänomenale Ähnlichkeit zwischen Vernichtungslagern und Schlachthöfen ist der Tatsache geschuldet, dass beide – das dokumentiert das „Fotoalbum" der Moderne in der Tat – „Institutionen" sind, die im Zuge beziehungsweise nach der Industrialisierung entstanden waren, mit der eine Versachlichung und Entemotionalisierung des massenhaften Tötens einhergegangen ist, wie Enzo Traverso in seinem Aufsatz „Auschwitz. Die Moderne und die Barbarei" eindringlich darlegt.[8]

Die Singularität von Auschwitz besteht in dem unfassbaren Ausmaß einer bürokratisch geplanten und durchorganisierten Massenvernichtung von Menschen, darin, dass Menschen erstmals durch Menschenhand zu administrativ verwalteten Exemplaren gemacht wurden. Theodor W. Adorno schrieb in *Negative Dialektik*: „Daß in den Lagern nicht mehr das Individuum starb, sondern das Exemplar, muß das Sterben auch derer affizieren, die der Maßnahme entgingen. Der Völkermord ist die absolute Integration, die überall sich vorbereitet, wo Menschen gleichgemacht werden, geschliffen, wie man beim Militär es nannte, bis man sie, Abweichungen vom Begriff ihrer vollkommenen Nichtigkeit, buchstäblich austilgt."[9] Der Holocaust wird im Vergleich mit allen anderen Verbrechen, die bisher von Menschen an Menschen begangen wurden, aber auch als einzigartig rezipiert, weil es sich bei dem historischen Ereignis, wie der israelische Historiker Moshe Zuckermann es ausdrückt, „nicht um einen ‚Betriebsunfall', vielmehr um den Kulminationspunkt einer sehr viel länger zurückreichenden zivilisatorischen Entwicklung handelt, die sich zudem im Kulturraum einer sich der Aufklärung des Fortschritts, ja einer welthistorisch vorangetriebenen menschlichen Emanzipation rühmenden Moderne zugetragen hat."[10]

Von einer Singularität des Holocaust zu reden bedeutet übrigens nicht, wie Helmut Kaplan fälschlich in seinem „Wahrheitsverachtend!"-Aufsatz annimmt, die Wiederholbarkeit der Menschheitskatastrophe auszuschließen.[11] Vor allem von Vertretern der Frankfurter Schule wurde immer wieder darauf hingewiesen, dass Auschwitz ein Rückfall in die Barbarei war, der sich wiederholen kann, „solange die Bedingungen, die jenen Rückfall zeitigen, wesentlich fortdauern."[12]

Die Unterdrückung, die Ausbeutung und massenhafte Tötung von Tieren ist kein Holocaust, ist kein Vernichtungsakt. Und die Herrschaft des Menschen über die Tiere ist kein zeitlich begrenztes historisches Ereignis, sondern ein Epiphänomen der gesamten Zivilisationsgeschichte. Selbstverständlich steht die Erniedrigung und Entindividualisierung des Menschen mit der der Tiere in Beziehung, nicht zuletzt deshalb, weil beide Produkte einer und derselben in vielerlei Hinsicht gescheiterten Aufklärung sind. Die Kritischen Theoretiker Theodor W. Adorno und Max Horkheimer, die einen nichtspeziesistischen Ansatz vertraten, begriffen die Verdinglichung von Mensch und Tier, von empfindungsfähigen Lebewesen, als Strukturmerkmal der Gesellschaft im Stande der Unfreiheit und Begleiterscheinung der doppelten Naturbeherrschung, der Beherrschung der inneren und äußeren Natur. Die Geschichte der Anstrengungen des Menschen, die Natur zu unterjochen, sei auch die Geschichte der Unterjochung des Menschen durch den Menschen. Jeder Versuch, den Naturzwang zu brechen, indem Natur gebrochen wird, führe nur umso tiefer in den Naturzwang hinein.

Das Herrschaftsverhältnis Mensch-Tier-Natur ist äußerst komplex. Ihm ist nicht mit oberflächlichen Vergleichen von Phänomenen und provokativen Gleichsetzungen beizukommen. Es bedarf ausführlicher (wissenschaftlicher) Analysen und einer umfangreichen dezidierten Herrschaftskritik.

Es gibt keinerlei Hinweise, dass PeTA die Gleichsetzung aus antisemitischen Beweggründen vorgenommen haben. Ihnen „rechtsradikale" Beweggründe zu unterstellen, wie beispielsweise Jutta Ditfurth[13] es kürzlich getan hat, ist ebenso billige Effekthascherei wie grober und gefährlicher Unfug, da hier wieder durch eine falsche Gleichsetzung die Gefahr, die unter anderem von (militanten) Neonazis ausgeht, verharmlost wird. Es ist auch absurd, einer US-amerikanischen

Tierrechtsorganisation, die viele jüdische Mitglieder und Unterstützer hat, die Absicht zu unterstellen, Geschichtsrevisionismus betreiben und den Völkermord banalisieren zu wollen, um die deutschen Täter zu entlasten. Dass PeTA – wenn auch unbeabsichtigt – mit einer unreflektierten, in das Täterland Deutschland hineingetragenen Universalisierung und Inflationierung der Shoah dazu beitragen, Holocaust-Relativierern den Weg zu ebnen, steht auf einem anderen Blatt.

Die Kampagne ist insofern dazu geeignet, die größte Menschheitskatastrophe ihrer Singularität zu berauben, dass sie eine Trivialisierung des Holocaust darstellt, die vor allem Resultat der reklamehaften und lässigen Präsentation des „KZ-Vergleichs" ist. Wie schon der Benetton-Konzern in den neunziger Jahren operiert auch PeTA offenbar nach dem Marketing-Prinzip: Erlaubt ist alles, was Aufmerksamkeit erregt, schockiert und Publicity bringt. Auf historische „Feinheiten" wird keine Rücksicht genommen.

So plauderte PeTA-Chef Harald Ullmann unlängst in Köln während einer Diskussionsveranstaltung zum „KZ-Vergleich" munter drauf los: „Die Opfer sind ausgetauscht worden. Früher waren es die Juden, fahrendes Volk und heute sind es Tiere."[14] Der Leser möge selbst entscheiden, ob es sich bei derartigen Aussagen der Tierrechtsorganisation um vorsätzliche Geschichtsfälschung handelt oder um eine gehörige Portion Unbedarftheit oder gar Ignoranz, die möglicherweise der Tatsache geschuldet ist, dass PeTA es seit jeher vorziehen, statt kompetente Kritiker des repressiven Mensch-Tier-Verhältnisses aus den Bereichen Wissenschaft und Kunst lieber sogenannte Promis und Teenagerstars als normative Instanzen oder „Sachverständige" für Tierrechtsfragen heranzuziehen. Der „feine" Unterscheid zwischen Theodor W. Adorno und Pamela Anderson kommt spätestens dann erbarmungslos zum Vorschein, wenn die PeTA-Populisten sich an das monströse historische Ereignis Auschwitz heranwagen.

Wie oberflächlich, unwissenschaftlich und vor allem wie unseriös PeTA zu Werke gehen, indiziert auch die Verwendung eines angeblichen Zitats von Theodor W. Adorno, das die amerikanische Organisation in englischer Übersetzung als Aufmacher ihrer „Masskilling"-Seite benutzt: „Auschwitz fängt da an, wo einer im Schlachthaus steht und denkt: ‚Es sind ja nur Tiere'." Nach dem derzeitigen Forschungsstand gilt das „Adorno-Zitat" als Fälschung,[15] und kein einziger der eifrigen Benutzer sah sich bisher in der Lage, die Quelle zu nennen. PeTA-Chef Harald Ullmann nimmt's gelassen: Es sei schließlich bisher niemandem gelungen, zu widerlegen, dass der Frankfurter Philosoph das gesagt habe, wehrte er die Kritik an der unsauberen Arbeitsweise[16] seiner Organisation ab. Einmal abgesehen von dem Mangel an Sensibilität gegenüber dem Werk des 1969 verstorbenen Mitbegründers der Kritischen Theorie schwingt in PeTAs Darlegung ihrer Argumente eine provozierende Lässigkeit gegenüber historiographischen Fakten mit, die symptomatisch für die gesamte „Holocaust auf Ihrem Teller"-Kampagne ist.

So sehr die Organisation einerseits auf den „KZ-Vergleich" beharrt, unterwirft sie die Frage, wie denn die industrialisierte Tiertötung zu benennen sei, andererseits einer gewissen Beliebigkeit. So ist auf der „Massenvernichtungs"-Seite als Erwiderung einer Kritik von dem Schriftsteller und Friedens-Nobelpreisträger Elie Wiesel (er hatte PeTA aufgefordert, auf den Begriff Holocaust zu verzichten; es solle stattdessen von Tiertötung gesprochen werden) zu lesen: „Die Tiere bedürfen unserer Unterstützung ungeachtet der Semantik. Diese Ausstellung ist keine Übung in literarischem Kritizismus. [...] Wenn ‚Fleisch Mord ist', aber kein Holocaust, sollte dann Mord alleine nicht ausreichen, um uns laut aufschreien zu lassen?"

Das Wesen der Shoah sowie der jahrtausendelang währenden Barbarei, die Menschen Tieren antun, darf nicht beliebigen, willkürlichen Interpretationen oder dem persönlichen Geschmack unterliegen. Die Benennung von Phänomenen, Ereignissen und so weiter, die Nomenklatur kann ideologisch werden, wenn sie sich derart verselbstständigt, wie Moshe Zuckermann in seinem Aufsatz „Holokaust" darlegt, dass „Geschichte, Welt und Wirklichkeit, wenn schon nicht ganz ignoriert, so doch in die Zweitrangigkeit des Epiphänomens verwiesen werden." Nomenklatur verkomme immer dann zur Ideologie, „wenn etwas am Benannten heteronom seinem Begriff entschlagen wird beziehungsweise wenn der Nennungsbegriff das Bekannte für heteronome Interessen dahingehend zurichtet, dass die Wahrnehmung des Benannten wesenhaft affiziert, der Gegenstand der Wahrnehmung mithin regelrecht unkenntlich gemacht wird."[17]

Die Verhüllung oder Verstümmelung des Wesens des Holocaust – durch falsche Benennung oder/und durch oberflächliche (Bilder-)Vergleiche – haben schon „Blüten" hervorgebracht wie den Auschwitz-Dresden-Vergleich, der die verheerenden Bombenangriffe auf das Täterland im Rahmen von Kriegshandlungen mit der systematischen Massenvernichtung von Millionen von jüdischen Opfern gleichsetzt und damit eine Entsorgung der von Deutschen kollektiv begangenen Verbrechen intendiert.

PeTA hat die größte Menschheitskatastrophe einfach aus ihrem historischen Kontext gerissen und als Aufhänger, als „Eyecatcher", als Vehikel für eine Werbekampagne benutzt. Eine flankierende Maßnahme des Internetauftritts ist eine Plakataktion mit Bildern aus den Tierfabriken und den Todeslagern – von PeTA euphemistisch „Ausstellung" genannt –, die durch amerikanische und europäische Metropolen tourt. Die meisten Fotos der Shoah stammen aus dem United States Holocaust Memorial Museum in Washington DC, dessen Leitung seine Nutzungsgenehmigung zurückgezogen hat, nachdem sie erfahren hatte, wie und zu welchem Zweck PeTA die Bilder verwenden will. Wer die Bilder der Vernichtungslager aus den Dokumentationsräumen der Museen holt, wer ihre Mission – eine umfangreiche Aufklärung über die Ursachen, den Verlauf, über die Täter und Opfer des Holocaust – verzerrt, und wer sie durch skandalisierendes Zur-Schau-Stellen profaniert und damit die Gedenkkultur und die Trauerarbeit der überlebenden Opfer „beraubt", muss sich letztlich mit dem Vorwurf auseinandersetzen, den Holocaust heteronom instrumentalisiert zu haben.

Auschwitz liegt nicht am Strand von Malibu und auch nicht auf unseren Tellern. Es war eine deutsche Todesfabrik, die von deutschen Mörderbanden auf polnischem Boden errichtet worden war.

PeTA haben den Holocaust und den millionenfachen Tiermord kulturindustriell aufbereitet und eine Entwicklung gefördert, die das Entsetzliche zur standardisierten Ware verdinglicht. Die Shoah wird, zumindest optisch, eingereiht in die Produktpalette: In den Städten sind überdimensionale Fotos von Leichenbergen in der Nähe von Reklametafeln für Almette-Frischkäse, Carefree-Tampons und Diet-Coke zu sehen – letztlich erweist sich PeTAs Werbefeldzug als ein trauriges Fallbeispiel für die integrative Kraft des fortgeschrittenen Kapitalismus. Wer das Grauen des Holocaust „bestellt", bekommt garantiert das Produkt PeTA geliefert und einfache Lösungsansätze gegen die Tausende von Jahren währende Gewaltherrschaft des Menschen über die Allerwehrlosesten gleich dazu. Das Mindeste, was der Konsument laut PeTA tun könne, um den „Holocaust der Tiere zu beenden", sei, eine vegetarische Lebensweise zu übernehmen. Eine Telefonnummer, wo der kostenlose „vegetarian starter kit" bestellt werden kann, ist selbstverständlich auch dabei. Nach einer Erklärung dafür, wie die Tierrechtsorganisation den Spagat fertigbringt, sich mit der Tiermordindustrie, beispielsweise dem Burger King-Konzern, der den „Holocaust" an den Tieren verübt – um es mit PeTAs Worten zu sagen –, an den runden Tisch zu setzen und nach tierschützerischen Gesichtspunkten über bessere Haftbedingungen für die Opfer zu verhandeln, also mit den „Nazis" zu kooperieren, sucht man auf der „Massenvernichtungs"-Seite vergeblich.

Ausgabe 43 (April 2004) •

Endnoten:

1. Neben der amerikanischen Internetseite (*www.masskilling.com*) gibt es seit dem 16. März 2003 auch eine deutsche Version (*www.massenvernichtung.info*), die an einigen Stellen vom Original abweicht.

2. Übersetzung von Susann Witt-Stahl.

3. Siehe *www.tierrechte-kaplan.org/kompendium/a170.htm*.

4. Auschwitz wird hier als pars pro toto des Holocaust verwendet.

5. Es ist schon bemerkenswert, dass Kaplans siebenseitiges Plädoyer für den so genannten KZ-Vergleich „Wahrheitsverachtend! Die Kritik an Petas Holocaust-Vergleich ist gefährlicher Unsinn" zu mehr als 50 Prozent aus einer Aneinanderreihung „berühmter" Standardzitate der „großen Geister" – wie der Autor sie nennt – Leonardo da Vinci, Leo Tolstoi und so weiter besteht (vergleiche *www.tierrechte-kaplan.org/kompendium/a254.htm*). Inwiefern beispielsweise Albert Einsteins Behauptung „Nichts wird [...] die Chancen für ein Überleben

auf der Erde so steigern wie der Schritt zu einer vegetarischen Ernährung" ein schlagendes Argument für die Gleichsetzung von Tierschlachtung und Treblinka ist, verrät der Autor den Lesern jedoch nicht. In seinem „Tiere und Juden"-Aufsatz mahnt Helmut Kaplan, der Vergleich werde schließlich nicht nur von „irgendwelchen irrationalen oder demagogischen Spinnern" verwendet, sondern von Juden. „Gerade diejenigen, die das Grauen der Konzentrationslager aus eigener Erfahrung kennen, haben immer wieder auf die fundamentale Gleichartigkeit von Menschen- und Tier-KZs verwiesen" gibt Helmut Kaplan zu bedenken und hängt, zur Untermauerung seiner These, eine „Einsicht" (als sei Auschwitz eine Erziehungsanstalt gewesen), ein Zitat von Isaac B. Singer an (*www.tierrechte-kaplan.org/kompen-dium/a170.htm*). Der Schriftsteller Isaac B. Singer hat Europa 1935 verlassen und ist in die USA eingewandert; er ist zu keiner Zeit Häftling in einem Konzentrationslager gewesen.

6. Vergleiche Max Horkheimer, Theodor W. Adorno (1992): *Dialektik der Aufklärung*, Seite 177 ff.

7. Vergleiche *www.tierrechte-kaplan.org/kompendium/a254.htm*.

8. Vergleiche Enzo Traverso (2000): „Auschwitz. Die Moderne und die Barbarei", in: *Sozialistische Zeitung* Nr. 25 vom 7. Dezember 2000, Seite 7 ff.

9. Theodor W. Adorno (1975): *Negative Dialektik,* Seite 355

10. Moshe Zuckermann (1999): *Gedenken und Kulturindustrie. Ein Essay zur neuen deutschen Normalität,* Seite 92

11. Derartige Positionen wurden bisher ausschließlich von Historikern aus dem rechts-konservativem Lager vertreten, wie beispielsweise Ernst Nolte, der den Holocaust als epochales Phänomen, als einmaligen „Unfall" interpretiert hat.

12. Theodor W. Adorno (1971): „Erziehung nach Auschwitz", in: ders.: *Erziehung zur Mündigkeit*, Seite 88

13. Ditfurth vertritt – wie die Mehrheit der „KZ-Vergleich"-Kritiker – eine spezies-chauvinistische Position. Wie sie in der ARD-Sendung *Polylux* (vom 12. Januar 2004) darlegte, gilt ihre Kritik nicht der Enthistorisierung und Verkennung beziehungsweise Verstümmelung des Wesens der Shoah, sondern als Befürworterin von Tierschlachtung und Fleischkonsum stört sie sich daran, dass menschliches und tierliches Leid miteinander verglichen werden.

14. PeTA-Chef Harald Ullmann während der Diskussionsveranstaltung zum so genannten KZ-Vergleich am 4. März 2004 in Köln.

15. Es ist anzunehmen, dass der Urheber es dem Aphorismus „Menschen sehen dich an" aus *Minima Moralia* entlehnt hat, in dem Adorno die Verdinglichung des Menschen in der „repressiven Gesellschaft" anklagt, die durch „pathische Projektionen" vollzogen werde. Dieser Akt der Entmenschlichung enthalte „bereits den Schlüssel zum Pogrom". In diesem Aphorismus ist zwar nicht von Schlachthäusern die Rede, aber es taucht zumindest ein – dem erfundenen Zitat – ähnlich lautendes Zitatteil („es ist ja bloß ein Tier") auf.

16. Um nicht zu sagen, fahrlässige Umgehung essenzieller Spielregeln universell gültiger Zitierpraxis, deren Einhaltung schließlich Grundvoraussetzung für eine

glaubwürdige Öffentlichkeitsarbeit ist.

17. Der Aufsatz ist bisher unveröffentlicht. Er erscheint in: Wolfgang Fritz Haug (Hrsg., 2004): *Historisch-kritisches Wörterbuch des Marxismus, Band 6/I.*

Das Great Ape Projekt

Für- und Widerworte zur Idee der „Menschenrechte für Menschenaffen"

Überraschende Nachrichten aus Spanien brachten uns auf die Idee, das Thema „Great Ape Project" in der *TIERBEFREIUNG* aufzugreifen, ein Thema, das bisher aus unbekannter Ursache außen vor blieb. In Spanien nämlich debattiert man allen Ernstes über eine im Regionalparlament einstimmig beschlossene Gesetzesinitiative zur Aufnahme der „Menschenrechte für Menschenaffen", die in ganz Spanien umgesetzt werden soll. Natürlich hat dieser Vorstoß über die Landesgrenzen hinaus hohe Wellen geschlagen, wie kann man denn auch den Gedanken ertragen, sich als Mensch auf einer Stufe mit Affen zu sehen. Klingt das nicht geradezu „affig"? Wir wollen uns hier aber nicht auf das Niveau der normalen speziesistischen Sprach- und Denkmuster herablassen, sondern uns ernsthaft mit der Frage beschäftigen, was dieser Vorstoß für den Befreiungskampf für *alle* nichtmenschlichen Tiere bedeuten könnte, sollte es denn in Spanien als erstes europäisches Land nach Neuseeland tatsächlich gelingen, den menschenähnlichen Individuen elementare Rechte zuzugestehen, oder wohl angemessener formuliert: zurückzugeben.

In Tierrechts- und Tierbefreiungskreisen ist das Great Ape Projekt auch ein heikles und umstrittenes Thema. Wird es auf eine neue Grenzziehung und eine Festsetzung auf den Aspekt der Menschenähnlichkeit hinauslaufen, oder kann man es einen ersten Schritt zum respektvolleren Umgang mit „Anderen" deuten? Bleibt es ein einseitiger Gesetzesklüngel, oder wird es zum allgemeinen Bewusstseinswandel beitragen?

Dies sind berechtigte Fragen, und wir haben zwei Autorinnen gewonnen, die Münchnerin Sina Walden und die Berlinerin Franziska Brunn, die uns ihre persönlichen Meinungen zu dieser Idee der „Menschenrechte für Menschenaffen" differenziert und frei von einseitiger Schwarz-Weiß-Malerei darlegen. Wir sind ihnen beiden für ihre Beiträge sehr dankbar, und auch Thomas Schaldach, der uns die illustrierenden Bilder der sogenannten Menschenaffen aus dem Internet heraussuchte. Wir sind gespannt, wie sich das Rad der Geschichte in Spanien und weltweit weiterentwickeln wird ...

Ausgabe 56 (September 2007)

Privilegien für Menschenaffen?

Sina Walden

Als Peter Singer und Paola Cavalieri 1993 das Great Ape Projekt starteten, schien die Zeit für ein solches Unternehmen reif zu sein. Die beiden Philosophen versammelten rund dreißig, meist weltberühmte Forscher und Forscherinnen zur wissenschaftlichen Unterstützung der Idee, die großen Menschenaffen – Schimpansen, Bonobos (Zwergschimpansen), Gorillas, Orang-Utans – „in die Gemeinschaft der Gleichen" aufzunehmen, das heißt, ihnen den gleichen moralischen und gesetzlich zu schützenden Status zuzusprechen, der allen Menschen zusteht, nämlich das Recht auf Leben, Freiheit und Selbstbestimmung im Rahmen ihrer natürlichen Anlagen. Der Buchtitel der – schon ein Jahr später erschienenen – deutschen Ausgabe lautete herausfordernd aber eingängig „Menschenrechte für die Großen Menschenaffen". In einer an den Anfang gestellten „Deklaration" werden drei Ziele benannt und begründet. Klipp und klar heißt es im ersten Punkt „Recht auf Leben": „Mitglieder der Gemeinschaft der Gleichen dürfen nicht getötet werden".[1] Der zweite Punkt „Schutz der individuellen Freiheit" umfasst nicht nur das Verbot der Freiheitsberaubung, sondern fördert auch die sofortige Freilassung der bereits in Gefangenschaft lebenden Menschenaffen.[2] Der dritte Punkt wird ausdrücklich „Das Verbot der Folter" benannt; als Folter gilt „wissentlich zugefügter ernsthafter Schmerz". Es ist erkennbar, dass alle Fälle erfasst werden, die in der Realität Menschenaffen betreffen (können): Jagd, Wildfang, Zirkus, Zoo, Tierversuch.

Gegenüber den bisherigen „Mitgliedern der Gemeinschaft der (moralisch) Gleichen" (und das sind bis jetzt nur Angehörige der Gruppe Mensch) ist all das strengstens verboten – gegenüber Tieren gilt es als moralisch legitim und grundsätzlich gesetzlich erlaubt (mit kleinen Einschränkungen und Regeln, die bei näherem Hinsehen stets dem Herrscher Mensch und nicht dem Opfer Tier gelten, etwa weil eine Zeitlang ein lebendiges, unverletztes Tier nützlicher ist als ein totes).

Sind Menschenaffen bessere Tiere?

Da *alle* Tiere dieser moralischen Ungleichbehandlung unterworfen sind, stellt sich die Frage, warum das Great Ape Projekt nur die taxonomisch als oberste angesiedelten Primaten in die Gemeinschaft der Gleichen einzubeziehen trachtet. Singer/Cavalieri legen die Gründe dafür in der „Deklaration über die Großen Menschenaffen" und in weiteren Texten des Projekts ausführlich dar. Kurz zusammengefasst stützen sie die „Privilegierung" der Großen Affen auf die wissenschaftlichen Erkenntnisse über diese Tiere, ihre mittlerweile unbestrittene nahe Verwandtschaft mit Homo Sapiens und die Logik des Gleichheitsprinzips: Die umfangreiche Primatenforschung des 20. Jahrhunderts hat jeden Zweifel beseitigt, dass Schimpansen, Gorillas und Organ-Utans geistige Fähigkeiten und ein reiches emotionales und soziales Leben haben. Jahrzehntelange Freilandbeobachtungen wie die von Jane Goodall an den Schimpansen von Gombe oder von Dian Fossey, die ihren Einsatz für die „Gorillas im Nebel" mit dem Leben bezahlt hat, haben diese Erkenntnisse weit über den Kreis der Fachleute hinaus populär gemacht. Neben solcher Art neuartiger Verhaltensforschung wurden auch die erfolgreichen Versuche berühmt, einzelnen Affen die Taubstummensprache oder andere Zeichensysteme beizubringen (selbst das sinngemäße Verstehen von bis zu tausend Wörtern des Englischen), was vor allem gegen das Vorurteil ins Feld geführt werden konnte, dass Verstandes- und Verständigungsleistungen vom Gebrauch einer Lautsprache abhängig seien.[3] Schließlich steuerte noch die Genforschung die zunächst verblüffende Tatsache bei, dass der genetische Unterschied zwischen Schimpanse und Mensch nur wenig über ein Prozent beträgt. Diese und viele weitere Einzelheiten gehören heute schon zum Allgemeinwissen.

Kognitive Ethologie, die Denken und Bewusstsein bei Tieren erforscht, ist natürlich nicht auf Menschenaffen beschränkt, aber die Ähnlichkeit dieser nahen Verwandten mit dem Menschen ist so groß und schon so überzeugend nachgewiesen, dass den Gegnern einer speziesübergreifenden Moral die Argumente ausgehen. Wenn Schimpansen Eigenschaften und kognitive Fähigkeiten, die bisher nur bei Menschen angenommen wurden und die für die Gewährung elementarer Menschenrechte *konstitutiv* sind, in gleicher oder sehr ähnlicher Form besitzen, schwindet die Grundlage für die diametral unterschiedliche moralische Berücksichtigung dieser Wesen.[4] Dies ist die rationale Begründung für eine rationale Ethik. Rational heißt aber nicht schwierig. Im Gegenteil, es ist sehr einfach nachzuvollziehen, dass Gleiches gleich zu behandeln ist und dass moralisches Handeln nicht am äußeren Erscheinungsbild festgemacht werden kann. Offenbar sind aber andere Kräfte als die Logik im Spiel, die der Umsetzung dieses einfachen Gedankens im Wege stehen. Denn das Great Ape Projekt ist nun schon 14 Jahre alt, und ein nennenswerter Erfolg ist ihm bisher nicht beschieden.

Neuseeland als Pionier

Bis heute gibt es nur zwei relativ kleine Auswirkungen dieses ehrgeizigen Anlaufs, die Artengrenze auf gesetzlichem Weg an den Schnittpunkt Mensch-Menschenaffe zu durchbrechen. Den ersten Schritt unternahm im Jahr 1999 Neuseeland. Dort wurde durch Parlamentsbeschluss verboten, an Schimpansen, Gorillas und Orang-Utans Experimente vorzunehmen. In einem Vortrag an der Katholischen Akademie in Mülheim/Ruhr habe ich 2003 diese gesetzgeberische Pioniertat Neuseelands geschildert und ihre Bedeutung dargelegt. Ich zitiere daraus:

„Ist das nun schon ein Recht, das dem Art. 2, Abs. 2 des Grundgesetzes entspricht, in dem es heißt: Jeder hat das Recht auf Leben und körperliche Unversehrtheit und das in ähnlicher Form in allen Verfassungen der zivilisieren Welt und in der Deklaration der Menschenrechte der UN von 1948 enthalten ist? Ist hier die Überschreitung der Artengrenze erstmals in der menschlichen Gesetzgebung vollzogen worden? Oder handelt es sich doch nur um einen besonderen Schutz für eine besonders gefährdete Tierart? Der flüchtige Blick auf den Gesetzestext lässt beide Interpretationen zu. Aber es spricht doch alles dafür, dass wir es hier mit der ersten Frucht des Tierrechts – und nicht mit einer späten Frucht des Tierschutzdenkens – zu tun haben. Zum Ersten: Würde es sich um eine Maßnahme des Tierartenschutzes handeln, wäre die Beschränkung auf Menschenaffen willkürlich, da auch andere Arten gefährdet sind, viele noch stärker als die Großen Affen. Zweitens ist der ausdrückliche Bezug auf Tierversuche (in Forschung und Lehre) aufschlussreich. Nicht der Bestandsschutz einer Spezies ist das Ziel, sondern offensichtlich die Bewahrung der körperlichen Unversehrtheit des Individuums. Denn innerhalb des Schutzes der physischen Integrität wird die Rechtfertigung einer Verletzung durch ein höheres menschliches Interesse nicht mehr gewährt – eine Obergrenze, die vom klassischen Tierschutz, der ja ebenfalls Grausamkeit und bewusste Zufügung von Schmerzen verurteilt, letztlich respektiert wurde und wird. Hier, in dem neuseeländischen Gesetz, manifestiert sich ein entscheidender Grundzug der Menschenrechtsidee, wonach – in der Formulierung Kants – der Mensch nicht Mittel zum Zweck sein darf. Eben dies wird nun einer Tierart zugestanden. Das wurde trotz der unauffälligen Positionierung der Vorschrift auch sofort überall erkannt und groundbreaking, als Durchbruch, gesehen. Dennoch: Ist es logisch schlüssig, die durch menschliche Interessen nicht einschränkbare Unverletzlichkeit des Körpers nur den Menschenaffen zuzugestehen? Widerspricht das nicht dem Grundgedanken des Tierrechts, der da etwa lauten müsste: ‚Alle Tiere sind frei und gleich geboren‘? Doch: Der Widerspruch ist zuzugeben. Aber er ist nur taktischer Natur. Es ging darum, einen Gebirgspass zu finden, wo und wie man auf gesetzlichem Weg personale Rechte für Tiere einführen kann. Offensichtlich wär der Sprung, allen Tieren auf einmal mit einem Federstrich des Gesetzgebers Grundrechte zu gewähren, zu groß. Von dem gewaltigen Widerstand der Vertreter wirtschaftlicher Interessen und der Macht der Essgewohnheiten einmal rein theoretisch abgesehen, würde eine Art Gleichberechtigung der Tiere das Selbstverständnis der heutigen Menschen entschieden überfordern. Drei Jahrzehnte eines neuen Denkens sind ein zu winziger Zeitraum, um an den Fundamenten der Pyramide zu rütteln, auf deren Spitze sich der Mensch sieht. Die Tierrechtsbewegung kümmert sich wenig um die ohnehin in absehbarer Zeit nicht realisierbare Umsetzung ihrs Programms in die rechtliche Praxis, feilt aber unentwegt an ihren Theorien und an der erhofften Bewusstseinsveränderung breiter Bevölkerungsschichten, etwa der nachwachsender junger Generationen. Vorstöße wie der in Neuseeland können vorerst nur unter besonders günstigen Gegebenheiten und in Teilbereichen gelingen. Einige dieser günstigen Bedingungen lagen hier vor, etwa die, dass es nur wenige Menschenaffen in diesem kleinen Land gibt, aber auch dass der Tierrechtsgedanke in der angelsächsischen Sphäre schon tiefer verankert ist und nicht mehr wie eine utopische Übertreibung wirkt. Vielleicht hat es auch etwas mit Pioniergeist zu tun? Neuseeland war das erste Land der Welt, das das Frauenstimmrecht zugelassen hat – 1893."[5]

Spanien als Vorreiter in Europa?

Die im letzten Satz geäußerte Vermutung müsste ich heute relativieren, denn der zweite Fall einer Normierung der Rechte von Menschenaffen fand kürzlich in einem Land statt, das traditionell nicht gerade für fortschrittliche Tendenzen stand, schon gar nicht auf dem Gebiet Tierschutz: in Spanien. In der Region Balearen, die unter anderem die beliebten Inseln Mallorca und Ibiza umfasst, hat das – insoweit autonome – Regierungsparlament einstimmig (!) den vollständigen Schutz der Menschenaffen (vor jeder Art Ausbeutung) beschlossen. Es geht damit noch über das neuseeländische Vorbild hinaus. Wie es zu dieser überraschenden Entscheidung gekommen ist, ließ sich bisher nicht eruieren. Aber es kann vermutet werden, dass die Balearen nur vorgeprescht sind und für eine noch viel bedeutsamere Maßnahme ein Zeichen gesetzt haben – für die gesetzliche Aufnahme der „Menschenrechte für Menschenaffen" in ganz Spanien. Eine entsprechende Gesetzesinitiative wurde nämlich schon 2006 (!) von der Regierung Zapatero und seiner sozialistischen Partei dem Parlament in Madrid vorgelegt. Allerdings ruht sie dort offenbar still vor sich hin. Anfangs gab es, wie nicht anders zu erwarten, einen landesweiten Aufschrei, angeführt von Bischöfen, die das christliche Menschenbild in Gefahr sahen, verulkt von der Presse, naserümpfend kritisiert sogar von der Umweltministerin, die (originellerweise ...) darauf hinwies, dass noch nicht alle Menschen(rechts)probleme in der Welt gelöst seien. Es lässt sich von hier aus nicht einschätzen, ob hinter den Kulissen ein Tauziehen stattfindet und wie das Kräfteverhältnis im modernen Spanien aussieht. Wir wissen auch nicht, mit wie viel Nachdruck die Initiative verfolgt wird. Doch schon die Gesetzesvorlage macht staunen – in der heutigen Bundesrepublik Deutschland scheint so etwas nicht einmal am Horizont auf. Sollte das Land des anachronistischen Stier„kampfs" das erste in Europa werden, das den menschenähnlichen Affen „Menschenrechte" auf den Grundlagen von Gleichheit und Gerechtigkeit zugesteht? Wenn das geschieht, müsste die Beschämung der ach so tierfreundlichen nördlichen Länder einen Dominoeffekt herbeiführen.[6]

Welche Kräfte, noch einmal gefragt und auf Europa eingeschränkt, verhindern die Einführung elementarer Grundrechte für die Great Apes? Die Lobby der Tierversuchsforschung kommt ausnahmsweise kaum in Betracht, da in Europa de facto keine Experimente mehr an Menschenaffen vorgenommen werden. Ob diese erfreuliche Entwicklung der moralischen Einsicht der betreffenden Wissenschaftler zu verdanken ist oder ob die Versuche zu umständlich, zu aufwendig, zu teuer oder zu unergiebig geworden sind, mag dahingestellt bleiben. Der Einfluss von Freizeitjägern, die auf anderen Kontinenten gern mal etwas Menschenähnliches abschießen, dürfte begrenzt sein, ebenso der von Zoodirektoren und Zirkusbetreibern. Die Bevölkerung wäre vermutlich ziemlich leicht zu gewinnen, da sie Sympathien für die spannenden Verwandten hegt und durch ihren Totalschutz wenig bis nichts in ihrem persönlichen Bereich zu verlieren hätte. Der Widerstand der üblichen Verdächtigen dürfte in Nord-, Mittel- und Osteuropa auch wesentlich schwächer sein als in Spanien. Wahrscheinlich fehlt, wie auf anderen Tierrechtsgebieten, schlicht die Kampfkraft der Tierrechtsbewegung sowie das Interesse und der politische Wille der für kurze Zeiträume gewählten Legislativen, der nur durch Nachdruck und Entschlossenheit in Aktion gesetzt werden kann. Oder lauert hinter dem Nichtstun der Politik, neben der großen Gleichgültigkeit, doch auch die versteckte Furcht, mit dem Zugeständnis offen deklarierter und gesetzlich verankerter Eigenrechte an die Menschenaffen eine Schleuse zu öffnen, durch die immer mehr Tierarten schlüpfen könnten?

Schimpansen als Türöffner?

Singer/Cavalieri geben offen zu, dass sie das Great Ape Projekt als Türöffner betrachten. Doch auch mit dieser Zielrichtung fanden sie nicht die ungeteilte Zustimmung der von ihnen aufgerufenen Tierrechtler/innen. Viele erklären sich als grundsätzliche Gegner der ganzen Idee, so zum Beispiel Joan Dunayer, die ein Anknüpfen von Tierrechten an die kognitiven Fähigkeiten für falsch und gefährlich erklärt. Das führe zu einer Bevorzugung „hochstehender" Tiere zulasten derer, die nach menschlicher Bewertung einer niedrigeren Entwicklungsstufe angehören oder deren anders organisierte Intelligenz sich der begrenzten Erkenntnisfähigkeit des menschlichen Gehirns noch oder für immer entzieht. Die Anknüpfung müsse stattdessen an der Empfindungsfähigkeit der Tiere erfolgen, an der allen fühlenden Lebewesen gemeinsamen Eigenschaft, Schmerz und Freude, Leiden und Wohlbefinden, Befriedigung und Frustration im Inneren erleben zu können. Dies sei und nur dies sei der zwingende Grund, allen „sentient beings" uneingeschränkte Lebensrechte zu garantieren, soweit sie ihnen von Menschen entrissen wurden und werden.

Ähnliche Einwände stoßen sich an der Betonung des Verwandtschaftsgrads. Warum sollten die Arten, die uns stammesgeschichtlich näher stehen als andere, privilegiert werden? Ist das nicht noch immer handfester Anthropozentrismus? Führt nicht der Weg der „Rechteverleihung" an die Great Apes in eine Sackgasse, die die Grenze zwischen Rechteinhabern und Rechtelosen nur ein wenig über die bisherige Artengrenze hinausschiebt und dort neu befestigt?

Es ist verständlich, dass solche mehr oder weniger differenzierten oder „gefühlten" Widerstände gegen das Programm einer Sonderstellung der Menschenaffen seine Stoßkraft von innen her dämpfen. Die Begeisterung bleibt lau angesichts der so viel umfassenderen Zielvorstellung, alle Tiere aus dem Gewaltverhältnis zu befreien, das ihnen die siegreiche Art Homo Sapiens aufgezwungen hat. Andererseits ist zu bedenken, dass „der Mensch" kein rationales Wesen ist und schon gar kein altruistisches und dass Geschichte nie geradlinig verläuft. Der „falsche" Weg kann zum guten Ergebnis führen, der „richtige" ins Nichts oder umgekehrt; unerwartete Einflüsse von ganz anderen Seiten oder sogar einzelne Personen können Situationen und herrschende Denkweisen dramatisch verändern. Natürlich entbindet uns das alles nicht von der Suche nach richtigen Wegen, nur ist es vielleicht ratsam, hier im Plural zu sprechen und nicht den jeweils eigenen absolut zu setzen. Selbst rückblickend lässt sich kaum je entscheiden, was bei großen moralisch relevanten Veränderungen in der Geschichte den Ausschlag gegeben hat. Kann man mit Sicherheit sagen, ob nur ökonomische Interessen der Nordstaaten zur Befreiung der Sklaven in den Südstaaten der USA geführt haben oder ob eine Akkumulation menschenrechtlicher Ideen „die Zeit reif" gemacht hatte oder vielleicht die „Stimmung", die von einem literarisch unbedeutenden, aber zu Herzen gehenden Buch wie „Onkel Toms Hütte" ausgegangen war?

Kleine Hoffnung auf den großen Sprung

Für die Großen Menschenaffen wäre eine – globale (!) – Festschreibung ihrer Lebensrechte wahrscheinlich die letzte Überlebenschance als Arten und für jedes einzelne ihrer Individuen eine ganz reale Befreiung. Dieser letztere Gesichtspunkt gilt schließlich auch dann, wenn man einige wenige Hühner aus einer Batterie rettet, obwohl man Zehntausende zurücklassen muss. Der philosophisch-pragmatische Ansatz, die mentalen, sozialen und (!) emotionalen Kapazitäten der Great Apes in die Waagschale zu werfen und auf die leichtere Wiedererkennbarkeit zu spekulieren, mag streitwürdig sein, aber er könnte immerhin Erfolg bringen. Wenn, wie in diesem Fall, der demokratisch-parlamentarische Weg zu gehen ist, muss man taktisch die Mentalität der Anzusprechenden und des gesellschaftlichen Umfelds berücksichtigen, und da ist heute die Rückkopplung mit der Wissenschaft eine Trumpfkarte.

Die hohe Anerkennung „der Wissenschaft", wenn sie auch oft genug mit blinder Gläubigkeit verwechselt wird, lässt sich hier sinnvoll nutzen, um ein ethisches Ziel für Tiere zu erreichen. Mit Sicherheit wären noch viel mehr als die dreißig Primatenforscher/innen, Biolog/innen und andere, die sich bereits als Befürworter eines Rechtsanspruchs geäußert haben, für eine nachdrücklich geführte Kampagne zu gewinnen. Wie erfolgreich der geballte Einsatz wissenschaftlicher Erkenntnisse sein kann, zeigt aktuell das gewaltige Echo, das endlich dem Thema

Klimawandel zuteilwird – nach jahrzehntelanger Arbeit vieler Einzelner, die sich stets erbitterter Gegenwehr von Interessengruppen ausgesetzt sahen.

In den Anfängen des Great Ape Projekts war (etwas geheimnistuerisch) von einer Eingabe bei den Vereinten Nationen die Rede. Da gehört es auch hin. Warum offenbar nichts daraus geworden ist, müsste sich wohl klären lassen. Jedenfalls sollte das Projekt, das mit so viel Elan begonnen hatte, von den Initiatoren oder anderen wiederbelebt und weiterbetrieben werden, und diejenigen, die im Namen der Ratten und Mäuse, der Kühe und Schweine und Hühner die Privilegierung der Menschenaffen ablehnen, sollten diesen Versuch mindestens nicht blockieren. Die Kühe und Mäuse haben nichts davon. Eine Solidarität im Negativen („Entweder alle oder keiner!") kann es unter Leidensgenossen nur freiwillig geben. Und niemand kann voraussehen, ob das Aufbrechen der moralisch-juristischen Artengrenze an dieser Stelle in der Folge nicht auch zu einer Bresche für andere Tiere wird. Es ist sogar wahrscheinlich, dass ein geglückter Durchbruch dazu motiviert, es an anderer Stelle wieder zu versuchen. Noch ist Spanien nur eine Hoffnung, die Hoffnung, dass von dort aus den Großen Affen der große Sprung gelingt.

Ausgabe 56 (September 2007)

Endnoten:

1. Außer in streng festgelegten Situationen, wie zum Beispiel Notwehr.

2. Mit Ausnahmen wie dem Schutz des eigenen Wohls oder der Gefährdung der Allgemeinheit. In diesen Ausnahmefällen soll den Betroffenen das Recht zustehen, durch einen Rechtsbeistand ein Gericht anzurufen.

3. Auf diesem Vorurteil basiert im Wesentlichen die Behauptung Descartes, dass Tiere nicht denken könnten.

4. Besonders deutlich wird die Ungerechtigkeit daran sichtbar, dass Menschen (zum Glück!) auch dann der Schutz von Leib und Leben zusteht, wenn ihnen realiter die menschenrechtsbegründeten mentalen Fähigkeiten fehlen, etwa geistig schwer Behinderten oder Säuglingen – Tieren aber auch dann nicht, wenn sie im Vollbesitz ihrer mentalen Kräfte sind.

5. Der gesamte Vortrag „Menschenrechte für Menschenaffen – nur in Neuseeland?" aus dem Jahre 2002 ist im Internet nachzulesen unter *www.animal-rights.de/ bibliothek/diskussion/walden_vortrag_muehlheim_teil2.shtml.*

6. Vom Europäischen Parlament ist freilich keine Bewegung in diese Richtung zu erwarten, haben sich dort doch vor einigen Wochen (im Sommer 2007) nicht einmal genügend Parlamentarier/innen gefunden, die bereit waren, einen in Straßburg eingebrachten Antrag auf Verbot des Stier„kampfs" in Europa zu unterzeichnen, um wenigstens eine parlamentarische Behandlung formal möglich zu machen.

WER WIE WIR IST, BEKOMMT RECHTE?!

Eine kritische Betrachtung des Great Ape Projects

Franziska Brunn

Sie malen Bilder, sie können unsere Sprache verstehen, in Gebärden antworten und sie denken abstrakt, sie führen Kriege und bilden ausgeklügelte Allianzen. Kurz: Sie sind wie wir! Das Great Ape Project möchte dies von GesetzgeberInnen auf der ganzen Welt rechtlich anerkannt wissen. Die InitiatorInnen des Projekts fordern Menschenrechte für die Großen Menschenaffen. Ein sinnvoller Vorschlag zur Verbesserung einer tierunfreundlichen Welt oder nur eine neue, erweiterte Form des Speziesismus?

Durch alle Zeitungen ging 1996 ein Vorfall, bei dem ein kleiner Junge in das sechs Meter tiefer gelegene Gorillagehege des Chicagoer Zoos fiel und von Binti Jua, einer acht Jahre alten Gorilladame, in Sicherheit gebracht wurde. Sie hob ihn sanft hoch und wiegte ihn im Schoß. Dann gab sie ihm noch einen Klaps und ging ihres Weges. Während Binti Jua von der TIME zu einem der besten Menschen des Jahres gewählt wurde, erwähnten KritikerInnen, dass der Gorilla mit einem Sack Mehl genau das Gleiche getan hätte.[1]

In den 20er-Jahren des letzten Jahrhunderts hat der Zoo von London eine besondere Attraktion zu bieten: Schimpansen, die zu Tisch speisen, mit Besteck essen und aus Gläsern trinken. Die BesucherInnen lachen und grölen, als sie die behaarten Verwandten da sehen – der eine sieht ganz aus wie Onkel Max, wenn er etwas zu viel getrunken hat, und die da, das könnte doch Oma Klärchen sein, oder? Immer mal kippt eine Tasse um, ungeschickt wird aus der Kanne getrunken. Affen besitzen eben doch nicht die menschliche Perfektion, soll suggeriert werden, sie sind ein schlechter Abklatsch. Was die BesucherInnen nicht wissen, ist die Tatsache, dass den Affen antrainiert wird, mit den Gegenständen zu Tisch ungeschickt umzugehen. Sie waren bei der Nachahmung ihres Trainers allzu eifrig und alsbald so gut, dass den Zuschauenden das Lachen im Halse stecken blieb. Ein Frösteln angesichts der tatsächlichen Ähnlichkeit und der Tatsache, dass diese „Tiere" trotz dieser Ähnlichkeit eingepfercht wurden. Das ging nicht an, und so wurde den Affen antrainiert, hier und da etwas umzuwerfen, Gegenstände falsch zu verwenden ...[2]

Als Washoe, eine Schimpansin, die in einer Menschenfamilie aufwuchs und dort Gebärdensprache lernte, wieder in die Gehege eines Laboratoriums muss und dort erstmals wieder auf „Artgenossen" trifft, antwortet sie auf die Frage, was diese anderen seien: „Schwarze Käfer". Washoe kennt die Gebärden für Schimpansen durchaus. Sie macht keinen Fehler, sondern verleiht ihrer Missachtung Ausdruck. Denn sie liebt es, kleine schwarze Käfer zu zerquetschen.[3]

Enos stammte ursprünglich aus Westafrika. Jäger hatten seine Mutter vom Baum geschossen, die sich, in letzter Geistesgegenwart, im Fall so drehte, dass sie ihren kleinen Jungen beim Aufprall nicht erdrücken würde. Die Jäger banden dem Jungen die Gliedmaßen zusammen und stopften ihn mit zahlreichen anderen Schimpansenbabys in eine Kiste, die nach Amerika geschickt wurde. Er hatte Glück, er gehörte zu den zehn Prozent, die die harte Reise überlebten. So wurde er schon bald dem amerikanischen Schimponautenprogramm unterstellt, wo er bis ins Alter von drei Jahren darauf trainiert wurde, Hebel zu drücken, mit Schwerelosigkeit umzugehen und Bordinstrumente zu bedienen. Dabei wurde ein Belohnungs-/Bestrafungsprogramm verwendet. Betätigte er die richtigen Hebel, gab es Bananendragees, waren es die falschen, erhielt er einen elektrischen Schlag. Dann, im Alter von fünf Jahren war es so weit. Als „Klassenbester" wurde er zum Schimponaut erklärt und sollte die ganze Besatzung einer Atlasrakete darstellen, die zwecks Erforschung der Erdumlaufbahn am 29. November 1961 gezündet wurde. Doch schon bald nach der ersten vollendeten Erdumlaufbahn gab es Schwierigkeiten mit den Schubdüsen, die Rakete gelangte ins Taumeln. Enos hatte viele Aufgaben zu bewältigen, um sein Überleben zu sichern. Aufgaben, bei denen vielleicht 99,9 Prozent aller Menschen versagt hätten. Zu allem Überfluss versagte das Belohnungssystem. Für jede richtige Handlung, die er ausführte, erhielt er nun einen Elektroschock. Die Wissenschaftler gaben ihn quasi auf, weil sie meinten, Enos würde nun sein Verhalten ändern. Tat er nicht. Trotz aller Elektroschocks erfüllte er seine Aufgaben korrekt. Dieses „denkunfähige" Tier rettete damit sein Leben und konnte einige Zeit später in der Nähe der Bahamas aus einer Kapsel geborgen werden, deren Inneres über 40 Grad Celsius heiß war. Ein Jahr später, der Held war längst aus dem Kurzzeitgedächtnis der Öffentlichkeit verschwunden, starb er unbeachtet an Ruhr. Seine Mitschüler wurden an die medizinische Forschung verkauft.[4]

Verhängnisvolle Ähnlichkeit

Die Tragik derer, über die hier gesprochen wird, soll durch die genannten Beispiele verdeutlicht werden. Es handelt sich um Anekdoten, die je nach Betrachter eine menschliche Intelligenz oder aber die einfachen „tierhaften" Reaktionen bescheinigen. Doch aus was für Mechanismen heraus die „Tiere" handelten: Sie verhalten sich „wie Menschen", vollbringen nicht mindere Leistungen, haben ganz offensichtlich ein Konzept von dem, was sie tun, und betrachten sich selbst mitunter als „eine von uns". Dabei ist die Ähnlichkeit nur folgerichtig. Die Großen Menschenaffen beschreiben diejenige wissenschaftliche Kategorie, in der wir selbst uns einordnen. Menschen sind Große Menschenaffen. Schimpansen, Orang-Utans und Gorillas sind unsere allernächsten Verwandten. Menschen

werden in ihnen wie in keiner anderen Tiergruppe ihre Gesichtszüge wiederfinden. Wie schlau Delphine, Wale, Wölfe auch sein mögen, sie werden bei vielen
Menschen nie dieses Gefühl zumindest der physiognomischen[5] Ähnlichkeit aus-
lösen. Dabei ist Ähnlichkeit wohl der falsche Ausdruck, denn wenn wir verwandt
sind, dann handelt es sich nicht einfach nur um verblüffende Ähnlichkeit: Es
sind Gemeinsamkeiten, Eigenschaften, die nicht den Menschen gehören, sondern die bei allen Großen Menschenaffen[6] den gleichen Ursprung haben.

Die gemeinsamen Eigenschaften, die zwar unter anderem Verstand, aber insbesondere Mimik, Gestik und Sozialverhalten betreffen, bringen den Großen
Menschenaffen[7] einige Vorteile. Menschen, unabhängig von Herkunft, Bildungs-
stand und moralischer Auffassung, erkennen auf Anhieb, dass Große Menschenaffen ihnen ähnlich sind. Das macht es ihnen leichter, sich in die behaarten Verwandten hineinzuversetzen. Und das ist ein erster Schritt in die Richtung eines
umfassenden Verständnisses und einiger Zugeständnisse an ihre Haltung.

Auch die Wissenschaft hat den Wert dieser Ähnlichkeit erkannt, macht ihn
sich zunutze. Die Zoos und die FilmemacherInnen profitieren davon. Dieselben
Menschen, die eine Ähnlichkeit erkennen, sind in der Lage, den einzigen, lediglich strukturellen Unterschied gnadenlos auszunutzen: dass die Großen Menschenaffen eben nicht als Menschen betrachtet werden. Deshalb sind diese in
Bezug auf ihre ähnlichen/gleichen Eigenschaften in einer Weise verwertbar, wie
es Menschen aus moralischen Gründen meist nicht sind. Für die nichtmenschlichen Affen ist es ein fataler Unterschied, zwar „wie wir" zu sein, aber dennoch
auf der anderen Seite zu stehen – auf der Seite derer, mit denen man im Grunde
machen kann, was man will.

Die Ähnlichkeit wird ihnen zum Verhängnis, denn ihr Unwertsein, ihre strukturelle Nichtgleichheit, macht sie zu den geeignetsten Objekten für all die Untersuchungen, die Menschen in der Regel nicht angetan werden würden – psychologische Forschung, Untersuchungen zu Folterei und so weiter. Grotesk, denn
im Grunde ist es eine Anerkennung der Gleichheit, ohne den Einbezug einer
neuen, an diese Anerkennung angepasste Ethik. Grotesk, weil sie umso mehr
missbraucht werden, je ähnlicher sie den Menschen sind.

Menschliche Maßstäbe

Wenn auf breiter Linie so viel Gleichheit vorgefunden wird, dann kann die Grenze zwischen Mensch und nichtmenschlichen Großen Menschenaffen nur arti-
fiziell sein.[7] Die Kategorien „menschlicher Großer Menschenaffe" und „nichtmenschlicher Großer Menschenaffe" haben keine andere Basis als das menschliche Bedürfnis nach Abgrenzung von „der Tierwelt".

Das haben die InitiatorInnen des Great Ape Project erkannt: Sie finden die
„moralische Grenze, die wir zwischen ihnen und uns ziehen, unhaltbar". Und
wollen der Problematik entgegenwirken, indem sie die Großen Menschenaffen

als „gleich" betrachten, ihnen in Aspekten die gleichen Rechte zugestehen wollen. Sie kreieren den „Kreis der moralisch Gleichen".

Was will das Great Ape Project?

Die Deklaration über die Großen Menschenaffen sieht die langfristige Durchsetzung folgender Punkte vor:

1. *Recht auf Leben*
   Außer in Notwehrsituationen soll das Leben der Großen Menschenaffen geschützt sein.

2. *Schutz der individuellen Freiheit*
   Die Inhaftierung derjenigen, die nicht durch ein Gericht verurteilt wurden, eines Verbrechens überführt wurden und die nicht strafmündig sind, ist nur erlaubt, wenn es zu ihrem eigenen Wohl geschieht oder notwendig ist, um andere zu schützen.

3. *Verbot der Folter/Recht auf Unversehrtheit*
   Die absichtliche Zufügung von Schmerzen, Leiden oder Schäden ist unrecht.

Als eine, die sich mit dem Verhalten von Tieren beschäftigt hat, muss ich sagen, dass ich durchaus nicht unvoreingenommen bin. Ich habe eine gewisse Vorliebe für Affen. Wieso auch nicht?[8] Affen sind wie Delphine, Wale, Kopffüßer, Elefanten, Schweine, Hunde und andere Tiere mit der – vom Standpunkt der Wissenschaft aus – höchsten Ebene der Kognition[9]. Die Tests mögen natürlich aus menschlicher Perspektive gemacht sein, so angelegt, dass Menschen stets die höchste Punktzahl erreichen würden. Ich stehe diesen Tests sehr kritisch gegenüber, bin aber nicht der Meinung, dass kognitive Unterschiede negiert werden müssen. Sie sagen für mich auch nichts über eine mögliche Minderbewertung von Insekten, Korallen, Schwämmen und anderen aus. Ein Wert bemisst sich nicht an der Schmerzempfindlichkeit oder dem Bewusstsein für das eigene Sein. Dennoch glaube ich, dass es möglich ist, dass Große Menschenaffen unter bestimmten Behandlungsweisen mehr leiden als manche andere Tiere. Weil sie möglicherweise mehr über ihre eigene Situation nachdenken, ihre Vergangenheit reflektieren, andere Lebensweisen, die sie beispielsweise in ihrer Kindheit noch wild und frei im afrikanischen Wald führen konnten, nicht vergessen. Ich plädiere nicht dafür, zu sagen, dass eine Spinne im Terrarium glücklich sein könnte, wenn das Terrarium groß genug ist. Keinesfalls. Aber ich plädiere auch nicht für eine Gleichheit aller Tiere. Sie sind unterschiedlich. Soziale Tiere brauchen Partner. Andere leben sowieso lieber allein. Die einen legen tagtäglich enorme Strecken zurück, andere brauchen nicht viel Platz. Und es mag durchaus

Lebewesen geben, die sich mit Gefangenschaft besser arrangieren können als Menschenaffen.

Ich stelle mir aber die Frage: Hat Menschenähnlichkeit an sich überhaupt einen moralischen Wert? Ist es etwas besonders Schützenswertes, wenn andere Große Menschenaffen mit Menschen eine Vielzahl gemeinsamer Eigenschaften haben? Es gibt im Grunde kein rationales, nicht-anthropozentrisches Kriterium für die Wahl dieser Gruppe, der Großen Menschenaffen, wenn es um eine weitergehende Berechtung von Individuen geht, wie es das Great Ape Project möchte. Mir erscheint es bei den Forderungen des Great Ape Projects, als würden einmal mehr menschliche Maßstäbe angelegt, um zu bemessen, was wertvoll und schützenswert erscheint. Der Wert einer Sache ist zu subjektiv, gerade vom Standpunkt Mensch aus. Mir scheint es vollkommen unverständlich, wieso es gerade um die Großen Menschenaffen gehen soll. Wenn wir schon bei den Fähigkeiten sind, was haben Affen allgemein schon für wahnsinnige Potenziale! Eher hätte ich die Rechte also für alle Affen verstanden, besser noch für alle Säugetiere, idealerweise für alles Leben. Aber der Kreis der Glücklichen ist wohl vom Great Ape Project absichtlich so und nicht anders gewählt: Weil viele Menschen Gorillas, Schimpansen, Orangs mögen, sich in ihnen wiedererkennen, können sie sich mit einer kommerziellen Nutzung nicht gut einverstanden erklären. Sie hätten vielleicht das Gefühl, einen Teil ihrer selbst zu nutzen. Sie sähen „das Menschliche in den Tieren" erniedrigt, und das können viele um ihrer selbst Willen, um des Menschseins Willen nicht ertragen. Es geht nicht um die Tiere in den Menschenaffen, es geht um das große Stück Menschlichkeit in ihrem Aussehen und in ihrem Verhalten. Das ist es, was geschützt werden soll.

Manche ZoobesucherInnen bleiben staunend stehen: „Aber der sieht den Menschen ja so ähnlich, es könnte ein Mensch im Kostüm sein." Und das ist die Schnittstelle, an der Empathie beginnt. Plötzlich fangen die Menschen vor den Gittern an zu weinen, weil sie sich in die Situation katapultieren können, wie es wäre, selbst dahinter zu sitzen. Anders beim Haifisch-Aquarium. Der kalte Fisch zieht weiter seine Kreise, lässt eine Gänsehaut auf dem Rücken hinablaufen, der Mensch zollt ihm Respekt. Aber hineinversetzen? „Was fühlt schon ein Fisch?!"

Man kann dieses Phänomen des überspringenden Empathiefunkens beim Erkennen von Ähnlichkeiten verachten, verdammen, aber ich befürchte, nicht gänzlich auflösen. Sich nicht in „Anderes" oder „Fremdes" hineinzuversetzen, kann auch ein Selbstschutz sein. Allein, die Fähigkeiten, bei anderen Ähnlichkeiten zu erkennen und sich tiefgehend in andere hineinzuversetzen, sind erlernbar und ausbaufähig. Wer sich eingehend mit Haien beschäftigt hat, kann deren Bedürfnisse besser verstehen, kann sich in ihre Lage versetzen und fühlen, dass auch die Haie unter der mit Panzerglas abgesicherten Gefangenschaft leiden. AntispeziesistInnen kennen die Problematik: Die FleischesserInnen fühlen nicht mit den Kühen, Kaninchen oder Hühnern. Während uns jeder Bissen, den sie von ihrem „Essen" nehmen, im übertragenen Sinne im Halse stecken bleibt, essen sie ohne ein leisestes Begreifen weiter. Eine Frage ist also: Was können wir tun, um das Mitgefühl der Menschen um uns zu schärfen, zu trainieren, zu erweitern, damit es nicht bei den so offensichtlich Ähnlichen wie den anderen Großen Menschenaffen stagniert?

Ganz oder gar nicht

Die InitiatorInnen des Great Ape Projects stammen zu großen Teilen aus der Kognitionsforschung beziehungsweise Verhaltensbiologie. Sie haben andere Menschenaffen kennengelernt, Wege der Kommunikation mit ihnen gefunden, über ihre Leistungen gestaunt. Und nun möchten sie etwas für die ihnen Nahestehenden tun. Das ist nichts Verwerfliches, wenngleich vom theoretischen Ansatz etwas arm. Denn sie fordern eine Struktur, die den ihnen Nahestehenden hilft, aber gleichzeitig den Weiterwegstehenden, die mangels Verwandtschaft mehr oder weniger sowieso schon den Schwarzen Peter haben, nicht einmal im theoretischen Ansatz Vorteile verschafft. Würden sie Rechte für alle Tiere oder für alle Tiere mit nachweisbarem Schmerzempfinden fordern und sich praktisch aber für die Durchsetzung dieser Rechte für die ihnen Nahestehenden einsetzen, dann würde ich das nachvollziehen können. So bleibt es bei einer Idee, die etwa der entspricht, die ein großer Unternehmensboss entwickelt, wenn er sich überlegt, seinen Neffen für die gerade freigewordene Stelle einzusetzen – ohne überhaupt eine Bewerbung auszuschreiben, geschweige denn Bewerbungsgespräche mit anderen zu führen.

Das Great Ape Project orientiert sich nahezu an einer christlichen Nächstenliebe: „Weil es uns – den InitiatorInnen – gerade so gut geht und wir uns um mehr kümmern können als um uns selbst, kümmern wir uns um das jeweils Nächste. Um alles, was dahinter kommt, können wir uns gerade nicht kümmern, dazu geht es uns nicht gut genug. Das kommt dann sicher später im Verlauf der Geschichte und der moralischen Entwicklung."

Ähnlich beschreibt Frans de Waal seine Gedanken zum Great Ape Project:

„Sie [die AutorInnen] sehen keinerlei triftigen Grund, warum Tiere, die uns so nahe stehen und so ähnlich sind wie die großen Menschenaffen, unter eine andere moralische Kategorie fallen sollten. Warum ihnen nicht den gleichen rechtlichen Status verleihen wie ihren zweibeinigen Verwandten? Der logische Fehler dieses Vorschlags ist der offenkundige Anthropozentrismus. Wie kann man die Ähnlichkeit mit einer bestimmten Spezies [Mensch] zum Kriterium für eine moralische Einbeziehung machen, ohne eben diese Spezies über alle anderen zu stellen? Wenn Rechte proportional mit der Anzahl menschenähnlicher Eigenschaften einer Spezies zunehmen, kann man sich nur schwer der Schlussfolgerung entziehen, die Menschen selber könnten am meisten Rechte für sich beanspruchen. [...] Und das würde kein Ende nehmen: Sobald man

Menschenaffen aus solch fragwürdigen Gründen einen gleichen Status zugesteht, gibt es keine Notwendigkeit, Kakerlaken davon auszuschließen."[10]

Dem grundsätzlichen Zweifel de Waals würde ich zustimmen: Warum, bitte schön, gerade Menschenaffen und nicht auch andere Tiere oder zumindest andere Kriterien wie der Entwicklungsgrad des Gehirns oder die Anzahl der Schmerzrezeptoren und so weiter? An irgendeiner Stelle wird eine Grenze errichtet, die andere doch solange bemüht waren (und sind) abzubauen. Die InitiatorInnen des Great Ape Projects reagieren eindeutig auf das Moralgefühl der „Masse". Sie schnappen einen Trend auf, gehen den kleinen nächsten Schritt. Das geben sie aber auch ganz offen zu:
„Das Great Ape Projekt wird in diesem Prozess der Erweiterung der Gemeinschaft der Gleichen nur ein Schritt sein. [...] Zu entscheiden, ob diesem Schritt weitere folgen sollen, ist nicht die Aufgabe des Great Ape Projekts. Zweifellos sind einige von uns persönlich der Überzeugung, dass die Gemeinschaft der Gleichen noch auf viele andere Tiere ausgedehnt werden sollte. [...] Wir überlassen die Erörterung dieser Frage einer anderen Gelegenheit. Wir haben nicht vergessen, dass wir in einer Welt leben, in der für mindestens drei Viertel der menschlichen Bevölkerung die Rede von Menschenrechten nur eine rhetorische ist und keine Realität des täglichen Lebens. [...] In einer solchen Welt wird die Idee der Gleichheit für nichtmenschliche Tiere, selbst für die uns so beunruhigend ähnlichen Vettern, die anderen Großen Menschenaffen, möglicherweise nicht mit großem Wohlwollen aufgenommen. [...] Es wird jedoch den Armen und Unterdrückten der Welt bei ihrem gerechten Kampf nicht helfen, bestimmten anderen Spezies die Grundrechte zu verweigern. Ebenso wenig ist es vernünftig zu verlangen, dass die Angehörigen dieser anderen Spezies so lange warten sollten, bis zuerst alle Menschen ihre Rechte erlangt haben. Dieser Vorschlag selbst unterstellt schon, dass Wesen, die anderen Spezies angehören, eine geringere moralische Bedeutung haben als menschliche Wesen."[11]
Warum sollen dann aber alle anderen Tiere, deren Aufnahme in die „Gemeinschaft der Gleichen" nicht gefordert wurde, erst warten, bis Menschenrechte für Menschenaffen eingeführt wurden? Die Macher des Projekts unterliegen hier ihrem selbsterschaffenen Paradoxon. Entweder sie führen ihr Rechtsprojekt jetzt zunächst einmal für den „engsten Kreis der Gleichen", also die Menschen, zu Ende – oder sie haben kein einziges Argument, die Frage der Berechtung anderer Tiere zu vertagen und Rechte nicht gleich für alle zu fordern. Das Projekt ist hier eindeutig ein Kompromiss, der darauf abzielt, eine möglichst große Menge möglichst bekannter Größen unter einen Hut zu bringen und einen kleinsten gemeinsamen Nenner zu finden, der mit Logik nichts weiter zu tun haben muss. Bei der Bewertung des Great Ape Project muss man sich daher die praktische Frage stellen, ob der Speziesismus entweder nach dem Alles-oder-Nichts-Prinzip überwunden werden soll oder auch mit Teilzielen vorliebgenommen werden

kann. Wenn wir uns an so etwas wie der Vergangenheit orientieren wollen, so erkennen wir, dass scheinbar alle rechtlichen Fortschritte Stück für Stück ihren Lauf nahmen. Wir könnten daher argumentieren, dass es schon immer so war, dass sich moralische Normen schrittweise entwickelt haben und es deshalb auch jetzt so sein wird. Mir behagt die Vorgehensweise der Orientierung an dem, was war, nicht sonderlich. Mag sein, dass es auch diesmal so eintreten wird. Deshalb wird es nicht richtiger.

Warum sollte es nun also Menschenrechte gerade für die Großen Menschenaffen geben? Ja, sie sind den Menschen faszinierend ähnlich. Und ja, ich mag sie und finde, niemand hat das Recht, sie zu töten, zu foltern, auszubeuten oder einzusperren. Aber wurden hier nicht zugunsten eines mehrheitsfähigen Kompromisses die banalsten Fragen übersprungen? Warum überhaupt Rechte?[12] Anhand welcher Kriterien sollten diese vergeben werden? Warum nicht für alle, die diesen Kriterien entsprechen? Diese Fragen, das beantworten die InitiatorInnen selbst, sollen auf später vertagt werden, anderen überlassen werden. Das nenne ich „wilden Aktionismus". Erst mal überhaupt etwas machen, damit was passiert. Ob das richtig und gut war, können wir ja später entscheiden.

Kampagnen: Ja! Rechte: Nein!

In der Logik von Rechtssystemen gibt es als Gegenpol zu den RechtsträgerInnen immer eine Teilmenge von Außenstehenden, denen Rechte nicht zuerkannt werden. Im Moment sind das eben nichtmenschliche Tiere, aber zum Teil auch Nicht-BürgerInnen, Strafgefangene, Kinder, Entmündigte und und und. Um den Kreis der Berechteten wird eine Grenze errichtet, die andere zwangsläufig irgendwann wieder abbauen müssen. Ich habe Bedenken, um die Gruppe der Großen Menschenaffen eine Grenze zu errichten. Viele Menschen, so weit sie von Tierrechten und Tierbefreiungsgedanken weg sein mögen, hegen Sympathien mit Menschenaffen, sehen hierin deutlich, auch wenn sie es nicht immer so ausdrücken würden, die Nähe von „Mensch" und „Tier" und die Tatsache, dass die Grenzziehung gerade an dieser Stelle absurd erscheint. Viele Eigenschaften, die wir jetzt zur Argumentation einer Befreiung der Tiere heranziehen, würden entfallen. Es gibt natürlich noch sehr viel mehr Argumente, aber man begänne, das Rad zum Teil neu erfinden zu müssen.

Weiterhin benötige ich zur Errichtung eines Rechtssystems Kontrollmechanismen – wenn die Rechte nicht nur ein Blatt Papier bleiben sollen. Doch wie will ich, wenn das menschliche Miteinander schon nicht vollständig kontrolliert werden kann (was irgendwie auch ganz gut ist), denn nun noch das Zusammenleben der unüberschaubaren Gruppe der Großen Menschenaffen kontrollieren? Brauchen wir dann eine Menschenaffenpolizei?

Was, wenn Schimpansen wieder einen Krieg anzettelten?[13] Würde das Recht hier aussetzen, weil die Affen unser ihnen übergestülptes Rechtssystem nicht verstehen würden? Dann hätten die Schimpansen doch plötzlich viel mehr Privilegien als ein Mensch, der aus was auch immer für Gründen sich dafür entscheidet, einen Menschenaffen zu töten. Dieser würde nämlich, weil er möglicherweise als „mündiger" gilt, bestraft, obwohl er vielleicht sogar die überzeugenderen Argumente für seine Tat hätte. Das kann nicht als Fortschritt betrachtet werden. Kurz: Rechtssysteme funktionieren in meinen Augen jetzt schon nicht. Eine Übertragung auf eine größere Gruppe von Individuen würde es nicht besser machen.

Was wollten wir, in einem ausgeklügelten Rechtssystem, alles für Klauseln in unsere Gesetzesbücher aufnehmen: „Wer eine Schnecke zertritt, der muss sich, auch wenn er fahrlässig gehandelt hat, der groben Körperverletzung eines schmerzempfindlichen Wesens verantworten und wird zu einem Bußgeld von ... Euro verurteilt." Habe ich die Schnecke nun mit Absicht zertreten oder war es wirklich fahrlässig? Eine Kommission muss her, um das zu überprüfen. Ich will damit auf keinen Fall das Zertreten einer Schnecke herunterspielen zu einem bedeutungslosen Ereignis. Eher geht es mir um die Tatsache, dass Menschen ständig und überall in Kontakt mit Tieren, nichtmenschlich oder menschlich ist dabei völlig irrelevant, treten. Und die meisten dieser Kontakte bekommt man auch ohne ein Jurastudium gut geregelt. Menschen können mehr oder weniger gut Kompromisse aushandeln. Mit nichtmenschlichen Tieren ist die Kommunikation oft missverständlicher, uneindeutiger, aber doch möglich, erlernbar und ausbaufähig. Ein „Geh mir aus dem Weg", ein „Ich habe Angst vor dir und will nicht, dass du mir näher kommst" ist ohne große Mühe bei vielen Tieren erkennbar.

Emotional hänge ich an den Großen Menschenaffen und weiß um ihre Gefährdung. Ich möchte, dass ihnen geholfen wird und zwar bald und grundlegender als mit der Einführung von irgendwelchen übergestülpten Rechten. Es geht hier und jetzt um ihren Lebensraumerhalt und um Etablierung eines generellen Respekts. Klar, gerne sähe ich eine Befreiung aller Tiere, gerne hätte ich, dass von heute auf morgen alle Käfige komplett leer wären. Das muss in theoretische Forderungen mit einfließen, ist aber für den Moment nicht realistisch. Genau das haben einige der MitstreiterInnen des Great Ape Projects wohl auch erkannt und sich auf ein praktikables „Nahziel" geeinigt. Wenn dies jedoch darin gipfelt, dass sie die Formulierung der „Gemeinschaft der Gleichen" allein für die Gruppe der Großen Menschenaffen benutzen, muss Kritik geübt werden. Dieses Stabilisieren und Reproduzieren eines Dualismus von „gleich" und „ungleich" – ähnlich dem Mensch-Tier-Dualismus – ist kein Fortschritt. Kritisch ist auch, dass die Gleichheit an der Ähnlichkeit zum Menschen bemessen wird.

Nachdem das Projekt die grundlegenden Fragen zum Sinn von Tierrechten und zum Sinn von Rechten für winzige Grüppchen einfach ignoriert, schreiten die Beteiligten also zur Tat – und haben immerhin schon erreicht, dass Menschenaffen in Neuseeland nicht mehr für die Forschung genutzt werden dürfen. Ein Erfolg legitimiert aber noch lange nicht das Anliegen. Ich habe nichts, überhaupt nichts dagegen, dass hier Engagement für eine kleine Gruppe von Individuen gezeigt wird. Aber dann bitte aus zugegebener Sympathie und unter Beachtung eines allgemeinen Respekts vor nichtmenschlichen Tieren.[14] Das Great Ape Project hat sich viel Zeit gelassen und eine Menge theoretischer Konstruktionen erbaut. Dann hätte wohl etwas Differenzierteres herauskommen können, als die Frage nach den Rechten für Tiere in der praktischen Konsequenz und die Frage nach den Rechten für andere Tiere einfach zu vertagen.

Ausgabe 56 (September 2007)

Endnoten:

1. Nach Frans de Waal (2005): *Der Affe und der Sushimeister*, Seite 79.

2. Ebenda, Seite 11.

3. Nach Roger Fouts (1998): *Unsere nächsten Verwandten*, Seite 154.

4. Ebenda, Seite 56 ff.

5. Physiognomie: äußere Erscheinung, Gesichtsausdruck.

6. Ich werde im Text einige Male den Begriff der Großen Menschenaffen verwenden und fälschlicherweise den Menschen ausklammern. Dies dient der Lesbarkeit, exakter wäre aber natürlich, von „nichtmenschlichen Großen Menschenaffen" zu sprechen.

7. Siehe Text zur kritischen Betrachtung des Artenkonzepts: Franziska Brunn (2007): „Antispeziesismus weiterdenken", in: *Mensch Macht Tier.*

8. Manch eine(r) wird sich geärgert haben, dass wir auf dem Reader *Befreiung hört nicht beim Menschen auf* einen Affen abgebildet haben. „Wieder so ein menschenähnliches Tier, das unsere Sympathien wecken soll." Warum auch nicht? Warum wird dieser Gegentrend aufgemacht, möglichst entfernte Verwandte als Symbolik für die Tierbefreiungsbewegung zu verwenden?

9. Kognition: Gesamtheit aller Prozesse, die mit der Aufnahme und Verarbeitung von Reizen zusammenhängen.

10. Frans de Waal (2000): *Der gute Affe*, Seite 263.

11. Cavalieri/Singer (1996): *Menschenrechte für die Großen Menschenaffen*, Seite 14.

12. Mehr zu dieser Frage von Yetzt (2007): „Warum Rechte? Ein Diskurs" und Franziska Brunn (2007): „Veganismus in Uniform", in: *Mensch Macht Tier.*

13. Siehe dazu beispielsweise Jane Goodall zum vierjährigen Krieg von 1974 bis 1978. Hier wurden sehr viele Schimpansen von Artangehörigen verfeindeter Gruppen ermordet. Mehr Infos unter *www.janegoodall.de.*

14. Das Jane-Goodall-Institut, welches maßgeblich am Great Ape Project beteiligt ist, unterstützt beispielsweise ein Projekt zur Hühnerzucht in Afrika. Mehr Infos unter *www.janegoodall.de/m3link7_1.php.*

TIERRETTUNG ALS BESTAND-
TEIL GESELLSCHAFTLICHER
TIERBEFREIUNG?

Iris Berger

Tierbefreiungsaktionen – ob nun solchen der ALF oder Offenen Tierbefreiungen – wird vonseiten der Tierbefreiungsbewegung zumeist ein hoher Stellenwert
zugemessen: Das Bildnis des vermummten Tierbefreiers beziehungsweise der
vermummten Tierbefreierin ist neben einigen wenigen anderen eines der Symbole der Bewegung. Es ziert Buttons, Aufnäher oder Kapuzenpullis und bringt so
die Solidarität mit TierbefreierInnen zum Ausdruck. Doch erfahren Menschen,
die gerettete Tiere bei sich aufgenommen haben und diese versorgen, die gleiche
Solidarität?

„Tierbefreiungen retten Leben!" lautet ein gerne verwendeter Slogan. Und es
stimmt, Tierbefreiungsaktionen erzielen direkte Erfolge: Eine konkrete Anzahl
tierlicher Individuen kann vor dem Tod, der Ermordung oder weiterer Ausbeutung bewahrt werden. Sich hieran zu beteiligen oder sich damit solidarisch zu
zeigen, ist relativ einfach – es bringt in der Regel keine gravierenden Folgen für
das eigene Leben mit sich. An dieser Art der Beteiligung oder Solidarität können
auch Menschen teilhaben, deren Engagement für nichtmenschliche Tiere nur
von kurzer Dauer ist und die der Tierbefreiungsbewegung vielleicht bald wieder
den Rücken zukehren – ohne dabei allen Menschen, die sich für Tierbefreiungen
stark machen, zu unterstellen, dass dies nur eine Phase sei.

Auch ich habe mich in der Vergangenheit an zahlreichen Offenen Tierbefreiungen beteiligt und für einige davon auch eine 30tägige Ersatzfreiheitsstrafe in
Kauf genommen. In dieser Zeit habe ich breite Unterstützung von Menschen, die
sich als Teil der Tierbefreiungsbewegung sehen oder sahen, erfahren: Jeden Tag
erhielt ich Post, eine Demo vor dem Gefängnis fand statt. Das hat mir diese Zeit
sehr viel angenehmer gemacht.

Vor etwa zwei Jahren bin ich Teil eines Hofes geworden, auf dem etwa 40
nichtmenschliche Tiere, die vor der Schlachtung oder aus unmöglichen Lebensbedingungen gerettet wurden, leben; seit Juni 2009 betreiben wir diesen Hof
zu zweit offiziell unter dem Namen „Antitierbenutzungshof" (siehe Berichte in
vergangenen Ausgaben der *TIERBEFREIUNG*). Seitdem haben wir nicht so viel
Unterstützung bekommen wie ich in diesem einen Monat im Gefängnis. Zwar
erhalten wir hin und wieder eine E-Mail, in der steht, wie toll unser Hof sei, und
vereinzelt auch wenige Spenden, aber keine tragfähige, dauerhafte Unterstützung. Den Großteil der Unsummen an Geld, die wir für bauliche Maßnahmen
(Koppeln und andere Außenbereiche für die Tiere, Ställe, ...), Heu und andere

Nahrungsmittel, die Begleichung von Tierarzt- und Hufschmiedrechnungen, den Kauf beziehungsweise die Reparatur von Maschinen oder Geräten, die Zahlung der Raten für den Hof und die Pacht weiterer Wiesen und und und brauchen, müssen wir selbst durch Lohnarbeit herbeischaffen, und da wir dadurch kaum in der Lage sind, dem Hof und den Anforderungen der Tiere gerecht zu werden, verkaufen wir alles, was wir nicht unbedingt brauchen, und haben uns stark verschuldet, wobei die letzten beiden Maßnahmen nun an ihre Grenzen gestoßen sind.

Der Traum vom Gnadenhof

Dabei ist es für viele VeganerInnen und Menschen, die sich der Tierbefreiungsbewegung zugehörig fühlen, ein Traum, einmal gerettete Tiere bei sich aufzunehmen: Ein Teil der E-Mails, die wir bekommen, beinhaltet, dass wir den Traum des/der Schreibenden leben würden, in entsprechenden Internetforen sind regelmäßig Aufrufe zur Gründung eines Gnadenhofes zu finden, ... Diese Träume sind unserem Eindruck nach zumeist von einer die Tierhaltung romantisierenden und zudem, was die Durchführung und Finanzierung betrifft, unrealistischen Haltung geprägt. Wir haben selbst schon erlebt, dass Menschen von der Tierhaltung auf einem Hof wie dem unseren idyllische Vorstellungen hatten und regelrecht geschockt waren, als sie begriffen, dass Tiere, die gehalten werden, immer noch menschlicher Herrschaft unterworfen sind und Gewalt (wie zum Beispiel das Scheren bei Schafen) über sich ergehen lassen müssen, dass sie unfrei und abhängig sind, ... (daher ist Tierhaltung – auch auf einem Lebenshof oder Antitierbenutzungshof! – letztendlich abzulehnen und abzuschaffen und kein traumhafter Zustand). Des Weiteren wurde geglaubt, dass es möglich wäre, eine große Zahl an Tieren ausschließlich durch Containern ernähren zu können. Wir containern selbst für uns und die nichtmenschlichen Tiere (nur vegan!) und halten diese Vorstellung für absurd (abgesehen von der riesigen Menge an benötigter Nahrung findet sich zum Beispiel Heu sicherlich nicht im Container). Wir wurden in Diskussionen hineingezogen, in denen (von Menschen deren Traum es war, einmal selbst einen Lebenshof zu betreiben) argumentiert wurde, dass gerettete Tiere keine angebauten (sondern nur containerte) Nahrungsmittel bekommen sollten, da die Anbauflächen frei lebenden Tieren den Lebensraum wegnehmen würden.

Inzwischen sind wir nur noch genervt vom Traum eines Gnadenhofes/Lebenshofes. Abgesehen davon, dass ein solcher Hof primär den einzelnen dort aufgenommenen Tieren dient und unseres Erachtens nicht das Mittel zur Überwindung des Speziesismus ist (insbesondere, wenn er sich nicht antispeziesistisch positioniert), sollte doch zunächst einmal das Überleben bestehender Lebenshöfe gesichert werden.

Diese haben nämlich alle Existenzsorgen, wir sind da kein Einzelfall. Dachten wir bis vor Kurzem, der *Antitierbenutzungshof* bekomme so wenig Unterstützung, weil er noch recht neu und daher nicht so bekannt sei, so wissen wir nun, dass der Großteil der Unterstützung der Lebenshöfe, die zum Teil schon seit vielen Jahren in der *TIERBEFREIUNG* vorgestellt werden, nicht aus der Tierbefreiungsbewegung, sondern eher von TierschützerInnen und anderen SympathisantInnen kommt. Lebenshöfen wird es also schwer bis unmöglich gemacht, sich klar für Tierbefreiung zu positionieren, da die Unterstützung aus der Tierbefreiungsbewegung nicht gewährleistet ist beziehungsweise schlicht nicht ausreicht. Für unser „kompromissloses Konzept" haben wir von einigen Seiten Lob bekommen, aber davon können wir nicht leben.

Die Tierbefreiungsbewegung scheint sich im Großen und Ganzen – Einzelpersonen und einzelne Gruppen ausgenommen – nicht besonders für die Orte, an denen durch Tierbefreiungs- und ähnliche Aktionen gerettete Tiere aufgenommen wurden beziehungsweise werden, zu interessieren. Diese Erfahrung habe ich beispielsweise beim diesjährigen Tierrechtstag in München gemacht, an dem ich mit einem Infostand für den *Antitierbenutzungshof* teilnahm: Fast alle BesucherInnen des Tierrechtstages ignorierten meinen Stand völlig beziehungsweise nahmen ihn nicht wahr, denn die meisten Menschen waren offensichtlich nur zum Konsumieren veganen Essens und der neuesten Buttons vor Ort. Da ist es dann auch nicht verwunderlich, dass die erschreckenden Tierschutzreden auf der Bühne, in denen zum Beispiel „artgerechte Tierhaltung" gefordert und bemängelt wurde, dass „wir" „hormonverseuchtes Fleisch" essen, von zumindest allen Menschen, mit denen ich hinterher gesprochen habe, nicht wahrgenommen wurden. Das zeigt exemplarisch, dass auch VeganerInnen und auch „herrschaftskritische" Menschen stark konsumorientiert sind und wirft die Frage auf, ob die auf Buttons und Pullovern getragenen Symbole für Tierbefreiung tatsächlich ein Zeichen der Solidarität sind oder vielmehr den veganen Style perfektionieren sollen.

Die finanziellen Mittel für das passende Szeneoutfit scheinen jedenfalls vorhanden zu sein. Nicht, dass ich davon ausgehen würde, die Tierbefreiungsbewegung, die ja größtenteils aus jungen, wahrscheinlich vorwiegend studierenden Menschen besteht, verfüge über großartige Ressourcen – sowohl personellen (um praktische Hilfe auf Lebenshöfen zu leisten) als auch finanziellen (um Tieren, deren Rettung grundsätzlich befürwortet wird, wenigstens ein paar Euro zukommen zu lassen). Im Gegenteil denke ich, dass die Tierbefreiungsbewegung nicht genügend Kapazitäten hat, um all die geretteten Tiere versorgen zu können. Allerdings wäre sicherlich sehr viel mehr möglich als momentan an Unterstützung geleistet wird: Soli-Flohmärkte, Verkauf von veganem Essen, Organisation von Soli-Konzerten oder anderen Veranstaltungen ... Die Menschen, die all ihre Zeit und Kraft in das Leben der von ihnen aufgenommenen Tiere stecken, würden sich über solche Art der Solidarität freuen – nicht nur aufgrund der konkreten Hilfeleistungen, sondern weil sie darum wissen könnten, dass eine Vielzahl anderer Menschen hinter ihnen steht. Momentan ist das nicht der Fall.

Dass Tierbefreiungsaktionen in der „Bewegung" nahezu grenzenlos befürwortet und gefeiert werden, passt nicht zum unsolidarischen Verhalten den Menschen gegenüber, die sich um befreite/gerettete Tiere letztendlich kümmern. Die konkrete Rettungsaktion eines Tieres gewährleistet nicht seine/ihre Versorgung für das ganze Leben. Diese Versorgung bedeutet eine Menge Verantwortung, Arbeit, Zeit und Geld. Da es sich scheinbar meistens so verhält, dass einige wenige Menschen sich um eine größere Anzahl nichtmenschlicher Tiere kümmern, bedeutet das für diese Menschen, sich dieser Aufgabe Tag für Tag stellen zu müssen, mit allen persönlichen Konsequenzen. Irgendwann keine Lust mehr zu haben und aufzugeben ist nicht möglich, die Tiere wollen weiterhin gut versorgt werden. In dieser Situation ist es sehr frustrierend, kaum Unterstützung von denjenigen, die „für Tierbefreiung" sind, zu bekommen.

Ich muss selbstkritisch anmerken, dass ich mich zu der Zeit, in der ich noch nicht in den *Antitierbenutzungshof* involviert war und in der ich mich unter anderem an Offenen Tierbefreiungen beteiligt habe, selbst nicht solidarisch gegenüber Projekten, die die Aufnahme und Versorgung nichtmenschlicher Tiere gewährleisten, verhalten habe: Für mich war es wohl selbstverständlich, dass die Menschen, die diese Aufgabe übernommen haben, sie auch eigenständig bewältigen beziehungsweise von anderen Menschen darin unterstützt werden, jedenfalls habe ich selbst nie praktische oder finanzielle Hilfe in dieser Hinsicht geleistet. Zwar habe ich mich in anderer Hinsicht für gesellschaftliche Tierbefreiung eingesetzt, mir aber keine Gedanken darüber gemacht, wie die Menschen, zu denen ich zum Teil selbst befreite Tiere gebracht habe, die anstehenden Arbeiten und Kosten bewältigen sollen! Daher kann und möchte ich einzelnen Menschen, die ihre Mittel nicht für Tiere auf Lebenshöfen einsetzen, keinen Vorwurf machen, sondern nur zum Nachdenken darüber anregen, wie das Missverhältnis zwischen der Befürwortung von Befreiungsaktionen und der Unterstützung der Versorgung befreiter Tiere entsteht und wie es behoben werden kann.

Wir vom *Antitierbenutzungshof* haben aktuell versucht, eine „Stiftung gegen Tierbenutzung" zu gründen, um den Hof und eventuell andere Projekte hierüber finanziell unterstützen zu können. Doch unsere Stiftung wurde vom Finanzamt nicht als gemeinnützig anerkannt, da wir die „Förderung des Tierschutzes" nicht in unsere Satzung aufgenommen haben. Der Tierschutz muss wortwörtlicher Satzungszweck sein, damit eine Stiftung (oder auch ein Verein) gemeinnützig sein kann. Da wir die Inhalte des Tierschutzes jedoch radikal ablehnen und uns weder per Satzung als Tierschutzorganisation deklarieren noch Spendenquittungen, in denen bescheinigt wird, dass die Spenden zur Förderung des Tierschutzes verwendet werden, ausstellen möchten, bleibt uns die Errichtung einer Stiftung oder eines Vereins zur Finanzierung des Antitierbenutzungshofs verwehrt. Diesbezüglich gibt es nur noch die Möglichkeit, beim Landesfinanzministerium die

Aufnahme eines neuen gemeinnützigen Zweckes (wie zum Beispiel Tierbefreiung oder Antispeziesismus) in die Abgabenordnung zu beantragen – ein Weg,
der etwa drei Jahre lang dauert und womöglich zur Ablehnung führt. Die Einführung von Tierbefreiung oder Antispeziesismus als gemeinnützigen Zweck hätte
aber politische Bedeutung, da sie sicherlich auch für andere Organisationen, die
sich momentan mit Tierschutz zufrieden geben müssen, wollen sie Spendenquittungen ausstellen, interessant wäre.

Vorerst müssen wir sehen, wie wir ganz aktuell das Bestehen des Hofes sichern.
Unsere im März 2010 eröffnete Chocolaterie *VeGANTISCH*, die zur Finanzierung des Hofes beitragen sollte, läuft insgesamt sehr schlecht, obwohl wir viel
geworben haben und davon ausgingen, dass es eine nette Idee wäre, das Geld,
das wir für die nichtmenschlichen Tiere benötigen, durch Schokolade, Pralinen
und so weiter mit veganen Botschaften, teils veganen Gravuren, alles liebevoll
und aufwendig gestaltet, zu verdienen. Es ist für uns traurig, dass wir nicht einmal mit dem Gewerbe, das wir uns mühsam neben der Arbeit auf dem Hof zur
Finanzierung desselben aufgebaut haben, wenigstens einen erwähnenswerten
Teil unserer Kosten decken können. Wir haben unendlich viel in den Aufbau
der Chocolaterie investiert und können nur hoffen, dass es mit der Zeit sehr viel
besser laufen wird.

Hin und wieder haben wir schon eine Art Vorwurf zu hören bekommen, dass
mensch „halt erst ein tragfähiges Konzept haben müsse" und erst dann einen
solchen Hof gründen könne. JedeR kann sich auf unserer Internetseite die Ent-
stehungsgeschichte unseres Hofes durchlesen. Dieser ist von zwei Jugendlichen
begonnen worden, die zur richtigen Zeit Verantwortung für Tiere, die sie zuvor
selbst benutzt hatten und die ermordet werden sollten, übernommen haben.
Weitere Tiere sind damals aus „jugendlichem Leichtsinn" aufgenommen worden, um ihnen spontan das Leben zu retten. Wir finden es falsch, über diese „aus
dem Herzen kommenden" Taten harsch zu urteilen, weil die Jugendlichen kein
Konzept ausgefeilt hatten. Der Wegfall einer der beiden Brüder ist nur einer der
Verluste, die dem Hof seitdem widerfahren sind.

Was uns teilweise zu schaffen macht, sind Anfeindungen wie die einer Person
in einem veganen Internetforum, in dem wir um Unterstützung bezüglich der
Finanzierung von Material für neue Koppeln gebeten hatten, die behauptet hatte,
unsere Weideflächen für die Pferde seien zu klein, ohne diese überhaupt zu kennen. Offensichtlich brauchten wir gerade Material für neue Flächen, doch anstatt
uns in irgendeiner Weise beim Koppelbau zu helfen, wurde unser Hof öffentlich
schlecht gemacht.

Zuletzt hatten wir im Frühling zwei Helfer da, den ganzen Sommer über (das
heißt in der Zeit, in der bauliche Maßnahmen am besten möglich sind) kam
keinE einzigeR HelferIn (teilweise trotz Ankündigung). Wir haben die Erfahrung gemacht, dass vielen Leuten das Leben hier „zu hart" ist und sie zumindest
kein zweites Mal kommen – es gibt hier eben keinen Komfort, und die Arbeit

ist meistens nicht aufregend und unterhaltsam, sondern oftmals monoton und anstrengend. Dabei freuen wir uns immer sehr über netten Besuch und selbstverständlich über tatkräftige Hilfe, die oft viel bewirkt und hier merklich etwas voranbringen kann.

Es ist uns äußerst wichtig, mit dem *Antitierbenutzungshof* nicht speziesismusstabilisierend zu wirken und Menschen, die uns unterstützen (wollen), kein gutes Gewissen zu verschaffen. So betonen wir stets, dass uns zu helfen kein Ersatz für eine tierausbeutungsfreie, das heißt vegane Lebensweise sein kann, und arbeiten daran, mehr und mehr eine deutlich antispeziesistische Position nach außen hin zu vertreten. Ein Mittel dafür sind großformatige Schilder mit Informationen über das Anliegen des *Antitierbenutzungshofs*, Speziesismus, Tierausbeutung sowie über die einzelnen Tierarten, die bei uns leben und wie diese in unserer Gesellschaft üblicherweise betrachtet und benutzt werden. Diese Schilder konnte ein Freund und Unterstützer unseres Hofes für uns erstellen lassen, und wir werden sie in den nächsten Wochen rund um unseren Hof und an den Gehegen der einzelnen Tierarten anbringen, um zu verdeutlichen, dass es sich bei diesem Hof nicht um einen in den speziesistischen Konsens integrierten Gnadenhof handelt. Auf die Reaktionen aus unserer unmittelbaren Umgebung sind wir schon gespannt. Uns geht es eben nicht „nur" um die auf unserem Hof lebenden Tiere, sondern wir wollen insgesamt einen Beitrag zur Befreiung *aller* Tiere leisten – in diesem Sinne können Lebenshöfe durchaus eine Bedeutung für gesellschaftliche Tierbefreiung haben. Wir sehen uns als Teil der Tierbefreiungsbewegung – unsere Demonstration ist der Hof.

Zuletzt möchte ich noch von einem aktuellen und schwerwiegenden Problem berichten, das wir bezüglich eines der hier lebenden Pferde – Sissi – haben. Sissi hat über viele Monate hinweg eine enorme Fehlstellung des rechten Vorderbeins entwickelt. Die Sehnen und Bänder in diesem Bein sind stark verkürzt, sodass sie nur noch mit einem ganz speziellen Hufeisen laufen kann. Unterschiedliche tierärztliche Behandlungen, Osteopathie, Krankengymnastik haben nicht geholfen, das Bein ist irreparabel geschädigt. Die hierzulande gängige Meinung ist, dass ein humpelndes Pferd umgebracht (eingeschläfert) werden muss, ein humpelndes Pferd „gehört sich nicht". Sissi hat noch viel Lebensfreude, was mensch an ihrem Blick, ihrem Verhalten und ihrer Stellung in der Herde beobachten kann. Sie will leben, nicht sterben. Das Problem ist, dass wir das spezielle Hufeisen, ohne das sie nicht laufen kann, nur noch eine sehr begrenzte Zeit lang anbringen können: Es geht alle paar Wochen ab und muss neu montiert werden, dabei muss der Hufschmied den Huf teilweise, um wieder stabiles Hufmaterial zum Nageln zu bekommen, um ein Stück kürzen, das so nicht mehr nachwächst (es handelt sich nicht mehr um einen „normalen Huf", sondern er wächst durch die Belastung der Fehlstellung anders nach). In wenigen Monaten wird das Hufeisen wohl nicht mehr anzubringen sein ...

Es gibt nur eine Möglichkeit, Sissi zu helfen, und zwar durch die Amputation der unteren Beinhälfte und die Anpassung einer Prothese. Das hat es in Deutschland offenbar bei einem Pferd noch nie gegeben, aber in den USA gibt es einige Pferde mit Prothese, die damit gut zurechtkommen (entsprechende Videos und auch Informationen dazu gibt es im Internet). Wir wollen die lebensfrohe Sissi, die fester Bestandteil „unserer" Pferdeherde ist, auf keinen Fall umbringen lassen und erkundigen uns derzeit, inwieweit eine solche Operation auch in Deutschland möglich wäre. Es versteht sich von selbst, dass wir keine Ahnung haben, wie wir die dabei entstehenden Kosten tragen sollen. Wer zu diesem Thema irgendwelche Anregungen oder Tipps hat (oder wer generell mit uns in Kontakt treten möchte), kann sich gerne bei uns melden. Kontaktdaten unter *www.antitierbenutzungshof.de.*

Ausgabe 68 (September 2010)

Tierrechtsaktivismus trifft kreativen Widerstand

Espi Twelve

Tierhaltung[1], Tierversuche, „Fleischproduktion", Jagd ... die vielfältigen Formen von Tierausbeutung „schreien" danach, öffentlich gemacht, gestoppt oder wenigstens gestört zu werden. Zum Glück setzen nicht alle die Hoffnung darauf, dass der Staat sich für das Wohl anderer Tiere einsetzt. Direkte Aktion, verstanden als unmittelbares Handeln, um Tierausbeutung zu beenden oder wenigstens zu sabotieren, gehört für viele Tierrechtlerinnen[2] fest zu ihrer Praxis oder gilt zumindest als legitim. Insofern gibt es Verbindungen zu Ansätzen kreativen Widerstands – aber auch viele Lücken, die kritisch reflektiert werden sollten. Protestformen mit hoher Kommunikationsintensität, unberechenbaren Wendungen oder offene Aktionskonzepte, die aus vielfältigen Bausteinen bestehen, sind in der Tierrechtsszene selten anzutreffen oder stoßen auf blanke Ignoranz.[3] Zudem gibt es Tendenzen, die mit dem Ziel kollidieren, Menschen zu erreichen und zu sensibilisieren, darunter ausgrenzendes Verhalten, Mackerigkeit und eine identitäre[4] Ausrichtung.

Ausgehend von einer kritischen Bestandsaufnahme versuche ich in diesem Text zu beleuchten, welche Möglichkeiten sich durch Direct Action eröffnen und wie kreative Widerstandsformen dazu beitragen könnten, eine motivierende, selbstbestimmte und vielfältigere Tierrechtspraxis zu entwickeln. Zur Veranschaulichung werden zahlreiche Anwendungsbeispiele für phantasievolle Tierrechtsaktionen dokumentiert.

Direct Action, Diskurs, Herrschaftskritik

Direct Action ist kein geschlossenes Konzept oder Rezept, das in ein paar griffige Parolen gepackt werden kann. Hinter dem labeligen Begriff verbirgt sich für mich mehr ein komplexes Paket von Aspekten, welche vage die Praxis kreativen Widerstands umschreiben. All diese Facetten sind bedeutsam und sollten immer mitgedacht werden. Anstatt einer linearen und vom restlichen Text isolierten Auflistung, habe ich mich entschieden, die einzelnen Aspekte dort zu beschreiben, wo damit eine Kritik an bestehenden Aktionskonzepten innerhalb von Tierrechtszusammenhängen ergänzt werden kann.

Als Einführung erscheint mir vorerst ausreichend, den theoretischen Ausgangspunkt kreativer Widerstandspraxis deutlich zu machen: Direct Action ist ein Teil emanzipatorischer Politik, welche das langfristige Ziel verfolgt, Herrschaftsverhältnisse abzubauen und zu überwinden. Damit verknüpft ist ein bestimmtes Verständnis davon, wie Herrschaft funktioniert und aufrecht erhalten wird – und welche Ansatzpunkte sich anbieten, um Herrschaft zu destabilisieren ...

Diskursive Herrschaft

Schlachthöfe, Versuchslabore, Tiere zu Sachen degradierende Gesetzestexte ... all das sind Strukturen, die Tierausbeutung ermöglichen und vollziehen. Aber die vielleicht viel wirkungsmächtigere Stütze dieses Systems ist die „Herrschaft über die Köpfe": Tierausbeutung ist so durchschlagend, weil sie fest in den Denk- und Verhaltensmustern vieler Menschen verankert ist. Medien, wissenschaftliche Abhandlungen, Werbung oder alltägliche Stammtischgespräche – sie alle bestärken Tag für Tag, dass „Tiere" und Menschen als einander entgegengesetzte Kategorien gedacht werden, dass Tiere als Nahrungsmittel oder beliebig nutzbares Material gelten. Dieses Geflecht von unterschiedlichsten Kommunikationsprozessen kann als Diskurs bezeichnet werden. Diskurse sind typisch für moderne Herrschaftssysteme; die darüber verbreiteten Normierungen und Denkmuster sind so mächtig, weil sie weder ein lokalisierbares Zentrum (zum Beispiel den Staat), noch ein Außen kennen, weil sie jeden gesellschaftlichen Winkel durchdringen. Ihre Allgegenwart führt dazu, dass etwas anderes kaum noch gedacht werden kann, sodass es beispielsweise als selbstverständlich erscheint, sich Tiere zu halten, sie zu essen oder Medikamente an ihnen zu testen. Auch die hierarchischen Geschlechterverhältnisse, die Diskriminierung von Kindern, Psychiatrisierung oder Rassismus leben sehr stark von ihrer diskursiven Verankerung.

An den Diskursen rütteln

Es kann zwar im Einzelfall sehr erfolgreich sein, einzelne Firmen (zum Beispiel eine „Pelz" verkaufende Ladenkette) mit Widerstand zu überziehen, aber als alleinige Strategie reicht das nicht. Weil der Diskurs kein Zentrum hat, kann er sich ständig in allen gesellschaftlichen Subräumen wieder reproduzieren. Wer die Tierausbeutung beenden oder einschränken will, muss daher an den Diskursen rütteln, von denen sie getragen wird. Hier setzt kreativer Widerstand an; es ist der Versuch, die Köpfe der Menschen zu erreichen, um Normalität zu hinterfragen. Die Menge zerschlagener Fensterscheiben oder anwesender Polizistinnen ist dafür nicht entscheidend: Zentrales Anliegen von kreativem Widerstand ist es, Kommunikation zu erzeugen, „Erregungskorridore" zu schaffen. Es geht darum, Normalität zu durchbrechen – und das setzt andere Protestformen voraus: Ein perfekt formuliertes Flugblatt stößt nicht auf großes Interesse, wenn es einfach wortlos oder mit einem Standardspruch verteilt wird. Demonstrationen oder Mahnwachen (in ihrer üblichen Form) sind viel zu sehr Teil des als normal Erlebten, um irritierende Wirkung zu entfalten; sie erreichen kaum Menschen außerhalb der schon Aktiven oder vermitteln kaum etwas über einfache Parolen oder das Gefühl hinaus, irgendetwas getan zu haben. Theater, vor allem versteckte Aufführungen mit Einbindungen unbeteiligter Menschen, Subversion, Irritation oder auch die direkte Einwirkung auf scheinbar normale Abläufe können viel stärker Kommunikation aufbauen. Sie können Aufmerksamkeitsmomente bei den angesprochenen Personen schaffen, die sich in Irritation, Belustigung, Ärger oder Neugier ausdrücken können. Wo das gelingt, entsteht eine Ebene, die mit Kommunikation über politische Positionen bis hin zu gesellschaftlichen Utopien gefüllt werden kann. Das ist auch das Spannende: Aktionsmomente zu entwickeln, die in visionären Diskussionen münden ... also dazu führen, dass in der Straßenbahn, im Laden oder in der Innenstadt über andere Gesellschaftsentwürfe debattiert wird. „Widerstand und Vision", auch der Untertitel von *Fragend voran ...*, können dann sehr nah beieinanderliegen. Wie solche intensiven Kommunikationsräume geöffnet werden können, ist eine Frage, die vor, bei und nach jeder Aktion neu gestellt werden muss.

Bestandsaufnahme und kritische Reflektion

Vielleicht ein paar Anmerkungen vorweg: An dieser Stelle werden einzelne Momente von Tierrechtsaktivismus, die mir für die Auseinandersetzung interessant erscheinen, herausgegriffen und analysiert. Damit soll keine Vollständigkeit oder Allgemeingültigkeit suggeriert werden. Viele der hier versammelten Kritiken treffen sicher nur auf einige Tierrechtszusammenhänge zu und lassen sich auf andere Teile politischer Bewegung übertragen.

Aktionsansätze in Tierrechtszusammenhängen

Tierrechtszusammenhänge haben einen vergleichsweise starken Bezug zu Direkten Aktionen. Für viele Aktivistinnen ist dabei nicht entscheidend, ob diese sich in einem legalen oder illegalen Rahmen bewegen. Schon die dokumentierten Beispiele[5] liegen deutlich über dem Durchschnitt politischer Bewegung in dieser Republik und machen deutlich, dass Militanz[6] ein feste Zutat tierrechtlerischer Praxis mit hoher Akzeptanz ist. Sie umfasst ein breites Spektrum, darunter Jagdsabotage (Demontage oder anderweitige Zerstörung von Jagdinfrastruktur, öffentliche Störung von angekündigten Jagd-„Events"), Tierbefreiungsaktionen (zum Beispiel „Besuche" auf Pelzfarmen) oder Anschläge auf Firmen, die besonders intensiv in Tierausbeutung verstrickt sind. Die Absteckung des Aktionsrahmens jenseits gesetzlicher Vorgaben ist grundsätzlich positiv zu bewerten, weil Grenzen nicht bereits im Kopf reproduziert und mehr Handlungsmöglichkeiten offen gehalten werden.

Auch offene, öffentliche Aktionen sind stark verbreitet. Dabei wird sich vor allem konventioneller Protestformen wie Flugblattaktionen vor Zirkussen, Demonstrationen zu allgemeinen wie konkreten Anlässen (zum Beispiel Jagdmessen) oder Infoständen und Kundgebungen vor Pelzgeschäften bedient.

Damit verbunden oder auch unabhängig davon sind Unterschriftenlisten und Petitionen zu diversen Themen ein übliches Mittel. Häufig sind sie mit Forderungen nach Gesetzesverschärfungen verbunden, zum Beispiel Verbot von Tierversuchen oder bestimmten Haltungsbedingungen. Diese Aktionsformen sind in der Regel an staatliche Stellen adressiert.

Kritik und Erweiterungen aus dem Direct Action-Bestand

Direktheit

Unterschriftenlisten, Petitionen, aber teilweise auch Demonstrationen (abhängig von den jeweiligen Forderungen) haben rein appellierenden Charakter. Wer sich so an die Herrschenden wendet, bestätigt diese als Ebene, auf der gesellschaftliche Probleme gelöst werden und verschafft Regierungen und Parteien damit Akzeptanz. Daher sind solche Aktionen immer auch eine „Werbeeinblendung" für Herrschaft, auch wenn diese zu anderen Zwecken eingesetzt werden soll. Sie fordern noch mehr Stellvertretungspolitik und beziehen sich positiv auf demokratische Verhältnisse. Diese sind gerade dadurch gekennzeichnet, dass die Menschen nur minimale Mitbestimmungsmöglichkeiten haben und Selbstbestimmung gar nicht vorgesehen ist.[7] Auch praktisch laden zum Beispiel Unterschriftensammlungen dazu ein, dass die angesprochenen Menschen ihre Verantwortung abgeben, statt eigene Aktivitäten zu entfalten. Statt des Bezugs auf gesellschaftliche Eliten, die so noch gestärkt werden, sollten Aktionen sich immer an die Menschen richten und diese zu Widerstand ermutigen.

Neben herrschaftskritischen Einwänden ist der Sinn solcher Politiken auch in der Sache fragwürdig: Petitionen oder Unterschriftenlisten bauen keinen politischen Druck auf, der Konzerne oder Regierungen zu Veränderungen nötigen könnte. Appellierende Politiken erkennen die eigene Abhängigkeit und Ohnmacht aktiv an. Besser erscheint mir, die eigene Handlungsfähigkeit auszuweiten und zu nutzen, um Druck „von unten" zu entfalten. Dieser entsteht durch direkte Aktionen, deren geschickte Verbindung sowie weitere Formen unabhängiger Öffentlichkeitsarbeit.

Vermittlung, Kommunikation, Kreativität

Bei öffentlichen Aktionen mit Tierrechtshintergrund wird oft auf ritualisierte, teilweise langweilige Aktionsformen (Demonstrationen oder Kundgebungen) zurückgegriffen, die wenig Außenwirkung entfalten. Straßentheater oder kreative Performances sind manchmal anzutreffen, könnten aber viel breiter und eigenständiger angewandt werden.

Das Problem typischer Demonstrationen: Zum einen sind sie selber zu sehr Teil des Normalen (siehe „An den Diskursen rütteln"), zum anderen sind sie nicht kommunikativ angelegt, das heißt die Demonstrantinnen bilden einen Block und bleiben die meiste Zeit unter sich; Außenvermittlung oder Kommunikation mit umstehenden Personen bilden die absolute Ausnahme oder beschränken sich auf Flugblätter.

So treffen sich auf (vergleichsweise schlechtbesuchten) Veranstaltungen und Demonstrationen immer wieder nur jene, die eh schon aktiv sind. Dieser „in group"-Effekt ist kein Zufall; ein Grund dafür ist meines Erachtens die identitäre Ausrichtung in einigen Teilen der Tierrechtsszene: Bei Aktivitäten in der Öffentlichkeit geht es vordergründig darum, sich der eigenen Identität zu vergewissern – und nicht darum, andere Menschen zu erreichen.

Ausdrücke dessen sind zum Beispiel:
- uniformierte Kleidung im autonomen Tierbefreierinnenspektrum, die nicht gerade einladend wirkt[8] oder die Betonung von gemeinsamen Verhaltens- und Sprachcodes, die nur von Insiderinnen verstanden werden und ausschließend wirken,
- mindestens unsensible, teilweise grenzverletzende Angriffe auf einzelne Passantinnen, die zum Beispiel gerade mit einem Döner oder einem Hamburger durch die Innenstadt latschen und dafür von einem Kollektiv als „Mörderinnen" angebrüllt werden. Das schafft ein „Wir"-Gefühl, das sich über die Abgrenzung zu den anderen, „normalen" Menschen definiert. Anzumerken ist, dass es viele Tierrechtlerinnen gibt, die solche Praxen bescheuert und politisch falsch finden (und so ausgerichteten Aktionen fern bleiben).

Zum einen gibt es grundsätzliche Kritik an kollektiver Identität als herrschaftsförmigem Konstrukt.[9] Andererseits schließt kollektive Orientierung soziale Räume, die überhaupt Kommunikation mit Menschen entstehen lassen, die nicht „dazu" gehören. Dann verlieren offene Aktionen gänzlich an Sinn.[10] Zudem wirkt identitäres Gehabe vereinheitlichend nach innen und macht eine selbstbestimmte Vielfalt unterschiedlicher Aktionsformen unmöglich (siehe „Offene Aktionsansätze und Hierarchiefreiheit").

Neben der Bewusstmachung dieser Problematik ist es sofort möglich gegenzusteuern, indem andere Rahmenbedingungen bei Aktionen geschaffen werden, damit diese nicht zu Aktivistinnentreffen verkommen. Möglich sind beispielsweise Aktionstage, bei denen viele Kleingruppen sich eigene Aktionen überlegen und umsetzen, die ein starkes, kommunikatives Element beinhalten (Straßen- oder verstecktes Theater, Mars-TV, Gegendemos oder Gegenaktionen). Auf diese Weise könnten Tierrechtsthemen – schon bei gleicher Personenanzahl – viel wirkungsvoller in die Öffentlichkeit getragen werden, als das bei lahmen, selbstbezüglichen Demonstrationen zu erwarten wäre. Das schließt Demonstrationen nicht aus, zumal deren konkrete Form veränderbar ist und Mischungen möglich

sind (zum Beispiel ein kurzer Demonstrationszug, dann eine Phase für Kleingruppenaktionen und später noch einmal eine angemeldete Kundgebung[11]).
Die Wiederholung angestaubter Aktionsmuster ist auch für die Durchführen-
den langweilig und kaum motivierend. Wenn Kreativität und Kommunikation
viel mehr im Mittelpunkt stehen würden, könnten Tierrechtsaktionen für alle
interessanter werden, aber auch anstrengender. Denn für viele mag es erst einmal
mit Hemmungen besetzt sein, auf Menschen zuzugehen, sich dabei als konkrete
Person zu stellen. Ich kann mich nicht mehr hinter einem Transparent verschan-
zen, in der Demo untertauchen. Aktionsformen, die in vielen intensiven Gesprächen mit Passantinnen münden, können aber ungemein antreibende Wirkung
entfalten. Sie schaffen Entfaltungsmöglichkeiten für die einzelnen Aktivistinnen.
Das eigene Handeln zu erleben und dass es etwas auslöst, kann ein starker, persönlicher Antrieb für kreativen Widerstand werden.

Beispiele:

- Kreativ-kommunikativ mit „Mars-TV": Mars-TV ist ein Theaterspiel
  ab drei Personen, die als Marswesen verkleidet (dazu reichen auch einfach skurrile Verkleidungen) mit einem als Fernsehbildschirm gestalte-
  tem Transparent wie in einer Talkshow für Marsbewohnerinnen („Wir
  sind live auf der Erde zu sehen ...") handeln. Währenddessen springen
  sie von einer Interviewpartnerin zur anderen. Das Besondere dabei ist,
  dass die Marswesen über Fragen auf naive Weise ständig das Geschehen
  und die üblichen Abläufe von Herrschaft anzweifeln, weil es so etwas auf
  dem Mars nicht gibt. Das Selbstverständliche wird dann plötzlich zum
  Absurden.[12] Mars-TV könnte beispielsweise in oder vor Zoos, Zooge-
  schäften, Hundeschulen oder an anderen Orten angewendet werden, wo
  Tierhaltung besonders auffällig zelebriert wird. Mögliche Fragen gibt es
  viele, zum Beispiel „Ist das nicht blöd, andere Lebewesen so eingesperrt
  zu sehen?", „Du kaufst Tiere? Heißt das, wir Marsianerinnen könnten wen
  von euch kaufen und mitnehmen?" oder „Gibt es auf diesem Planeten
  eigentlich viele Lebewesen, die sich andere durch Gitterstäbe ansehen?"
- Eine andere Möglichkeit wäre, in Zoos[13] selber Führungen zu machen,
  die sich aber auf die menschlichen Tiere konzentrieren. Immer wieder
  bleibt die Besucherinnengruppe vor Menschengruppen stehen, während
  ein oder zwei Personen in sachlich-wissenschaftlichem Tonfall über die
  seltsamen Verhaltensweisen von diesen Wesen referieren und dabei zum
  Beispiel die Hintergründe von Tierhaltung aufdecken (Inszenierung
  menschlicher Überlegenheit, Projektionsfläche für Macht- und soziale
  Bedürfnisse). Ähnlich wie Mars-TV würde dabei das scheinbar Selbstverständliche so dargestellt, dass seine Absurdität offen aufscheint.
- Straftaten ankündigen als Aktion: Denkbar ist, ähnlich wie zum Beispiel
  die Kampagne „Gendreck weg!" zu öffentlichen Feldbefreiungen[14] aufruft,

an einem bestimmten Datum die Demontage aller Jägersitze in einem bestimmten Bereich offen anzukündigen durch Flugblätter, Internetseiten und Pressemitteilungen. In diesem Fall kann die Ankündigung selbst den Erregungskorridor schaffen, um inhaltliche Vermittlung zu ermöglichen. Eine martialische Absicherung von Hochsitzen durch Polizeihundertschafen wäre zudem auch eine interessante Symbolik, die wiederum genutzt werden könnte, um deutlich zu machen, wie Ausbeutung oder Umweltzerstörung durch Repressionsorgane[15] gestützt werden. Und lustig wär's bestimmt auch ...

Normalität durchbrechen

Normalität antastende Aktionsformen sind in Tierrechtszusammenhängen rar, obwohl zeitaufwendig vorbereitete Demonstrationen wenige Effekte zeigen (außer der schleichenden Ermüdung der Aktivistinnen). Dabei sind es oft sehr einfache, subtile Mittel, mit denen wirkungsvoll an der Normalität gerüttelt und ein Aufmerksamkeitskorridor aufgemacht werden kann. Entscheidend ist nicht hoher Materialeinsatz, sondern Punkte zu finden, wo zum Beispiel nicht damit gerechnet wird, auf Widerstand zu treffen und daher Verwirrung und Neugier zu erwarten sind.

Beispiele:
- Um Konsumentinnen direkt zu erreichen, könnten Aufkleber auf Fleischprodukten angebracht werden, die auf den ersten Blick den üblichen Zusatzetiketten nachempfunden sind, zum Beispiel eine Kombination aus überspitzt positivem Spruch und weiterführender Internetseite („Dieses Produkt schafft jetzt noch mehr Spielplätze durch Regenwaldrodungen in Brasilien", „Fleisch senkt die Überwaldung in Entwicklungsländern").
- In Bücher und Magazine zu Tierhaltung oder Jagd könnten Lesezeichen eingelegt werden, die sich kritisch mit den Inhalten auseinandersetzen.
- Oder ein Korrekturschreiben des Verlags nachempfinden und darin unauffällig die kritischen Positionen einbauen.
- Körperpflege- und ähnliche Produkte könnten mit gerne unterschlagenen Informationen erweitert werden, zum Beispiel einem Aufkleber wie „Dieses Produkt enthält 100% Tierversuche". Sehr eindrucksvoll könnte auch sein, ein Etikett unter die Liste der Inhaltsstoffe zu setzen, auf dem die für das Produkt gequälten und getöteten Tiere benannt werden.
- Auf Aquarien in Zoohandlungen könnten Spruchblasen aufgeklebt werden, die sich kritisch mit Tierhaltung auseinandersetzen („Wie könnt ihr Lebewesen einsperren und in eure Wohnung stellen, ohne dabei verrückt zu werden?", „Nur Menschen sperren andere Tiere ein und kommen sich

dabei toll vor" oder „Ich will nicht eure Projektionsfläche sein – Schluss mit Tierhaltung!").

Offene Aktionsansätze und Hierarchiefreiheit

Trotz der (im Vergleich zu anderen politischen Bewegungen) stärker ausdifferenzierten Aktionspalette ist zu befürchten, dass sich nicht alle Menschen dort wiederfinden beziehungsweise verwirklichen können. Das wird bereits dadurch verhindert, dass zum Beispiel Demonstrationen als einheitliche Massenaufläufe organisiert sind und auch so beworben werden. Nicht einmal der Aufruf, eigene Ideen einzubringen, findet sich in Einladungen zu solchen Demonstrationen, deren Struktur fast immer vorher festgelegt und mit Hierarchien und Privilegien überfrachtet ist. So gibt es zum Beispiel nur wenige Rednerinnen, während die Funktion der Vielen auf das treue Mitlatschen beschränkt wird.

Eine weitere Hürde für eine bunte Tierrechtspraxis ist Mackerigkeit, die von einigen an den Tag gelegt wird: Das Anschreien von Passantinnen oder Verkäuferinnen in Pelzläden ist nicht nur wenig aussagekräftig, sondern kann einschüchternde Wirkungen entfalten, die nicht mit einem emanzipatorischen Anspruch vereinbar sind. Zudem verstärkt mackeriges Verhalten auch Dominanzstrukturen unter den Aktivistinnen, weil es unsichere Personen hemmen kann und ihnen den Raum nimmt, andere Aktionsmomente zu entwickeln.

Direct Action setzt auf offene Aktionsstrukturen, die eine hohe Gleichberechtigung, Vielfalt und Handlungsfähigkeit vieler ermöglichen sollen. Dazu gehören:

- Transparenz, das heißt offene Einladungen zu Vorbereitungstreffen, gut verfügbare Informationen (zum Beispiel Stadtpläne mit Aktionspunkten, die über Internet und Papiermedien gestreut werden),
- offene Aktionsplattformen[16], das heißt Räume mit offen nutzbarer Infrastruktur (zum Beispiel Computer mit Presseverteilern) und Materialpool (Transparentstoff, Megafone, Trillerpfeifen, Verkleidungen und vieles mehr), damit Menschen schnell eigene Aktionsideen umsetzen können,
- Trainings zu kreativem Widerstand im Vorfeld, damit das Know-how für direkte Aktionen und der Mut zur Umsetzung nicht auf ein paar Privilegierte beschränkt ist,
- Ansätze offener Organisierung: Offenes Mikrofon (statt privilegierte Reden), Phasen für Kleingruppenaktionen, Wiki-Seiten (zum Beispiel *www.de.anarchopedia.org*), die von allen Menschen verändert werden können,
- die bewusste Reflektion von Hierarchien und der praktische Wille, diese abzubauen.

Die Mischung macht's

Militante Tierrechtsaktionen werden oft (wenn überhaupt) nur per Bekennerinnenschreiben nach außen kommuniziert. Der erreichte Personenkreis ist dadurch sehr begrenzt, obwohl es viel mehr Möglichkeiten der inhaltlichen Vermittlung geben könnte, wenn verschiedene Aktionsformen miteinander kombiniert würden. Diese Kritik ist aber sehr grundsätzlich zu verstehen: Jede Aktion für sich genommen hat immer eine beschränkte Wirkung. Daher macht es Sinn, unterschiedlichste Aktionen aufeinander zu beziehen, langsam zu steigern, Höhepunkte zu setzen oder Überraschungsmomente einzubauen. Zudem können Aktionsformen auch zeitlich nah oder sogar unmittelbar kombiniert werden, um den kommunikativen Effekt zu verstärken.

Beispiele:

- Wenn die Route einer angemeldeten Tierrechtsdemonstration oder interessante Punkte auf dieser in den Nächten davor schon mit Graffiti, Straßenkunst oder Plakatveränderungen umgestaltet wurden, ist ein direkter Bezug von der Versammlung aus (zum Beispiel durch Redebeiträge) möglich.
- Wer nicht nur Fleischprodukte mit kritischen Überklebern bestückt, sondern auch noch ein verstecktes Theater an der Ladenkasse inszeniert, verhält sich frech und erhöht die Chancen auf eine intensive Kommunikation über politische Positionen.

Subversion

Der überwiegende Teil tierrechtlicher Aktionen ist sehr linear angelegt. Es gibt klar identifizierbare Aktionsmuster und wenig überraschende Momente. Eine ordentliche Portion Subversion könnte das ändern: Die Ausstattung von Staat, Konzernen, Marktinstitutionen und großen Organisationen mit repressiver Macht, Steuerung von Diskursen und öffentlicher Wahrnehmung sowie der Einflussnahme auf Medien ist fast unendlich. Es besteht keine Chance, hier ähnliche Power (Macht) aufzubauen und die Herrschaftssysteme mit gleichen Methoden zu besiegen. Im Einzelfall können Überraschungsmomente gelingen, wobei Überraschung schon selbst ein Mittel der Kreativität ist und damit eine auf gleiche Mittel setzende Strategie überwindet. Subversion meint, die Kraft des Gegenübers nicht zu bekämpfen, sondern so umzulenken, zu verändern und zu verdrehen, dass sie für die eigenen Ideen oder zumindest gegen das Gegenüber gewendet werden kann (Subversion ist sozusagen die Entsprechung zu manchen Selbstverteidigungstechniken bei politischen Aktionen!). Zum einen können die Handlungen der Machtsysteme verdreht werden, zum anderen können die Apparate und Handelnden selbst so umgelenkt werden, dass sie gegen sich zu arbeiten beginnen. Der Aufwand ist meist niedrig und die Wirkung hoch, wenn Subversion angewendet wird.

Beispiele:

- Plakate verändern: Zirkusplakate (natürlich nur, wenn nichtmenschliche Tiere dabei sind!) abzureißen ist eine Variante, die nur wenig Inhalte vermittelt. Interessanter könnte schon sein, diese Werbeflächen so zu verändern, dass sie die Kritik an Tierhaltung befördern. Zum Beispiel mit einfach herstellbaren Überklebern wie „Unsere Tiere leiden gerne für Ihr Vergnügen" oder „Fällt aus wegen Dauerdepression bei vielen Tieren". Auch der Spruch „Jetzt genau so schön ohne Tiere" (mit Erklärung) könnte unangenehme Wirkungen für die Zirkusbetreiberinnen haben ...

- Jagdsabotage per gefälschten Schreiben legalisieren: In den Dörfern um ein Jagdrevier teilt der zuständige Jäger über eine Postwurfsendung mit, dass er dieses aufgibt und eine Nachfolge nicht vorgesehen sei, weil inzwischen der ökologische Nutzen von Jagd nicht mehr gesichert sei. Die Bürgerinnen werden ausdrücklich aufgefordert, beim Abbau der Jägersitze mitzuhelfen; das Holz könne im Winter zum Heizen verwendet werden. Neben dem kommunizierten Eingeständnis, dass Jagd nicht ökologisch begründbar ist, können mit diesem Fake strafbare Handlungen legalisiert werden. Denn wenn du nun beim munteren Sägen erwischt werden solltest, hast du eben einfach nur dem Papier geglaubt und etwas Gutes tun wollen ...

- Ausfallgründe produzieren. Wenn vor einer Treibjagd mit festgelegtem Termin überall in der Umgebung Schreiben oder Plakate auftauchen, mit denen ein vertrauenswürdiger Verein (kann auch erfunden sein!) zufällig zum gleichen Zeitpunkt zu einem Pilzesammelnachmittag oder einem großen Versteckspiel für Kinder und Familien einlädt, ist wahrscheinlich eine Absage nötig. Diese könnte auch mit einem Fake verkündet werden ...

- Jäger könnten selber zum Tier gemacht werden, indem im Wald offiziell wirkende Tafeln angebracht werden, die biologische und soziale Merkmale dieser „Spezies" beschreiben, dabei die Machart von Informationstafeln in Zoos kopieren und den Unsinn von Jagd thematisieren („Bei dem gemeinen Jäger handelt es sich meist um männliche Einzelgänger, denen es Freude bereitet, andere Tiere zu erlegen. Sie wenden viel Mühe auf, um einen hohen Bestand an erlegbaren Tieren zu erreichen.").

- Verstecktes Theater: Die Methode des versteckten Theaters besteht darin, in der Öffentlichkeit eine Theaterszene zu spielen, die nicht als solche zu erkennen ist, als echt erscheint und Umstehende zum Eingreifen bewegt. Beispiel: Du stehst an der Kasse und fragst die Verkaufsperson unsicher, ob die von dir ausgesuchte Creme ohne Tierversuche hergestellt wurde, du hättest so Gerüchte gehört. Eine scheinbar unbeteiligte Person in der Schlange, die auch zur Aktionsgruppe gehört, mischt sich laut ein und pöbelt „Das ist doch nicht so wichtig. Wenn wir auf alles achten, was in so Produkten drin ist, wird die Schlange nur länger. Dann kann man ja gar nichts mehr kaufen"; weitere Personen können sich mit anderen Rollen einmischen, mit dem Ziel, eine Debatte um Tierversuche unter den Umstehenden auszulösen ...

- Überidentifikation für Tierdressur: Statt offener Kritik wäre es interessant, eine Jubeldemonstration vor einem Zirkus mit Tieren durchzuführen. Das heißt selber als Fanclub von Tierdressur und -haltung auftreten – mit völlig übertriebenen Inhalten. Dazu passen könnten Schilder mit schrägen Parolen („Tiere sind gerne gefangen", „Professionelle Zirkustiere lassen sich ihr Leid nicht anmerken", „Löwen reisen gerne in kleinen Käfigen"), ähnlich zugespitzte, aber bierernst vorgetragene Reden und lustiges Zubehör (zum Beispiel Plüschtiere in Meerschweinchenkäfigen, die über Spruchblasen mitteilen, wie geil es im Zirkus ist). Wichtig ist ein professionell-ernsthaftes Auftreten, damit nie ganz klar wird, was hier passiert; Überidentifikation ist keine Satire, die nachher aufgeklärt wird. Sie übernimmt die Positionen der Gegenseite, um sie gegen diese zu wenden und darüber inhaltlich zu vermitteln.

Auch hier gilt „Die Mischung macht's": Wenn parallel zur Jubeldemonstration eine andere Gruppe mit kritischen Flugblättern auftaucht, dürfte diese von der Aufmerksamkeit durch die skurrile Inszenierung profitieren. Wer gezielt mit diesen unterschiedlichen Aktionselementen spielt (ohne dass dieses Zusammenwirken erkennbar ist!), kann deutlich mehr Aufmerksamkeit erzeugen. Zum Beispiel könnten die beiden Gruppen sich gegenseitig anpöbeln, das Verbot der jeweils anderen fordern und so weiter. Damit wird zugleich die Situation für Zirkus oder Polizei chaotisiert, die es schwer haben werden, wenn sie die Zusammenhänge nicht blicken. Und das ist regelmäßig so, weil subversives Denken nicht weit verbreitet ist ...

Alltag

Politische Aktion und Alltag sind fast immer abgetrennt voneinander. Widerstand ist ein Ausnahmeereignis, während Herrschaftsverhältnisse immerfort wirken. Das muss aber nicht so bleiben: Viele der hier vorgestellten Aktionsmethoden lassen sich, wenn sie einmal eingeübt wurden, auch ohne riesige Vorbereitung im Alltag anwenden. Es ist sinnvoll, kreative Widerständigkeit nicht nur auf herausgehobene Ereignisse zu beschränken – gerade auch, weil Tierausbeutung so allgegenwärtig ist.

Lesetipps

- Autonome A.F.R.I.K.A. Gruppe (2001): *Handbuch der Kommunikationsguerilla*

- Dirk Tägschen (2004): *Die Mischung macht's*
- Komm Unikat Ion (2004): *Subversive Kommunikation*
- Frau Zwölf (2006): *Alltag in den Widerstand bringen*
- Marc Amann (Hrsg., 2005): *go.stop.act! Die Kunst des kreativen Straßenprotests*

Ausgabe 55 (Juni 2007)

Endnoten:

1. Der Begriff „Tier" ist schwierig, weil er trotz aller Unterschiedlichkeit zwischen verschiedenen Lebewesen eine Kategorie aufmacht, die dem Menschen gegenübergestellt wird. Wenn er in diesem Text ohne dies verdeutlichende Zusätze verwendet wird, liegt das daran, dass feststehende Begriffe (zum Beispiel „Tierhaltung") ansonsten sehr schräg aussehen würden.

2. In diesem Text wird durchgängig die weibliche Form verwendet. Ziel dessen ist nicht, eine neue Form des „richtigen" Sprechens einzufordern, sondern bewusst zu machen, wie mittels Sprache ungleiche Geschlechterverhältnisse ausgedrückt werden.

3. In Iserlohn hatte eine Tierrechtsgruppe für den 6. Oktober 2001 zu einer kreativen „Soya wohl nicht"-Demo mit vielen Stationen eingeladen, wo Theater, Performances und weitere Bausteine phantasievollen Protestes umgesetzt werden sollten, ohne dass es dafür eine Resonanz gab, das heißt die Leute wollten lieber nur latschen, obwohl sie dabei nicht sonderlich motiviert aussahen.

4. „Identitär" soll aussagen, dass der Schwerpunkt des Handelns oder einer konkreten Aktion darin besteht, die eigene oder zumeist kollektive Identität aufzubauen und zu bestätigen.

5. Siehe dazu auch *TIERBEFREIUNG – das aktuelle Tierrechtsmagazin*, Zeitschrift von *die tierbefreier e. V.*, die Öffentlichkeit für militante Tierrechtsaktionen herstellt, zum Beispiel durch Abdruck von Bekennerinnenschreiben.

6. Militanz bedeutet eigentlich nur „kämpferisch" und wird zum Beispiel in Frankreich viel selbstverständlicher in dieser Weise benutzt; im deutschsprachigen Raum werden damit oft illegale Aktionsformen zur nächtlichen Tageszeit bezeichnet.

7. Vergleiche zur Kritik an demokratischen Verhältnissen: Jörg Bergstedt (2006): *Demokratie*.

8. Diese Kritik ist nicht als Aufforderung zu verstehen, dass alle sich bei offenen Aktionen angepasst kleiden sollen, um den Passantinnen zu gefallen. Es geht mehr darum, die Uniformierung (die sicher nicht Ausdruck von selbstbestimmter Kleidungswahl ist!) aufzubrechen, denn eine bunte Demonstration unterschiedlichster Menschen dürfte offener wirken.

9. Vergleiche dazu Espi Twelve (2007): „Vegane Identitätspolitik", in: *Mensch Macht*

Tier – Antispeziesismus und Herrschaft.

10. Abgesehen davon ist die Zweiteilung in gute Tierrechtlerinnen und böse Fleischfresserinnen sehr binär und verdeckt, dass alle Menschen in unterschiedliche Herrschafts- und Ausbeutungsmechanismen eingebunden sind und es keine „reine Weste" geben kann. Siehe dazu Jörg Bergstedt (2007): „Vegan – ökologisch – politisch", in: *Mensch Macht Tier – Antispeziesismus und Herrschaft.*

11. So angelegt war zum Beispiel der antirassistische Aktionstag in Gießen am 14. September 2003, allerdings wurde auch hier der bewusst eingeplante und offensiv beworbene Freiraum für eigene Aktionen nicht genutzt (*www.projektewerkstatt. de/14_9gi/14_9bericht.html*).

12. Mehr zu Mars-TV auf *www.projektwerkstatt.de/marstv.*

13. Es gibt sicher Varianten, umsonst einen Zoo zu besuchen ... als Journalistinnen, Studiengruppe und so weiter.

14. Siehe *www.gendreck-weg.de.*

15. „Repressionsorgane" ist ein Sammelbegriff, der Institutionen bezeichnet, die an systematischer, oft gewaltförmiger Unterdrückung mitwirken (unter anderem Polizei, Justiz, Gefängnisse, Geheim- und Sicherheitsdienste).

16. Beschreibungen zu Offenen Aktionsplattformen unter *www.projektwerkstatt.de/ plattform.*

WARUM DIE 10. TIERBEFREI-UNGS-NORDDEMO DIESMAL EINEN ANDEREN CHARAKTER HAT

OrganisatorInnen der 10. Norddemo

Die Entscheidung, eine andere Aktionsform als die der herkömmlichen Demonstration auszuprobieren, entstand aus der Überlegung heraus, ob diese bisherige für die Tierbefreiungsbewegung typische Aktionsform noch angemessen und sinnvoll ist.

Innerhalb der Tierbefreiungsbewegung kamen in den letzten Jahren von einigen AktivistInnen Zweifel und Kritik bezüglich der – meist nach immer gleichem Schema ablaufenden – Großdemos auf. Dies führte unter anderem dazu, dass zunehmend auch andere, kreative Aktionsformen in den Ablauf einer solchen Demo integriert wurden, so zum Beispiel das sogenannte Die-In oder Überidentifikationsaktionen. Als Kritikpunkte wurden unter anderem die folgenden Problematiken ausgemacht:

Das Erscheinungsbild der Demonstrationen wirkt mitunter wenig einladend bis abschreckend, unter anderem da viele TeilnehmerInnen stark auf die subkulturellen Codes, Darstellungsformen und Praktiken der modernen autonomen Szene (Schwarzer Block, „Pseudomilitanz") setzen. Für die Tierbefreiungsbewegung sollte es – wie für jede andere soziale Bewegung – jedoch gelten, eigene Symbol- und Kommunikationsformen zu entwickeln. Auch die oft skandierten Demosprüche sind oft unverständlich, inhaltslos oder dienen vielmehr einer Kommunikation innerhalb der eigenen „Szene", bewegen sich also nur in einem selbstreferenziellen Raum, anstatt sich nach außen zu richten.[1] Ähnliches gilt für die Gestaltung einiger Transparente sowie deren Parolen. Auf diese Weise entwickelten sich einige Großdemonstrationen der Tierbefreiungsbewegung mehr zu sozialen Events der Repräsentation und Selbstinszenierung, als dass die so wichtigen Inhalte und Anliegen der Bewegung vermittelt wurden.

Bei einer Demonstration gegen die gesellschaftliche Übereinkunft der Legitimität von Tierausbeutung, welche an die allgemeine Bevölkerung adressiert, kann jedoch nicht ausschließlich mit konfrontativen und sich abgrenzenden sowie zumal meist schlichtweg inhaltslosen Mitteln gearbeitet werden, sondern Ziel muss auch stets fähig und bereit sein, in eine kommunikative Auseinandersetzung mit der Gesellschaft zu treten. Dies jedoch, ohne dabei in populistische und reformistische Darstellungsformen und Positionen abzuleiten.

Da viele Großdemonstrationen der Tierbefreiungsbewegung sich zumeist auf Themen fokussieren, die bereits sehr stark vom Tierschutzdiskurs besetzt sind (Pelz, Tierversuche) kann sich die Tierbefreiungsbewegung oftmals in der öffentlichen und medialen Repräsentation nicht als eine Bewegung darstellen, die von den Positionen, Inhalten und theoretischen Konzepten des Tierschutzes in fundamentaler Weise abzugrenzen ist.

Geleitet von der Frage, wie Menschen für unser Anliegen der Befreiung der Tiere sensibilisiert werden können, folgt die 10. Tierbefreiungs-Norddemo nun erstmals einem anderen Schema, bei dem das Konzept der Demonstration als solches jedoch nicht aufgegeben werden soll. Vielmehr werden an verschiedenen Orten innerhalb der Innenstadt Kiels kleinere Demonstrationen und Kundgebungen stattfinden, die jeweils bestimmte Formen der Ausbeutung von Tieren thematisieren und kritisieren. Neben den einzelnen Demonstrationen soll es als zentralen Anlaufpunkt einen Markt mit Infoständen geben, sowie auch kleinere Aktionen zwischen den Kundgebungen durchgeführt werden sollen. Hier ist auch die Kreativität der TeilnehmerInnen gefragt.

Uns ist dabei wichtig zu betonen, dass es nicht unsere Intention ist, die herkömmlichen Demonstrationen der Tierbefreiungsbewegung zu diskreditieren. Wir möchten lediglich eine neue Möglichkeit ausprobieren, um die angesprochenen Problematiken zu umgehen. Wir hoffen und glauben, mit dem Tierbefreiungsaktionstag in Kiel neue, effektive Ideen für die Befreiung der Tiere umzusetzen und hoffen auf eure rege und aktive Teilnahme. Das Konzept des Aktionstages steht und fällt mit dem aktiven Engagement der AktivistInnen. Wir freuen uns auf einen bunten, vielfältigen, engagierten, kämpferischen und effektiven Aktionstag mit euch!

Ausgabe 66 (März 2010)

Endnote:

1. Zum Beispiel: „Kein Gott, kein Staat, kein Fleischsalat!", „Ooooone Solution – Reeeeevolution", „Was will ich, was willst du? Tofu und Salat dazu!" und „Wir sind hier olé olé – Antifa und Antispe!"

WER HAT ANGST VORM SCHWARZEN BLOCK?

Konrad Eckstein

Es gehört mittlerweile zum gewohnten Erscheinungsbild: In den vorderen Reihen von Demonstrationen der Tierbefreiungsbewegung finden sich zahlreiche dunkelgekleidete Aktivist*innen zusammen und bilden einen durch Transparente abgeschotteten Schwarzen Block. So auch in Frankfurt zur Demonstration Frankfurt Pelzfrei 2011. Der Aufruf zum „Antispe-Black-Block" und der Rückblick auf die Aktion (*TIERBEFREIUNG 71*) geben Anlass, eine Debatte über Aktionsformen auf Großdemonstrationen zu führen.

Demonstrationen und Protestzüge sind ein gesellschaftliches, anerkanntes Mittel, um Öffentlichkeit für politische Belange zu schaffen. Die nahegelegten Handlungsspielräume sind jedoch begrenzt. Repressive Auflagen an Veranstalter*innen reglementieren die Form des Protests teils erheblich. Und der Typus eines einheitlichen Demonstrationszuges durch die Einkaufsstraßen beliebiger Großstädte erschwert es, der Öffentlichkeit politische Positionen zu vermitteln, die über ein „Für die Tiere" hinausgehen. Daher ist es ein durchaus berechtigtes Anliegen, aus eingefahrenen Abläufen auszubrechen und auch die Organisation von Schwarzen Blöcken in Betracht zu ziehen.

Im Folgenden sollen jedoch anhand dreier Thesen die Grenzen des Konzepts „Schwarzer Block" diskutiert werden. Auch wenn sich im Wesentlichen auf Aussagen der *veganen antifa süd*[1] und das Auftreten des „Antispe-Black-Blocks" auf der Demonstration Frankfurt Pelzfrei 2011 bezogen wird: Es geht um eine Auseinandersetzung mit dem Phänomen als solchem.

Erste These: Die Aktions- und Organisationsform „Schwarzer Block" vermag es nicht, aus repressiven und eingefahrenen Demoabläufen auszubrechen und Handlungsräume für selbstbestimmten Protest zu eröffnen.

Die *vegane antifa süd* argumentiert in verschiedenen Texten, dass sich das insbesondere in der autonomen Linken verbreitete Konzept des Schwarzen Blocks auch für Tierbefreiungsdemos nutzbar machen ließe: Der Schwarze Block scheint im Hinblick auf die Gängelung von Demos durch die Polizei und Justiz attraktiv, da er es – zumindest in der Theorie – ermöglicht, vorgegebene Handlungsbeschränkungen zu überschreiten. Denkbar ist es, mithilfe eines geschlossenen Blocks die Abschirmung von Geschäften durch Polizei zu überwinden, Blockaden vor Geschäftseingängen zu veranstalten oder Räume für illegalisierte Aktionen wie zivilen Ungehorsam zu eröffnen. Das Tragen von Einheitskleidung und die physische Abgrenzung durch Transparente soll zudem Schutz vor dem

Zugriff staatlicher Repressionsbehörden bieten. Schaut man sich die Praxis an, in der Schwarze Blöcke in Aktion treten, lassen sich aber Zweifel anbringen, ob sie tatsächlich das geeignete Mittel sind, um „einen Widerstand, der sich selbst gut organisiert und verteidigen kann" zu ermöglichen – wie es sich die *vegane antifa süd* zum Ziel setzte.

Die Demonstration Frankfurt Pelzfrei hat deutlich gemacht, dass der vermeintlich taktische Vorteil der Geschlossenheit sich in sein Gegenteil zu verkehren droht. Das nach außen geschlossene Auftreten machte es der Polizei einfach, den „herrschaftskritischen Block" unter Kontrolle zu halten. Hierfür reichte es, die Polizeiketten vor absehbaren Protestzielen wie MaxMara oder Pelz Türpitz zu verstärken. Die Begleitung des Blocks im Spalier verunmöglichte zudem spontane Aktionen. Entgegen der allzu euphorischen Einschätzung, dass man sich „trotz der Einschüchterungsversuche nicht stoppen ließe" und „eine kämpferische und entschlossene Demo hinlegte", muss gesagt werden, dass sich der „herrschaftskritische Block" jederzeit in kontrollierten Räumen bewegte.

Der Verweis darauf, dass es „der Polizei nicht gelang, Demonstrationsteilnehmer_Innen rauszuziehen oder die Transpis zu entfernen" kann ebenfalls nicht als Erfolg verbucht werden. Vielmehr sollte man sich davor hüten, die Durchsetzung eines geschlossenen Demoblocks bereits als erfolgreichen Widerstandsakt zu betrachten. Die Gefahr einer solchen Einschätzung läge darin, dass die Organisation eines Schwarzen Blocks zum bloßen Selbstzweck verkommt und dass die eigentlichen praktischen Ziele, die man hiermit erreichen wollte, in den Hintergrund geraten.[2]

Es handelt sich also um eine klassische paradoxe Situation: Der Versuch, den Einschränkungen durch die Polizei durch Geschlossenheit zu begegnen, öffnet den Kontrollversuchen erst Tür und Tor, indem der Polizei die Weite des Raums überlassen wird. Bezeichnenderweise wurde ein Moment der Unkontrollierbarkeit bei der Frankfurt Pelzfrei eher Kleingruppen zuteil, die sich immer wieder aus dem Demozug entfernten und damit vor abgesperrte Geschäfte gelangen konnten, um diese direkt mit Protest zu konfrontieren. Es wäre zu diskutieren, ob sich diese Praxis verallgemeinern ließe. Also ob Beweglichkeit und Spontaneität nicht genutzt werden können, um sich verloren gegangene Handlungsräume wieder anzueignen. Denkbar wäre es, Demonstrationen als Ausgangspunkt für das Agieren in Kleingruppen zu nehmen, beispielsweise um Polizeiabsperrungen zu „umfließen", um über Theateraktionen in Kommunikation mit Passant*innen zu treten oder um Seitenstraßen zu plakatieren.[3]

Zweite These: Der Schwarze Block stellt weder ein Mittel politischer Positionierung dar, noch ist er ein Garant gegen Vereinnahmung durch anti-emanzipatorische Gruppierungen.

Die Organisation des Schwarzen Blocks sollte aber nicht nur „eigene Aktionen ermöglichen", sondern auch dazu beitragen, „sich politisch zu positionieren". Vergegenwärtigt man sich den Aufruf zum Antispe-Action-Day gehe es darum, den Kapitalismus als ein System zu kritisieren, „welches immer mehr produzieren muss, um selbst bestehen zu können, ganz gleich welche katastrophalen Folgen dies für Erde, Mensch und Tier auch haben mag". Weiterhin sei es notwendig, sich gegen die Vereinnahmung durch Neonazis zur Wehr zu setzen. Die im Aufruf angeführten Parolen („Fight the system", „Gegen Pelzhandel, Ausbeutung und Herrschaft") können zudem als Hinweis verstanden werden, dass der Antispe-Black-Block als Teil einer radikal linken politischen Praxis gesehen wird, dessen Ziel es ist, eine Kritik an der Ausbeutung von Tieren in Zusammenhang mit weiteren Herrschaftsverhältnissen zu formulieren.

Wie sich die *vegane antifa süd* eine Vermittlung entsprechender politischer Positionen vorstellt, wird im Rückblick auf den Antispe-Action-Day deutlich. Neben dem Mitführen von Antifa-Fahnen wird auf eine Reihe von Demosprüchen verwiesen, die den Passant*innen klar gemacht hätten, „dass die Tierausbeutungsindustrie nicht unhinterfragt ist und es viele Menschen gibt, die bereit sind, sich dem radikal entgegenzustellen". Von weiteren Aktivitäten, die der Öffentlichkeit grundlegende Überlegungen der „radikalen Antispes" näherbringen sollten, ist jedoch nicht die Rede. So bleibt es auch fraglich, ob sich den Außenstehenden die politischen Perspektiven, die hinter den notwendigerweise vereinfachten Parolen und Symboliken stehen, überhaupt erschließen. Und die Unterscheidungsmerkmale zwischen dem „herrschaftskritischen Block" und den vermeintlich bürgerlichen Demonstrant*innen bleiben damit allen voran symbolischer Natur.

Die Verwendung vermeintlich radikaler Symboliken und Schlachtrufe stellt jedoch noch keine Basis für eine Politik dar, die es mit dem Umsturz herrschender Verhältnisse ernst meint. Sie mögen im ersten Moment radikal und subversiv wirken. Ein Blick in die Geschichte jedoch genügt, um festzustellen: Der Kapitalismus vermag es, jedes noch so aufrührerische Symbol und jede noch so kritisch gemeinte Parole in die Warenwelt zu integrieren. Um es böse auszudrücken: Der Slogan „Für die vegane Revolution" könnte auch die Verpackung eines neuartigen veganen Produkts zieren, ohne dass die Verwertungsgewalt des Kapitalismus damit gebrochen wäre. Spezifische Parolen und Symbole erklären sich schlichtweg noch nicht von selbst. Um die zugrundeliegenden Überlegungen einer Öffentlichkeit verständlich zu machen, bedarf es noch weitergehender Vermittlungsversuche.

Bezweifelt werden darf auch die Einschätzung, dass durch Antifa-Fahnen oder Demosprüche wie „A-, Anti-, Anticapitalista" „jede Vereinnahmung durch Nazis verunmöglicht" wurde, wie es im Rückblick niedergeschrieben steht. Erfahrungen vergangener Demonstrationen – etwa der Berliner Animal Liberation-Demo im November 2008 – zeigen, dass sich Neonazis nicht (notwendigerweise) durch mitgeführte Antifa-Fahnen oder in Redebeiträgen vermittelte antifaschistische Stellungnahmen von Instrumentalisierungsversuchen abhalten lassen.[4] Das Phänomen der Autonomen Nationalisten macht darüber hinaus deutlich, dass Neonazis das geringste Problem darin sehen, sich die gesamte Antifa-Symbolik mitsamt ihrer Demosprüche, ihrer Outfits oder ihrer Aktionsformen anzueignen. Der Einschätzung, die Demo sei „ein klares Signal, dass die Antispe-Bewegung fähig ist, sich politisch zu positionieren, und eben nicht von Nazis oder anderen anti-emanzipatorischen Gruppen oder menschfeindlichem Gedankengut vereinnahmt werden kann", sollte an dieser Stelle widersprochen werden, da als Hinweis für eine „politische Positionierung" ausschließlich vermeintlich radikale Symboliken, Demosprüche und Transpi-Parolen herangezogen wurden.

Demgegenüber gibt es sehr wohl Möglichkeiten, auf Demonstrationen weiterführende Perspektiven zu verdeutlichen. So bietet das Auswertungs- und Diskussionspapier zur Demonstration gegen Tierversuche am 30. April 2011 in Hamburg (*TIERBEFREIUNG 71*) einen Überblick, wie eigene politische Forderungen jenseits von Symbolpolitik vermittelt werden können.[5] Die Problematik der Vereinnahmung durch Neonazis oder andere reaktionäre Gruppierungen verweist eher auf eine Leerstelle von Theorie und Praxis von Teilen der Tierbefreiungsbewegung, der jedoch nicht durch die Übernahme von Antifa-Symboliken allein beizukommen ist. Statt sich auf eine symbolische Distanzierung auf zentralen Szeneevents zu beschränken, sollten Tierbefreiungsgruppen durch ihre alltägliche Arbeit ein Profil entwickeln, dass es anti-emanzipatorischen Gruppen schwer macht, in der Tierbefreiungsbewegung etwas anderes zu erkennen als ihren politischen Gegner.[6] Konkret wären kontinuierlich arbeitende Strukturen aufgefordert, eine Theorie der Befreiung der Tiere zu begründen, die über einen „Hauptsache für die Tiere"-Anspruch hinausweist. Sie würden zudem vor der Aufgabe stehen, eine politische Praxis zu finden, die es – etwa mithilfe praktischer Bündnisarbeit – vermag, sich gegen gesellschaftliche Unterdrückungs- und Herrschaftsverhältnisse als solche zu richten.

Dritte These: Die Überhöhung des Schwarzen Blocks als bedeutendste Form radikaler politischer Praxis verweist auf einen Mangel an theoretischer Erkenntnis über die gesellschaftlichen Verhältnisse und die Handlungsmöglichkeiten politischer Bewegungen.

Der Schwarze Block selbst ist in gewisser Weise konzeptionell auf Demonstrationen verwiesen. Auch wenn er den Versuch einer Erweiterung von Handlungsräumen darstellt, im Grundsatz bleibt er den Möglichkeiten und Grenzen der Aktionsform „Demonstration" unterworfen. Daher muss auch reflektiert werden, welche Bedeutung dieser Form des Protests beigemessen wird.

Demos vermögen es, eine Öffentlichkeit für die politischen Belange der Tierbefreiungsbewegung zu schaffen. Es besteht die Möglichkeit, den Menschen die

Beweggründe des Engagements für die Befreiung der Tiere zu verdeutlichen und spezifischen Adressaten wie Unternehmen oder Institutionen eine gewisse Entschlossenheit zu signalisieren. Prinzipiell können sie Teil gesellschaftlicher Veränderung werden, wenn Menschen und andere gesellschaftliche Akteure sich die vermittelten Begründungszusammenhänge der Tierbefreier*innen vergegenwärtigen und ihr Handeln hiernach ausrichten. Nur ist es eine idealistische Vorstellung, zu glauben, dass es ausschließlich Demonstrationen bedarf, um – bildlich gesprochen – die Verhältnisse zum Tanzen zu bringen. Aussagen der *veganen antifa süd* wie: „Es muss wenigstens eine Aktionsform geben, die auch radikalen Protest zulässt und fördert und dies sind nun einmal die großen Demonstrationen" legen genau diesen Schluss nahe.

Zwar wurden politische Bewegungen immer auch von Massenprotesten begleitet. Eine gesellschaftliche Macht als ernstzunehmender politischer Akteur erlangten diese in der Vergangenheit aber immer erst dann, wenn sie sich einerseits durch eine Vielzahl von Protestformen auszeichneten und andererseits vermochten, die materielle Basis von Ausbeutung und Herrschaft zu untergraben.[7] Auch die Tierbefreiungsbewegung hat es in der Vergangenheit vermocht, punktuell eine Gegenmacht zu entwickeln. Kampagnen gegen die Pelz- oder die Tierversuchsindustrie konnten dann Erfolge erzielen, wenn sie sich nicht nur auf moralische Appelle beschränkten, sondern die ökonomischen Bedingungen der Nutzung und Ausbeutung von Tieren in ihren Fokus nahmen, zum Beispiel über regelmäßige Proteste vor Filialen von Konzernen, Druck auf Zulieferer und vielfältige andere Eingriffe in Unternehmensabläufe. Ähnlich ist es um die Proteste gegen den Schlachtbetrieb in Wietze bestellt. Mittels des Engagements von Bürger*innen-Initiativen, Besetzungen und direkten Aktionen konnte der Aufbau der für den wirtschaftlichen Betrieb notwendigen Anzahl von Mastanlagen verhindert werden. Es ist daher nicht mehr als eine rhetorische Frage, ob Großdemonstrationen allein – unabhängig ob sie von einem Schwarzen Block angeführt werden oder nicht – den gleichen Effekt erreichen könnten.

Im Zusammenspiel verschiedener Aktionsformen können Demonstrationen und auch Aktionen, die sich auf das Konzept des Schwarzen Blocks beziehen, eine wichtige Rolle spielen. Es spricht aber vieles dagegen, die Organisation von Schwarzen Blöcken zur bedeutendsten Form radikaler politischer Praxis zu überhöhen. Wie eine tatsächlich radikale Intervention in die gesellschaftlichen Verhältnisse aussehen kann, muss letztendlich Gegenstand von Diskussionen innerhalb der Tierbefreiungsbewegung sein. Sicher scheint, dass der Aufbau überdauernder schlagfähiger Organisationsstrukturen, eine Zusammenarbeit mit anderen politischen Bewegungen oder aber konfrontative Kampagnen gegen die Profiteure der Nutzung und Ausbeutung von Tieren erfolgversprechender sind als die gelegentliche Inszenierung von Radikalität auf Großdemonstrationen.[8]

Ausblick

Diese Einschätzungen zu den Möglichkeiten und Grenzen, die der Schwarze Block für Proteste im Rahmen von Demonstrationen bietet, mögen ernüchternd wirken. Sie sind jedoch keine Begründung dafür, auf die Suche nach Handlungsräumen selbstbestimmten Protests zu verzichten. Sie sind ebenfalls kein Hinweis darauf, dass eine politische Praxis utopisch ist, die die Ausbeutung von Tieren in ihrem gesellschaftlichen Konstitutionszusammenhang sieht und entsprechend auf gesamtgesellschaftliche Veränderung zielt. Dem Konzept „Schwarzer Block" mag geschichtlich ein Moment der Selbstermächtigung von politischen Bewegungen zugekommen sein, es mag Schutz vor Repression geboten haben, und es mag Teil einer radikal linken politischen Praxis gewesen sein. Gegenwärtig versetzt der Schwarze Block jedoch kaum noch jemanden in Angst und Schrecken. Nach einigen Anlaufschwierigkeiten hat die Polizei das Phänomen „Schwarzer Block" größtenteils unter Kontrolle gebracht. Auch die öffentliche Wahrnehmung von Protesten hat sich verschoben, sodass kaum jemand vermummte Demonstrant*innen noch mit irgendwelchen politischen Forderungen in Verbindung bringt. Die Großdemonstrationen selbst gehören mittlerweile zum gewohnten Begleitbild von Angriffskriegen und Sozialkürzungen. Sie können von Verantwortungsträger*innen in Politik und Wirtschaft geflissentlich ignoriert werden, wenn die öffentlich artikulierte Empörung nicht in verstärkten Organisierungsprozessen mündet.

Wenn sich also mit den gesellschaftlichen Verhältnissen auch die Bedingungen für einen wirkmächtigen politischen Protest verändern, ist es Aufgabe der Tierbefreiungsbewegung, sich diese Prozesse zu vergegenwärtigen, um angemessene Formen der Intervention zu finden. Ein stückweit Theoriearbeit ist hierfür unumgänglich. Jedoch nicht aus reinem Selbstzweck, nicht um Aufrufe und Texte mit hübschen Zitaten aufzupeppen. Sondern um sich aus Erkenntnissen über die Reproduktion von Herrschaftsverhältnissen Handlungsräume zu erschließen. Selbstverständlich ist es nicht ausgeschlossen, neue Strategien und alternative Aktionskonzepte auszuprobieren, und niemandem ist ein Vorwurf zu machen, dass diese an der gesellschaftlichen Realität scheitern mögen. Nur sind die gemachten Erfahrungen, Reflexionsprozesse innerhalb der Bewegung zugänglich zu machen, um nicht dieselben Fehler immer wieder zu wiederholen und sich auch im Hinblick auf Protest- und Aktionsformen weiterzuentwickeln.

Ausgabe 72 (Oktober 2011)

Endnoten:

1. Bezogen wird sich hier auf den Aufruf zum „Antispe-Black-Block" und das Interview „Warum Antispe-Black-Block" (beide abrufbar über www.veganeantifa. blogsport.de) sowie auf den „Rückblick auf den Antispe-Actionday" (siehe *TIERBEFREIUNG 71*).

2. Möglichkeiten und Grenzen des Schwarzen Blocks sind in der radikalen Linken nicht unumstritten: So heißt es in dem Diskussionspapier „Out of Control – Demonstrationskultur in der Weite des Raums" (2007): „Manche vermeintlich erfolgreiche Demo, weil eingeseilt und mit Transparenten wie von Gartenzäunen umgeben, hat durch ihre introvertierte Form wohl mehr an einen mobilen Schrebergarten voller wütender aber hilfloser Zwerge, als an radikalen Protest erinnert." Diese und andere Problematisierungen werden im Text zum Ausgangspunkt für die Diskussion neuer Aktionskonzepte genommen, siehe: *www. gipfelsoli.org/Texte/Militanz/4433.html*.

3. Anregungen können bieten: das zuvor genannte Diskussionspapier „Out of Control", das 2005 von Marc Amann herausgegebene Buch *go.stop.act* (*www. go-stop-act.de*), „die Theorie des Schwärmens" (*www.jumpandrun.blogsport.de*) oder das Konzept zur 10. Tierbefreiungs-Norddemo (*www.norddemo.blogsport.de/ konzept*).

4. Im Vorfeld der Demo wurden von Neonazis auf deren Websites Aufrufe für die Demonstration veröffentlicht. Während der Auftaktkundgebung wurde den Instrumentalisierungsversuchen daher eine klare Absage erteilt. Darüber hinaus wurde sich in Redebeiträgen mit einer zeitgleich, ebenfalls in Berlin stattfindenden Antifa-Demo solidarisiert. Dennoch reihten sich drei Neonazis in den Demozug, in dem auch mehrere Antifa-Fahnen mitgeführt wurden, ein. Nach wenigen Metern wurden sie jedoch der Demo verwiesen. Hintergründe und eine Stellungnahme der Demo-Orga finden sich im Offenen Brief „Rechte für Tiere? – Nicht mit uns!", abrufbar auf der Homepage der *Berliner-Tierbefreiungs-Aktion* (BerTA): *www.berta-online.org/?page_id=58*.

5. Möglichkeiten sehen die Autor*innen im Betreiben von Infoständen, dem Verteilen von Flugblättern, dem Verlesen von Redebeiträgen oder der Organisation von Diskussionsveranstaltungen im Umfeld von Aktionstagen. Nicht unerwähnt bleiben soll, dass auch in Hamburg zu einem eigenen Block aufgerufen wurde, der sich auch optisch von anderen Teilen der Demo unterscheiden sollte. Nach Aussagen der Organisator*innen des Tierbefreiungsblocks wurde sich aber „bewusst dagegen entschieden, einen (autonomen) ‚Black Block' zu bilden". Maßgabe der Unterscheidung sollten die Inhalte der Demoschilder, Transparente und der verteilten Flugblätter sein, nicht „die Wahl der Kleidung, selbstreferentielles Verhalten oder die Verbalradikalität der gerufenen Parolen" (Vergleiche *TIERBEFREIUNG 71*, Seite 14 ff.).

6. Inwieweit die gegenwärtige Praxis von Tierschützer*innen, aber auch von Teilen der Tierbefreiungsbewegung, dazu beiträgt, anti-emanzipatorischen Gruppierungen Raum für die Anerkennung und Verbreitung ihrer Ideologien zu

verhelfen, wird in Emil Franzinellis Beitrag „Hauptsache für die Tiere?" in der *TIERBEFREIUNG 67* deutlich.

7. Entgegen der massenmedial aufbereiteten Narrative, dass die Revolutionen in den arabischen Ländern ihren Ausgangspunkt in Massendemonstrationen für politische Freiheitsrechte nahmen, muss gesagt werden, dass sie eher einen Kumulationspunkt langanhaltender Proteste darstellten. In Ägypten wurden die Auseinandersetzungen, die sich bereits seit 2008 verschärften, maßgeblich durch Streikbewegungen von Fabrikarbeiter*innen getragen. Und auch in Tunesien hatte sich bereits vor dem Sturz Ben Alis eine Jugend- und Sozialprotestbewegung etabliert, die über Streiks, Demonstrationen und Besetzungen eine nicht mehr zu ignorierende Kraft entwickelte. Siehe hierzu: Katharina Lenner: „Bilder einer Revolution" in: *Analyse & Kritik* 02/2011, Seite 4 f. und Bernhard Schmid: „Rebellion mit Ausstrahlung" in: *Analyse & Kritik* 01/2011, Seite 18.

8. Selbstverständlich stellt auch das Prinzip der Kampagnenarbeit keine zu verabsolutierende Praxis dar, sondern ist im Hinblick auf Möglichkeiten, Widersprüche und Grenzen zu hinterfragen, zu verändern und gegebenenfalls durch andere Strategien zu ersetzen. Hierzu der Artikel „Zwischen Erfolgs- und Repressionswellen – Perspektiven der Kampagnenarbeit für die Tierbefreiungsbewegung". Veröffentlicht als Teil des Readers *Liberation Days. Texte zur Reflexion über Repression und Tierbefreiung*, herausgegeben von der Basisgruppe Tierrechte (BAT).

DER BLACK BLOCK UND DIE VERBINDUNG VON ANTIFA UND ANTISPE

Die aufgelöste *vegane antifa süd* im Interview

Die *vegane antifa süd* (vas) erklärte nach anderthalbjährigem Bestehen im Mai 2012 ihre Auflösung. Sie initiierte Schwarze Blöcke auf Tierrechtsdemos (speziell bei zwei Frankfurt Pelzfrei-Demos) und versuchte, die Verbindung von Antifa und Antispe, von radikaler Linker und Tierrechts-/Tierbefreiungsbewegung, zu stärken. Es wurden jedoch Stimmen gegen einen Black Block laut. Auch in der *TIERBEFREIUNG* (Heft 72) wurde ein eingesendeter Beitrag abgedruckt. Weil die Redaktion eine Reaktion der vas nur gekürzt als Leserbrief veröffentlichte, stand auch das Magazin in der Auflösungserklärung in der Kritik. Wir haben uns daher entschieden, die vas für ein Interview anzufragen.

Hallo! Wir freuen uns, dass ihr trotz eurer Auflösung noch für ein Interview zur Verfügung steht. Somit haben wir Gelegenheit, über die Diskussionen um das Black Block-Konzept, aber auch über die Auflösung selbst zu sprechen. Wir haben uns gedacht, dass sich ein Hin und Her vielleicht besser durch ein Gespräch als durch ein Interview zur Selbstdarstellung – also mit kurzen Fragen – bewältigen lässt. Deshalb bringen wir durchaus noch einmal ein paar Kritikpunkte ein und verzichten auf die normale Asymmetrie von kurzen Fragen und langen Antworten. Wir hoffen, dass ihr die kritischen Fragen nicht als ein Gegen-euch-Sein, sondern als Diskursbeitrag anseht. Ihr habt auch kritisiert, dass sich mit euren Argumenten nicht wirklich auseinander gesetzt wurde. Wir hoffen, dies mit diesem Interview nicht auch zu machen – wenn, dann ist es nicht beabsichtigt – oder euch zumindest Raum zur Darstellung zu geben.

Wer war die *vegane antifa süd?*
vas: Die *vegane antifa süd* hatte sich Ende 2010 gegründet und war ein eher loser Zusammenschluss einiger Aktivist_Innen aus dem Süden. Die Gruppe selbst bestand aus einem eher kleinen aktiven Kern, der aber durch viele Sympathisant_Innen von außen gestützt wurde. Es ging uns vor allem darum, uns für eine stärkere Verbindung von Antifa und Antispe einzusetzen. Der konkrete Auslöser für die Gruppengründung war eigentlich, dass es auf einer antikapitalistischen Demo zu einer verbalen Auseinandersetzung mit Antifa-Aktivist_Innen kam, weil Menschen aus der Tierbefreiungsbewegung eine Antispe-Fahne mitgebracht hatten und das Demobündnis Nationalfahnen und Antispe-Fahnen auf

der Demo „verboten" hatte. Die Begründung belief sich darauf, dass das Konzept des Antispeziesismus eine (latente) Abwertung des Menschen betreibe und daher anti-emanzipatorisch sei. Dieses Vorurteil hatte sich anscheinend unnachgiebig in die Köpfe einiger Leute gebrannt und ließ sich auch durch lange Diskussionen nicht aus dem Weg schaffen. Wir wollten mit unserer Gruppe einen Beitrag dazu leisten, solche Vorurteile abzubauen.

Wie erklärt ihr euch, dass solche Vorurteile so lange Bestand haben?
vas: Dies hat vor allem wohl auch damit zu tun, dass sich in der Tat nicht leugnen lässt, dass es in der Tierbefreiungs- und Tierrechtsbewegung durchaus Leute gibt, die sich mit Menschenhass und Menschenverachtung identifizieren, da es ja „die bösen Menschen" sind, welche die ganze Tierausbeutung tagtäglich am Laufen halten. Eine Welt ohne Menschen wäre ja eigentlich eine bessere und man könnte ja auch nichts anderes, als Hass auf die Menschen empfinden, wenn man sich zum Beispiel die Bilder von den Schlachthöfen anschaue. Antispeziesismus in letzter Konsequenz heiße eigentlich eine Welt ohne Menschen, da Menschen immer Herrschaft über die nichtmenschlichen Tiere ausüben würden und sich nur ohne die Menschen die Tiere frei entfalten könnten. Der Mensch muss also eigentlich abgeschafft werden. Das ist aber nicht unsere Vorstellung von Emanzipation. Dies zu verleugnen, dass es solche Leute in der Szene gibt, die sich selbst zudem noch als emanzipatorisch labeln, wäre unwahr und man kann sie nicht einfach mit einem theoretischen Text über die eigentliche Bedeutung vom Antispeziesismus wegdiskutieren. Solche Leute sind uns mehrfach und an unterschiedlichen Orten in ganz Deutschland immer wieder begegnet.

Wie steht ihr zu diesem Personenkreis?
vas: Wir sagen ganz klar, dass wir solche Leute als unsere politischen Gegner ansehen, dass wir nicht dieselbe politische Agenda haben, dass uns ein unüberbrückbarer Graben trennt. Es ist in der Tat anti-emanzipatorisch, wenn hinter einer antispeziesistischen Politik eigentlich Menschenverachtung steht, wenn man von dem Wunsch getrieben wird, die Menschheit möge doch endlich von diesem Planeten verschwinden. Tierliebe, die mit Menschenhass einhergeht, ist ein widerliches Gesamtpaket und auch nicht damit zu rechtfertigen, dass man sich viele schlimme Filme über Tierquälerei angesehen habe. Ein Ameisenhaufen, der angezündet wird und in dem sechs Millionen Individuen lebten, ist nicht der Holocaust, weil ja alle Lebewesen genau gleich viel wert seien. Auch diese Relativierung des Holocausts, die Relativierung menschlichen Leids auf eine bloße Zahl, macht nicht nur anschlussfähig an Nazis, sondern dem ist der Ökofaschismus schon inhärent als unausgesprochener Gedanke enthalten. Wir lehnen diese Gedankengänge ab.

Was ist dann euer politischer Ansatz?

vas: Es geht uns um eine Emanzipation des Menschen, die aber eben mit einer Emanzipation der nichtmenschlichen Tiere einhergeht, damit verknüpft ist. Wir glauben nicht, dass der Mensch eigentlich ein böses Wesen sei, sondern es sind gesellschaftliche Verhältnisse, welche die Menschen zu dem machen, was sie sind. Anstatt also den Menschen abzuschaffen, weil er unmenschlich sei, gilt es vielmehr, die gesellschaftlichen Verhältnisse menschlich zu gestalten, dass auch der Mensch menschlich sein kann – es gilt diese Verhältnisse umzustürzen und damit nicht nur den Menschen, sondern auch die anderen unterdrückten Wesen zu befreien. Es geht also nicht darum in abstracto darüber nachzudenken, wie viel Recht dem Menschen zukommt und wie weit wir ihn abwerten müssen, um den Tieren mehr Rechte zu geben, sondern es geht fundamental um eine tätige Bewegung, welche den jetzigen Zustand aufhebt, die Verhältnisse ändert und damit auch den Menschen wieder in ein neues Verhältnis zur Natur, zu den anderen Lebewesen bringt. In diesem Sinne kommt der Mensch zuerst: Es geht um seine Befreiung. Aber mit seiner Befreiung muss eben die totale Befreiung, die Aufhebung auch der Unterdrückung der nichtmenschlichen Lebewesen einhergehen. In diesem Sinne hat sich unsere Gruppe im Laufe der Zeit auch in ihrem theoretischen Ansatz weiterentwickelt. Am Ende haben wir es vorgezogen, statt vom Antispeziesismus – ein Begriff, der leider oft falsch verstanden wird – von „Total Liberation" zu sprechen, da wir uns eben auf Befreiung beziehen und unser Schwerpunkt nicht darauf liegt, wer wie weit auf- oder abgewertet werden solle.

Wie sieht für euch dann eine befreite Gesellschaft aus?

vas: Ironischerweise ist die antispeziesistische Gesellschaft nicht eine solche, wo die ganzen Tiere, die früher in den Schlachthöfen waren, nun auf der Straße herumlaufen, sondern vielmehr eine, die völlig ohne nichtmenschliche Tiere funktioniert. Es ist gewissermaßen eine tierbefreite Gesellschaft und nicht eine, wo die nichtmenschlichen Tiere vom Menschen „befreit" und er selbst damit abgeschafft und durch nichtmenschliche Tiere ersetzt wird. Die Herrschaftsverhältnisse über die nichtmenschlichen Tiere aufzuheben, kann letztlich nur funktionieren, wenn es keine „Nutztiere", keine „Haustiere" und so weiter mehr in der menschlichen Gesellschaft gibt. Solange es nichtmenschliche Tiere in der menschlichen Gesellschaft gibt, wird es auch Herrschaft über diese Lebewesen geben. Wir sind keine „Tierfreunde" in dem Sinne, dass wir irgendein Kuschelbedürfnis politisieren würden. Ein letzter Widerspruch zwischen Menschen und nichtmenschlichen Tieren bleibt auch dann, selbst wenn alle Tierausbeutung innerhalb der menschlichen Gesellschaft aufgehoben wird. Es wäre auch illusionär zu glauben, diese Herrschaft völlig abschaffen zu können. Wir sind keine Utopisten, keine bloßen Träumer, sondern es geht uns darum, ein unmenschliches Geschäft zu beenden, was einhergehen muss mit dem Umsturz aller Verhältnisse, in denen der Mensch selbst ein erniedrigtes, ein geknechtetes, ein verlassenes, ein verachtetes Wesen ist.

Wieso „muss" die gesellschaftliche Tierbefreiung mit dem Umsturz menschenknechtender Verhältnisse einhergehen? Weil es ethisch geboten ist oder weil es nicht anders möglich ist? – Stichwort Hauptwiderspruch.
vas: Die Emanzipation des Menschen setzt den Menschen in ein neues Verhältnis zu sich selbst und auch zu den anderen Lebewesen. Eine befreite menschliche Gesellschaft, die auf der Vergesellschaftung der Produktionsmittel beruhen würde, basiert fundamental auf Werten wie Solidarität und Mitgefühl – ansonsten könnte sie gar nicht funktionieren. Dies aber setzt den Menschen über kurz oder lang auch in ein neues Verhältnis zu den anderen Lebewesen, da echtes Mitgefühl seinem Wesen nach nicht auf nur eine bestimmte Gruppe beschränkt bleiben kann. Eine Gesellschaft wie die unsere dagegen, die auf Konkurrenz, Rücksichtslosigkeit, Ausbeutung und Profitmaximierung basiert, wird nicht in der Lage sein, völlig unabhängig von einer Systemveränderung Tierausbeutung überwinden zu können, da dies der Systemlogik selbst widerspricht, solange Tierbefreiung nicht mehr Profit bringen würde als Tierausbeutung. Insofern können systemimmanent, wenn überhaupt, nur Teilerfolge erzielt werden. Da das Sein das Bewusstsein bestimmt, ist es völlig unrealistisch, die Systemlogik in den Köpfen zu verändern, aber das System beibehalten zu können. Die gesellschaftliche Tierbefreiung kann also nicht losgelöst von dem Umsturz der gegenwärtigen Gesellschaftsordnung gelöst werden.

Tierbefreiung ist das eine, analog zur Emanzipation von benachteiligten Menschengruppen. Etwas anderes sind Tierrechte, wie die im Kapitalismus hergestellte, zumindest formelle Gleichberechtigung von Weißen und Schwarzen, von Männern und Frauen. An diesen Beispielen zeigt sich ja, dass Verschiebungen der Diskurse und Werte zu Transformationen kapitalistischer Mechanismen führen können. Wenn Befreiung im Kapitalismus nicht möglich ist, könnten es denn gewisse Tierrechte – und ich meine damit selbstverständlich keine Tierschutzgesetze – sein?
vas: Natürlich ist es möglich und auch wichtig, Änderungen auch im Kapitalismus durchzusetzen, und dafür kämpfen wir auch. Die Frage ist aber, inwiefern das Tierrechtekonzept wirklich stimmig ist und inwiefern es theoretisch überhaupt annehmbar ist. Hier redet man wieder von Tieren, als wäre das eine homogene Masse. Wirbeltiere, wie zum Beispiel Säugetiere, und Wirbellose, wie zum Beispiel Insekten, unterscheiden sich ja ziemlich stark. Dann gibt es noch nichtmenschliche Tiere, die zwar zu dem Reich der Tiere gezählt werden, die sich in ethischer Hinsicht aber eigentlich nicht von den Pflanzen unterscheiden, da sie kein Bewusstsein oder Leidempfinden haben. Unhintergehbare Rechte, zum Beispiel für wirbellose Tiere wie Insekten, würden es unmöglich machen, einen

Acker zu pflügen, ohne dass man sich strafbar machen würde. Diese Vorstellung, die mit einer Abschaffung der Zivilisation einhergehen müsste, ist aber für uns nicht wünschenswert oder tragbar. Unabhängig von diesen problematischen Punkten wären natürlich Rechte, zum Beispiel für diejenigen nichtmenschlichen Tiere, die wir gegenwärtig als „Nutztiere" halten, auf jeden Fall ein Fortschritt.

Wie würdet ihr euren eigenen Ansatz beschreiben? Was würdet ihr zu eurer Strategie sagen?

vas: Am Anfang unserer Gruppenbildung stand ja die Kritik an einem verflachten Antispeziesismuskonzept. Unser Ansatz war nun aber nicht, dieses Antispe-Konzept aufzugeben, weil es eben einige Menschen gibt, die es nur verflacht verstehen, sondern diesen Vorurteilen einen praktischen Entwurf entgegenzustellen, der eine Art Vorzeigecharakter hätte. Wenn Antispeziesismus wirklich per se menschenverachtend sein müsste, dann hätte es unsere Gruppe gar nicht geben dürfen. Unsere Hoffnung war, dass diese Tatsache zum Nachdenken anregen würde, dass so Vorurteile abgebaut werden könnten. Das Benutzen von Antifa-typischen Szenecodes, wie etwa dem Black Block-Dress, sollte ebenfalls zu einer Annäherung führen. Vegane Antifa sollte aber eben einen Schritt weiter gehen als die Antifa-Bewegung bis dahin. Unser Ziel war eigentlich, Antifa-Leute näher an die Tierbefreiungsbewegung zu bringen, ihnen Anknüpfungspunkte zu geben, die es ihnen ermöglichen würden, über die sonst so begrenzte und von Vorurteilen geprägte Sicht auf das Antispe-Konzept hinwegzusehen, tiefer zu blicken. Des Weiteren aber war es uns ebenso ein Anliegen, wirklich mit diesen menschenverachtenden Vorstellungen, die sich eben in der Tierbefreiungsbewegung auch finden lassen, aufzuräumen. Es ist ja bezeichnend, dass Nazis mehrmals versuchten, die Tierbefreiungsbewegung zu vereinnahmen. Unsere Gruppe sah sich auch als einen Beitrag dazu, hier grundlegend etwas klarzustellen. Auch hierin kann man sicherlich einen Erfolg sehen: Es ist für Nazis durch unsere Gruppe noch schwieriger geworden, einen eigenen Anknüpfungspunkt zur Tierbefreiungsbewegung herzustellen. Wir wissen davon, dass unsere Gruppe in der Tat Nazis davon abgehalten hat, auf bestimmte Demonstrationen zu gehen. Man kann unseren Ansatz generell so kennzeichnen, dass wir uns sowohl von einem Teil der Tierbefreiungs- und Tierrechtsbewegung abgrenzen wollten, der unseres Erachtens anti-emanzipatorisch und inhaltlich nahe am Ökofaschismus steht, als auch von Teilen der Antifa-Bewegung, deren Bestreben nach Emanzipation einen Aspekt ausklammert und damit nicht vollständig sein kann. Wirkliche Menschlichkeit setzt den Menschen auch neu in ein Verhältnis zu den nichtmenschlichen Tieren, verwirklicht Respekt und Achtung, und solange dies nicht geschehen ist, kann der Mensch auch nicht wirklich menschlich sein, hängt ihm immer noch ein Rattenschwanz an Problemen nach.

Eure Antwort, aber auch einige eurer Texte und Stellungnahmen, klingen so, als wärt ihr die erste und einzige Gruppe gewesen, die Tierrechts- und Tierbefreiungsideen mit libertären und emanzipatorischen Ideen mit Bezug auf die Menschengesellschaft kombiniert. Es gibt aber eine Reihe von Gruppen wie zum Beispiel Gruppen in Hamburg, die BerTA, die Antispes in Tübingen, Aachen und Freiburg, das *roots of compassion*-Kollektiv, die gesellschaftliche Tierbefreiung im Kontext von Kapitalismus und menschenbezogenen Herrschaftsformen sehen. Überseht ihr diese nicht in eurer Einschätzung der Bewegung?

vas: Dass wir die einzige Gruppe mit einer Art Total Liberation-Ansatz sind, haben wir nie behauptet. Vor Gruppen wie zum Beispiel der *Antispe Tübingen* haben wir einen großen Respekt, und sie verdienen unsere Solidarität und Unterstützung. Die Tierbefreiungsbewegung ist, gerade durch die von dir genannten Gruppen, insgesamt als eine emanzipatorische Bewegung einzuschätzen, aber sie wird gehemmt, sie wird dadurch korrumpiert, dass Einzelne immer wieder die Tierbefreiungsbewegung als eine Art Trittbrett benutzen, um eine eigentlich menschenfeindliche Ideologie zu verbreiten, die ihrem Kern nach anti-emanzipatorisch ist und zurecht von antifaschistischer Seite kritisiert wird. Es ist wahrscheinlich der falsche Eindruck entstanden, dass wir uns vor allem mit einer Kritik an der Tierbefreiungsbewegung beschäftigen würden, weil wir aufgrund der Vorwürfe, wie ihnen ja auch in diesem Magazin hier Platz eingeräumt wurde, gewissermaßen gezwungen wurden, uns damit auseinanderzusetzen, die Kritik an unserem Konzept zu entkräften. Dies war aber eigentlich nicht das Anliegen, weshalb wir die Gruppe gegründet haben, sondern es ging uns darum, praktisch einen Gegenentwurf zu anderen Gruppen zu bilden, die sich entweder nicht klar genug von menschenverachtendem Gedankengut abgrenzen, oder meinen, eine Verbindung von Antifa und Antispe sei nicht möglich.

Ihr sagtet soeben, ihr habt einen praktischen Entwurf entwickelt: Black Block und linke Szenecodes. Es gab bereits in den 1990ern und im letzten Jahrzehnt Gruppen, die diesen Weg gegangen sind. Sie haben schon Erfahrungen über Probleme gesammelt, die daraus entstehen, linke Inhalte in die Tierrechts-/ Tierbefreiungsbewegung beziehungsweise Tierbefreiungsinhalte in die radikale Linke über linke Symbole und Rituale transportieren zu wollen. Glaubt ihr nicht, dass euer Versuch insofern kein Neuland war? Hattet ihr euch mit früheren, ähnlichen Bemühungen auseinandergesetzt?

vas: Vielleicht war dieser Versuch kein Neuland. Vielleicht hätte man auch meinen können, da das Projekt zu früheren Zeiten gescheitert ist, könne es überhaupt nicht funktionieren, und ein neuer Versuch wäre eigentlich überflüssig. Wir haben uns in der Tat nicht vorher hingesetzt und geschaut, welche Versuche es vor uns gab, sondern es war uns einfach ein Bedürfnis, beide Szenen in einer Gruppe zu verbinden und dieses Konzept zu fördern. Wir haben nicht einfach aus abstrakten Überlegungen heraus gesagt: „Um eine Verbindung beider Szenen zu erleichtern, müssen wir mehr linke Symbolik verwenden", sondern wir selbst entstammen ja einem antifaschistischen Kontext, in dem zum Beispiel die Existenz eines Black Blocks eigentlich die Grundlage war, um überhaupt auf eine Demo zu gehen, allein daher, weil man sich sonst unsicher gefühlt hat. Wir stammen eigentlich aus der radikalen Linken und haben aus der Kritik an ihr heraus eine neue Gruppe gegründet, die aber auch nicht einfach in die Tierbefreiungsbewegung unkritisch übergehen wollte, sondern vielmehr die Elemente, die uns negativ erschienen, kritisieren und die progressiven Elemente verbinden wollte. Hätte es nicht in der Vergangenheit schon solche Ansätze von der Tierbefreiungsbewegung aus gegeben, auch zum Beispiel symbolisch sich der Antifa-Bewegung anzunähern (Stichwort Antispe-Fahne), wäre wahrscheinlich gar nicht die gemeinsame Basis für uns gegeben, diesen Versuch zu machen. Es gab ja auch in der Vergangenheit auf Tierrechtsdemos, wie zum Beispiel Frankfurt 2009, einen Black Block, ohne dass wir dazu aufgerufen hatten. Unser Eindruck war allerdings weniger, dass in der Tierbefreiungsbewegung ein großer Reflexionsprozess stattgefunden hätte und aus inhaltlichen Gründen diese Aktionsform aufgegeben wurde, sondern eher, dass die Tierbefreiungsbewegung einfach an Stärke verliert, dass sie sich von der radikalen Linken zunehmend entfernt. Unser Ziel war also eigentlich eine Trendwende wieder näher an die radikale Linke heran, woraus unseres Erachtens auch die Tierbefreiungsbewegung neue Stärke gewinnen würde.

Was waren eure konkreten Ziele als Gruppe, mit denen ihr angetreten wart?
vas: Es ging uns darum, progressive Strömungen beider Szenen zu supporten, zu stärken, ja letztlich auch eine Vernetzung all dieser Menschen herzustellen, die nach wirklicher Emanzipation in unserem Sinne streben. Wir haben versucht, theoretische Grundlagen für das Konzept „vegane Antifa" zu erarbeiten, um so auch andere Gruppenbildungen zu ermöglichen, zu befördern. In der Tat ist ja auch noch eine weitere Gruppe zu uns gestoßen, mit der wir zusammengearbeitet haben, aber es ist kein wirkliches Netzwerk entstanden. Der nicht so erfolgreiche Total Liberation-Black Block auf der letzten Frankfurt Pelzfrei-Demo lässt auch darauf schließen, dass die Sympathisant_Innen-Szene nicht immer weiter konstant gestiegen ist, sodass es wirklich auch zu weiteren Gruppenbildungen hätte kommen können. Zumindest sind diese Sympathisant_Innen dort nicht in Erscheinung getreten. Die Demo liefert zumindest einen Hinweis, wie stark der Rückhalt für das „vegane Antifa"-Projekt war und der Hinweis hieß: schwindend. Es lässt sich von uns aus auch kaum sagen, wie stark unser Einfluss auf die Antifa-Szene war. Im Jahr 2011 hatten sich noch Antifa-Gruppen angekündigt, die uns auf der Demo, zu dem Block, zu dem wir mobilisiert hatten, unterstützen wollten. 2012 hatten wir keine solchen Rückmeldungen. Einen nicht geringen Einfluss haben jedoch sicherlich unsere Videos ausgemacht, die im Internet alle

zusammen insgesamt mehr als 100.000 Klicks bekommen haben und weit öfter angesehen wurden als andere politische Antispe-Videos, die man dort finden kann. Dies werten wir auf jeden Fall als einen Erfolg. Die Bilanz unserer
politischen Tätigkeit bleibt also sicherlich positiv, und unser Handeln war auf
keinen Fall umsonst, da wir trotz allem viele Menschen erreicht haben, sowohl
aus der Antifa- als auch aus der Tierbefreiungsbewegung. Nichtsdestotrotz ließ
sich unser eigentliches Ziel nicht verwirklichen, nämlich eine Art Netzwerk aufzubauen, was der Zusatz im Namen „süd" ja auch schon andeutete. Hieran sind
wir gescheitert.

**Ihr spracht gerade die Theorie an. Ich habe schon ein paar Gruppen genannt,
die Tierbefreiung und andere emanzipatorische Ideen verbinden oder die
sich explizit als links bezeichnen. Sie organisieren jedoch keine Schwarzen
Blöcke und arbeiten auch nicht oder nicht mehr auf der Ebene der Symbole,
sondern positionieren sich auf inhaltlicher und teilweise auf theoretischer
Ebene als herrschaftskritische und emanzipatorische Gruppierungen. Ihr
seht das Scheitern eines Antispe-Black Blocks als Scheitern einer Verbindung
zwischen Tierrechts-/Tierbefreiungsbewegung und radikaler Linker an. In
der Kritik an euch stand ja vor allem die Fixierung auf Symbole und den Black
Block. Glaubt ihr nicht, das Problem lag nicht daran, dass Tierrechtsaktive
sich gegen emanzipatorische Inhalte sträuben, sondern eher daran, dass gerade emanzipatorische Tierrechtsaktive Kritik am Konzept „Black Block"
und linker, symbolischer Identitätspolitik hatten – dass es diese Kritik nicht
gegeben hätte, wenn ihr es über Inhalte statt über Symbole versucht hättet?**
vas: Für uns stand die linke Symbolik nie in Frage, weil wir selbst eben eigentlich aus diesem Kontext kommen. Wir hielten diese Symbolik aber auch für ein
gutes Mittel um Anknüpfungspunkte zur Antifa-Bewegung zu schaffen. Unsere
Vorstellung war, dass es mehr brauchen würde als nur theoretische Texte, um
wirklich Leute aus der radikalen Linken zu überzeugen, sich auch für Tierbefreiung zu engagieren. Wir hatten die Hoffnung, dass vielleicht eben auch durch
eine äußerliche Annäherung der theoretische Ansatz ernster genommen werden
würde. Eigentlich unterscheidet uns ja nichts was wesentlich wäre – das Schaffen
rein äußerlicher Anknüpfungspunkte, mit einem Ernstnehmen der antifaschistischen Kritik und die Entwicklung eines dazu passenden theoretischen Backg-
rounds könnten vielleicht durchaus Erfolg haben – so dachten wir. Die Kritik der
Tierrechtsbewegung haben wir in der Tat unterschätzt und war uns eigentlich, da
wir eben aus einem antifaschistischen Kontext stammen, auch sehr fremd. Unser
Eindruck war eher, dass unsere Kritiker_Innen selbst eigentlich aus einer klein-
bürgerlichen Perspektive heraus „Angst vorm Schwarzen Block" hatten, dass
sie Angst vor einer gewissen Radikalität hätten und diese Angst eigentlich der
Grund ist, warum dieses Konzept so stark kritisiert werden musste. Der sprin-
gende Punkt ist doch auch, dass wir uns vor allem an Antifaschist_Innen gerich-

tet haben, die eben mit uns dieselbe linke Identität teilen, dies also eigentlich nicht Gegenstand der Diskussion hätte sein sollen. Wir müssen aber auch zugeben, dass unser Konzept so, wie wir es uns vorgestellt hatten, nicht aufgegangen ist. Die rein theoretische Anlehnung an die radikale Linke, die ja auch schon seit Jahren gesucht wird, hat aber ebenfalls nicht zu einer starken Verknüpfung geführt. Insofern hatte der damalige Status der Tierbefreiungsbewegung eigentlich eine Weiterentwicklung nötig oder zumindest einen neuen Ansatz, der vielleicht frischen Wind in die Bewegung bringen würde – war jedenfalls unser Gedanke.

Ein Kritikpunkt an eurem Konzept war ja das maskuline Auftreten. Auf eurer Website gab es ein Video zum Bau einer Minifahne. Diese Fahnen haben den Sinn, auch als Schlagstock verwendet zu werden. Auf einem Plakat sind zwei Vermummte mit Handschuhen zu sehen. Auch wenn nicht klar ist, ob dies Quarzsandhandschuhe sind, symbolisiert ihr dennoch den_die militanten Straßenkämpfer_in. Wir schreiben zwar „_innen", aber es handelt sich dennoch um männlich dominierte und konnotierte Konzepte: Uniform, Militanz, Stärke, Kampf. Was sagt ihr zu der Kritik, dass solche militanten Black Block-Codes von männlicher Dominanz und Symbolik geprägt sind?

vas: In der Tat lässt es sich nicht verleugnen, dass das „Black Block"-Konzept vor allem männlich sozialisierte Personen anspricht, dass auch in den von uns organisierten Blöcken der Frauenanteil geringer war als in anderen Teilen der Demonstration. Das ist ein Punkt, der natürlich schade ist. Aber man darf in einer Kritik auch nicht von den gesellschaftlichen Verhältnissen abstrahieren und einen völlig unrealistischen Maßstab anlegen, der schon die Utopie vorwegnehmen würde, bevor überhaupt für sie gekämpft wird. Natürlich können, wie auch kritisiert wurde, Menschen im Rollstuhl nicht bei Laufeinlagen mitlaufen, können Blinde nicht sehen und Stumme nicht Demoparolen mitrufen. Und in einer Gesellschaft, die bestimmte Rollenbilder erzeugt, wo eine politische Auseinandersetzung auf der Straße eher männlich konnotiert ist, werden in der Regel auch mehr männlich sozialisierte Personen mitwirken. Das ist natürlich schade, aber wir befinden uns ja nicht im luftleeren Raum. Ein Konzept aufzugeben, weil es nicht vollständig utopischen Idealen entspricht, geht doch an der Realität einfach vorbei. Natürlich ist das nicht perfekt, aber wir haben doch konkrete Gründe gehabt, warum wir eine Situation schaffen wollten, wo der Einzelne anonym bleiben konnte. Diese Gründe zum Beispiel einfach mit der Bemerkung wegstreichen zu wollen, People of Color hätten in so einer Situation Nachteile, weil sie trotzdem nicht gänzlich anonym wären und auch in einem Black Block erkannt würden, ist doch einfach an den Haaren herbeigezogen.

Die letzte Frage zielte auf die Kritik an der maskulinen Symbolik. Es drängt sich daneben noch der Sinn solcher Militanz-Symbolik auf. Das fast militärische Auftreten während und nach Antifa-Demos hängt damit zusammen,

dass es in der Regel auch zu Kampfhandlungen kommt. (Quarzsand-)Handschuhe und Fahnen, die als Schlagstock verwendet werden können, können durchaus zum Einsatz kommen, wenn es zu Begegnungen mit Neonazis kommt oder sehr entschlossene Antifa-Aktive ihren Block vor der Polizei verteidigen. Eine Antifa-Demo, die aus mehreren tausend Personen besteht, kann, wenn alle mit ihren Fahnen erhoben hüpfen und dabei Parolen rufen, einschüchtern. Sind solche Mittel und Symbole auf den kleinen Tierrechts-/Tierbefreiungsdemos, die zwar Entschlossenheit demonstrieren, aber nicht die Straßenkämpfer_innen-Militanz einsetzen und aufgrund der Personenzahl auch gar nicht können, nicht fehl am Platz? Auf der Frankfurt Pelzfrei 2011 stand euer Block mehrmals vor Pelzgeschäften, fing an zu hüpfen, die kurzen Fahnen dabei in die Luft zu strecken und zu rufen „Wir machen euch pelzfrei!" Ist ein kleiner und zahlenmäßig schwacher Black Block auf einer bunten Anti-Pelz-Demo glaubwürdig, der die Rituale übernimmt, die wir von großen Antifa-Demos kennen?

vas: Das ist ein sehr guter Punkt und vielleicht der bisher beste Einwand gegen das Konzept – ein Einwand, den wir im Übrigen teilen. Wir würden auch sagen: Ein kleiner Black Block macht eigentlich in keinem Fall Sinn. Unser Ziel war es eben, einen großen Black Block zu bilden, mit allen Dynamiken, die das mit sich gebracht hätte. Dies haben wir nicht erreicht und daraus auch irgendwo die Konsequenzen gezogen. Ein solcher Mini-Black Block ist nämlich in der Tat nicht glaubwürdig oder hätte irgendeinen Effekt, der anvisiert war. Wir haben bewusst nur auf die größte Tierrechtsdemo in Deutschland mobilisiert, weil uns klar war, dass bei kleinen Demos noch viel weniger die Möglichkeit bestanden hätte, einen Block, wie er uns vorschwebte, zu realisieren. Man muss aber auch noch bedenken: Es waren nicht rein praktische Erwägungen in die Richtung, wie wir zum Beispiel der Pelzindustrie am meisten hätten schaden können, sondern es ging ja auch darum, Anknüpfungspunkte für die radikale Linke zu schaffen. Für uns waren Black Block-Demos einfach selbstverständlich, nicht nur auf antifaschistischen, sondern auch auf antikapitalistischen und Antirepressionsdemos. Warum dann nicht auch auf Tierbefreiungsdemos?

Ein Argument – euer Hauptargument, oder? – für den Black Block ist die Abwehr von Repression durch einen höheren Organisationsgrad der Teilnehmer_innen. Ihr geht davon aus, dass sich ein Black Block besser gegen Repression behaupten kann als eine lockere Demo ohne feste Blöcke und Abgrenzungen durch Außentranspis. Dagegen wurde argumentiert, dass dieser Block gegenteilig wirkt, weil er ein höheres Polizeiaufgebot verursacht. Ihr habt nach der letzten Frankfurt Pelzfrei-Demo gemerkt, dass euer Konzept nur halb aufgegangen ist und zukünftig in Frankfurt wahrscheinlich nicht mehr angewendet werden kann. Zwar konntet ihr den Block geschlossen halten, dafür war das Polizeiaufgebot aber weitaus höher als im Vorjahr, weshalb keine direkten Aktionen oder Aktionen des zivilen Ungehorsams aus dem Black Block heraus möglich waren. Glaubt ihr, dass dieses Konzept mehr als einmal pro Stadt aufgehen kann, wenn die Repression wächst, aber nicht der Block?

vas: Das von dir am Anfang genannte Argument ist auf jeden Fall bei unseren Überlegungen sehr wichtig gewesen. Es ging hier in unserem Falle auch um eine Art Selbstschutz, um Anonymität, weshalb auch Einwände, die Aktionsform könne Passanten nicht so effektiv überzeugen wie andere Aktionsformen, an dem, was uns wichtig war, ziemlich vorbeigegangen sind. Deine letzte Frage ist auf jeden Fall berechtigt und mit ein Grund, warum wir das Projekt „Black Block" eingestellt haben. Es war einfach nicht mehr realistisch, in der Zukunft wirklich eine von uns gewünschte Dynamik zu entfalten, da ja auch die Teilnehmer_Innenzahl schwindend war. Ein verschwindend geringer Black Block auf einer Tierrechtsdemo hat auch keine Anziehungskraft für Menschen aus der Antifa-Bewegung, die das Konzept eigentlich supporten würden.

Was sind die näheren Gründe für eure Auflösung?

vas: Zunächst einmal: Die Chancen für eine wirkliche Verbindung von Antifa und Antispe waren von Anfang an ziemlich schlecht. In der Antifa-Szene gibt es so viele Vorurteile gegenüber dem Antispeziesismuskonzept an sich, und in der Antispe-Szene gibt es durchaus genügend Menschen, die diesen Vorwürfen auch ein Gesicht geben, ja denen man auch berechtigterweise diesen Vorwurf machen muss. Es hat sich auch hier etwas zum Positiven geändert, wohl nicht unbedingt durch uns, sondern sicher auch, weil einige Menschen selbst ein Unbehagen bei bestimmten menschenverachtenden Vorstellungen verspürt haben werden. Ein großes Problem ist allerdings, dass man sich erst einen größeren theoretischen Background aneignen muss, um wirklich den eigentlichen Gehalt der Tierbefreiungsbewegung verstehen zu können. Viele sind hierzu nicht in der Lage und verbleiben bei einem verkürzten Verständnis vom Antispeziesismus, was gefährlich und verhängnisvoll ist, wenn es sich nicht zu einer vertieften Position hin entwickelt. Hierin wird auch immer eine Schwierigkeit bleiben, dass die Tierbefreiungsbewegung ein hohes Maß intellektueller Beschäftigung erfordert, was vielen wohl eine zu hohe Hürde sein wird, um wirklich zu uns zu finden. Also: Die Ausgangssituation war ohnehin schlecht. Die scheinbare Schwäche der Tierbefreiungsbewegung im Moment, die sich durch mangelhafte Mobilisierungsfähigkeit zu Aktionen oder in der im Wesentlichen stagnierenden Zahl aktiver Gruppen zeigt, wird sicher auch einen Teil dazu beigetragen haben, dass unser Konzept keinen großartigen Erfolg gehabt hat. Wenn es ohnehin schon wenige Aktive gibt, kann sich hiervon schwerlich noch ein Teil anderweitig engagieren, beziehungsweise es sind zu wenig Leute da, bei denen der Samen auf fruchtbaren Boden hätte fallen können. Dazu muss man auch erwähnen, dass es in der Antifa-Szene aber auch nicht nur berechtigte Kritik, sondern zum Teil wirklich einfach Vorurteile gegenüber der Tierbefreiungsbewegung gibt, die natürlich auch mit dem eigenen Essverhalten zu tun haben. Es wird sicherlich trotzdem an vielen Orten vereinzelte Aktivist_Innen geben, die mit unseren Konzepten und Ideen sympathisieren, sowohl in der Antifa- als auch in der Antispe-Szene, die aber eben nicht die Möglichkeiten haben, sich in entsprechenden Gruppen zu organisieren, weil sie zu wenige sind und mit ihren Positionen alleine dastehen. Ein weiterer wichtiger Punkt in Bezug auf unsere Auflösung, der nicht unerwähnt bleiben sollte, ist die Kritik der Tierbefreiungsbewegung an unserem Konzept selbst. Diese Kritik, wie sie sich ja auch in einer früheren Ausgabe dieses Magazins exponierte, beruhte im Wesentlichen auf einem völligen Unverständnis unserer eigentlichen Intentionen. Unser Anliegen war es, die Antifa- und Antispe-Szene zu verknüpfen. Unsere Frage war: Was können wir möglichst effektiv tun, um dieses Ziel zu fördern? Hieran aber ist zum Beispiel diese Kritik einfach völlig vorbeigegangen, ja betrachtet dies auch gar nicht mal als eigene Fragestellung – war aus diesem Grunde destruktiv. Die kritischen Punkte, die du jetzt noch zusätzlich angesprochen hast, sind da schon sehr viel stichhaltiger. Ob jetzt das „Black Block"-Konzept abzulehnen wäre, weil es männlich konnotiert sei, oder ob linke Symbolik und „Identitätspolitik", wie du es genannt hast, verwendet und betrieben werden sollte oder nicht, das können wir hier wohl nicht abschließend klären. Es war ein Experiment, es war ein praktischer Versuch, der zumindest unserer Einschätzung nach vielversprechend war, ganz unabhängig davon, welche anderen Wege andere Gruppen gehen oder schon gegangen sind. Aber dieser Versuch scheint in seiner Zielsetzung nicht ganz aufgegangen zu sein. Praktisch ist er gescheitert, und man könnte auch Rückschlüsse auf Fehler in der Theorie ziehen. Ob die von dir genannten Punkte wirklich diejenigen sind, die mit zum Scheitern des Konzeptes geführt haben und ansonsten eigentlich alles super funktioniert hätte, können wir so natürlich nicht sagen. In der Vergangenheit wurden wir oft falsch verstanden, wohl auch zum Teil in diesem Interview, als würden wir meinen, wir hätten den einzigen richtigen Weg und wären die einzige „gute" Gruppe. Da wir unser Projekt als eine Art Experiment begriffen haben, kann dies eigentlich schon von daher nicht stimmen. Da wir gescheitert sind, liegt es jetzt an unseren Kritikern, es besser zu machen, einen anderen Weg zu gehen, und vielleicht funktioniert er ja wirklich besser. Das Problem hieran ist, dass es viele Leute gibt, die sich aus einem Hinterzimmer heraus viele interessante Kritikpunkte für Dinge, die in der Praxis umgesetzt werden, vorbringen, aber selbst dann nicht in der Lage sind, dem etwas Besseres entgegenzustellen. Dadurch aber zerreibt man sich nur. Und dieses Reiben an unserer Position, dieser fast schon zwanghafte Versuch, sich alle möglichen Dinge auszudenken, die man noch an dem Konzept kritisieren könnte, egal wie absurd dies auch eigentlich ist, das hat zumindest einen Teil dazu beigetragen, dass uns vielleicht der Wind aus den Segeln genommen wurde, bevor das Schiff wirklich gestartet ist. Aber zumindest wurde von der Tierbefreiungsbewegung das Konzept diskutiert, wenn auch eben zum Großteil nicht differenziert. Die Antifa-Szene glänzte ja in der Frage nach einer veganen Antifa eher mit Ignoranz, zumindest was öffentliche Stellungnahmen angeht. Hier wäre wahrscheinlich ein größerer Diskussionsprozess zustande gekommen, wenn wir anstatt auf eine Tierrechtsdemo zu einem Block auf einer Antifa-Demo mobilisiert hätten. Wäre wirklich ein Netzwerk entstanden, so wäre dies vielleicht der nächste Schritt gewesen, den wir nun nicht mehr umsetzen können.

Eure Ideen sind falsch angekommen. In Hinblick auf meine Fragen zum Verhältnis von Symbolen und Inhalten, zur Fixierung auf den Black Block und so weiter: Könnte es nicht daran gelegen haben, dass ihr zu sehr autonome beziehungsweise Antifa-Kultur auf die Tierrechts-/Tierbefreiungsbewegung übertragen habt und zu wenig deren progressiven Inhalte selbst zum Programm gemacht habt, dass ihr eure Ziele fast nur plakativ, aber nicht wirklich inhaltlich kommuniziert habt?

vas: Wie schon gesagt haben wir uns selbst vor allem als Teil der radikalen Linken verstanden, als „Autonome", als Menschen, die Teil einer Antifa-Kultur sind. Wir haben uns aber ein wenig daraus gelöst und versucht, einen Schritt weiter zu gehen, sind damit auch einen Schritt auf die Tierbefreiungsbewegung zugegangen. Aber du hast natürlich recht damit, dass die Tierbefreiungsbewegung mehr mit uns hätte anfangen können, wenn wir nicht diese Elemente der Antifa-Bewegung beibehalten hätten. Damit aber hätten wir auch einen Teil unserer Identität aufgeben müssen, und das war eigentlich nicht unser Ansatz und schien uns angesichts konkreter Ziele, nämlich einer stärkeren Verbindung von Antifa und Antispe, auch nicht unbedingt notwendig oder sinnvoll zu sein. Da sich aber praktisch gezeigt hat, dass das „Black Block"-Konzept nicht aufgegangen ist, sollte man jetzt natürlich versuchen, neue Wege zu gehen, die sicherlich auch in die Richtung gehen können, vor allem stärker inhaltliche Positionen zu erarbeiten und auch darzulegen, dabei aber auf solche Elemente wie den Black Block oder diesen militanten Touch zu verzichten.

Worin seht ihr Perspektiven für die Tierbefreiungsbewegung?

vas: Die Perspektive der Tierbefreiungsbewegung sehen wir darin, dass sie ihr eigenes Profil schärft, sich klar von menschenverachtendem Gedankengut abgrenzt und die Verbindung zu anderen sozialen Kämpfen und Bewegungen sucht, wie dies zum Beispiel bei Blockupy Frankfurt 2012 geschehen ist. Ob wirklich eine so starke Verbindung, wie wir sie mit der Antifa-Szene angestrebt hatten, möglich ist, steht in Frage. Zumindest im Moment sehen wir dafür kein großes Potential oder einen Willen zu einer solchen Verbindung, weder in der Tierbefreiungsbewegung noch in der Antifa-Szene. Vielleicht ist es wirklich richtig, sich neben der Tierbefreiungsarbeit vor allem auch an antikapitalistischen Protesten zu beteiligen, zu eigenen Blöcken zu mobilisieren und einzelne Befreiungsbewegungen zu bündeln, sie zu einem Kampf um totale Befreiung auszuweiten und so auch selbst als Bewegung zu wachsen. Die Tierbefreiungsbewegung darf kein Sammelbecken für verschiedene, eigentlich anti-emanzipatorische Strömungen sein, sondern sie muss klar definieren, was ihre Positionen sind. Es reicht auch nicht einfach aus, zu sagen, man sei gegen Nazis und Universelles Leben, wenn man eigentlich selbst ökofaschistische Positionen vertritt. Hier müssen auch theoretische Grundlagen erarbeitet werden, die sich von einer Abwertung des Menschen, von einer Zivilisationsfeindlichkeit, nicht nur in Worten abgrenzen, sondern auch in der Theorie und Praxis. Gleichzeitig darf die Tierbefreiungsbewegung sich auch nicht nur mit sich selbst beschäftigen, sondern sie muss aus sich selbst herausgehen, ihr emanzipatorisches Potential verdeutlichen und in die Gesellschaft tragen.

Es klingt so, als würdet ihr einen großen Teil der Tierrechts-/Tierbefreiungsbewegung als kritisch ansehen. Es geht mir hier nicht um die vegane Bewegung oder den Tierschutz-Tierrechts-Mischmasch. Nehmen wir mal die großen, wirklichen Tierrechtsevents wie Demos und Kongresse als Indikatoren. Hier sind nicht nur das Universelle Leben und Neonazis unerwünscht, in der Regel können hier auch keine chauvinistischen Gruppierungen – egal in Bezug auf welche Menschengruppe – per Redebeitrag, Stand oder mit eigenen Transpis auftreten. Die Gesamtheit ist zwar bunt und nicht homogen-linksradikal, dennoch sind linke Ideale und libertäre Gedanken weit verbreitet. Zeichnet ihr nicht ein zu negatives Bild von der Bewegung? Vielleicht, weil ihr eher die kritisch zu betrachtenden als die Menge der emanzipatorischen Gruppen wahrnehmt?
vas: Es wäre falsch, wenn man durch den Ausschluss von Gruppen wie UL oder von Nazis das Problem einfach wegreden würde, dass in der Tat Teile der Tierbefreiungsbewegung eigentlich von einer menschenverachtenden Perspektive ausgehen und von diesem Stand aus ihre Arbeit machen. Es ist doch schon eigentlich peinlich, dass man über solche Ausschlüsse überhaupt erst eine Diskussion führen muss. Dinge wie der Holocaust-Vergleich leiten im Stillen zu einer Abwertung des Menschen über, selbst wenn dies nicht noch extra erwähnt wird. Die Distanzierung davon ist notwendig, und es ist gut, dass sich auch viele Gruppen davon distanziert haben. Nichtsdestotrotz kann man sich gleichzeitig aus anderen Gründen vom Holocaust-Vergleich distanzieren und trotzdem eigentlich den Wunsch haben, „der böse Mensch" möge von der Erde verschwinden, um „den unschuldigen Tieren" Platz zu machen, ja die menschliche Zivilisation müsse in einem „zurück zur Natur" verschwinden. Insofern sind es auch vor allem Einzelpersonen, sogar zum Teil in den eigentlich emanzipatorischen Gruppen, die unterschwellig von Menschenhass und -verachtung erfüllt sind und daraus auch einen Teil ihrer Motivation nehmen. Das ist wie gesagt keine These, sondern das haben wir aus Erfahrung und auch aus Gesprächen mit anderen

Antifaschist_Innen immer wieder feststellen müssen. Die Tierbefreiungsbewegung führt zwar die Auseinandersetzung mit solchem anti-emanzipatorischen Gedankengut, dadurch aber, dass zum Beispiel viele Leute durch so Filme wie Earthlings politisiert werden, die auf einer theoretischen Ebene einfach total verflacht und vereinfacht sind, hat die Bewegung einen ständigen Zustrom von Leuten, die durch die Bilder total hysterisch geworden sind und dabei scheinbar ihren politischen Verstand völlig ausgeschaltet haben.

Zu euren vorherigen Texten: Ihr seht die Tendenz, dass sich die Tierrechts-/ Tierbefreiungsbewegung weiter isoliert und weniger ernst genommen wird. Das klingt erst einmal so, als würdet ihr über die gesamtgesellschaftliche Wahrnehmung sprechen. Anschließend wird aber klar, dass es euch um die Isolation von und die Bewertung durch die radikale Linke geht. Stellenweise klingt es so, als wäre eure Wunschvorstellung von der Tierbefreiungsbewegung eine, bei der sie völlig mit der radikalen Linken verschmolzen ist. Ihr bezeichnet das „bunte Durcheinander" der Bewegung als elitären Elfenbeinturm. Sicherlich sind Verbindungen zwischen Tierbefreiungsbewegung und radikaler Linke wichtig. Ebenso wichtig ist, dass in der Tierbefreiungsbewegung emanzipatorische und herrschaftskritische Positionen integriert bleiben und weiter integriert werden. Aber überschätzt ihr hier nicht die Bedeutung der radikalen Linken für die Tierrechts-/Tierbefreiungsbewegung? Zum einen scheint es, als würdet ihr die radikale Linke eins zu eins mit herrschaftskritischen, progressiven Menschen gleichsetzen. Zum anderen klingt es so, als hätte die radikale Linke den Königsweg, und die Tierrechts-/ Tierbefreiungsbewegung müsse daher in ihr aufgehen – und andersherum.
vas: Ja, wir sagen in der Tat, dass wir wollen, dass die radikale Linke und die Tierbefreiungsbewegung zusammengehen, dass Antifa und Antispe zusammenkommen. Die Tierbefreiungsbewegung braucht unseres Erachtens den Anschluss an andere emanzipatorische Bewegungen, um nicht „abzuheben" und dabei eine gesamtgesellschaftliche Perspektive zu vernachlässigen. Eine isolierte Tierbefreiungsbewegung steht vor der Gefahr, sich von der Emanzipation des Menschen zu entfernen und letztlich eine Abwertung des Menschen zu betreiben. Die Auseinandersetzung mit der radikalen Linken ist hier ein Element der Stabilisierung des politischen Kurses der Tierbefreiungsbewegung. Natürlich kritisieren wir auch die radikale Linke, dass sie sich auch weiterhin in einer zum Teil offenen Ablehnung zu Tierbefreiungspositionen befindet und eigentlich anti-emanzipatorische Argumente gegen sie ins Feld führt. Auch hiergegen muss man argumentieren und das war ja mit ein Grund für unsere Gründung. Vor allem dieser antideutsche Theoriediskurs, der ja immer noch in der Szene seinen Platz hat, der ein Abbruchunternehmen an der Linken betreibt, stellt für uns ein großes Problem dar. Dass wir in der Vergangenheit uns vor allem auch kritisch mit der Tierbefreiungsbewegung auseinandergesetzt haben, liegt wohl vor allem

daran, dass mit der Antifa-Bewegung ein Diskurs gar nicht wirklich zustande gekommen ist. Hier war die Tierbefreiungsbewegung scheinbar mehr an einer Auseinandersetzung interessiert, was ja durchaus positiv zu bewerten ist, wenn auch in dieser Auseinandersetzung selbst einige Dinge falsch gelaufen sind.

Ihr sprecht von „zusammengehen", „zusammenkommen" und „isolierte Tierbefreiungsbewegung" – mir ging es um das Ineinanderaufgehen. Sollen radikale Linke und Tierrechts-/Tierbefreiungsbewegung nur soweit zusammen gehen wie radikale Linke und Anti-AKW- oder globalisierungskritische Bewegung – also eigentlich heterogene Bewegungen, aber mit hohem Anteil an radikalen Linken? Oder sollen sie soweit verschmelzen, dass die ganze Tierrechts-/Tierbefreiungsbewegung linksradikal ausgerichtet ist – wie etwa die Antifa-Bewegung? Die Anschlussfrage zielte auf die Strategien und Perspektiven – Stichwort Königsweg. Falls ihr ein wirkliches Verschmelzen und nicht nur ein Zusammengehen meint, würde die Tierrechts-/Tierbefreiungsbewegung eurer Vorstellung entsprechend dann nur noch mit den Ausdrucks- und Darstellungsformen, mit den Strategien, Weltanschauungen und Codes der radikalen Linken operieren? Und wäre das nicht ein Fehler, weil die Bewegung dann nur Menschen erreichen kann, die für diesen speziellen Weg offen sind?
vas: Nun, die Tierbefreiungsbewegung braucht auf jeden Fall den Anschluss an die radikale Linke. Allerdings macht es natürlich schon Sinn, dass die Bewegung eine gewisse Eigenständigkeit behält, um eben gezielt arbeiten zu können. Man kann zum Beispiel nicht einfach auf alle Demos gehen und sie organisieren, sondern es macht zum einen Sinn, dass es Leute gibt, die sich besonders um einen Bereich kümmern, und vor allem wird es natürlich auch immer Leute geben, die sich besonders für diesen Bereich verantwortlich fühlen. In diesem Sinne sollte es auf jeden Fall eine Tierbefreiungsbewegung geben, die dies eben zu ihrer besonderen Aufgabe macht. Aber sie darf sich natürlich nicht nur mit sich selbst und ihrem Thema beschäftigen, sondern muss sich in einem gewissen Maße auch mit anderen Problemen auseinandersetzen, um nicht abzuheben. Wir wünschen uns also eine Tierbefreiungsbewegung, die schon einen Schwerpunkt bei diesem Thema hat, die aber eingebettet ist in einer radikalen Linken, deren verschiedenen Strömungen auch ihre eigenen Schwerpunkte haben, die aber alle irgendwo zusammenarbeiten und versuchen, sich zu unterstützen.

Wie steht ihr als Individuen jetzt zur Tierrechts-/Tierbefreiungsbewegung, und wo engagiert ihr euch jetzt?
vas: Unsere Auflösung hatte ja mehr praktische Gründe – dass nämlich das „Black Block"-Konzept nicht aufgegangen ist und auch nicht weiter aussichtsreich erschien –, als dass für uns irgendein größeres Problem mit der Tierbefreiungsbewegung im Ganzen bestünde, wenn auch wohl mit einigen Individuen.

Wir gehen unterschiedliche Wege, einige zum Teil mehr an der Tierbefreiungsbewegung, andere mehr an der radikalen Linken orientiert, aber unser Ziel bleibt eigentlich eine Verbindung dieser Kämpfe. Unser Motto bleibt bestehen. Der Kampf geht weiter: Gegen Pelzhandel, Herrschaft und Ausbeutung!

Wir wünschen euch weiterhin viel Erfolg und möglichst wenig Frustration. Noch einmal danke für das Interview trotz Auflösung!

Das Interview führte Andre Gamerschlag.

Ausgabe 77 (Dezember 2012)

Banken blockieren für die Befreiung der Tiere?

Die Tierbefreiungsbewegung hat sich im Mai mit einem eigenen Block und Flyer[1] an den Aktionstagen von Blockupy in Frankfurt beteiligt. Wir wollen genauer[2] wissen, was die initiierenden Hamburger_innen angetrieben hat, das heißt welche Zusammenhänge und welche Aufgaben der Tierbefreiungsbewegung sie sehen.

Ihr habt euch als Tierbefreiungsblock an Blockupy, also an kapitalismuskritischen Aktionstagen in Frankfurt, beteiligt. Mal ganz allgemein gefragt: Was hat das Eine mit dem Anderen zu tun?
Florian: Tiere werden in unserer Gesellschaft fast ausschließlich danach betrachtet, welchen Nutzen sie für Menschen haben. Das hat natürlich etwas mit einer Wirtschaftsweise zu tun, die nur auf Verwertung und die Maximierung von Profit ausgerichtet ist. Denn in der kapitalistischen Produktion treten die Bedürfnisse und Interessen von Tieren hinter ihren Wert zurück. Das heißt, wenn es uns darum geht, das Mensch-Tier-Verhältnis tatsächlich zu ändern, bedarf es auch der Überwindung dieser zutiefst destruktiven Ökonomie.
Annika: Die globale Wirtschaftskrise ist ja in aller Munde. Das, was da an Maßnahmen durch politische Akteure wie die Europäische Zentralbank, die Bundesregierung oder die EU betrieben wird, ist nichts anderes als der Versuch, die Bedingungen kapitalistischer Ausbeutung aufrechtzuerhalten, dessen Opfer nicht zuletzt die Tiere sind. Wir sagen, es gibt keinen vernünftigen Grund, einem Wirtschaftssystem als Retter oder Retterin zur Seite zu springen, das tagtäglich Elend produziert. Von daher war es für uns nur konsequent, als Aktive der Tierbefreiungsbewegung dazu aufzurufen, sich an den Blockupy-Aktionstagen zu beteiligen.

Könnt ihr diese wichtige Verbindung von Ökonomie und Tierausbeutung grad mal ausführen?
Annika: Diese Frage erfordert natürlich komplexe Antworten. Ich kann das an dieser Stelle nur an einem Beispiel verdeutlichen: Um ihre Existenz aufrechtzuerhalten, müssen Menschen Nahrung zu sich nehmen. Die Form, in der diese Nahrungsmittel produziert werden, ist gegenwärtig eine kapitalistische. Das heißt, es wird nicht produziert, um Bedarfe oder Bedürfnisse von Menschen zu befriedigen, sondern um die produzierten Güter auf dem Markt zu veräußern. Oder anders ausgedrückt, die Bedürfnisse von Menschen, aber auch von Tieren, sind den Agrarkonzernen erst einmal egal, denn die Produktion folgt den Notwendigkeiten fortschreitender Kapitalakkumulation. Tiere gelten im kapitalistischen

Produktionsprozess daher auch nicht als einzigartige Individuen, sondern als austauchbare Ressource, Produktionsmittel oder Ware. Das ist die ökonomische Basis der Ausbeutung von Tieren.

Florian: Gestützt wird das Ganze dann von einer speziesistischen Ideologie, die dieses Verhältnis als unveränderlich und natürlich erscheinen lässt und legitimiert, dass Profit auf Kosten der Tiere gemacht wird. Das Perfide daran ist aber, dass es gemessen am technisch und gesellschaftlich Möglichen überhaupt keinen Grund gibt, Tiere auszubeuten, um Menschen mit Lebensmitteln zu versorgen.

Was sind die konkreten Ziele der Tierbefreiungsbewegung bei der Beteiligung an Krisenprotesten?

Florian: Wir sagen ja, dass unsere Gesellschaft nach anderen Prinzipien als bloßer Profitmaximierung ausgerichtet sein sollte, um das gegenwärtige Mensch-Tier-Verhältnis zu verändern. Eine notwendige Forderung ist, dass die Menschen in allen Gesellschaftsbereichen tatsächlich teilhaben und mitbestimmen können. Das ist gegenwärtig nicht der Fall, da beispielsweise die Ökonomie privatwirtschaftlich organisiert ist. Erst wenn wir in partizipativ und demokratisch organisierten Entscheidungsprozessen mitbestimmen können, zum Beispiel, wie unsere Lebensmittel produziert und verteilt werden, können die Bedürfnisse von Tieren eine Berücksichtigung finden. Wenn das autoritäre Krisenregime wirtschaftliche Interessen durch Prozesse der Entdemokratisierung abzusichern versucht, ist es auch Aufgabe der Tierbefreiungsbewegung, hier aktiven Widerstand zu leisten. Aber es geht auch darum, gemeinsam mit anderen Bewegungen dafür zu kämpfen, sich die Kontrolle über zentrale Lebensbereiche wieder anzueignen. Etwa Schlüsselindustrien wie die Finanzindustrie oder eben die Lebensmittelproduktion zu vergesellschaften, um diese Bereiche der kapitalistischen Verwertung zu entziehen. Kurzum, der herrschenden Politik eine solidarische Perspektive entgegenzusetzen. Erst eine solche Gesellschaft bietet die Grundlage, das Projekt der Befreiung der Tiere zu realisieren.

Annika: Gerade weil Veränderungen nicht von einzelnen politischen Bewegungen allein erreicht werden können, finden wir es wichtig, in Diskussionsprozesse zu treten und sich darüber auszutauschen, welche Ziele und Strategien wir als Akteure in verschiedenen politischen Kämpfen gemeinsam haben. Nicht zuletzt hoffen wir darauf, dass sich im Austausch auch unsere Position verdeutlicht, dass eine Kritik an unfreien Verhältnissen nicht vor der Kritik der Ausbeutung und Beherrschung von Tieren haltmachen kann.

Nicht wenige meinen, man sollte sich eher auf Ethik konzentrieren und den Konsument_innen und Entscheidungsträger_innen in Politik und Wirtschaft dann diese ethischen Prinzipien vorhalten. Euer Ansatz ist ein anderer. Was sollte eurer Meinung nach jemand tun, der aus ethischen Gründen „für die Tiere" und gegen Tierausbeutung ist?

Annika: Na ja, wir sagen halt, dass die moralischen Fragen, die sich aus dem menschlichen Umgang mit nichtmenschlichen Individuen ergeben, nicht losgelöst von den gesellschaftlichen Verhältnissen betrachtet werden können. Andere Menschen von der Richtigkeit ethischer Prinzipien zu überzeugen, ist ja die eine Sache. Es stellt sich aber die Frage, inwieweit wir überhaupt die Möglichkeit haben, moralisch zu handeln. Schaut man sich die gesellschaftlichen Verhältnisse an, wird man feststellen, dass wir nur eingeschränkt frei entscheiden können. Tatsächlich ist der Großteil der Menschen von der Verfügung über zentrale Lebensbereiche abgeschnitten. Daher sollte es darum gehen, die Voraussetzungen dafür zu schaffen, dass die Menschen bewusst über die Organisation der Gesellschaft entscheiden können. Wir sind auch der Meinung, dass ethische Appelle an einen „korrekten Konsum" zwar nicht falsch sind, dass sie aber auch gesellschaftliche Probleme, wie zum Beispiel Tierausbeutung und dass Menschen Hunger leiden, individualisieren. Nicht zuletzt kommt es darauf an, eine Wirtschaftsweise, die diese Probleme systematisch hervorbringt, grundsätzlich zu verändern, und dies funktioniert nicht ausschließlich über Konsumentscheidungen.

Florian: Was die Entscheidungsträger_innen in Politik und Wirtschaft betrifft, würde ich schon sagen, dass diese durchaus ein Adressat von Protesten sein können. Ein Unternehmen ist nicht darauf angewiesen, Tierausbeutungsprodukte zu verkaufen. Ebenso kann die Politik unter Druck gesetzt werden, um die Zulassung von Tierversuchen oder den Bau neuer Mastanlagen zu verhindern. Hier kann durchaus versucht werden, mit ethischen Prinzipien Leute zu überzeugen. Nur darf man sich da keine Illusionen machen: Solange sich aus der Ausbeutung von Tieren Kapital schlagen lässt, und solange die Politik sich ökonomischen Sachzwängen unterwirft, können allenfalls Teilerfolge erzielt werden.

Geht bei euch der „Tieraspekt" nicht etwas unter, wenn ihr ein so weites Ziel verfolgt, zum Beispiel die Lebensmittelproduktion zu vergesellschaften? Oder anders gefragt, inwiefern macht ihr dann noch „Tier"befreiungsarbeit?
Florian: Das ist natürlich eine berechtigte Frage. Zunächst einmal möchten wir klarstellen, dass es nicht unsere Position ist, dass es erst einmal um die Überwindung des Kapitalismus geht und wir uns dann die Frage nach der Behandlung der Tiere stellen sollten; oder aber, dass mit der Überwindung des Kapitalismus automatisch die Tiere befreit würden. Wir sagen aber, dass Tierausbeutung nur überwunden werden kann, wenn wir auch deren ökonomische Grundlage angreifen. Als Aktivist_innen der Tierbefreiungsbewegung ist und bleibt das Leiden der Tiere der Ausgangspunkt unseres Engagements für eine andere Gesellschaft. Das wird sich auch nicht ändern.

Annika: Wir rufen ja auch nicht dazu auf, keine Tierbefreiungsdemos mehr zu machen oder sich nicht mehr an Kampagnen der Tierbefreiungsbewegung zu beteiligen, im Gegenteil. Wir sollten aber auch schauen, warum die Tiere ausgebeutet werden, warum sich diese Verhältnisse, unter denen Tiere leiden, reproduzieren. Wie gesagt, die Ökonomie spielt da eine nicht unwesentliche Rolle. Daher ist es unseres Erachtens wichtig, nach Möglichkeiten zu suchen, als Tierbefreiungsaktivist_innen gemeinsam mit anderen Bewegungen in diesem Bereich für Veränderungen zu kämpfen.

Wie schätzt ihr den Ablauf und die Wirkung eurer Beteiligung bei Blockupy ein?

Annika: Die Aktionstage waren ja von einer massiven Repression und Einschüchterung betroffen. Wir hatten uns mehr vorgenommen, als dann vor Ort umgesetzt werden konnte. Zum Beispiel hatten wir vor, uns an der Besetzung zentraler Plätze zu beteiligen und ein Tierbefreiungsbarrio zu schaffen. Dieser Platz sollte dem Austausch und der Vernetzung untereinander und vor allem der Diskussion mit Aktiven aus anderen Bewegungen dienen. Alle Versammlungen auf den Plätzen wurden jedoch durch die Polizei ,teils gewaltsam, beendet. Zudem wollten wir uns in den vielen geplanten Diskussionsveranstaltungen mit unseren Perspektiven einbringen. Auch hierzu kam es nicht, da sie ebenfalls von Verboten betroffen waren.

Florian: Man muss aber sagen, dass wir schon sehr präsent waren. Wir haben mehrere Tausend Flyer zum Thema Krise des Kapitalismus, Naturbeherrschung und Tierausbeutung an andere Demoteilnehmer_innen verteilt. Wir waren immer wieder mit Transparenten und Sprechchören zugegen, ob bei der Besetzung des Römerbergs, den Protesten vor der EZB während der Bankenblockade oder aber als kleiner, aber entschlossener Block bei der Großdemonstration. Was wir an Rückmeldungen erhalten haben, war durchaus positiv. Im Vorfeld und während der Proteste gab es viel Zuspruch zu unseren Aktivitäten.

Seid ihr zufrieden mit der Beteiligung der Tierbefreiungsbewegung an den Aktionstagen in Frankfurt?

Annika: Zunächst einmal hat uns die Zusammenarbeit mit den beteiligten Gruppen viel Spaß gemacht, sowohl im Vorfeld als auch bei den Aktionstagen selbst. Gerade aus Frankfurt und den umliegenden Städten kam viel Unterstützung. Aber wir hatten schon gedacht, dass ein Aufruf zu so Aktionstagen auf mehr Resonanz trifft. Es hat zum Beispiel einige aus unserem Netzwerk schon gewundert, dass so Gruppen, die ihre Selbstverständnisse gern mit Slogans wie „gegen Kapitalismus" oder „für Herrschaftskritik" unterschreiben, gar nicht da waren. Also ich meine die Leute aus dem Spektrum der „autonomen Antispe". Vielleicht waren die auch mit anderen Zusammenhängen unterwegs, kann ja sein. Ein anderer Punkt ist, dass das ganze Konzept der Aktionstage auch mit vielen Unsicherheiten verbunden war: Gelingen die Besetzungen? Wie sind die Cops drauf? Wie bringe ich mich überhaupt in Diskussionen mit Aktiven anderer Bewegungen ein? Das ist auch viel Neues und Unvorhersehbares. Es ist schon was anderes, als zu einer Demo mit einem klar umrissenen Ablauf zu fahren. Es kann sein, dass hier Vorstellungen und Erfahrungen fehlen, wie man sich bei so Großevents einbringt. Woran es letztendlich lag, dass wir da nicht mit ein paar hundert Aktiven vor Ort waren, können wir zum gegenwärtigen Zeitpunkt aber nur spekulieren.

War die Beteiligung an einer kapitalismuskritischen Großveranstaltung jetzt einmalig oder wird der eingeschlagene Kurs beibehalten?
Florian: Zunächst einmal war das keine einmalige Sache. Es gab und gibt ja immer mal wieder Initiativen wie zum Beispiel die Wietze-Proteste, die Anschluss an andere politische Bewegungen suchen. Nichtsdestotrotz waren vergangene Diskussionen um das politische Profil der Tierbefreiungsbewegung oft recht abstrakt. Wir denken daher, dass wir in diesem Bereich mehr Erfahrungen sammeln müssen und uns in andere soziale Kämpfe einmischen sollten. Die Aktionstage in Frankfurt waren von uns sicher nicht der letzte Versuch in diese Richtung.
Annika: Wir wünschen uns aber auch, dass mehr Initiativen von anderen Gruppen und Netzwerken kommen. Auch wenn es für viele heißt, erst einmal ins kalte Wasser zu springen oder auch mal mit seinem Anliegen zu scheitern: Solche Erfahrungen können die Grundlage von Reflexionsprozessen und der Erarbeitung von konkreten Handlungsstrategien bilden, wie wir dem Elend der allgegenwärtigen Ausbeutung der Tiere perspektivisch ein Ende setzen können.

Das Interview führte Emil Franzinelli.

Ausgabe 76 (September 2012)

Endnoten:

1. Siehe und lese: *www.tierbefreiung-hamburg.org/menschen-natur-und-tiere-in-der-krise-uber-die-notwendigkeit-einer-antikapitalistischen-kritik-der-tierausbeutung.*
2. Beachte auch eine knappe Darstellung von Will Potters Ansicht: *www.tierbefreier.de/tierbefreiung/73/occupy.html.*

EIN ZEITGEMÄSSES KONZEPT?

Kritik am Konzept der Pelzfrei-Demos

Aktivistin bei Tierbefreiung Hamburg

In diesem Beitrag möchte ich eine Kritik an einer in der Tierrechtsbewegung in Deutschland üblichen Form der Großdemos, den „x-Stadt Pelzfrei"-Demos, formulieren. Ich schreibe dabei als eine Person, die mehrmals überregionale Demos mit dem Fokus auf Pelz sowie auch Alternativen dazu organisiert hat. Die hier formulierte Kritik soll keinesfalls als eine generelle Ablehnung des diskutierten Demoformats oder der sie organisierenden Gruppen, sondern als konstruktive, solidarische Kritik verstanden werden. Vielmehr möchte ich mit dem Text eine Diskussion über Sinn und Zweck dieser Demos beziehungsweise auch Großdemonstrationen im Allgemeinen anregen.

Das Konzept der Pelzfrei-Demos

Seit einigen Jahren schon gibt es nun die Pelzfrei-Demos, vornehmlich im west- beziehungsweise süddeutschen Raum. Die erste dieser Demos fand in den 2000er Jahren in Köln statt. Mittlerweile gibt es sie in verschiedenen Städten, so zum Beispiel in Köln, Frankfurt, München, Wiesbaden und so weiter. Einige von ihnen finden regelmäßig jedes Jahr statt und gehören mit ihrem überregionalen Event-Charakter zu den größten Tierrechtsdemos bundesweit, so zum Beispiel in Köln oder Frankfurt, wo zuletzt 800 AktivistInnen demonstrierten.[1]

Die Demonstrationen bestehen meist aus einer Art Marktplatz mit Info- und Essensständen, auf dem sich die AktivistInnen sammeln. Nach einer Auftaktkundgebung zieht ein Demozug durch die jeweilige Innenstadt und protestiert mit Flugblättern, Sprechchören und anderen Mitteln gegen Pelz und andere Formen der Tierausbeutung. Es gibt Zwischenstopps vor einzelnen Geschäften, zum Beispiel Pelzläden oder McDonald's. Bis etwa 2010 stand bei den Pelzfrei-Demos oft der Protest gegen ein bestimmtes Unternehmen im Vordergrund, welches jeweils aktuelles Kampagnenziel der *Offensive gegen die Pelzindustrie* (OGPI) war, zum Beispiel Peek&Cloppenburg oder Escada. All diese Kampagnen wurden erfolgreich beendet, wozu sicherlich auch die Großdemos beigetragen haben, bei denen Hunderte Menschen vor den entsprechenden Geschäften ihren Unmut über die Geschäftspolitik des jeweiligen Unternehmens äußerten. Seit einigen Jahren gibt es nun jedoch kein größeres Kampagnenziel mehr, da fast alle Warenhäuser und größeren Modeketten pelzfrei geworden sind.

Die Demonstrationen werden von Tierrechtsgruppen organisiert und verstehen sich als Tierrechtsdemos, das heißt protestiert wird gegen jegliche Formen von Tierausbeutung (zum Beispiel „Frankfurt Pelzfrei – Demonstration für Tierrechte"). Der inhaltliche Fokus liegt jedoch auf dem Thema Pelz, wie zum Beispiel durch Aufrufe, durch den Titel der Demo (zum Beispiel „Köln Pelzfrei") sowie oftmals auch durch das Erscheinungsbild der Demo (Banner, Schilder und so weiter) vermittelt wird. Auch in der medialen Berichterstattung zu den Demos dominiert das Thema Pelz[2]. Eine Differenzierung zwischen TierschützerInnen und TierrechtlerInnen wird von diesen fast nie vorgenommen, oftmals werden die AktivistInnen auch lediglich als „Pelzgegner" bezeichnet.

Diskussion des Konzeptes

Der „Pelz-Anteil" ist natürlich auch je nach Demo verschieden, es finden sich jedoch auch immer wieder teilweise von TierrechtlerInnen selbst transportierte Tierschutzinhalte, so zum Beispiel die Figur der „herzlosen, pelztragenden Frau". Unter anderem aus diesem Grund und um sich gegen ähnliche Inhalte abzugrenzen sowie um eine allgemeine Kritik an Tierausbeutung in den Vordergrund zu rücken, wurde von AktivistInnen auf der Köln Pelzfrei 2011 ein Tierbefreiungsblock organisiert.

Die AktivistInnen schrieben in ihrem Aufruf[3] unter anderem:

„Beim Thema ‚Pelz' (wenngleich nicht nur dort) unterscheidet sich die Argumentation vieler Aktivist_innen aus der Tierrechtsbewegung oft nicht von einer tierschützerischen. Es handelt sich keinesfalls um eine unbedeutende Nuance, wenn ‚Pelz' nicht deshalb abgelehnt wird, weil es sich dabei um eine (weitere) Form der Nutzung von Tieren handelt, sondern – wie es von Tierschützer_innen gemacht wird – weil ‚Pelz' besonderes grausam sei, unzeitgemäß/rückständig sei (‚Pelz ist Steinzeit'[4]), unverhältnismäßig wäre (‚Die Tiere werden nur für ihren Pelz getötet'), ‚peinlich' sei, etc.: wenn also die ‚Quälerei' und nicht die Nutzung von Tieren kritisiert wird. Vielmehr handelt es sich um einen gravierenden Unterschied. In diesem Zusammenhang ist auch das (zweifelsfrei gut gemeinte) Motto der Veranstaltung ‚Köln Pelzfrei' durchaus kritisch zu hinterfragen."

Es wird zwar immer wieder von den OrganisatorInnen der Pelzfrei-Demos betont, dass auf den Demos auch andere Formen von Gewalt an Tieren kritisiert würden, doch auf der anderen Seite lesen sich zum Beispiel die Aufrufe zum Teil so, als würde Pelz nicht etwa aus strategischen Gründen ausgewählt, sondern weil es sich hier um eine **besondere** Form der Tierausbeutung handele. So richteten sich die Proteste laut Aufruf für die diesjährige Frankfurt Pelzfrei gegen „die dekadente sowie ethiklose Pelzindustrie", wodurch suggeriert werden könnte, dass andere tierausbeutende Industrien weniger „ethiklos" seien.[5] Auch der Vorwurf der „Dekadenz" ist aus Tierrechtssicht nicht wirklich verständlich, schließlich ist es völlig unerheblich, aus welchen Gründen Tiere eingesperrt und getötet werden, da dies per se illegitim ist.

In den letzten Jahren gab es verstärkt Debatten um Inhalte und Profil in der Tierrechtsbewegung, wozu auch die Forderung nach einer konsequenteren Abgrenzung vom Tierschutz zählte. Mit der Pelz-Thematik als Aufhänger für Großdemonstrationen wird jedoch ein Aspekt herausgegriffen, der in der Wahrnehmung der Medien und der Bevölkerung stark vom Tierschutz besetzt ist. Beim Pelzhandel und der Pelzproduktion hat selbst der *Deutsche Tierschutzbund* eine abolitionistische, das heißt eine auf Abschaffung zielende Position, und auch die Mehrheit der Bevölkerung spricht sich gegen die Haltung von Tieren auf Pelzfarmen aus beziehungsweise lehnt das Tragen von Pelz ab.[6] Im Vergleich zu anderen Tierausbeutungsformen handelt es sich bei der Pelzindustrie außerdem um eine kleine Branche, und die Opferzahlen liegen weit unter denen der Fleischindustrie. Die Frage ist nun, warum der Fokus auf Pelz weiterhin gewählt wird, wenn es sich bei den Demonstrationen um Tierrechtsdemos handelt. Mein Eindruck ist, dass diese Strategie praktiziert wird, weil sich das Konzept hinsichtlich der Mobilisierung vieler AktivistInnen (auch aus dem Tierschutzbereich) als erfolgreich herausgestellt hat, beziehungsweise weil es sich etabliert hat und teilweise unreflektiert nachgeahmt wird. Die These an dieser Stelle ist, dass in der Regel keine tiefergehenden Überlegungen angestellt werden, was eigentlich mit den Demonstrationen erreicht werden soll beziehungsweise auf welche Weise das Ziel am besten erreicht werden kann. Diese Fragen schließen auch an den generellen Sinn von Großdemonstrationen in der Tierrechtsbewegung an, unabhängig vom thematischen Fokus: Sollen diese Demos die allgemeine Bevölkerung „aufklären"? Soll Protest an tierausbeutende Unternehmen gerichtet werden? Wie wollen wir auftreten, und welche Inhalte wollen wir vermitteln?[7]

Beurteilung des Konzeptes

Meiner Meinung nach sollte die Bewegung in Zukunft auf den „Pelzfrei"-Fokus bei Großdemos in Innenstädten verzichten. Gerade auch um ihr Profil als eine Bewegung zu schärfen, die jegliche Nutzung von Tieren ablehnt. Insbesondere hinsichtlich der zunehmenden gesellschaftlichen und medialen Debatten um (die negativen Folgen des) Fleischkonsum(s) sollte sich die Bewegung einschalten und ihre eigenen Positionen deutlich machen. Wir sollten hervorheben, dass es uns „ums große Ganze" geht, und nicht mehr einen vergleichsweise kleinen Tierausbeutungsaspekt in den Vordergrund rücken. Demonstrationen „für Tierbefreiung" oder „gegen Tierausbeutung", die diese Position an den Stellen deutlich machen, die vor allem wahrgenommen werden (wie in Pressemitteilungen, Aufrufen, Titeln der Demos und Fronttransparenten und so weiter), sollten das „Pelzfrei"-Konzept" ablösen.

Warum sollten wir als Bewegung der Öffentlichkeit vermitteln, dass Pelz in erster Linie das größte Übel sei, beziehungsweise dass die Städte zunächst „pelzfrei" und dann erst „tierausbeutungsfrei" werden sollten? Die „Öffentlichkeit" ist mittlerweile reif für eine klare Position gegen jegliche Tierausbeutung und für Veganismus, sie muss nicht erst über den Türöffner Pelz „abgeholt" werden. Darüber hinaus erschließt sich mir nicht, wie einzelne Städte nur über Großdemos gegen Pelz „pelzfrei" werden sollten. Unternehmen werden in der Regel dazu bewogen, auf den Handel mit Pelzen zu verzichten, indem sie Ziel einer Kampagne und von kontinuierlichen Protesten werden. Das ist bei den Großdemos aber meist nicht der Fall. Sollte es in einer Stadt eine Kampagne gegen ein pelzverkaufendes Geschäft geben, können Proteste gegen dieses Geschäft ja auch in eine allgemeine Tierbefreiungsdemo integriert und zum Beispiel vor dem Geschäft ein Zwischenstopp eingelegt werden.

Auch würde ein klarer Fokus auf Tierrechte/Tierbefreiung dafür sorgen, dass zumindest einige in den letzten Jahren immer wieder auftretende merkwürdige Positionen (wie zum Beispiel Plakate mit der Aufschrift „Pelzschlampe") auf solchen Demos nicht so leicht anschlussfähig sind beziehungsweise AktivistInnen aus dem Tierschutzmilieu sich von den Demos nicht in gleicher Weise angesprochen fühlen und dort zum Beispiel ihre Inhalte verbreiten. Natürlich sollen TierschutzaktivistInnen für Tierrechte interessiert werden, ob aber solche Demos der richtige Ort sind, bleibt fraglich. Sie dürfen gerne auf Tierrechtsdemos kommen, solange dort eben keine Tierschutzinhalte (und das geht beim Thema Pelz eben recht schnell) nach außen kommuniziert werden.

Mir ist dabei wichtig, zu betonen, dass ich mich nicht gegen Proteste oder Demonstrationen gegen Pelz oder zu bestimmten Themen generell ausspreche. In Form zum Beispiel einer Kampagne gegen eine Pelzfarm oder mehr noch gegen den Pelzhandel sind diese äußerst sinnvoll. So konnte zum Beispiel durch eine Vielzahl von Aktionen im Rahmen von Kampagnen der *Offensive gegen die Pelzindustrie* eine Reihe großer Unternehmen pelzfrei gemacht werden. Entscheidenden Anteil hatten dafür jedoch die kontinuierlichen, lauten und nervigen Kundgebungen vor den Filialen. In Form von Kampagnen ist die Pelzindustrie gerade aufgrund ihrer vergleichsweise geringen Größe besonders angreifbar. Auch konkrete anlassbezogene Demonstrationen, zum Beispiel gegen den Neubau eines Tierversuchslabors, sind sinnvoll, und diese bieten sich auch an, um über diese „Tierschutz"-Themen Tierrechtsinhalte zu verbreiten. Bei meiner Kritik geht es mir vornehmlich um die Großdemos in den Innenstädten, bei denen (zumindest heute) nicht mehr nachzuvollziehen ist, warum der Schwerpunkt Pelz gewählt wird. Generell sind zielgerichtete beziehungsweise in Kampagnen erfolgende Proteste ein wichtiges und erfolgreiches Mittel der Tierrechtsbewegung. Diese zielen jedoch oftmals eher darauf ab, ein konkretes Unternehmen unter Druck zu setzen, was bei den Großdemonstrationen in den Innenstädten meistens jedoch nicht der Fall ist.

Alternativen

Eine alternative Form, die meines Erachtens nach überdies auch das typische Großdemo-Konzept ein wenig aufbricht, stellen die Demos nach dem Konzept „Leichen pflastern Ihren Weg" dar. Eine solche Demo wurde das erste Mal 1995 in Dortmund organisiert. Ziel dabei ist, durch verschiedene Kundgebungen vor Geschäften in der Innenstadt aufzuzeigen, in welchen vielfältigen Formen Tierausbeutung stattfindet. Adaptiert wurde das Konzept dann erneut 2010 bei der 10. Tierbefreiungs-Norddemo in Kiel, bei dem ein Netzwerk, welches zuvor in verschiedenen norddeutschen Städten sogenannte Antispeziesistische Norddemos organisierte (Großdemos, die allerdings oft ebenfalls das Thema Pelz fokussierten), einen anderen Weg einschlug. Die einzelnen Kundgebungen wurden dabei mit einem Demozug durch die Innenstadt verbunden, und die Demo richtete sich explizit gegen alle Formen von Tierausbeutung. Natürlich war Pelz auch ein Teil davon.

Die OrganisatorInnen wollten diese Form explizit als Resultat strategischer Überlegungen und aus einer kritischen Reflexion von bisherigen (Pelzfrei-) Großdemos ausprobieren. Neben einer Kritik an der üblichen Außendarstellung von Tierrechtsgroßdemos (zum Beispiel deren teilweise subkulturellem oder selbstbezogenem Charakter) wurde unter anderem betont, dass die grundsätzliche Ablehnung von jeglicher Tierausbeutung, ja das eigentliche Charakteristikum der Tierrechtsbewegung darstellt, deutlicher nach außen hin transportiert werden müsse. So schrieben die OrganisatorInnen unter anderem in der Begründung zur Wahl des Demo-Konzeptes[8]: „Da viele Großdemonstrationen der Tierbefreiungsbewegung sich zumeist auf Themen fokussieren, die bereits sehr stark vom Tierschutzdiskurs besetzt sind (Pelz, Tierversuche), kann sich die Tierbefreiungsbewegung oftmals in der öffentlichen und medialen Repräsentation nicht als eine Bewegung darstellen, die von den Positionen, Inhalten und theoretischen Konzepten des Tierschutzes in fundamentaler Weise abzugrenzen ist."

Auch in Berlin[9] sowie in Stuttgart[10] gab es seitdem Demonstrationen mit ähnlichen Konzepten.

Der Reflexion und Diskussion der angewendeten Aktionsformen der Bewegung sollte meiner Meinung nach generell mehr Raum gegeben werden. Ich möchte den Pelzfrei-Demos organisierenden Gruppen auf jeden Fall ans Herz legen, sich an diesen Diskussionen – gerne auch in der *TIERBEFREIUNG* – zu beteiligen. Auch wäre es an der Zeit, in den Gruppen intern das Konzept zu diskutieren und sich zu fragen, aus welchem Grund der Pelz-Schwerpunkt gewählt wird und welche Argumente noch für diese Wahl sprechen. Wäre es nicht an der Zeit, endlich eine Umbenennung und eine Veränderung des Konzeptes vorzunehmen und Demonstrationen „für die Befreiung der Tiere" zu organisieren?

Endnoten:

1. Vergleiche den Aktionsbericht auf *www.tirm.de/node/149*.

2. Vergleiche zum Beispiel *www.fr-online.de/frankfurt/1472798,22196438.html*.

3. Siehe *www.de.indymedia.org/2011/09/315181.shtml*.

4. Siehe *www.asatue.blogsport.de/images/flyerstgtpelzfrei2010.jpg*.

5. Das Problem ist nicht, dass die Pelzindustrie keine Ethik habe, sie hat vielmehr eine falsche. Auch ist die Ursache der Tierausbeutung meiner Meinung nach nicht unbedingt darin begründet.

6. Vergleiche *www.mingle-trend.respondi.com/de/11_09_2012/drei-von-vier-deutschen-lehnen-das-tragen-von-pelz-ab*.

7. Vergleiche dazu unter anderem die Diskussion um einen Black Block-/Total Liberation-Block auf Tierrechtsdemos: Konrad Eckstein (2011): „Wer hat Angst vorm Schwarzen Block", in: *TIERBEFREIUNG 72*.

8. Siehe „Warum die 10. Tierbefreiungs-Norddemo diesmal einen anderen Charakter hat", in: *TIERBEFREIUNG 66*, online: *www.norddemo.blogsport.de/konzept*.

9. Vergleiche den Bericht dazu in: *TIERBEFREIUNG 78*, Seite 68 ff.

10. Siehe *www.tirs-online.de/component/content/article/306-2012-06-09*.

DIREKTE AKTIONEN

Dieser Block behandelt Direkte Aktionen. Sie macht aus, dass „direkt" agiert und in den Prozess der Tierausbeutung eingegriffen wird, ohne sich appellierend an andere zu wenden (also weder an die Betroffenen selbst noch an die Medien, Politik, Exekutive oder gesetzliche Institutionen). Direkte Aktionen wie die Sabotage von Tierausbeutungsmitteln, das Verursachen von wirtschaftlichem Schaden sowie die Befreiung und Freilassung von gefangenen Tieren sind seit Beginn der Tierrechts-/Tierbefreiungsbewegung zentrale und populäre Protestmittel. Aus aktivistischer Sicht kann sogar gesagt werden, dass diese in den 1970ern aufgekommenen Aktionen ein wesentlicher Anstoß dafür waren, dass die aktuelle Tierrechtsbewegung entstanden ist. Die Diskussionen um Sinn, Nutzen und Legitimität existieren so lange wie Direkte Aktionen selbst. Die ersten beiden Beiträge behandeln die Frage, ob und warum Direkte Aktionen von der Bewegung solidarisch mitgetragen werden sollten. Zwei Texte stellen Meinungsäußerungen zur Frage der Legitimität konkreter Direkter Aktionen dar. Die letzten beiden Beiträge diskutieren Fehler, die in dem Zusammenhang gemacht wurden.

Text 23 und 24

Direkte Aktionen umgehen demokratische Prozesse, häufig sind sie nicht legal. Welche Bedeutung haben Direkte Aktionen für die Bewegung? Sollte die Animal Liberation Front (ALF) unterstützt werden? Diesen Fragen gehen die Beiträge „Warum unterstützt du nicht die ALF?" und „Direkte Aktionen – richtig oder falsch?" nach.

Text 25

Während befreite Haustiere auf Lebenshöfen oder bei Tierrechtler_innen versorgt werden, werden Individuen mancher Arten, etwa Nerze, überwiegend in die Natur freigelassen. Letzteres steht in den Medien aufgrund der Folgen für das ökologische Gleichgewicht in Regionen, in denen eine große Anzahl Tiere freigelassen wurde, regelmäßig in der Kritik. Die Fragen, ob Tierbefreiungen und Tierfreilassungen gleichermaßen als Direkte Aktionen geeignet sind und die beiden Aktionsformen überhaupt gegeneinander ausgespielt werden sollten, behandeln zwei Meinungsbeiträge zu „Tierbefreiung versus Tierfreilassung".

Text 26 und 27

Direkte Aktionen und zugehöriges öffentliches Auftreten können auch so durchgeführt werden, dass selbst unter den Sympathisant_innen Kritik laut wird, wie im Beitrag „Peinliche ALF-Aktionen" gezeigt wird. 2011 trat für einige Monate ein „Tierschutzeinsatzkommando" (TSEK) in Erscheinung. Für uns von *die tierbefreier e.V.* – die keine illegalen Direkten Aktionen durchführen – waren die Machenschaften dieser Gruppierung nicht nur mysteriös, sondern auch potentiell gefährlich, da sie unser Logo verwendeten und dazu aufriefen, für uns zu spenden. Der letzte Beitrag des Sammelbandes, „Abstruse Gedankenwelt", dokumentiert diesen Fall.

WARUM UNTERSTÜTZT DU NICHT DIE ALF?

Steven Best

„Die Welt dreht sich weiter wegen derer, die sich dagegen wehren."
(Johann Wolfgang von Goethe)

Ich unterstütze die Animal Liberation Front (ALF). Ich unterstütze Sachbeschädigung gegen die Industrien, die Tiere massakrieren und den Planeten vergewaltigen. Seit wann stehen Werkzeuge, die Tod und Zerstörung bringen, außerhalb der Reichweite legitimer Angriffe? Ich glaube nicht, dass Sachbeschädigung Gewalt ist, aber selbst wenn es so wäre: Gewalt ist in einigen Fällen gerechtfertigt, und ich werde immer das kleinere Übel verteidigen.[1]

Ursprung und Philosophie der ALF

„Wir sind eine gewaltfreie Guerilla-Organisation, die sich für die Befreiung der Tiere von jeder Art der Grausamkeit und Unterdrückung durch den Menschen einsetzt."
(Ronnie Lee, ALF-Gründer)

„Unsere erste Pflicht ist es, unseren Brüdern kein Leid zuzufügen. Aber das ist noch nicht genug. Wir haben eine höhere Mission – ihnen beizustehen, wann immer sie unserer Hilfe bedürfen."
(Franz von Assisi)

Die ALF entstand in den 70er-Jahren aus der Jagdsabotage-Bewegung in England. Aktivisten und Aktivistinnen kehrten legalen Aktionen der Jagdstörung den Rücken und wandten sich illegalen Aktionen der Jagdsabotage zu, als sie der Angriffe und Verhaftungen müde wurden. Sie suchten effektivere Aktionsformen. Eine Gruppe von Jagdsaboteuren, bekannt als *Band of Mercy*, erweiterte ihren Aktionskreis auf andere Tierausbeutungsindustrien wie zum Beispiel die Tierversuchsindustrie und begann Brandanschläge als hocheffizientes Mittel der Sachbeschädigung einzusetzen. Zwei führende Aktivisten wurden 1974 verhaftet und nach einem Jahr Gefängnis wieder entlassen. Einer verließ die Bewegung, der andere, Ronnie Lee, vertiefte seine Überzeugung und gründete eine neue, ultramilitante Gruppe, die Animal Liberation Front, die das Mittel „Direkte Aktionen" im Kampf gegen die Tierausbeuterindustrie für immer ändern sollte. 1980 entstand die ALF in den USA, heute ist sie eine internationale Bewegung in mehr als 20 verschiedenen Ländern.

Die ALF ist locker strukturiert in Gruppen einzelner Menschen, die sich „im Untergrund" bewegen und Gesetze im Namen der Tiere übertreten. Sie brechen in Gefängnisse ein, um Tiere zu befreien, Gefängnisse, die euphemistisch auch „Versuchslaboratorien" oder ähnlich genannt werden. Außerdem richten sie Sachbeschädigung an, um weitere Grausamkeiten an Tieren zu verhindern und dieser Industrie ökonomisch zu schaden.

Die offiziellen Richtlinien der ALF umfassen folgende Aktionen und Prinzipien:

1. Tiere aus Folterstätten zu befreien,
2. hohen ökonomischen Schaden zu verursachen bei Unternehmen, die von Tierausbeutung profitieren,
3. den Horror und die Gräueltaten, die hinter verschlossenen Türen gegen Tiere verübt werden, öffentlich zu machen,
4. alle nötigen Vorsichtmaßnahmen zu treffen, damit Mensch und Tier nicht gefährdet werden.

Jede/r, der sich an diese Richtlinien hält und vegan lebt, gehört zur ALF.

Entgegen der Aussagen der Tierausbeuterindustrie, des Staates und der Massenmedien ist die ALF keine terroristische Vereinigung, sondern eher eine Gruppe von „Kontra-Terroristen" und moderner Freiheitskämpfer. Am besten versteht man die ALF, wenn man sie nicht mit Al Qaida oder Saddam Hussein vergleicht, sondern eher mit den Widerstandskämpfern der Nazi-Zeit oder der heutigen Friedens- und Gerechtigkeitsbewegung. Dadurch, dass tierärztliche Versorgung und ein neues Zuhause für viele der befreiten Tiere sichergestellt werden (außer für sogenannte Pelztiere, sie werden aus den Käfigen befreit und in die freie Wildbahn entlassen), könnte man die ALF mit der U.S. Underground Railroad-Bewegung vergleichen, die gefangenen Sklaven zur Flucht in „freie Staaten" der USA oder Kanada verholfen hat, oder mit den Freiheitskämpfern während der Nazi-Zeit, die Kriegsgefangene und Holocaustverfolgte retteten und Geräte zerstörten, die Nazis benutzten, um ihre Opfer zu foltern und zu töten. Gleichwohl ähnelt die ALF vielen großen Freiheitskämpfern der letzten zwei Jahrhunderte, die sich für Frieden und Gerechtigkeit für alle Lebewesen einsetzten, die das Blutvergießen und die Gewalt beenden wollten.

In der heutigen Welt gibt es tatsächlich „wirkliche" Terroristen und Terroristinnen, aber das sind die ALF-Aktivisten *nicht*. Die gefährlichsten und gewalttätigsten Kriminellen befinden sich in den Top-Positionen der US-Unternehmen und -Regierung. Sie sind die Hauptverantwortlichen für die Ausbeutung der Menschen, dem Massaker an Tieren und der Zerstörung des Planeten.

Das Märchen zweier Systeme

„Macht gesteht dir nichts zu, ohne zu fordern. Es war nie so und wird nie so sein."
(Frederick Douglass)

„Selbst die richtige Sache zu wählen, hilft ihr nicht weiter. Es drückt nur den schwachen Wunsch aus, es zu erhalten. Ein weiser Mensch überlässt die Gerechtigkeit nicht dem Zufall."
(Henry David Thoreau)

Amerikanische Geschichte hat zwei politische Traditionen. Erstens das indirekte System der repräsentativen Demokratie, wo Bürger und Bürgerinnen ihre Wünsche äußern und entsprechend die Abgeordneten wählen, deren einzige Aufgabe es ist, sie in der Regierung und im System zu vertreten. Die vom System verabschiedeten Gesetze spiegeln dann die Meinung, die Interessen und den Willen der Bevölkerung wider. Dieses Cartoon-Image liberaler Demokratie, treu wiederholt in Generationen neuer Gesetzestexte, in langen Abhandlungen und Entschuldigungen, immer wieder in den Medien breitgetreten, wird durch die Tatsache verfälscht, dass mächtige wirtschaftliche und politische Kräfte gewählter Volksvertreter kooperieren, um die Interessen der Mächtigen anstatt des Volkes zu vertreten.

Durch die Erkenntnis, dass der Staat kein neutraler „Schiedsrichter" ist, sondern eher die Interessen der wirtschaftlich und politisch Mächtigen vertritt, dass pluralistische Demokratie das beste System ist, das man für Geld kaufen kann, entstand eine zweite politische Tradition, die „direkte Aktion".

Fürsprecher direkter Aktionen argumentieren, dass das indirekte System der Demokratie unwiderruflich durch Geld, Macht, Vetternwirtschaft und Privilegien korrumpiert ist. Angelehnt an die Lehren der Vergangenheit, beharren „direkte" Aktivisten darauf, dass der Freiheitskampf nicht allein durch Bildung, moralische Überzeugungsarbeit, politische Kampagnen, Demonstrationen oder irgendeine andere Art legaler „aboveground"-Aktionen gewonnen werden kann. Statt also zu versuchen, den Staat an sich zu beeinflussen, konzentrieren sich „direkte" Aktionen auf die Konfrontation mit den Vertretern der sozialen Elite und den Unterdrückern selbst.

Aktionsformen sind sehr vielfältig: Sit-Ins, Boykotte, Streiks, Email-, Fax- und Telefonproteste, Demonstrationen vor den Häusern und Wohnungen der Ausbeuter, Hacking der Homepages bis hin zu Brandanschlägen. Direkte Aktionen können legal sein wie zum Beispiel Demonstrationen vor Häusern und Wohnungen eines Experimentators oder illegal wie Aktionen des zivilen Ungehorsams, wie sie Mahatma Gandhi und Martin Luther King Jr. gelehrt haben. Illegale direkte Aktionen können gewaltfrei oder gewaltsam sein, Privateigentum kann respektiert oder zerstört werden.

Wo indirekte Aktionen Passivität und Abhängigkeit von anderen nach sich ziehen können, tendieren direkte Aktionen eher zu mehr Einmischung und Aktionismus. Um es mit den Worten der Anarchistin des 19. Jahrhunderts Voltairine de Cleyre zu sagen: „Alles Vertrauen in indirekte Aktionen zu setzen ist viel schlimmer als die wenigen Ergebnisse, die sie bringen. Das Schlimme ist, dass es Initiative zerstört, individuelles Rebellionsdenken unterdrückt und Menschen lehrt, sich auf andere zu verlassen, die Sachen zu erledigen, die sie selbst erledigen sollten. Menschen müssen begreifen, dass ihre Macht nicht an der Wahlurne endet, sie haben die Macht, die Produktion zu stoppen."

Jeder, der voreilig die Aktionen der ALF verurteilt, braucht eine Lektion in Geschichte und logischem Denken. Wie der Schriftsteller James Goodman aufzeigt: „Das ganze Gebäude westlicher, liberaler Demokratie – bei demokratischen Rechten angefangen – das repräsentative Parlament und die Meinungsfreiheit eingeschlossen, ist auf früheren Aktionen zivilen Ungehorsams aufgebaut. Die amerikanischen Antikolonisten um 1770 stellten klar: keine Besteuerung ohne Repräsentation, die Französische Revolution 1789 forderte Freiheit, Gleichheit und Gerechtigkeit, die englischen Chartisten forderten zwischen 1837 und 1850 die People's Charter, die Suffragetten forderten ab 1903 das Wahlrecht für Frauen, die Bewegung um Gandhi kämpfte mit Mitteln des zivilen Ungehorsams 1920 für Selbstverwaltung – all dies waren Bewegungen des zivilen Ungehorsams und formten die politischen Traditionen, mit und in denen wir heute leben." Von der Boston Tea Party zur Underground Railroad, von den Suffragetten zur Menschenrechtsbewegung, von der Anti-Vietnamkrieg-Bewegung bis zur Schlacht in Seattle – alles Schlüsselkämpfe und -bewegungen in der amerikanischen Geschichte, die das Mittel der direkten Aktionen eingesetzt haben, um für Menschenrechte und Freiheit zu kämpfen.

Statt ein Bruch in irgendwelchen bukolischen2 Traditionen der Naturgesetze zu sein, die den Verstand von modernen Männern und Frauen zum Guten führen und Gerechtigkeit durch einen friedlichen und langsamen Nieselregen auf die Erde bringen, ist die zeitgenössische Bewegung für die Befreiung von Tier und Erde eine Fortsetzung der amerikanischen Tradition von Gerechtigkeit, Demokratie, zivilem Ungehorsam und direkten Aktionen, die den Kampf auf eine viel breitere Basis ausweiten.

Moralischer Fortschritt passiert nicht durch sanftes Anklopfen oder ethische Überzeugungsarbeit allein. Die Gesellschaft ist von Grund auf konservativ, und Veränderungen werden entweder durch Korruption der Mächtigen oder durch Apathie der Machtlosen blockiert. Manchmal muss die Gesellschaft in die Zukunft gestoßen werden, und Gerechtigkeit muss von den Vordenkern unserer Zeit an den Blockaden der Ignoranz und Gleichgültigkeit vorbeigezwängt werden. In diesem Rahmen sind direkte Aktionen und ziviler Ungehorsam die Katalysatoren für eine fortschrittliche Veränderung.

Ratio des Widerstandes

„Die Earth Liberation Front hat erkannt, dass das Motiv ‚Profit‘, welches durch die kapitalistische Gesellschaft verursacht und verstärkt wird, alles Leben auf diesem Planeten zerstört. Der einzige Weg im Moment, die kontinuierliche Zerstörung von Leben aufzuhalten, ist, mit allen nötigen Mitteln den Profit aus dem Töten zu nehmen.“
(ELF-Website)

„Philosophisch gesehen sind wir sehr gefährlich. Ein Teil der Gefahr ist, dass wir der Illusion, dass Besitz mehr wert ist als Leben, keinen Glauben schenken. Wir bringen diese wahnsinnige Priorität ans Licht, und das wird das System nicht überleben können.“
(David Barbarash, früherer Sprecher der ALF)

Martin Luther King Jr. bezeichnete direkte Aktionen als die „wunderbare neue Militanz" der Menschenrechtsbewegung in den USA. In seiner 1963 gefeierten Rede „I Have a Dream" verurteilte er die „beruhigende Droge" der kleinen Schritte und forderte sofortige, kraftvolle und gewaltlose direkte Aktionen. Mit dem so oft aufgedrücktem Stempel des „Extremisten" lernte King diesen wie einen Orden zu tragen, den Spieß umzudrehen und erklärte sich selbst zum Extremisten der Liebe mit einer ausgeprägten Passion für Gerechtigkeit.

Die Rechtfertigung direkter Aktionen und Aktionen des zivilen Ungehorsams liegt im Unterschied zwischen dem, was legal ist und dem, was ethisch ist, zwischen Gesetz und Recht. Es gibt Paradebeispiele, wo legale Regeln die Regeln von Ethik und Gerechtigkeit verletzen: Nazi-Deutschland, Apartheid in Südafrika und die Sklaverei in den USA. In solchen Situationen ist es nicht nur legitim, Gesetze zu brechen, es ist eine Verpflichtung. In den Worten von King: „Ich bin überzeugt, dass Nicht-Kooperation mit dem Bösen genau die gleiche moralische Verpflichtung ist wie Kooperation mit dem Guten."

Die wahren Kräfte von Ethik und Gerechtigkeit umfassen Gruppen wie die jüdische Widerstandsbewegung, Harriet Tubman und die Underground Railroad, Gandhi und die indische Freiheitsbewegung, die Suffragetten, Rosa Parks und Martin Luther King und die Menschenrechtsbewegung, Nelson Mandela und der African National Congress (ANC). Alle brachen Gesetze, vernichteten Eigentum der Feinde oder wendeten Gewalt an; sie wurden geschlagen, ins Gefängnis gesteckt, getötet und als Extremisten oder gar Terroristen denunziert. Doch wer will behaupten, dass ihre Aktionen falsch waren? Heute sehen wir Nelson Mandela als Helden, aber er und der ANC benutzten Gewalt für ihren Freiheitskampf. Menschen vergessen, dass die Suffragetten in England und in den USA Brandstiftung und Bomben als Mittel des Kampfes einsetzten, um die Emanzipation der Frauen voranzutreiben. Keine Bewegung des sozialen Um-

bruchs war erfolgreich ohne radikale Formen, ohne Aktionen des zivilen Ungehorsams, Sachbeschädigung und sogar Gewalt – warum sollte es dann im Kampf
für die Befreiung der Tiere anders sein?

Anlehnend an die gewaltfreie Philosophie Gandhis und der Menschenrechtsbewegung in den USA glaubt die ALF an höhere Gesetze als die von und für
das Konzern-Staat-Konstrukt erlassenen, an moralische Gesetze, welche die
Korruption und Voreingenommenheit des amerikanischen politischen Systems
überwinden. Wenn Gesetze falsch sind, ist es richtig, sie zu brechen. So schreibt
moralischer Fortschritt oft Geschichte, von der Sklaverei in Amerika, über Hit-
lers Antisemitismus bis hin zu Sitzblockaden vor den „Whites only"-Plätzen in
Alabama. Durch die Zerstörung des Eigentums von Tierausbeutern hilft die ALF,
zukünftiges Leben zu retten, da dies die Tierausbeutungsindustrien schwächt
(und manchmal sogar eliminiert), indem das Blutvergießen kostspieliger gemacht wird.

Gegner direkter Aktionen, meist mit eigenen Interessen am Status quo, glauben, dass illegale Aktionen das Gesetz untergraben, und sehen Aktionen des
zivilen Ungehorsams als eine Bedrohung der sozialen Ordnung. Unter anderem
unterstellt diese Perspektive, dass das in Frage gestellte System legitim ist und
nicht verbessert werden kann. Auch verunglimpft diese Ansicht Aktivisten als
Menschen, die das Gesetz nicht respektieren. Doch im Gegenteil: Sie haben einen wesentlich höheren Bezug zur Gerechtigkeit und deren Relation zur Justiz
als jene, die aus der politischen Ordnung einen Fetisch um ihrer selbst willen
machen. Befürworter direkter Aktionen stehen dem System eher kritisch gegenüber. Um Karl Marx zu zitieren, ist das Gesetz das Opiat des Volkes, blinder
Gehorsam und Gesetzestreue brachten den Tod von Millionen Juden, fast ohne
jeden Widerstand. Viel zu oft ist das legale System eine Struktur, um Opposition
zu vereinnahmen und Lähmung durch Verzögerung zu verursachen.

Daher ist es wichtig zu erkennen, dass direkte Aktionen kein Freibrief für
politische Anarchie sind, im stereotypen Sinn kompletter Gesetzlosigkeit und
Unordnung. Thoreaus Maxime, eher seinem Gewissen zu folgen, als sich einem
ungerechten Gesetz zu unterwerfen, ist ein guter Anfang für kritisches Denken
und Autonomie, kann aber auch zu Gewalt und legitimem Töten für eine Sache
führen. Die ALF richtet sich nach dem Grundsatz, dass, egal wie gerechtfertigt
ihre Wut ist, kein Mensch im Kampf für die Befreiung anderer verletzt werden
darf – daher werden nur Sachen beschädigt. Trotz ihres Eifers ist die ALF nicht
wie radikale Abtreibungsgegner, die ihre Gegner töten, und dieser Unterschied
sollte nie vergessen werden.

Seien wir ehrlich, die wahren Gesetzesbrecher sind Firmen wie Enron und die
amerikanische Regierung selbst, die nicht nur bestimmte Gesetze brechen, sondern jetzt im Begriff sind, die „Constitution" im Namen der nationalen Sicherheit
zu ändern. Diejenigen, die im Moment Strömungen des neuen Anti-Amerika-
nismus aufzudecken versuchen, sollten der ALF den Rücken kehren und auf den

höchsten Anwalt im Lande, John Ashcroft, und auf Präsident George W. Bush schauen.

Direkte Aktionen und die ALF

„Die Pumpe funktioniert nicht, weil Vandalen den Griff mitgenommen haben."
(Bob Dylan in Subterranean Homesick Blues)

Aktivisten der ALF und der ELF lernen von der noblen Tradition direkter Aktionen und Sachbeschädigungen der Freiheitskämpfe in den USA und erweitern sie. Neben den Anti-Globalisierungskämpfen sind die Kämpfe gegen die Ausbeutungspolitik der Erde und der Natur heute am größten. In den USA gibt es verstärkt soziale Unruhen, da die Tierrechtsbewegung und die Erdbefreiungsbewegung eine „wunderbare neue Militanz" für sich entdeckt haben.

Die neue Bewegung direkter Aktionen hat sich aus der sich immer weiter verschlechternden Situation für die Tiere und die Erde entwickelt, zusätzlich zu einer Dynamik des steigenden Radikalismus in diesen Bewegungen. Man erkennt einen Wandel: weg vom Tierschutz, hin zu Tierrechten und zur ALF; in der ökologischen Bewegung: weg von Reformen, hin zu Radikalökologie und der ELF. Mehr noch, neue Fraktionen dieser Bewegungen bekennen sich offen zur Gewalt, wie wir in den Bombenanschlägen 2003 bei Chiron und Shaklee beobachten konnten. Revolutionäre Zellen warnten, dass das Endspiel für Tiermörder begonnen hat, dass es keine Halbzeiten mehr geben wird.

Wir sind Augenzeugen des Anfangs eines neuen Bürgerkriegs zwischen denen, die die letzten Lebewesen für Macht und Profit töten, und denen, die diese allmächtigen Verrückten mit allen Mitteln bekämpfen. Es ist ein Guerillakrieg, gekämpft von Ökokämpfern, die in den Untergrund gehen, Maskierte und Vermummte, die nachts agieren und durch Sabotage zuschlagen. Wie uns der Vietnamkrieg und der Krieg im Irak zeigten: Die amerikanische Regierung weiß nicht, wie sie einen solchen Krieg führen soll und kann ihn vielleicht auch nicht gewinnen. Durch Guerillamethoden kann David Goliath besiegen.

Die ALF behauptet, dass Tiere Rechte haben und diese Rechte höherrangiger sind als das Eigentumsrecht. Die ALF „stiehlt" keine Tiere aus Laboren, weil sie nie jemandem gehört haben. Der eigentliche Diebstahl liegt darin, dass Ausbeuter den Tieren ihre Freiheit und ihr Leben nehmen, wogegen die ALF Leben rettet und Tiere befreit. Die ALF macht nichts „Böses", sie berichtigt ein Unrecht gegen Lebewesen. Für die ALF ist es legitim, immer dann, wenn Besitztum Leben verletzt und zerstört, dieses zu zerstören, um genau dieses Leben zu schützen. Es ist kein Vandalismus oder Hooliganverhalten, weil ein hoher moralischer Wert dahinter steht – es ist ethische Sabotage.

Für die ALF ist Leben mehr wert als Besitztum, wogegen im Kapitalismus Besitztum heilig ist und Leben profan. Tier- und Erdausbeutungsindustrien erlauben es sich, unter dem Deckmantel des „ehrenwerten Geschäftsmenschen" Milliarden von Tiere zu massakrieren und den letzten Regenwald zu zerstören. Jeder aber, der die Rechtmäßigkeit ihres Handelns in Frage stellt, wird als Terrorist beschimpft. Neue Gesetze werden gemacht, mit denen Videoaufnahmen aus Laboratorien oder Massentierhaltungsbetrieben, die Tierfolter zeigen, unter Strafe gestellt werden. Gesetzgeber finden barbarische Grausamkeiten an Tieren völlig in Ordnung und verteidigen das Recht der Industrie, ihr lebendiges „Eigentum" zu foltern und zu töten.

Nach einer offiziellen FBI-Definition ist „Ökoterrorismus eine Straftat, die zur Rettung der Natur begangen wird". Es spricht Bände über die kapitalistische Gesellschaft und ihre Gesinnung, wenn Aktionen „zur Rettung der Natur" als Straftaten gelten und die, die Natur zerstören, von Gott und der amerikanischen Flagge „geheiligt" werden.

Auf der Basis, dass Tiere Rechte haben und diese Rechte über den Eigentumsrechten stehen, behaupte ich, dass die ALF nicht die Terroristen sind, wie sie von der Tierausbeuterindustrie, den Medien und dem Staat heraufbeschworen werden, sondern eher „Konter-Terroristen" und die neueste Art der Freiheitskämpfer. Wie die Widerstandsbewegung in der Nazi-Zeit zerstören sie Geräte, die zum Foltern und Töten benutzt werden. Wie die Underground Railroad befreien sie Sklaven und bringen sie in Freiheit. Wie alle heutigen Menschenrechtsbewegungen suchen sie Frieden und Gerechtigkeit.

Wie weiße Gegner der Sklaverei über die Rassengrenzen hinweg Mitgefühl und Solidarität zeigten, zeigt die ALF dieses über die Speziesgrenzen hinaus. Wegen der fest verankerten Strukturen und Institutionen von Ausbeutung und Speziesismus wird dieses der schwierigste Freiheitskampf sein, der je gekämpft wurde. Aber er ist ohne Zweifel der wichtigste, weil er über alle Gruppeninteressen hinaus alle Lebewesen und das zukünftige Leben auf diesem Planeten vertritt.

Über Gewalt und Terrorismus

„Es ist schon eine sehr merkwürdige terroristische Vereinigung, die noch niemals jemanden getötet hat."
(The Observer)

„Jemand, der alle Dinge beim richtigen Namen nennt, wird kaum die Straße überqueren können, ohne als gemeiner Feind niedergeschlagen zu werden."
(George Savile, 1. Marquess of Halifax)

Aber ist die ALF denn nicht eine gewalttätige Organisation? Trifft „Terrorismus" denn nicht zu? Die Begriffe „Gewalt" und „Terrorismus" werden von ALF-Kritikern niemals definiert, und wenn sie ihre Bedeutung irgendwie geartet erläutern, sind die Definitionen unverblümt befangen und selbstgerecht.

Wenn Gewalt ist, einem anderen Menschen bewusst körperlichen Schaden zuzufügen, wie kann dann jemand ein nichtfühlendes Objekt, das keine Schmerzen empfindet und kein Bewusstsein hat, „verletzen", „missbrauchen" oder ihm
„schaden"? Wie kann jemand „gewalttätig" gegen einen Lastwagen sein oder ein
„Terrorist" gegen Backsteine und Zement? Wie kann jemand ein Labor verletzen
und eine „Pelzfarm" terrorisieren, indem er mit Farbe sprüht oder einen Brandanschlag auf diese verübt?

Ganz einfach, er ist es nicht, es sei denn jemand, dem der Gegenstand gehört
oder der damit zu tun hat, wird verletzt. Menschen, deren Häuser, Autos oder
Büros beschädigt wurden, haben Angst, sind besorgt und traumatisiert. Ihr Geschäft, ihre Forschung, ihre Karrieren oder die Lebensbedingungen sind ruiniert,
sie sind psychologisch, wirtschaftlich, berufsmäßig oder anderweitig getroffen.

Zugegeben, nichts davon ist gut aus der Sicht eines ALF-Opfers, wie zum Beispiel aus der Sicht eines Experimentators, Pelzfarmers oder Wirtschaftsbosses.
Aber ist es richtig, Sabotage „Gewalt" zu nennen? Vielleicht wenn man sich auf
die generelle psychologische Definition wie zum Beispiel mentales Trauma beruft; aber man kann genauso gut damit argumentieren, dass diese Sabotage weniger gewalttätig ist als das, was sie verhindert, dass es einfach nicht Gewalt ist oder
dass Gewalt, einschließlich körperlicher Angriffe gegen Menschen, akzeptabel
und legitim in einem Krieg gegen Kriegsbetreiber ist.

Wenn überhaupt eine Definition von Gewalt zutrifft, dann sollten wir zuerst
verstehen, dass jedes fühlende Lebewesen ein Recht auf Leben hat. Da Tiere nicht
nur fühlende, sondern auch psychologisch und sozial sehr komplex ausgepräg-
te Lebewesen sind, sind sie in den wesentlichen Punkten genauso Subjekte wie
Menschen. Daher sollte jede Verletzung, die einem Tier zugefügt wird, wie die
Verletzung eines Menschen betrachtet werden, dementsprechend wie Gewalt.

Wie der Begriff „Kommunismus" um 1950 ist „Terrorismus" die zur Zeit
meist missbrauchte Vokabel. In einer Ära von Patriotismus, wo alle Formen der
Gegenrede oder des Widerstandes sofort als Terrorismus definiert werden und
Terrorismus als ein Versuch gewertet wird, Regierungen zu beeinflussen oder
zu erniedrigen, besteht die Gefahr, dass der Begriff jegliche Bedeutung verliert.

Objektiv gesehen beinhaltet Terrorismus drei Schlüsselbedingungen:

1. eine bewusste Absicht der körperlichen Gewaltanwendung
2. gerichtet gegen unschuldige ZivilistInnen, KriegsgegnerInnen oder Personen (menschlich und nicht menschlich)
3. für ideologische, politische oder wirtschaftliche Zwecke

Typisch: Jene, die Saboteure gewalttätig schimpfen, kommen schnell zu dem
Schluss, dass diese auch Terroristen sind. Sie vergessen dabei den wichtigen Unterschied, dass man im moralischen Sinne legitim Gewalt anwenden darf, unter

bestimmten Bedingungen, von Selbstverteidigung bis hin zum „gerechten Krieg". Die ALF ist keine terroristische Organisation, da sie erstens niemals Menschen körperlich verletzt, zweitens nie jemanden „angreift", der nicht unmittelbar am Krieg gegen die Tiere beteiligt ist.

Noch einmal: Tatsächlich kann Gewalt ganz legitim verschieden angewendet werden, zum Beispiel als Selbstverteidigung oder im „gerechten Krieg". Man kann daher plausibel argumentieren, dass die ALF die Verteidigung der Wehrlosen übernimmt, dass sie Kämpfer in einem gerechten Krieg sind und dass Tierausbeutungssysteme legitime militärische Ziele sind. Pazifistische Ansichten unterstellen, dass gewaltfreie Methoden des Widerstands alle großen sozialen Konflikte lösen können (können sie nicht) und dass ein Menschenleben einen absoluten Wert hat (hat es nicht). Philosophisch gesehen muss man sich wundern, dass ein absoluter Wert an das Leben eines hinterhältigen Mörders in dem berüchtigten Safari Club geheftet wird, der Preise gewinnt und Orden bekommt, wenn er gefährdete Arten tötet, im Vergleich zu dem Wert des Lebens der seltenen Elefanten, Löwen und Gorillas, die er tötet. Warum sollte das menschliche Recht zu töten eher geschützt sein als das Recht eines Tieres auf ein gewaltfreies Leben?

Dessen ungeachtet, vernebelt der Staat Begriffe wie „Gewalt" und „Terrorismus", um von staatlich gelenkter Gewalt und Terrorismus abzulenken und um ihren Krieg gegen jeden Widerspruch zu führen. Wenn der Staat sein Opfer erst einmal im Fadenkreuz hat, kann die politische Repression beginnen.

Gegen Heuchelei

„In unserer Zeit sind politische Reden und Schriften mehr oder minder eine Verteidigung dessen, was nicht mehr zu verteidigen ist."
(George Orwell)

„Die Frage ist nicht, ob wir Extremisten sind, die Frage ist, welche Art von Extremisten wir sind. Die Nation und die Welt benötigen dringend kreative Extremisten."
(Martin Luther King Jr.)

Verbrechen immensen Ausmaßes werden gegen die Tiere begangen, und das legale System ignoriert diese Tatsache. Nur eine bestimmte Menge „Gutes" und „Böses" kann durch Bildung und Legislative vermittelt werden. Die ALF existiert, weil ein friedlicher Dialog allein nicht genügt, um die dringend notwendigen sozialen Veränderungen herbeizuführen. Es sind Menschen, die dem System misstrauen, mitfühlende Menschen, die die Dringlichkeit einer Wende fühlen und mit sofortigem Effekt eine Veränderung wollen.

Würde es Ihnen genügen, einen Brief an Ihren Abgeordneten oder an die Zeitung zu schreiben, wenn eines Ihrer Familienmitglieder im Versuchslabor eingeschlossen und dort gequält würde? Würden Sie nicht dort einbrechen, wenn Sie könnten, und das Labor zerstören, sodass niemand mehr dort gequält werden kann? Würden Sie nicht auch den Hund Ihres Nachbarn befreien, wenn er misshandelt würde und die Polizei nicht eingreifen würde? Würden Sie nicht Fallen mitnehmen und zerstören, wenn ein Sadist zum Spaß Katzen darin fangen würde? Sind Sie wirklich gegen Paul Watsons Zerstörung von Treibnetzen, die dazu benutzt werden, alles im Meer zu töten, inklusive der Delfine?

Würden Sie jüdische Widerstandskämpfer verurteilen, wenn sie jeden Nazi umgebracht und jeden Verbrennungsofen zerstört hätten? Wenn Sie diese Art von Widerstand und Sachbeschädigung unterstützen, warum unterstützen Sie nicht die ALF? Ist es, weil damals 1940 war und heute heute ist? Ist es, weil es Anfang der vierziger Jahre Deutschland war und diese Sachen heute in den USA passieren? Ist es, weil die ALF nichtmenschliche Tiere verteidigt und damals menschliche Tiere getötet wurden? Ist es, weil Sie ein Speziesist sind, der menschliche Interessen über nichtmenschliche Interessen stellt, ohne einen logischen Grund dafür zu haben? Geht es Ihnen um die Taktik, mit der Sie nicht einverstanden sind, oder sind Sie gegen die Spezies, die von der ALF verteidigt werden?

Genau wie die Fleischesser die Arbeiter in den Schlachthöfen bezahlen, damit diese die „dreckige" Arbeit für sie ausführen, haben Tierrechtler die ALF, damit diese die gefährliche Arbeit für sie macht. Die ALF sollte respektiert werden, und wir sollten alle dankbar dafür sein, dass es diese mutigen Kämpfer gibt.

Wichtige soziale Veränderungen werden nicht durch eine einzelne oder mehrere Strategien herbeigeführt, alle Strategien und alle Taktiken sind nötig. Die Tierrechtsbewegung braucht Menschen, die Briefe schreiben, die auf allen Ebenen mit Repräsentanten des Staates verhandeln, die Studenten weiterbilden, die Veganismus vorleben, die demonstrieren und protestieren und so weiter, und sie braucht direkte Aktionen aus dem Untergrund.

Wenn Sie Tiere mögen, wenn Ihnen Werte wie Frieden, Freiheit und Gerechtigkeit wichtig sind, wenn Ihnen menschliche moralische Entwicklung am Herzen liegt, wenn Ihnen logische Konsequenzen am Herzen liegen, dann sollten Sie die ALF unterstützen.

Ausgabe 44 (Juli 2004)

Endnoten:

1. Das äußerst ambitionierte und provokative Plädoyer „You don't support the ALF because why?" wurde im Dezember 2003 geschrieben und erschien auf *www. arkangelweb.org*. Der Text wurde exklusiv für die *TIERBEFREIUNG* übersetzt.

2. bukolisch von Bukolik: „Hirten- oder Schäferdichtung" (Dichtung mit Motiven aus der einfachen, naturnahen, friedlichen Welt der Hirten)

Direkte Aktionen – richtig oder falsch?

Dave Palmer

Jeglicher Protest oder Akt des zivilen Ungehorsams, der im Namen der Tier-rechtsbewegung ausgeübt wird, gilt als Extremismus – wenn man der britischen Regierung und den Medien Glauben schenkt. Ohne Zweifel gibt es in der Tat extremistische Aktionen (wie in jeden Kampf für gesellschaftlichen Wandel), aber die Mehrheit der Tierrechtsaktionen fällt in zwei Kategorien: Befreiung von gefangenen Lebewesen und ökonomische Sabotage gegen diejenigen, die von der Versklavung und Ermordung dieser fühlenden Wesen profitieren.

Es wird oft gesagt, dass Aktionen wie das Zünden von Brandbomben unter Autos von Vivisektoren eine negative Auswirkung auf die Bewegung haben, weil die Medien sich auf solche extremistischen Minderheitsaktionen stürzen, anstatt unsere Argumente für die Anerkennung von nichtmenschlichen Tieren als Mitgeschöpfe statt als Rohstoffe zu hören. Dieses Bild werde dann von der Bevölkerung als repräsentativ für alle Tierrechtler und Veganer wahrgenommen und nicht als Ausnahmeerscheinung.

Die gegenteilige Sicht argumentiert, dass sowohl die Regierung als auch die Medien finanzielle oder andere Verbindungen zu Unternehmen haben, die zum Beispiel Tierversuche durchführen oder in Auftrag geben und davon profitieren. Von daher gebe es ohne die extremistischen Aktionen nur sehr wenige Berichte über die Tierrechtsbewegung – wenn überhaupt. Ein Beweis dafür ist die Hyste-rie über den Angriff gegen den Direktor des Tierversuchslabors Huntingdon Life Sciences. Im Gegensatz dazu sehen wir ein komplettes mediales Verschweigen von hunderten tätlicher Angriffe auf Tierrechtler (besonders gegen Jagdsaboteu-re) in den letzten 30 bis 40 Jahren inklusive dreier, die tödlich endeten.

Ganz bestimmt werden die Massenmedien nie zu freundlich über jegliche Phi-losophie berichten, die für die Mehrzahl ihrer Anzeigenkunden negative Konse-quenzen hat.

Für diejenigen von uns, die schon in den 80er- und 90er-Jahren aktiv waren, ist eine der lebhaftesten Erinnerungen die von einem Konvoi von Tiertransportern, der in Shoreham von einer großen Menge besorgter Bürger aufgehalten wur-de. Mehrere Aktivisten kletterten auf einen Tiertransporter und zerstörten die Windschutzscheibe. Ein Bild eines Demonstranten, der mit einem Stein in der Hand über dem LKW hängt, um Scheiben einzuschlagen, ging um die Welt, weil sich längst auch in Ländern außerhalb Großbritanniens die Menschen für die Kampagne gegen Lebendexporte interessierten.

Diese Aktion mündete nicht in einer massenhaften Verurteilung durch die Bevölkerung. Der fotografierte Aktivist mit dem Stein wurde von zahlreichen

TV-Sendern interviewt und in Talkshows eingeladen. Dieses Beispiel einer Direkten Aktion zeigt, dass dadurch immer mehr Menschen aktiv wurden, nicht nur in Shoreham, sondern auch in anderen Hafenstädten. Durch die vorurteilsfreie Berichterstattung in der damaligen Zeit wurde etwas erreicht. Lebendexporte wurden bald auf allen englischen Häfen und Flughäfen verboten (auch wenn sie später im Hafen von Dover wieder aufgenommen wurden). Wenn nur genug Leute aufstehen, dann wird es eine Veränderung geben.

Neben den Medien gibt es auch Bedenken aus der Tierrechtsbewegung selbst, dass Direkte Aktionen dem Ziel der Bewegung eher schaden als nutzen. Oft wird argumentiert, dass es nicht hilft, ein paar hundert Tiere aus einem Labor, von einem Züchter oder aus einer Legebatterie zu befreien. Demnach macht es keinen Unterschied, weil Milliarden Tiere für diese Industrien jedes Jahr gezüchtet und getötet werden – und jene die befreit wurden, werden lediglich durch andere ersetzt.

Das Argument, dass durch Befreiungen mehr Tiere gezüchtet werden, ist allerdings haltlos, ganz einfach, weil eh schon sehr viel mehr Tiere gezüchtet werden als notwendig wären. Daher werden jährlich Zigtausende, wenn nicht Millionen Tiere nur deshalb von Züchtern getötet, weil sie von Tierquälern oder der fleischessenden Bevölkerung nicht benötigt werden. Einen kleinen Prozentsatz dieser Tiere aus diesem Wahnsinn zu retten, scheint eine unbedeutende Handlung zu sein, doch ist es eine sehr bedeutende Handlung für jedes Individuum, das aus einem Leben der Entbehrung, der Schmerzen und des Leidens genommen und in ein liebevolles neues Zuhause übergeben werden kann.

Tierbefreiungen geben der Bewegung psychologische Anschübe. Jede erfolgreiche Befreiung erhöht die Moral und dient als Erinnerung, dass man einen Unterschied auf der individuellen Ebene ausmachen kann, auch wenn ein Ende der industrialisierten Tierausbeutung dadurch nicht in Sicht kommt. Jedes befreite Tier symbolisiert die Ziele der Tierrechtsbewegung.

Ein differenziertes Bild zeigen

Was während einer Diskussion zum Thema „Direkte Aktionen" mit Menschen aus der normalen Bevölkerung gemacht werden muss, ist, ein differenziertes Bild dieses Begriffes mit seiner großen Bandbreite möglicher Aktionen aufzuzeigen. Während viele Menschen vermutlich eine Grabschändung als abschreckende Tat bezeichnen würden, hätten viele dieser Personen vermutlich keine Abscheu gegen eine Aktion bei der ein Schloss geknackt wird, um leidende Lebewesen zu befreien.

Ausgewogene Folgerungen über die Effekte von Tierrechtsaktionen können nur dann gezogen werden, wenn alle Aspekte der jeweiligen Situation in Betracht gezogen werden. Das Leiden der Tiere, das Ausmaß des verursachten Schadens, die folgende Hysterie in der Presse und so weiter. Als Campaigner und Aktivisten ist es nicht unsere Aufgabe, diejenigen zu beurteilen, die sich entschieden haben, ihre Freiheit zu riskieren, um fühlende Lebewesen aus Qual und Gefangenschaft zu retten. Es ist unsere Aufgabe, der Öffentlichkeit alle möglichen Informationen über Tierausbeutung zugänglich zu machen, sodass sich die Menschen, die sich durch die voreingenommenen Medien nicht blenden lassen, selbst ihre Meinung bilden können.

Ausgabe 53 (Dezember 2006)

TIERBEFREIUNG VERSUS TIERFREILASSUNG

Mit einem „Hinweis in eigener Sache: Tierbefreiung versus Tierfreilassung" hatte das Redaktionsteam in *TIERBEFREIUNG 53* darum gebeten, Beiträge einzusenden, die Meinungen über oben genannte Aktionsformen abbilden. Der Aufruf lautete:

Hinweis in eigener Sache: Tierbefreiung versus Tierfreilassung

Um der Unterschiedlichkeit von Tierbefreiungsaktionen auf sogenannten Pelzfarmen Rechnung zu tragen, bezeichnen wir

a) Aktionen, bei denen die Türen der Käfige geöffnet werden ohne die Tiere mitzunehmen als „Freilassungen". Diese Aktionen sind in der Tierbefreiungsbewegung nicht unumstritten, da das Schicksal der vielen Tiere offen bleibt (zum Beispiel werden Medienberichten zufolge viele Tiere wieder durch die Farmbetreiber und Helfer eingefangen, da sie oft orientierungslos in der Nähe ihrer Futterstelle bleiben). Diese Aktionsform ist eher daran orientiert, den „Pelzfarm"betreibern einen möglichst großen finanziellen Schaden zuzufügen.

b) Aktionen, bei denen Tiere mitgenommen und zum Beispiel an anderer Stelle in Einzelgruppen wieder freigelassen werden als „Tierbefreiungen". In der Vergangenheit wurden zum Beispiel Nerze einzeln in wasserreichen Naturgebieten ausgesetzt. Auch hier bleibt das Schicksal der Tiere unvorherbestimmt, doch wird ihnen eine größere Chance auf ein Leben in Freiheit frei nach ihren eigentlichen Bedürfnissen gegeben, da sie fernab der Farm freigelassen werden. Hierbei kann nur einer sehr viel geringeren Anzahl von Tieren als bei Freilassungen die Chance auf ein freies Leben gewährt werden, jedoch sind deren Überlebenschancen vermutlich sehr viel größer.

Die *TIERBEFREIUNG* berichtet über beide Aktionsformen, weil wir über Aktionen, die im Namen der ALF oder anderen Tierbefreiungsgruppen geschehen, grundsätzlich informieren möchten (auch wenn wir Redaktionsmitglieder bei den Freilassungen gespaltener Meinung sind). Wir sind uns bewusst, dass dieses Thema innerhalb der Bewegung bisher wenig reflektiert beziehungsweise thematisiert wurde, unter anderem weil die grundsätzliche Verantwortung des Tierleids immer (!) bei den Tierausbeuterinnen und Tierkonsumentinnen liegt. Wenn Menschen Käfigtüren öffnen, hat dies immer auch eine symbolische Funktion, und eine Kritik an Freilassungen sollte angemessen und konstruktiv sein. Wir würden Tierfreilassungen als vielfach getätigte Aktionsform von autonomen TierbefreierInnen gern einmal als Thema aufgreifen und möchten deshalb Meinungen aus der Tierrechts-/Tierbefreiungsbewegung einholen. Bitte beteiligt euch und schickt differenzierte Leserbriefe oder sendet Beiträge!

Euer Redaktionsteam

Ausgabe 53 (Dezember 2006)

In *TIERBEFREIUNG 54* schrieb die Redaktion:

Es erreichten uns zwei längere Beiträge, die beide – stark verkürzt – ausdrücken, dass eine grundsätzliche unterschiedliche Bewertung dieser Aktionsstrukturen, sei es nun implizit oder explizit, unangebracht sei. Warum und wieso, das erklären die EinsenderInnen selbst. Wir freuen uns über die kritischen Beiträge und veröffentlichen sie hier in ungekürzter Form.

Beitrag von Mela:

Eine Tierrechtsbewegung/Tierbefreiungsbewegung, die Tiere noch einmal zu Opfern macht, nun ihrer Definitionen, die über gerettet oder vernichtet werden entscheiden? Welche Vermessenheit! Oder doch vielmehr eine aus der Situation entstandene Not, entscheiden zu müssen? Aber wer soll entscheiden? Und nach welchen Maßstäben? Wer ist in Entscheidungsnot? Am Ende doch die Aktivist-Innen, die ihre Aktionen vor der Vernunft und den betroffenen Tieren rechtfertigen müssen – nicht die Bewegung, erst recht nicht wir Schreibenden, auf denen nicht die Verantwortung lastet. Sicher, um alle möglichen Gesichtspunkte berücksichtigen zu können, ist es gut und wichtig, dass sich TierrechtlerInnen gemeinsam Gedanken über Aktionsformen machen. So werde ich mir im Folgenden zur Problematik ebenfalls Gedanken machen. Und doch: Bei Widerstandshandlungen, bei denen es um Lebensrettung geht und die sich mit einem totalitären Ausbeutungssystem auf der einen Seite und einer nicht fassbaren Anzahl an Gewaltopfern – hier an „Pelztieren" – auf der anderen Seite konfrontiert sehen, kann man wahrscheinlich nur „Fehler" machen. Andere Widerstandsbewegungen haben ähnliche Diskussionen erlebt – sie stellten sich als unzumutbar heraus. Soll, kann, muss man einzelnen Gewaltopfern helfen, wenn das gesamte System Gewalt ist? Soll man nicht das gesamte System angreifen, anstatt einzelne seiner bösen Fratzen? Aber gehören sie nicht zu ein und demselben hungrigen Schlund; und wenn man wenigstens einige Individuen davor rettet, von diesem verschlungen zu werden? Solidarität mit jedem einzelnen Opfer! Und wenn die

Wenigen möglichst viele sind, ist das nicht besser? Aber ja, darüber gibt es ohnehin keine Entzweiung.

Folglich ist es eher eine technische Frage. Zum einen: Wie überleben möglichst viele aus dem Käfig geholte „Pelztiere" beziehungsweise genauer Nerze, vielleicht Waschbären in der „Natur" (Füchse der „Pelztierzucht" können bekanntlich kaum ohne Betreuung auf sich selbst gestellt „in freier Wildbahn" überleben)? Das bereitgestellte Wissen hierzu ist so kontradiktorisch wie die gesamte Debatte: Während die Tierbefreiungsbewegung in Skandinavien von Medien und Jägern als „Ökoterroristen" beschimpft wurde, eben weil Nerze sehr gut – an Gewässern entlassen – zurechtkommen und als „Killerminks" angeblich „Vogelwelt", „Fischbestand" und „Nutztierbetriebe" angreifen würden, versuchte die Pelzindustrie zum Beispiel hierzulande moralisierend und jammernd zu behaupten, TierbefreierInnen brächten die befreiten Tiere in Gefahr; sie würden in Freiheit hungern, ja gar frieren (DPI).

Freiheit ist Unsicherheit, Leben ist mitunter gefährlich, wer könnte das leugnen; aber ein Zurückgelassensein im Käfig einer „Pelzfarm" oder eines anderen Tierausbeutungsbetriebes ist vernichtend. Die Entscheidung, ob man in Not Geratene zurücklässt und wenn ja, wen, ist möglicherweise eine der unmenschlichsten Belastungen.

Jedoch sollten die Gründe, die man gegen eine bestimmte Widerstandsform wendet, nicht die gleichen sein, die man auch gegen seine eigene Rettung gelten lassen würde? Was also, wenn du es wärst, wenn dein Körper von physischer Zerstörung oder psychischer Grausamkeit bedroht wäre? Ich würde wollen, dass mich jemand aus dieser Gefahrensituation holt und nicht zögert und an meinem Käfig vorbeigeht, weil er eine Trennung zwischen „Freilassung" und „Befreiung" macht. Denn die Öffnung des Käfigs wäre wenigstens eine Chance, meine einzige Chance womöglich, der Vernichtung zu entkommen. Und trotz möglicher Verfolgung, Hunger und anfänglicher Orientierungslosigkeit in meiner neuen Umgebung, ich hätte eine Chance. Ich hätte Freiheit, ich hätte mein Leben, und wer hätte das Recht, mir dieses zu verweigern?

Ob ich „frei" wäre, oder „freigelassen" oder „befreit"? Aber was heißt Freiheit und was Befreiung in Bezug auf Mensch-Tier-Beziehungen, was heißen sie ohnehin? (Und verwundert es, dass ausgerechnet in Deutschland – und sonst in keinem anderen Land – die Tierbefreiungsbewegung über Freiheit versus Sicherheit debattiert und ersterer argwöhnt und das, obwohl doch weder „Freilassung" von Tieren noch „Befreiung" häufig stattfinden?) Sind es nicht primär negative Freiheiten, derer Tiere so dringend bedürfen, also das Frei-Sein von durch die Tierausbeutungsindustrie organisierte Zerstörung, von Gewalt, von Angst, von Schmerz ... und damit von einem Tierausbeutungsbetrieb? Und ist dies nicht sowohl durch „Freilassungen" als auch durch „Befreiungen" erreicht? Tierbefreiung heißt doch vor allem, Tiere von institutioneller und privater Gewalt der menschlichen Gesellschaft zu befreien, kann aber den Umständen nach nicht heißen, dass Tiere von allen möglichen Gefahren und Unbequemlichkeiten frei sind. Tierbefreiung kann dann sowohl die direkte Befreiung tierlicher Individuen aus destruktiven Strukturen bedeuten, indem Tiere den Gewaltsituationen und -räumen entzogen werden. Tierbefreiung kann aber auch das Ergebnis der „doppelten Naturbefreiung" – der Befreiung der „inneren" wie „äußeren Natur" des Menschen – sein.[1] Hier wird das Gewaltsystem an sich beseitigt.

Freilich, Leben in Freiheit muss auch möglich sein und AktivistInnen tragen Verantwortung für ihr Handeln und die Folgen: Wer Nerze neben einer Autobahn aus den Käfigen lässt oder im Winter und sie keine Nahrung finden, handelt sicher nicht besonders verantwortungsbewusst. Und wer Nerze mitnimmt und in einem weitgehend „naturbelassenen" Gebiet rauslässt und damit die dortigen Tiergruppen stört? Nerze sind Karnivore. Aber ob zum Beispiel der Fisch aus einem Bach (hier vom Nerz selbst gefangen) oder wie auf den „Pelzfarmen" von der Hochseefischerei stammt, wer möchte da ethisch werten? Für den getöteten Fisch ist beides zu verwerfen. Das Verhalten von „Wildtieren" wie Nerzen in der „Natur" lässt sich, nimmt man Berichte von TierrechtlerInnen in anderen Ländern zur Kenntnis, ohnehin nicht vorab bestimmen. Sie teilen sich auf; in Skandinavien wurden Nerze nach „Freilassungen" hunderte Kilometer entfernt von der Farm gesehen. Gleiches würde aber für eine „Befreiung" gelten. Ob „Befreiung" oder „Freilassung", eine Standortbestimmung für die freien Nerze oder einen Speiseplan gibt es offensichtlich nicht.

Bleibt es dann eine bloße utilitaristische Rechnung, die glücklichen Nerze, die es schließlich geschafft haben, in der „Natur" zu überleben, zu zählen? Und dann diese den Unglücklichen gegenüberzustellen, die überfahren, erschossen oder wieder eingefangen wurden, die an einer Krankheit gestorben oder verhungert sind und zusätzlich all jenen, deren Käfig gar nicht geöffnet wurde? Machten wir diese Nutzenabwägung gedanklich, dann könnte es sein, dass von 50 „befreiten" Tieren gerade drei übrig blieben, wogegen von 500 Tieren vielleicht 120. Und würde man noch berücksichtigen, dass jedes zurückgelassene Tier die weitere Zucht aufrechterhält, somit zukünftige Gewaltopfer „produziert" werden ... Gemessen an der Anzahl der letztlich vor der Pelzindustrie geretteten Tiere blieben demnach eher „Befreiungen" symbolisch als „Freilassungen". Dies spräche für eine Freilassung der Tiere vor Ort statt eines Transportes an einen anderen. Aber die Handlungsfolgen für die betroffenen Nerze sind indes nur ein mögliches Kriterium für die Wahl der Aktionsform. Ein anderes könnten die Folgen für das Ökosystem sein. Hier müsste gerade entgegensetzt „gerechnet" werden: Je mehr Nerze tatsächlich überleben, desto schlechter ist dies für das jeweilige Ökosystem.

Alles zu vage? Nerze darum doch lieber nicht „freilassen"? AktivistInnen tragen jedoch nicht nur für ihr Tun, sondern auch für ihr Unterlassen Verantwortung. Ob sie verantworten können, tausende tierliche Individuen in Gefangenschaft zu lassen, obwohl sie dies hätten verhindern können? Dies ist eine Diskussion, die die Bewegung ebenso führen könnte, vielleicht auch sollte. Fragen gibt es genügend, jedoch an beide Verhaltensweisen gerichtet: Tun wie Unterlassen und an beide Aktionsformen, „Befreiung" wie „Freilassung". Dabei wären sicherlich nicht normativ gefärbte Informationen interessant, wie der weitere Lebensweg der in der BRD durch „Freilassung" oder „Befreiung" der „Pelzfarm" entkommenden Tiere aussah. Ebenso, welche alternativen Aktionsmöglichkeiten es gebe. Die Redaktion der *TIERBEFREIUNG* schreibt selbst, dass sie über die Aktionsformen „gespaltener Meinung" sei. Wenn sie im Heft 53, Seite 63 jedoch weiter schreibt: „eine Kritik an Freilassungen sollte angemessen und konstruktiv sein" stellt sich die Frage, warum nicht auch eine Kritik an „Befreiungen", möchte man nicht die „Entscheidung" vorwegnehmen, sondern dem Zwiespalt Ausdruck verschaffen? Ist es nicht problematisch, wenn eine Redaktion eine begriffliche Trennung vollzieht und dem Bewegungshandeln überstülpt? Wenigstens wurde nun eine Diskussion darüber angeregt und sicherlich: Die durch die AktivistInnen in Bekennerschreiben beschriebene Vorgehensweise beim bloßen Öffnen von Käfigen und beim Mitnehmen und anschließenden Freilassen von „Pelztieren" ist unterschiedlich und so könnte man, muss man aber nicht, diese beiden Aktionsformen unterschiedlich bezeichnen. Das Problem ist jedoch, dass diese Begriffe von der *TIERBEFREIUNG* bisher nicht deskriptiv, rein beschreibend, sondernd normativ, also wertend benutzt wurden, die „Befreiung" aufgewertet und die „Freilassung" abgewertet wurde und dass die Argumentation für die Wertung unzureichend blieb. Das Mitnehmen und anschließende Freilassen von Nerzen wie auch das direkte Freilassen von Nerzen außerhalb der „Pelzfarm" schaffen Freiheit, retten Leben, vermindern Ausbeutung, schädigen die Ausbeuter. Wer möchte hier ein diskriminierendes Urteil bilden?

Endnote:

1. Siehe meinen Artikel „Zur Verteidigung des tierlichen und menschlichen Individuums. Das Widerstandsrecht als legitimer und vernünftiger Vorbehalt des Individuums gegenüber dem Sozialen" in: *Das steinerne Herz der Unendlichkeit erweichen. Beiträge zu einer kritischen Theorie für die Befreiung der Tiere*, herausgegeben von Susann Witt-Stahl, 2007.

Anonym zugesandter Beitrag:

Kann das möglich sein? Eine Diskussion anzuzetteln, in der im Grunde genommen die eigene aktive Arbeit infrage gestellt wird?

Beide Aktionsformen entsprechen den ALF-Richtlinien und sind somit legitim. Für die nichtmenschlichen Tiere wird es immer eine Herausforderung sein, auf die neuen Lebensumstände zu reagieren. Freigelassen werden und zur Futterstelle zurückzukehren, um dort wieder eingefangen zu werden oder befreit ohne „Menschenscheu" dem nächsten Lodenlumpen zu begegnen. Beide Versionen der sichere Tod. Aus dieser Sicht kann sich die Frage also nicht stellen.

Versuchen wir, anders an das Thema zu gehen. Tierbefreiung bedarf vieler, die daran mitarbeiten, Tierfreilassung kann einE EinzelneR durchführen, will heißen, keine tagelangen Diskussionen um das Wie, Wenn und Aber. Um mit den Worten von Peter Young zu sprechen: „weniger Schwerpunkt auf der Zwei-bis-fünf-Personen-Zellenstruktur, die Stärke des Einzelnen sollte überdacht werden. Eine Person mit Rucksack und Fahrrad kann potentiell genauso viel Schaden anrichten wie viele andere, ohne die Last von Konsensentscheidungen und der Gefahr durch Spitzel." So gesehen ist die Freilassung der bessere Weg. Rein, raus, weg!

Der symbolische Charakter der Tierbefreiung ist natürlich nicht wegzureden. Meistens fehlt aber doch die nötige Dokumentation dazu. Wenn schon mehrere AktivistInnen zusammen sind, warum wird nicht mehr gefilmt/dokumentiert? Nicht nur die Aktion selber, sondern auch die gesamten Mordbetriebe mit ihrer Praxis. Ein Symbol sollte sichtbar sein, sonst wäre es doch keins.

Wohin stellen wir uns, wenn wir über das Leben eines nichtmenschlichen Tieres entscheiden wollen? Können wir uns dann noch von den Haltern von nichtmenschlichen Tieren unterscheiden, die es zu *überzeugen* gilt? Wir haben die Chance, nichtmenschlichen Tieren die Freiheit zu geben, und diese Chance sollten wir auch nutzen, egal in welcher Form. Eine solche Diskussion kann nur zur weiteren Aufspaltung führen. Ein destruktiver Prozess meiner Meinung nach.

Ich sehe die Tierrechtsbewegung als eine autonome, zum Teil anarchistische Gruppe von einzelnen Individuen an, in der Grundsätze eingehalten werden, aber ansonsten jeder nach seinem Gewissen handeln sollte. Es sollte nicht Diskussion sein, wie gehandelt wird, sondern dass gehandelt wird.

Für die Befreiung von Mensch und Tier! ·

Ausgabe 54 (März 2007)

Peinliche ALF-Aktionen

Die ALF und die Gewaltfrage

Ulf Naumann

Man muss sich anschauen, gegen was angegangen wird, wo die tatsächliche Gewalt liegt. Auf der einen Seite wird mit grausamer Gewalt unvorstellbares Leid verursacht, meist mit tödlichem Ausgang: Mehr als eine Milliarde Tiere werden jedes Jahr in deutschen Schlachthöfen umgebracht, nachdem sie ihr Leben lang qualvoll „gehalten" wurden (eine Zahl, die das menschliche Gehirn in ihrer Dimension gar nicht erfassen kann), mehr als eine Million Tiere werden in Tierversuchen getötet oder zu Tode gequält, hunderttausende Tiere werden auf der Jagd an-, er- und zerschossen (die Liste lässt sich um zahllose Bereiche erweitern: Zirkus, Pelz, Zoo und so weiter). Auf der anderen Seite gibt es Menschen, die direkt dagegen angehen, indem sie beispielsweise das zerstören, was sonst nichts als Qual und Leid verursacht, zum Beispiel Schlachthofgeräte, Tierversuchsinstrumentarium und dergleichen. Die tatsächliche Gewalt, gegen die angegangen wird, ist so immens, dass Direkte Aktionen absolut verhältnismäßig sind. Im zwischenmenschlichen Bereich wird Gewalt nicht nur als legitim, sondern sogar als notwendig angesehen, wenn man beispielsweise den Angriff eines anderen (zum Beispiel auf ein Kind) nicht anders abwehren kann. Wenn man in der Lage ist, gegen Gewalt eines Menschen anzugehen (Angriff auf jemanden), ist man sogar gesetzlich verpflichtet, zu helfen; die Anwendung von Gewalt, um einen Angriff zu stoppen, ist gesetzlich gedeckt (rechtfertigender Notstand). Da Tiere Empfänger von Gewalt in einem unglaublichen Ausmaß sind und Leiden und Schmerzen ebenso oder ähnlich wie der Mensch verspüren (und genauso den absoluten „Willen" zu leben haben), sind Direkte Aktionen legitim (egal ob nun Tiere befreit werden, Leiden verursachende Gegenstände zerstört werden oder aber auch wirtschaftliche Sabotage durchgeführt wird, bei dem Unternehmen getroffen werden, die ihr Geld durch Gewalt auf dem Rücken von gequälten Tieren „erwirtschaften").

Die ALF greift zu ethisch legitimen Methoden, die allerdings in der Regel ungesetzlich, radikal und militant sind. Umso wichtiger ist es, dass eine Aktion und deren Auswirkung genau recherchiert und geplant wurde, bevor sie durchgeführt wird. Während weltweit monatlich viele ALF-Aktionen stattfinden, die dies erfüllen, gibt es auch einige wenige Negativbeispiele, die einmal erwähnt werden sollten. So wurde vergangenes Jahr in Mannheim anstelle des Autos einer Person, die mit Tierversuchen bei Huntingdon Life Sciences in Verbindung steht, das des Nachbarn beschädigt oder zerstört. Am 20. November 2008 wurde bei einem Brandanschlag ein Auto zerstört und zwei beschädigt, die einem Vivisek-

tor, der Primatenversuche an der University of California, Los Angeles, durchführt, gehören sollten. Keines der Autos gehörte ihm jedoch. Am 27. November
2008 wurde in Finnland bei einem Anschlag, der der ALF zugerechnet wird, in
eine „Legebatterie" eingebrochen und Eier sowie elektrische Einrichtungen zerstört. Als Folge dessen fiel die Belüftung in der „Batterie" aus, angeblich starben
dadurch wegen Luftmangels bis zu 5.000 der 26.000 dort gefangengehaltenen
Hennen. Am 1. Dezember 2008 wurde in Zeewolde, Holland, das Haus eines
mutmaßlichen „Pelzfarmers" mit ALF-Slogans besprüht und das vor dem Haus
geparkte Auto mit Abbeizer überschüttet sowie dessen Reifen zerstochen. Das
Haus und das Auto gehörten jedoch nicht dem „Pelzfarmer", er hatte lediglich
denselben Namen wie der Farmer, der in demselben Ort wohnt und dessen Farm
ein Jahr zuvor von der ALF aufgesucht wurde.

Erwähnt werden sollte allerdings, dass solche Meldungen in der Regel aus der
Mainstream-Presse stammen, die es mit Fakten gerade auch bei ALF-Aktionen
bekanntlich nicht immer so genau nimmt. Auch muss man bedenken, dass nicht
alles, was nach einem ALF-Anschlag aussieht, auch ein ALF-Anschlag war. So
wurde 1997 der Bremer „Öko-Schlachter" Matthias Groth wegen Brandstiftung
und Vortäuschens einer Straftat verurteilt; er hatte 1995 seine marode Metzgerei
selbst angezündet und es der ALF angelastet. Im Falle der erstickten Hennen
darf auch nicht vergessen werden, dass sie sowieso, und das ganz regulär, in nicht
allzu ferner Zukunft absichtlich umgebracht worden wären. Fakt jedoch ist, den
Wahrheitsgehalt der Meldungen vorausgesetzt, dass es sich bei all diesen fehlge-
gangenen ALF-Aktionen um ein grob fahrlässiges Vorgehen handelt. Die Fälle
sind entweder oberpeinlich oder sogar tragisch. Sollten sich solche fahrlässigen
Aktionen häufen und diese auf ALF-Gruppen zurückzuführen sein, wird die
Ernsthaftigkeit von Direkten Aktionen und der ALF in Mitleidenschaft gezogen.
In der Allgemeinbevölkerung gibt es sowieso keine Akzeptanz für ALF-Aktionen, was allerdings auch gar nicht Ziel einer Direkten Aktion ist, da es sich
um einen elementaren Widerstand gegen Tierausbeutung und deren Nutznie-
ßer handelt. Trotzdem versuchen wir vom *tierbefreier e. V.* der Öffentlichkeit die
ernsten ethischen Hintergründe zu solchen Aktionen zu vermitteln. Nur was
nutzt das Reden über Moral, wenn höchst laienhaft und blindlings vorgegangen
wird? Zum Glück laufen nur, wie bereits erwähnt, einige wenige von sehr vielen
Aktionen derart ab. Allerdings sind auch diese wenigen unnötig und kämen bei
etwas professionellerer Vorgehensweise nicht vor.

Ausgabe 62 (März 2009)

ABSTRUSE GEDANKENWELT

Angriffe auf Nerzfarmen durch „Tierschutzeinsatzkommando"

Ulf Naumann

Bekennung

Im März erreichte uns eine Mail mit dem Betreff „Pelzfarm 14947 Frankenförde schwer beschädigt und ca. 2.500 Nerze befreit". Das ließ aufhorchen. Die Meldung selbst las sich etwas merkwürdig. In einem Text, gespickt mit Rechtschreib- und Grammatikfehlern, berichtet ein „Pressesprecher" eines „Tierschutzeinsatzkommandos (TSEK)" von einer Aktion auf der Nerzfarm Grosser in Frankenförde: Das Farmtor sei geöffnet worden und etwa 2.500 Nerze aus ihren Käfigen befreit worden. Rund 100 Käfige seien zerstört worden, die Wasserversorgung der Farm sei beschädigt worden, ein Antriebswagen und ein Häcksler, der zum Zerstückeln der gehäuteten Nerzkadaver verwendet werde, seien ebenso wie weitere kleine Maschinen zerstört worden. Von einem „Einsatzleiter des Spezialeinsatzkommando (SEK) der die Aktion anführte" ist die Rede. Die Mail, die an eine Reihe von Tierrechts- und Tierschutzgruppen ging, beginnt mit „An alle Tierschützer".

Repression? Nie gehört ...

In dem Schreiben war ein YouTube-Link angegeben: „Auf dem youtubechannel der TSEK wird demnächst ein Video veröffentlicht sobald der Videoschnitt aus Holland uns überreicht wurde über die Aktion. *www.youtube.com/TSEK2010.*" Das Video zeigt, wie eine vermummte Person Käfige auf einer Nerzfarm öffnet und mit einem Bolzenschneider Käfigeinrichtungen zerstört. Am Ende des Videos wurde dann neben anderen Bildern auch das Logo des Vereins *die tierbefreier e.V.* sowie mehrere Aufklebermotive des Vereins samt ehemaliger Adresse dargestellt (als letztes Bild ist noch ein Plakat des *Deutschen Tierschutzbundes* zu sehen). Das Profilbild des dazugehörigen Users stellte ebenfalls ein Motiv des Vereins samt Namen und ehemaliger Adresse dar. Zuerst waren wir uns nicht sicher, ob es sich nicht um einen schlechten Scherz handelte, so viel Naivität im Umgang mit Repression konnten wir uns nicht vorstellen. In der Vereinsgeschichte gab es unzählige Hausdurchsuchungen im Büro, beim Vorstand und bei Personen, die Aufgaben wie die Postfachverwaltung übernommen hatten. Und das bei schon viel geringeren Delikten, bei denen uns noch nicht einmal eine Beteiligung vorgeworfen wurde, und in Österreich ist der Verein mit im §278-Verfahren, obwohl ebenfalls nichts an sich strafrechtlich Relevantes vorliegt. Nun also ein Video zu einer großen Nerzbefreiung samt Zerstörung von Teilen der Farm, an dessen Ende Motive und das Logo des Vereins samt ehemaliger Adresse abgebildet werden, zudem ein Bearbeiter der Seite, der sich ein ehemaliges Aufklebermotiv samt Vereinsadresse als Profilbild ausgesucht hat und weitere Aktionen ankündigt. Na super, dachten wir uns, wenn diese Aktion tatsächlich stattgefunden hat, können wir ja gleich einen Tag der offenen Tür für die Polizei veranstalten. Sehr seltsam war auch, dass auf der YouTube-Seite ein Konto samt Kontoinhaber angegeben war, auf das man für weitere Aktionen spenden solle. Zudem waren ein paar Namen von Personen aufgelistet, die in letzter Zeit angeblich gespendet hatten. Merkwürdig auch die unnötige Angabe über den Schnitt des Videos angeblich in Holland, da in Holland derzeit ebenfalls eine SOKO die Tierrechtsszene durchleuchtet (siehe *TIERBEFREIUNG* 65) und über solche Statements, egal ob wahr oder falsch, sicherlich dankbar ist.

Da wir die nächsten zwei Tage in den lokalen Medien und den Pressemeldungen der Polizei (die sonst in der Gegend eine Meldung über jeden Taschendiebstahl herausgibt) nichts über die Aktion fanden, fragte ein Redaktionsmitglied der *TIERBEFREIUNG* bei der Pressestelle der Polizei in Teltow-Fläming an, ob sie eine solche Aktion bestätigen könnten. Die Anfrage blieb unbeantwortet. Einen Tag später gab es aber eine große Meldung in der *Märkischen Allgemeinen*: „Straftat: Tausende Nerze auf der Flucht", in der die Aktion bestätigt wurde. Grosser gab den Schaden mit angeblichen 180.000 Euro an. Zudem hieß es: „Im Internet kursiert [...] ein Video, in dem sich ein Verein ‚Die Tierbefreier e.V.' zu dieser ‚Befreiungsaktion' bekennt und sie im Film festgehalten hat." Na herzlichen Glückwunsch! In den Tagen danach riefen wütende Anwohner aus der Nachbarschaft beim Verein an.

Warten auf eine Hausdurchsuchung

Nach solchen Direkten Aktionen geben wir, wenn wir ein Bekennerschreiben erhalten haben, in der Regel eine Presseerklärung heraus, in der die ethischen Hintergründe zu solchen Aktionen angegeben werden, verbunden mit dem Hinweis, dass wir selbst keine Verbindung zu den Personen haben, die diese Aktionen durchführen. Hätten wir diese, könnten wir als öffentlicher Verein gar nicht existieren und zum Beispiel Öffentlichkeitsarbeit betreiben. Es gibt eine klare Trennung und keine Verbindung zwischen dem Verein und autonom agierenden Gruppen, die Direkte Aktionen durchführen. Da die Polizeibehörden in der Regel keine konkrete Spur zu TäterInnen haben, haben sie sich in der Vergangenheit immer wieder auf den Verein konzentriert. Dies hat zwar (logischerweise) nie Ergebnisse gebracht, uns aber einer erheblichen Repression ausgesetzt, die den Verein und deren Verantwortliche immer wieder Hausdurchsuchungen und beschlagnahmte Gegenstände (vor allem Computer), Gerichtsverfahren und

Kosten, die in die Zehntausende gehen, beschert. Eventuelle Verurteilungen sind aufgrund manch seltsam zusammenkonstruierter Phantasien ebenfalls nicht ausgeschlossen. Da wir uns inhaltlich jedoch mit Direkten Aktionen solidarisieren und auf der grundgesetzlich gedeckten Meinungs- und Informationsfreiheit bestehen, haben wir dies immer auf uns genommen. Aber es macht natürlich einen Unterschied, ob wir dies durch unsere Öffentlichkeitsarbeit als mögliche Folge in Kauf nehmen, oder ob wir durch eine völlig unbedachte und unnötige Vorgehensweise Dritter reingeritten werden. Da zwischen einer Direkten Aktion von Unbekannten und einer eventuellen Hausdurchsuchung beim *tierbefreier e.V.* in der Regel mehrere Monate vergehen, befinden wir uns derzeit noch in Wartestellung.

Wir haben daraufhin eine Presseerklärung herausgegeben, in der wir zunächst deutlich klargestellt haben, dass wir weder mit der Aktion noch mit dem Video etwas zu tun haben und haben im weiteren Verlauf über Hintergründe zu solchen Direkten Aktionen berichtet. In einem Gespräch mit einer Journalistin der Märkischen Allgemeinen haben wir auch noch einmal darauf hingewiesen, dass wir uns von solchen Aktionen nicht distanzieren, aber dass wir natürlich nichts damit zu tun haben. Kurz danach erschien auch auf der YouTube-Seite ein Eintrag, dass der Verein *die tierbefreier e.V.* nichts mit der Aktion zu tun habe, „die im Video enthaltenen Szenen wurden nur des Spendenaufrufs für den Verein eingefügt". Das ist zwar wohl nett gemeint, aber auch diese Angabe kann von der Polizei für uns problematisch ausgelegt werden, wir haben schon deutlich abstrusere Auslegungen als Repressionsrechtfertigung von der Polizei erlebt. Es könnte zum Beispiel argumentiert werden, dass es eben um Spenden für illegale Aktionen geht, für die wir möglicherweise versteckt sammeln würden (gerade da auf der TSEK-Seite davon die Rede ist, dass deren Aktionen nur über Spenden finanziert werden, inzwischen dort aber keine Kontonummer mehr angegeben ist) und dieser Eintrag ja bedeutet, dass das TSEK Spendenwerbung für den Verein macht und somit eine Zusammenarbeit herbeikonstruiert werden kann. Zu Frankenförde schreiben sie: „Das TSEK bedankt sich an alle Spender OHNE euch wer die 1 Mission nicht so perfekt gelaufen wie wir es uns dachten".

SEK, KSK, Russenmafia

Da sich das Video und das Profilbild auch einige Tage später noch unverändert auf der YouTube-Seite befand, haben wir eine Mail an die öffentliche TSEK-Useradresse geschickt, mit dem Hinweis, dass das Profilbild, die Vereinsadresse und Logos entfernt werden sollten. In dem Video wurde daraufhin die Vereinsadresse mit Balken verdeckt und das Profilbild geändert. Inzwischen fanden sich immer mehr seltsame Einträge auf der TSEK-Seite. Sieben der 16 Mitglieder des TSEK seien „Polizisten, Ex Polizisten, ehm. Soldaten der BW darunter KSK, der Einsatzleiter ist selbst ein ehm. SEK Beamter". Den Wahrheitsgehalt dieser Aussage kann man getrost mit 0 Prozent angeben und ins Reich der Legenden schicken. Und weiter: In Holland sei ein TSEK-Mitglied entführt worden: „Nachbarn berichteten von einem Schwarzen VW T5 ... das sah aber nicht nach holländische Polizei aus sondern eher nach Söldner Mafia Verschnitt. Lange Bärte, Tätowierungen im Gesicht am Arm und am Rauchen und sie sprachen kein Holländisch eher Russisch oder zumindest die Richtung. Man kann in dem Falle möglicherweise von einer Pelzmafia ausgehen ..." Neben KSK und SEK ist also jetzt auch die russische Pelzmafia samt einer Entführung im Spiel. Kurze Zeit später meldeten dem „Pressesprecher" angeblich „mehrere Pressesprecher des TSEK im Raum Europa", dass Videomaterial verschwunden sei und nur von „dem vermissten Mitglied des TSEK" gelöscht worden sein könne, vermutlich sei er dazu gezwungen worden. Passend dazu gibt es kurze Zeit später einen ominösen Eintrag eines Unbekannten auf der Seite, in dem ebenfalls wieder Russland erwähnt wird, mit dem Hinweis, dass die Strafverfolgung in Russland eigene Wege gehe und die Aktivisten um ihre körperliche Unversehrtheit fürchten müssten.

Fesseln, Knebel, Einsperren

An Unterhaltungswert gewonnen hat die Seite dann mit dem Eintrag „Nach einer großzügigen Spende eines Geschäftsführeres mit der Bitte eine bestimmte Pelzfarm schnells möglichst hochzunehmen, begibt sich das TSEK zwischen dem 19.03.- 21.03. auf den nächsten Einsatz". Kurze Zeit später wird von einer „Sondermission" in Schweden berichtet, bei der es auch eine körperliche Auseinandersetzung mit dem Wachschutz und Mitarbeitern der Farm gegeben habe, man habe diese aber „kampfunfähig gemacht [...] mit anschließender Knebelung und Einsperrung in einem großen Käfig der Farm". Von 7.000 zerstörten Käfigen und einem Schaden von 500.000 bis 1.000.000 Euro ist die Rede. Beides unrealistische Zahlen, denn der Wert von Käfigen auf einer Farm ist nicht hoch, und um 7.000 Käfige zu zerstören, bräuchte man auch mit mehreren Leuten eher Tage denn Stunden, es sei denn der Autor des Drehbuchs fügt noch ein, dass Sprengstoff verwendet wurde. Filmmaterial gebe es nicht, heißt es auf der You-Tube-Seite, da die Kamera bei dem Kampf mit dem Wachschutz zerstört worden sei. Schwedischen Tierrechtsaktivisten ist auf Nachfrage nichts von einer derartigen Aktion bekannt.

Inzwischen gab es wieder eine Meldung bezüglich des angeblich Entführten: Die holländische Polizei ermittle wegen Entführung. Die Aktivitäten des Entführten „Michael T.* vom TSEK (ein erfahrenes ALF Mitglied aus Holland) *Name geändert" hätten ihn „im russischen Raum in den letzten 10 Jahre [...] zu einen der meist gesuchten Tierbefreirern gemacht", er habe nach eigenen Angaben „in seiner aktiven Laufbahn als Tierbefreier Schäden in Höhe von ca. 15.000.000 Euro" angerichtet. 15 Millionen Euro Schaden durch einen einzigen Tierbefreiungsaktivisten im russischen Raum? Ab ins Reich der Legenden ...

„Nerzfarm hochnehmen"

Als nächstes kam die Meldung, das TSEK habe die Nerzfarm Brokamp in Zirtow-Wesenberg „hochgenommen". 100 Käfige sowie Teile der Anlage und Fahrzeuge der Farm seien zerstört worden, zudem seien 50 Nerze mitgenommen und in der Wildnis ausgesetzt worden. Polizeifunk sei mitgehört worden, die Aktion sei wegen eines großen Polizeieinsatzes an der Farm daraufhin abgebrochen worden. Auf dem dazugehörigen Video sieht man, wie ein Vermummter tagsüber Traktorreifen auf einer Farm zersticht und mit einem Bolzenschneider Kabel und Rohre des Traktormotors zerstört (ohne Handschuhe). Da in den Medien nichts berichtet wurde, hat die *TIERBEFREIUNG* im Mai eine Anfrage an die Pressestelle der Polizei Neubrandenburg geschickt, die für diesen Bereich zuständig ist. Als Antwort kam zurück, dass ihre Recherchen keinen derartigen Sachverhalt ergeben hätten. Wahrscheinlich hat zwar schon irgendeine Aktion dort stattgefunden, zumindest die Szenen in dem Video scheinen echt zu sein, zu einer Anzeige ist es aber anscheinend nicht gekommen. Da ein Mitnehmen von 50 Nerzen sehr aufwändig ist, ist es fraglich, ob dies am helllichten Tag so stattgefunden hat, zumal es trotz ansonsten gemachter Filmaufnahmen davon keine Filmszenen gibt und gerade das ja auch interessant gewesen wäre.

Schwachsinniges Militärspielchen

Kurze Zeit darauf war auf der Seite Folgendes zu lesen: „Folgende Mail hat mich soeben vom EL erreicht mit Bitte um Veröffentlichung: -Verabschiedung- Nach der Teilnahme an 3 Missionen beim Tierschutz Einsatzkommando Treten ‚Stabsunteroffizier Keller'* und ‚Obergefreiter d.R. Maier'* nach ehrenhafter Pflichterfüllung freiwillig aus dem aktiven Dienst des Tierschutz Einsatzkommandos aus. Der Einsatzleiter spricht Dank und Anerkennung für die zuletzt beim TSEK geleisteten Treuen Dienste aus und wünscht viel Glück und Erfolg in ihren zukünftigen Privatleben. TSEK Einsatzleiter *Namen geändert".

Stabsunteroffizier, Obergefreiter, ehrenhafte Pflichterfüllung, treue Dienste? Allmählich geht die ganze Sache in immer offeneren Schwachsinn über. Die militärisch-hierarchische Sprachverwendung war schon die ganze Zeit unangenehm aufgefallen, diese Meldung schlägt aber dem Fass den Boden aus. Anscheinend sieht hier jemand das Ganze als ein Militärspielchen vermischt mit Tierschutz an. Und wo Offiziere und Gefreite ausscheiden, müssen natürlich selbige auch wieder eintreten. Ende April erschien folglich folgende Nachricht: „News: Das TSEK hat 6 neue Mitglieder eingestellt. Schlüsseldienst Angestellter David Westermann*, Sicherheitsdienst Angestellter Michael Bernhardt*, Hauptgefreiter d.R. Künast*, Obergefreiter d.R. Maier*, Obergefreiter d.R. Müller*, Korporal der 1e klasse Piet van Schrieck* *Namen geändert".

„Sicherheits-Greiftrupp erbittet Überwältigungsbefehl"

Die letzte „Sicherheits-Greiftrupp erbittet Überwältigungsbefehl"-Meldung berichtet über eine „Mission" auf der Nerzfarm Paulsen in Flensburg. Die Stromanbindung und Wasserschläuche der Wasserversorgung der derzeit noch leeren Farm seien beschädigt worden. Um der Meldung die übliche Prise Dumpfsinn zu geben, heißt es noch „Zum einen hatte einer der Mitglieder mit dem Besitzer noch eine Rechnung offen aus der Vergangenheit. Details dazu wurden nicht übermittelt in der Einsatzmail." Worauf sich „zum einen" bezieht ist ebenso unklar, wie was „zum anderen" sein soll, denn ein „zum anderen" gibt es nicht. Auf dem dazugehörigen Video sieht man, wie ein Vermummter auf einer Nerzfarm, vor der ein PKW mit Flensburger Kennzeichen steht, den Hartplastik-Wasserschlauch der Käfige mit einem kleinen Seitenschneider zerschneidet. In dem Video heißt es, es sei stiller Alarm ausgelöst worden, ein Farmarbeiter sei aus dem Haus gerannt und fluchend auf den Kameramann zugelaufen, „Sicherheits-Greiftrupp erbittet Überwältigungsbefehl, Wachposten melden Spaziergänger, Einsatzleiter leitet darauf Rückzug ein". Seltsame Gedankenwelt. Am Ende des Videos erscheint diesmal unter anderem der Schriftzug von PeTA. Der Herr General hat wohl nichts dazugelernt ...

Nachdenken?

Ein Positives hat das Ganze: Vermutlich wurden drei Farmen in größerem oder kleinerem Ausmaß beschädigt, zudem wurde eine große Zahl an Nerzen befreit, von denen zumindest ein gewisser Teil (anders als auf der Farm) überleben wird, wenn auch der Zeitpunkt für eine solche Aktion eher ungünstig gewählt wurde, da im März die weiblichen Nerze auf einer Farm schwanger sind. Es stellt sich bei der allgemeinen Herangehensweise und Art der Veröffentlichung allerdings die Frage, ob sich überhaupt im Vorfeld weitergehende Gedanken gemacht wurden. Eine Differenzierung zwischen Tierschutz und Tierrecht scheint nicht vorzuliegen, der mehr als sorglose Umgang mit dem Thema Repression stellt eine Gefahr auch für andere dar, und die Militärposerei mit einer Schreibe auf Grundschulniveau ist in der Öffentlichkeit einfach peinlich.

Ausgabe 67 (Juni 2010)

QUELLENVERZEICHNIS

Die Beiträge im Sammelband erschienen erstmals in der *TIERBEFREIUNG – das aktuelle Tierrechtsmagazin*. Die Texte sind nicht immer identisch, teilweise wurden geringfügig erforderliche Anpassungen vorgenommen. Auch der ein oder andere Titel wurde leicht verändert. Im Quellenverzeichnis stehen die neuen Titel, wie sie im Sammelband abgedruckt sind, mit Hinweis darauf, in welcher Ausgabe der *TIERBEFREIUNG* die Beiträge veröffentlicht wurden.

Profil und Identität

1. Sebastian Vollnhals (2006): „Rechte für Tiere? Neonazis suchen den Schulterschluss mit der Tierbefreiungsbewegung", in: *TIERBEFREIUNG 53.*

2. Emil Franzinelli (2010): „Hauptsache für die Tiere? Wie unkritisch und unpolitisch dürfen die Tierrechtsbewegung und ihre Repräsentierenden sein?", in: *TIERBEFREIUNG 67.*

3.1. Tierbefreiung Hamburg (2012): „Stellungnahme von Tierbefreiung Hamburg zur Apel-Rede auf der Tierversuchsdemo in Bremen am 28. April 2012", in: *TIERBEFREIUNG 76.*

3.2. Corina Gericke (2012): „Stellungnahme von *Ärzte gegen Tierversuche* zu den Vorfällen am 28. April in Bremen sowie zur Stellungnahme der Tierbefreiung Hamburg vom 1. Mai", in: *TIERBEFREIUNG 76.*

4. Heiko Weber (2010): „Kuschelkurs mit Ovo-Lactos?", in: *TIERBEFREIUNG 69.*

5. Emil Franzinelli (2011): „Zur Frage der Toleranz. Herrschaftskritik ist in der Tierrechtsbewegung weder verzicht-, noch teilbar", in: *TIERBEFREIUNG 70.*

6. BerTA-Interview (2010): „Die Dinge beim Namen nennen. Ein Interviewtext zur Umbenennung der BerTA", in: *TIERBEFREIUNG 67.*

7. Emil Franzinelli (2012): „Die moderne Tierbewegung. Der schützende Rahmen für Einzelbewegungen und deren Profile", in: *TIERBEFREIUNG 76.*

8. Emil Franzinelli (2012): „Erläuterungen zum Artikel ‚Die moderne Tierbewegung'", in: *TIERBEFREIUNG 77.*

9. Maria Schulze (2012): „Der schwierige Balanceakt zwischen Kritik und Toleranz. Warum Abgrenzungen auch problematisch sein können und die Anerkennung unterschiedlicher Strategien und Ziele wichtig ist", in: *TIERBEFREIUNG 76.*

10. Franziska Klein (2012): „Das Gegenteil von gut ist gut gemeint. Plädoyer für eine verstärkte inhaltliche Auseinandersetzung und gegen Beliebigkeit

von Meinungen und Ansichten in der Tierrechts-/Tierbefreiungsbewegung", in: *TIERBEFREIUNG 77*.

11. Markus Kurth (2009): „Ich mal mir eine neue Welt. Einige Gedanken über vegane Utopien, Schnittmengen mit anderen Bewegungen und Elemente einer grundlegenden Konsumkritik", in: *TIERBEFREIUNG 64*.

12. TAN-Interview (2009): „Bist du ‚well adjusted'?", in: *TIERBEFREIUNG 64*.

13. Ulf Naumann (2012): „Theorie und Aktivismus, ein perfektes Team! Warum mehr Aktionen in der Tierrechts- und Tierbefreiungsbewegung notwendig sind", in: *TIERBEFREIUNG 76*.

Strategien und Methoden

14. Redaktion (2004): „KZ-Vergleich – Ja oder Nein? Fortsetzung einer ewigen Diskussion", in: *TIERBEFREIUNG 43*.

14.1. Sina Walden (2004): „Der verbotene Vergleich", in: *TIERBEFREIUNG 43*.

14.2. Susann Witt-Stahl (2004): „Auschwitz liegt nicht am Strand von Malibu und auch nicht auf unseren Tellern. Kritische Anmerkungen zum ‚KZ-Vergleich'", in: *TIERBEFREIUNG 43*.

15. Redaktion (2007): „Das Great Ape Projekt. Für- und Widerworte zur Idee der ‚Menschenrechte für Menschenaffen'", in: *TIERBEFREIUNG 56*.

15.1. Sina Walden (2007): „Privilegien für Menschenaffen?", in: *TIERBEFREIUNG 56*.

15.2. Franziska Brunn (2007): „Wer wie wir ist, bekommt Rechte?! Eine kritische Betrachtung des Great Ape Projects", in: *TIERBEFREIUNG 56*.

16. Iris Berger (2010): „Tierrettung als Bestandteil gesellschaftlicher Tierbefreiung?", in: *TIERBEFREIUNG 68*.

17. Espi Twelve (2007): „Tierrechtsaktivismus trifft kreativen Widerstand", in: *TIERBEFREIUNG 55*.

18. OrganisatorInnen der 10. Norddemo (2010): „Warum die 10. Tierbefreiungs-Norddemo diesmal einen anderen Charakter hat", in: *TIERBEFREIUNG 66*.

19. Konrad Eckstein (2011): „Wer hat Angst vorm Schwarzen Block?", in: *TIERBEFREIUNG 72*.

20. vas-Interview von Andre Gamerschlag (2012): „Der Black Block und die Verbindung von Antifa und Antispe. Die aufgelöste *vegane antifa süd* im Interview", in: *TIERBEFREIUNG 77*.

21. TBHH-Interview von Emil Franzinelli (2012): „Banken blockieren für die Befreiung der Tiere?", in: *TIERBEFREIUNG 76*.

22. Aktivistin bei Tierbefreiung Hamburg (2013): „Ein zeitgemäßes Konzept? Kritik am Konzept der Pelzfrei-Demos", in: *TIERBEFREIUNG 79*.

Direkte Aktionen

23. Steven Best (2004): „Warum unterstützt du nicht die ALF?", in: *TIERBE-FREIUNG 44.*

24. Dave Palmer (2006): „Direkte Aktionen – richtig oder falsch?", in: *TIER-BEFREIUNG 53.*

25. Redaktion (2006): „Hinweis in eigener Sache: Tierbefreiung versus Tierfreilassung", in: *TIERBEFREIUNG 53.*

25.1. Mela (2007): „Beitrag zu Tierbefreiung versus Tierfreilassung", in: *TIER-BEFREIUNG 54.*

25.2. Anonym (2007): „Beitrag zu Tierbefreiung versus Tierfreilassung", in: *TIERBEFREIUNG 54.*

26. Ulf Naumann (2009): „Peinliche ALF-Aktionen. Die ALF und die Gewaltfrage", in: *TIERBEFREIUNG 62.*

27. Ulf Naumann (2010): „Abstruse Gedankenwelt. Angriffe auf Nerzfarmen durch ,Tierschutzeinsatzkommando'", in: *TIERBEFREIUNG 67.*

Unterstütze die Tierrechtsarbeit von die tierbefreier e.V.

Lebe vegan, werde aktiv oder hilf den Aktiven durch eine Mitgliedschaft oder durch Spenden. Mehr Informationen auf:

www.die-tierbefreier.de

Der bereits seit 1985 gegen jede Form von Tierausbeutung kämpfende Verein versteht sich als Teil der internationalen, emanzipatorischen und veganen Tierrechts- und Tierbefreiungsbewegung. Er organisiert Proteste gegen Tierausbeutung, macht Aufklärungsarbeit, bietet Rechtshilfe für Aktive, unterstützt Lebenshöfe und andere Projekte der Bewegung, übernimmt die Pressearbeit zu Direkten Aktionen wie Tierbefreiungen, ist Dachverband für lokale Protestgruppen und gibt das Magazin TIERBEFREIUNG heraus.

die tierbefreier e.V.

compassion 🖐 media

- Programm Winter 2013 -

Vegan!
Marc Pierschel
160 Seiten | Softcover | ISBN 978-3-0002840-4-5
10,90 Euro

„das perfekte Nachschlagewerk"
(Tierbefreiung 70, April 2011)

Immer mehr Menschen entdecken die vegane Lebensweise für sich. *Vegan!* erklärt, wie Veganismus entstanden ist, wo sich unvegane Inhaltsstoffe verstecken können und auf welche Nährstoffe du bei der Ernährung besonders achten solltest. Neben Hintergrundinformationen zu Tierausbeutung findest du ethische Überlegungen und Theorien zum Mensch-Tier-Verhältnis, Tipps und Ratschläge anderer Veganer_innen sowie Antworten auf weit verbreitete Vorurteile. Abgerundet durch eine Nährstofftabelle, eine E-Nummern-Liste, einen veganen Sprachführer und einfach zuzubereitende Rezepte ist *Vegan!* dein (Überlebens-)Handbuch für den veganen Alltag!

»mensch_tier«
Hartmut Kiewert

144 Seiten | Softcover | ISBN 978-3-9814621-1-1
17,50 Euro

„Ein Meilenstein unter den ‚veganen' Büchern!"
(Hugendubel, 09/2012)

»mensch_tier«
Hartmut Kiewert

Der Maler und Grafiker Hartmut Kiewert setzt sich in seinen Arbeiten intensiv mit dem gesellschaftlichen Mensch-Tier-Verhältnis auseinander. In dem Buch *»mensch_tier«* stellt er 74 meist großformatigen Abbildungen seiner künstlerischen Arbeiten seine theoretische Auseinandersetzung mit dem Thema gegenüber und ergänzt diese zu einem klaren Plädoyer für eine ausbeutungsfreie Gesellschaft.

Das Rock 'n' Roll-Veganer Kochbuch
Jérôme Eckmeier

152 Seiten | Hardcover | ISBN 978-3-9814621-5-9
18,90 Euro

*„Das Buch macht Spaß und Fans von kräftig-deftiger
Küche ohne Firlefanz werden es lieben"*
(Kochen ohne Knochen, 01/2013)

In seinem ersten Kochbuch vereint Jérôme Eckmeier seine beiden großen Leidenschaften und nimmt euch mit auf eine kulinarische Zeitreise in die 50er Jahre. Den Geburtsjahren des Rock 'n' Rolls entsprangen Partybuffet-Klassiker wie Fleisch- und Eiersalate, Toast Hawaii, Marmor- und Käsekuchen. Aber auch die moderne vegane Küche kommt nicht zu kurz: Mit zahlreichen Gaumenfreuden wie knusprigen Corn Dogs und Frozen Banana Ice schlägt Jérôme Eckmeier die Brücke zurück in die Gegenwart!

Vegan Kochen mit Ente
Ente

80 Seiten | Ringbuch | ISBN: 978-3-9814621-4-2
10,00 Euro

„Einfach & lecker"
(Literaturschock, 07/2013)

Kompliziert geht gar nicht – in *Vegan kochen mit Ente* finden sich 60 leckere und doch einfache Rezepte, die im Handumdrehen gelingen und alles andere als die Welt kosten. Zwischen exquisiter Cuisine und im Nu gezauberten Alltagsgerichten ist von Zucchini-Kartoffelpuffern über Seitannuggets, Cannelloni und Semmelknödel bis hin zu Nougat-Sahnetorte alles dabei.
Entes Einnahmen durch dieses Kochbuch fließen komplett in Projekte und Initiativen der Bewegung, denn Veganismus ist mehr als Lifestyle!

Vegane Küche für Kinder
Christina Kaldewey
152 Seiten | Hardcover | ISBN 978-3-9814621-2-8
18,90 Euro

„unbedingte Kaufempfehlung für Eltern,
die ihre Kinder vegan ernähren möchten"
(Vegetarierbund Deutschland e. V., 11/2012)

Im ersten umfassenden deutschsprachigen Ratgeber für vegane Kinderernährung finden Klein und Groß Schmackhaftes für jeden Tag. Wichtige Informationen zur Ernährung, Wissenswertes zum Beginn der Beikost, Alltagstipps, Erfahrungsberichte aus erster Hand und vieles mehr – hier findest du alles, um deinem Kind einen optimalen Start in die Welt des Essens und Trinkens zu ermöglichen. So ist dein Kind rundum gut versorgt und ihr könnt gemeinsam mit Freude und Neugier die Vielfalt der veganen Küche genießen.

Schweinchen Hugo reißt aus
Alexander Bulk

72 Seiten | Hardcover | ISBN 978-3-9814621-3-5
13,90 Euro

„Es führt kindgerecht an solch sensible Themen wie
Nutztierhaltung und vegane Ernährung heran"
(Literaturschock, 10/2012)

Schweinchen Hugo lebt mit anderen Tieren auf dem Bauernhof und liebt es, sich im Stroh umherzuwälzen. Doch seit einiger Zeit plagen ihn viele Fragen. Warum ist er hier? Wie sieht die Welt außerhalb seiner kleinen Stallbox aus? Zusammen mit seiner besten Freundin Matilda begibt sich Hugo auf die Suche nach Antworten. Eine Suche, die nicht nur aufregend ist, sondern auch gefährlich…

Ein spannendes Buch für Kinder ab 6 Jahren über Freiheit und die Angst vor dem Ungewissen. Im Anhang des Buches finden sich ausgewählte vegane Beispielrezepte für beliebte Kindergerichte.

Vegan Guerilla
Sarah Kaufmann

104 Seiten | Hardcover | ISBN 978-39814621-0-4
17,90 Euro

*„Vegan Guerilla beweist, dass Veganismus schon längst
keine Verzicht-Ernährung mehr ist, sondern ein moderner, ausgewogener und unglaublich leckerer Lifestyle,
dem es an nichts mangelt!"*
(peta2)

Aus der Leidenschaft für veganes Kochen und dem Wunsch, Freunde und Freundinnen
am Genuss der einfallsreichen Eigenkreationen teilhaben zu lassen, entstand mit *Vegan
Guerilla* ein Food-Blog, aus dem innerhalb kurzer Zeit eine Inspirationsquelle und ein
Fundus an leckersten veganen Gerichten wurde. *Vegan Guerilla* ist längst kein Geheim-
tipp mehr, sondern gehört mittlerweile zu den bekanntesten Food-Blogs Deutschlands und
zeigt, dass vegane Gerichte nicht nur aus Salat und Körnern bestehen.

Vegan lecker lecker!
Marc Pierschel et al.

100 Seiten | Ringbuch | ISBN: 978-30002642-0-7
7,90 Euro

„sollte in keiner Küche fehlen."
(Natürlich Vegetarisch, Herbst 2009)

Unlecker war gestern! Denn *Vegan lecker lecker!* bietet knapp 100 spannende Rezepte
fernab von Tütensuppe, Mikrowellengericht und Dosenfraß. Anhand einfach beschrieben-
er, bebilderter Rezepte lassen sich im Handumdrehen raffinierte Köstlichkeiten der veganen Cuisine zaubern. Tofu-Satay, Seitan Deluxe, Boston Cream Donuts, Erdnuss-Schoko-
Cupcakes oder Tofu-Nuggets lassen garantiert jedem das Wasser im Mund zusammen-
laufen.
Egal ob Hobbypfannenwender oder Profiteigrollerin, ob 3-Sterne-Menü oder
5-Minuten-Snack, mit *Vegan lecker lecker!* ist für jeden guten Geschmack etwas dabei.

compassion ✊ media

- Vorschau -

Rohvegan
Claudia Renner

ISBN 978-3-9814621-6-6
VÖ: Ende 2013/Anfang 2014

In *Rohvegan* lässt Claudia Renner euch an ihren Erfahrungen mit dem Einstieg in die rohköstliche Ernährung teilhaben. Trotz anfänglicher Befürchtungen wie ständigem Hunger, möglichem Unverständnis von Kolleg_innen und Freund_innen und nächtlichen Träumen von Tofu und Tempeh begann sie einen 4-wöchigen Selbstversuch in rohveganer Ernährung.

Rohvegan ist ein idealer Einstieg und Ratgeber für alle, die eine rohvegane Ernährungsweise schon immer ausprobieren wollten.